EVANDER

O Império - livro II

Aldinei Sampaio

EVANDER
O Império - Livro II

Editora Appris Ltda.
1.ª Edição - Copyright© 2020 dos autores
Direitos de Edição Reservados à Editora Appris Ltda.

Nenhuma parte desta obra poderá ser utilizada indevidamente, sem estar de acordo com a Lei nº 9.610/98. Se incorreções forem encontradas, serão de exclusiva responsabilidade de seus organizadores. Foi realizado o Depósito Legal na Fundação Biblioteca Nacional, de acordo com as Leis nos 10.994, de 14/12/2004, e 12.192, de 14/01/2010.

Catalogação na Fonte
Elaborado por: Josefina A. S. Guedes
Bibliotecária CRB 9/870

	Sampaio, Aldinei
S192e	Evander: o império - livro II / Aldinei Sampaio.
2020	1. ed. – Curitiba: Appris, 2020.
	493 p. ; 23 cm
	ISBN 978-85-473-4161-9
	1. Ficção brasileira. I. Título. II. Série.
	CDD – 869.3

FICHA TÉCNICA

EDITORIAL
Augusto V. de A. Coelho
Marli Caetano
Sara C. de Andrade Coelho

COMITÊ EDITORIAL
Andréa Barbosa Gouveia - UFPR
Edmeire C. Pereira - UFPR
Iraneide da Silva - UFC
Jacques de Lima Ferreira - UP
Marilda Aparecida Behrens - PUCPR

ASSESSORIA EDITORIAL
José Bernardo dos Santos Jr.

REVISÃO
Andrea Bassoto Gatto

PRODUÇÃO EDITORIAL
Bruno Ferreira Nascimento
Fernando Nishijima
Giuliano Ferraz
Jhonny Alves
Lucas Andrade
Luana Reichelt
Yaidiris Torres

DIAGRAMAÇÃO
Giuliano Ferraz
Bruno Ferreira Nascimento

CAPA
Pauline Becker Hellinger

ILUSTRAÇÕES
Pauline Becker Hellinger

COMUNICAÇÃO
Carlos Eduardo Pereira
Débora Nazário
Karla Pipolo Olegário

LIVRARIAS E EVENTOS
Estevão Misael

GERÊNCIA DE FINANÇAS
Selma Maria Fernandes do Valle

Editora e Livraria Appris Ltda.
Av. Manoel Ribas, 2265 – Mercês
Curitiba/PR – CEP: 80810-002
Tel. (41) 3156 - 4731
www.editoraappris.com.br

Printed in Brazil
Impresso no Brasil

Para minha filha, Sara Eloá,
por toda a alegria e orgulho que só ela é capaz de me dar.

*"Penso que cumprir a vida
seja simplesmente
compreender a marcha
e ir tocando em frente".*

— Almir Sater & Renato Teixeira —

*"Quem luta com monstros deve zelar para que
não acabe se transformando em um deles.
Se olhar durante muito tempo para um abismo,
o abismo também olhará para dentro de você".*

— Friedrich Nietzsche —

Sumário:
O Mapa da Missão

Prólogo: **Desilusão**... 11

Parte I: **O Passado**.. 29

   Capítulo 1: Gênesis...31
   Capítulo 2: Caos..49
   Capítulo 3: Compromissos.....................................62
   Capítulo 4: Humanidade..82
   Capítulo 5: Desilusão..93
   Capítulo 6: Motivação..107
   Capítulo 7: Determinação....................................124
   Capítulo 8: Heroísmo...140
   Capítulo 9: Tenacidade...159
   Capítulo 10: Desafios...177
   Capítulo 11: Missão..194
   Capítulo 12: Recursos...207
   Capítulo 13: Mérito..224
   Capítulo 14: Esplendor...238
   Capítulo 15: Fama..257
   Capítulo 16: Fronteiras...276
   Capítulo 17: Certezas...292
   Capítulo 18: Ataque...308
   Capítulo 19: Licença...326
   Capítulo 20: Golpe...340
   Capítulo 21: Desejos...350
   Capítulo 22: Resgate...364

Parte II: **O Agora**... 375

   Capítulo 23: Despertar...377
   Capítulo 24: Jornada..396
   Capítulo 25: Retorno...413
   Capítulo 26: Consolo...431
   Capítulo 27: Resolução...443
   Capítulo 28: Confronto..463
   Capítulo 29: Futuro...478

Prólogo:
Desilusão

Praia Grande, Província de Ebora, hoje

O ar estava quente, abafado. Uma brisa um pouco mais intensa trazia consigo o cheiro de maresia, sem fazer muito para aliviar a onda de calor daquele fim de tarde. Bandos de gaivotas voavam sobre as palmeiras, com seu grasnado característico, encobrindo quase que completamente o barulho das ondas quebrando na praia, à distância.

O céu era o mais azul que Evander já tinha visto, pontuado ocasionalmente por pequenas e fofas nuvens. O sol já estava desaparecendo no horizonte, escondendo-se atrás da floresta de palmeiras que se estendia a perder de vista.

Atrás dele, a alguns minutos de caminhada, estava o acampamento do Exército, composto por inúmeras tendas de tecido alaranjado com seus tetos pontudos apontando para o céu, disputando espaço com as palmeiras. Conversas e risos podiam ser ouvidos à distância, denunciando a plena atividade dos soldados.

À sua direita, oculto de seu campo de visão, ele sabia que ficava o pequeno vilarejo que o acolhera num dos momentos mais desesperadores de sua vida. Um lugar repleto de pessoas simples e humildes, que não hesitaram em ajudar estranhos sobre os quais nada sabiam, sem esperar nada em troca.

À sua frente, a pouco mais de cem metros, estava o mar de águas mais claras e convidativas que ele já apreciara. Águas que naquele momento estavam agitadas, com muitas ondas quebrando na areia.

Diversos tipos de pássaros sobrevoavam as águas mais calmas, em busca de peixes e outros tipos de seres marinhos que lhes serviam de alimento. Mais adiante, em alto mar, podiam ser vistos dois pequenos pontos, que Evander sabia serem barcos de pescadores, aproveitando as últimas horas do dia para realizarem o seu trabalho.

A areia sob seus pés era quente, acolhedora. Os calçados especiais que ele usava permitia sentir o contato com o solo áspero quase como se estivesse descalço. Naquele momento, uma pequena lagarta subia por sua bota direita, destacando-se como um ponto verde claro sobre uma tela preta. Pequenas folhas vindas dos arbustos grudavam-se em seu sobretudo branco, que era agitado pela brisa, revelando o traje de combate de tom cinza escuro que ele usava por baixo, com o cinturão e as joelheiras em tom metálico brilhando sob os poucos raios de sol que ainda conseguiam atravessar a folhagem das altas palmeiras.

Para todos os lados havia vida em abundância. O verde das folhas das palmeiras sendo agitado pelo vento, os pássaros sobre sua cabeça, o mar à sua frente, as pessoas ao seu lado. Tudo tão vivo, tão intenso, tão livre.

Então por que ele se sentia tão enclausurado, tão reprimido, tão inerte? De onde vinha aquela sensação de que a vida havia sido drenada de seu corpo e o pouco que restara dela escoava pelo chão como o sangue que saía de uma ferida?

Sentia-se cansado, enfurecido, desesperado e desamparado, tudo ao mesmo tempo. Suas emoções eram como um caleidoscópio macabro e sem sentido, girando descontroladamente sem piedade, como a zombar dele e tirando-lhe totalmente o equilíbrio. Sentia uma vontade insana de se deitar, fechar os olhos e simplesmente se esquecer de tudo.

Como se aquilo fosse possível.

Idan se aproximou e pôs uma mão em seu ombro, gentilmente empurrando-o na direção do acampamento.

— Venha, meu amigo. Nunca imaginei que eu fosse falar algo assim, mas creio que você esteja precisando de uma bebida.

Idan Cariati era um dos paladinos da Irmandade da Terra, um grupo de soldados da paz, que tinha como um de seus lemas a expressão "Sempre pronto, sempre alerta". Por isso, hábitos comuns no Império, como o consumo de bebidas fermentadas, eram proibidos para eles.

No início da casa dos vinte anos de idade, ele tinha estatura mediana, cabelos negros curtos e olhos de um tom profundo de verde. Exalava vivacidade e analisava com curiosidade tudo o que via ao seu redor, parecendo um garoto deslumbrado com sua primeira viagem a um parque de diversões.

O contraste entre os trajes de Evander e os de Idan era gritante. Como membro da irmandade, Idan usava roupas simples e surradas, em tons de verde e marrom, contrastadas pelas negras, grossas e gastas luvas de couro que lhe cobriam quase todo o antebraço, terminando próximas ao cotovelo.

Enquanto Idan era a imagem da simplicidade, Evander usava roupas caras e sofisticadas, dignas de um tenente do Exército. Ou, mais especificamente, de um ex-tenente.

Não que aquelas roupas fossem reais. Eram apenas um construto energético com substância, invocado por uma habilidade mística de origem desconhecida. Mas ele não queria pensar naquele assunto. Coisas que, havia poucos dias, eram para ele lembranças felizes, haviam se transformado em memórias dolorosas demais para suportar.

— Claro, por que não? – Evander respondeu, dando de ombros. – Mas como foi você quem convidou, você paga.

Idan limitou-se a um pequeno sorriso e a um balançar de cabeça.

Enquanto caminhavam, Evander olhou para a direita, sustentando por um momento o olhar de sua outra companheira, a caçadora de recompensas chamada Lucine Durandal.

Diferente de Idan, ela não parecia nada satisfeita em estar ali. Um misto de irritação, tédio e preocupação se desenhava em seu semblante, apesar de ela se esforçar, como sempre, para ocultar suas emoções atrás de uma expressão séria e solene.

Lucine era uma das mulheres mais bonitas que Evander já conhecera. Suas feições não eram exatamente suaves, mas exalavam personalidade, e as pequenas cicatrizes em seu rosto de pele muito clara apenas intensificavam a impressão de que se tratava de uma pessoa com muita vivacidade e força de vontade.

Como sempre, ela usava um traje de combate completo, com duas espadas presas do lado direito do cinturão. Um elmo aberto escondia completamente seus cabelos, que Evander sabia serem de um tom incomum de loiro, que quando soltos brilhavam como uma cascata prateada.

Possuía um preparo físico exemplar e era muito forte, mas não musculosa demais a ponto de diminuir sua feminilidade. Usava uma pesada cota de malha sem demonstrar nenhum tipo de desconforto, como se fizesse parte dela. A armadura lhe cobria toda a parte superior do corpo e terminava pouco abaixo dos joelhos. Tinha mangas compridas, que terminavam nos pulsos, que eram protegidos, bem como as mãos, por luvas de couro. Diferente das de Idan, no entanto, as luvas dela pareciam novas e não eram tão grossas, além de não cobrirem completamente os dedos, cujas pontas ficavam aparentes, revelando unhas curtas e limpas.

Por sobre a cota de malha ela usava uma espécie de camisa de tecido leve em um tom escuro de azul, que exibia inúmeras marcas e arranhões recebidos na batalha recente.

Ao vê-la retribuindo seu olhar, séria, Evander percebeu que todo o tumulto interior que ele sentia devia estar claramente visível em seu semblante. Não seria necessário ter uma percepção muito aguçada para notar que Idan e Lucine estavam preocupados com ele. Muito preocupados.

— Você está bem? – A voz dela ainda tinha aquele tom de comando, conquistado na época em que fora sargento.

— Sim, claro.

Evander pensou em complementar a resposta, dizendo que nunca estivera melhor. Afinal, tinha perdido sua patente, seu pai, sua carreira, seu mentor e tinha descoberto que sua infância havia sido uma grande mentira. Agora era um fugitivo, sem casa, sem família e completamente sem rumo. E a pessoa com quem mais se importava, aquela a quem amava com todas as forças, estava totalmente fora de seu alcance.

No entanto ele preferiu não dizer nada, pois aquilo iria soar como uma choradeira piegas típica de alguém que foi chutado pela namorada. Evander sabia que era exatamente aquilo que Idan e Lucine pensavam que tinha acontecido, mas ele não tinha energia, naquele momento, para explicar a eles a complexidade de seu relacionamento com Sandora. E nem queria continuar pensando naquilo.

Tentando acompanhar os passos de Idan, Evander deu um passo em falso e cambaleou por um momento até recobrar o equilíbrio. Sentiu uma súbita onda de cansaço e apertou os olhos por um instante, esperando a sensação passar. Idan e Lucine o seguraram pelos braços, olhando para ele atentamente, preocupados. Ele abriu os olhos e lutou, sem sucesso, para focalizar as imagens, mas sentia como se lhe faltasse energia para a mais simples das tarefas.

Lucine não pensou duas vezes. Abaixou-se e o agarrou pela cintura, jogando-o sobre o ombro direito como se fosse um saco de batatas.

— Ei!

O protesto dele saiu em um tom débil, pois se sentia de repente tonto e sem forças para nada além de olhar para o borrão azul em que as costas dela pareciam ter se transformado.

Fisicamente, Evander nunca fora uma figura muito intimidante. Aos 17 anos, era mais alto que a maioria dos homens e tinha um preparo físico invejável, mas nunca fora muito entroncado ou musculoso. E, naquele momento, estava ainda mais magro do que o de costume, além de apresentar uma expressão abatida, com fundas olheiras ao redor de seus olhos castanhos. Os longos cabelos loiros se encontravam embaraçados e sem brilho, amarrados num rabo de cavalo frouxo, que parecia ainda mais patético balançando de um lado para o outro enquanto ele era carregado de cabeça para baixo daquela forma.

— Vou levá-lo para a tenda – disse Lucine a Idan. – Ache a curandeira.

— Hã... Claro! Pode deixar!

O rapaz saiu correndo na frente.

Entrando no acampamento, Lucine ignorou os olhares e as risadas dos soldados, seguindo com passos determinados para a tenda que a capitã Imelde havia reservado para Evander. Entrando no pequeno ambiente, ela depositou com cuidado sua carga sobre o tapete que servia como cama improvisada.

No movimento, Evander acabou esbarrando na cabeça dela por acidente, o que desalinhou o elmo que ela usava. Endireitando-se, ela decidiu remover a peça ao invés de endireitá-la e soltou os cabelos que estavam presos à nuca, que caíram por suas costas como uma onda platinada.

Aquela era uma cena rara, Evander pensava, agora que, finalmente, tinha conseguido recuperar a capacidade de focar sua visão.

— Devia usar os cabelos soltos com mais frequência – disse ele, com voz pastosa.

— Para o inferno com meu cabelo! Olha o que você fez consigo mesmo! Se o capitão estivesse aqui te mandaria para a solitária!

— Provavelmente – respondeu ele, com dificuldade. – Eu até não me importaria muito em tomar uma bronca ou ir para o xadrez, se tivesse uma chance de conversar com ele uma vez mais.

Lucine olhou para o outro lado e permaneceu em silêncio. O falecimento do capitão Dario Joanson, mentor de ambos, ainda era uma chaga muito dolorosa e recente no coração dos dois.

Depois de um tempo, ele deu um sorriso sem graça.

— Fiz uma confusão e tanto, não é?

— Você é um idiota!

A voz dela estava tensa pela preocupação enquanto voltava a olhar para ele.

— Talvez você tenha razão – disse ele, num fio de voz.

— Evander? – Alarmada, ela se aproximou. – Ei! Evander?!

Ela o sacudiu de leve, mas não adiantou, as forças finalmente o tinham abandonado e ele perdera os sentidos, mergulhando num profundo estado comatoso.

◆ ◆ ◆

As nuvens se estendiam a perder de vista, parecendo um enorme e confortável tapete branco, banhado pelos raios alaranjados do fim de tarde.

Era frio ali em cima, mas isso não incomodava o grupo de homens e mulheres alados que voavam de volta para casa.

Todos eles tinham notáveis semelhanças entre si, como os cabelos longos e em diversos tons de louro claro, as feições pálidas e muito bem esculpidas, sem nenhum tipo de marca ou imperfeição, os corpos esguios e bem torneados, cobertos por trajes brancos simples e esvoaçantes e, é claro, as longas e flexíveis asas cobertas por penas brancas que se confundiam com as nuvens.

Eram conhecidos como *protetores*, uma raça dedicada a manter a paz e o equilíbrio em um mundo dominado por seres imperfeitos e imprevisíveis que se autointitulavam "humanos".

Havia alegria entre o grupo, apesar de manterem o silêncio enquanto voavam lado a lado. Haviam lutado uma batalha épica e feroz, contra um dos mais perigosos adversários que já haviam tido e a vitória lhes sorria. Além disso, graças à intervenção de um casal de humanos, nenhuma baixa havia ocorrido em suas fileiras. Todos os dezesseis membros da comitiva voltavam para casa agora, vivos e incólumes, o que transformava aquele momento em um dos mais vitoriosos da história de sua espécie.

Levavam o vilão derrotado envolto em uma capa de tecido cinzento amarrada com cordas, que estavam presas à cintura de quatro deles. O peso extra não parecia incomodá-los e eles voavam sem dificuldade, sendo escoltados pelos demais, que se posicionavam ao redor, montando guarda.

O sol começava a desaparecer no horizonte, como se estivesse sendo tragado pelas nuvens distantes, quando chegaram a seu destino. O chamado *refúgio* era uma grande fortaleza, uma espécie de castelo composto por estruturas metálicas e torres de cristal transparente. Os últimos raios de sol atingiam as paredes das edificações, que os refletiam em forma de feixes de luz polarizados, gerando diversos arco-íris sobre as nuvens ao redor.

Toda a estrutura flutuava pelo céu, sua base cercada por um perpétuo agrupamento fofo e denso de nuvens, que davam a impressão de sustentar todo o peso da construção. Quatro torres de cristal estavam dispostas ao redor da amurada circular, cada uma delas emitindo um brilho em uma cor diferente.

Enquanto se aproximavam, foram saudados por diversos outros de sua espécie, que voavam ao redor da estrutura, uns chegando, outros partindo e muitos apenas realizando a guarda ou estudando os arredores.

Dirigiram-se a uma espécie de praça entre diversas pequenas torres metálicas e outros tipos de construções em formatos inusitados e multicoloridos, onde outros seres alados os aguardavam, com expressões sérias e sombrias.

Pelo visto, não receberiam boas-vindas.

Ajudados pelos demais, os carregadores conseguiram pousar suavemente o fardo que carregavam. O prisioneiro, do qual apenas o rosto era visível, continuava inconsciente. Suas feições, que denunciavam a idade avançada, estavam serenas, como se estivesse em paz.

O líder da equipe, conhecido como Eliel, ignorou os rostos fechados daquele desconfortável comitê de recepção e se aproximou de um homem alado que, assim como o prisioneiro, exibia as marcas de muitos anos de vida em seu rosto. Em um silêncio respeitoso, Eliel curvou-se diante do ancião.

— Vocês interagiram com os *itinerantes* – disse o velho, com expressão acusatória.

Os demais recém-chegados se entreolharam atrás de Eliel, desconfortáveis com a fria recepção.

— Não tivemos como evitar – respondeu ele. – Além disso, eles salvaram as nossas vidas.

As expressões nos rostos ao redor agora eram de espanto. Ninguém respondia a um ancião daquela forma. A palavra dos mais velhos jamais era questionada. Nem mesmo Eliel, tido como um aventureiro arrojado e independente, jamais havia falado com tão pouco respeito antes.

— Isso não importa – respondeu o ancião, sem se abalar pela quebra de protocolo do líder dos recém-chegados. – Sabe muito bem que se aproximar deles é proibido.

Subitamente, dando-se conta das próprias palavras, Eliel baixou os olhos e ficou em silêncio.

— Você não tem mesmo ideia do que houve, não é? – O tom de voz do ancião era cortante.

A pequena praça caiu em um silêncio mortal, cortado apenas pelo pequeno silvo emitido pelo vento ao passar por entre as torres mais altas. Eliel permaneceu em silêncio, imóvel.

— A culpa é dos *itinerantes* – continuou o velho, estreitando os olhos. – O poder corruptivo deles afetou suas decisões.

— Mas eles não fizeram nada! – Eliel reclamou, novamente violando as normas de respeito ao retrucar o ancião. – Apenas lutaram ao nosso lado e nos ajudaram a vencer. Graças a eles estamos todos vivos e bem, e ainda conseguimos capturar o criminoso. – Ele apontou na direção do prisioneiro, que estava deitado no chão, ainda inconsciente e envolto pelo tecido cinzento, amarrado com cordas.

— Silêncio! – O tom de voz do ancião, um pouco mais elevado, fez com que a todos na praça abaixassem as cabeças. A tensão no ar era palpável. – Estão vivos e bem graças ao sacrifício do Enviado. Um sacrifício que não seria necessário se não fosse pelas ações dos *itinerantes*. – O ancião aproximou-se mais de Eliel, encarando-o com seus frios olhos prateados. – Já se esqueceu do que aconteceu com o outro refúgio, sua antiga casa?

Eliel chegou a abrir a boca para contestar, dizer que Evander Nostarius tivera boas razões para atacá-los antes, que as ações do garoto eram justificáveis, quando percebeu que aquela súbita vontade de contrariar o ancião e partir em defesa de um humano era algo totalmente estranho à sua própria natureza. Protetores não pensavam daquela forma. Aquilo era um pensamento típico de um humano, não de criaturas elevadas como eles.

Talvez o ancião estivesse certo e os *itinerantes*, como os anciões chamavam Evander e Sandora, realmente tivessem algum tipo de poder sobre eles.

— Pela segunda vez – continuou o ancião – eles se colocaram diante de vocês e fizeram com que esquecessem toda a nossa doutrina! Isso é imperdoável! De agora em diante, os *itinerantes* serão considerados hereges. – O ancião olhou ao redor, encarando os rostos dos presentes, que expressavam emoções variadas entre assombro e indignação. – Estão todos proibidos de entrarem em contato, amigável ou não, com eles ou com seus seguidores.

Exclamações de espanto surgiram entre os espectadores.

— E qualquer um deles que se colocar em nosso caminho novamente deverá ser exterminado. Entendido?

Aquela decisão era extremamente incomum. Protetores não eram assassinos frios, não atacavam sem uma boa razão e nunca executavam os criminosos que capturavam.

Eliel estava tão surpreso com aquela ordem quanto a maioria dos presentes, mas não teve escolha além de assentir, de forma respeitosa, sendo imitado em seguida por todos ao redor.

Assistindo à cena de braços cruzados a alguma distância, uma jovem e imponente guerreira alada, que se destacava dos demais por seus cabelos avermelhados e por sua brilhante armadura prateada, assentiu, satisfeita. Na opinião dela, já estava mais do que na hora de alguém dar um fim à existência daqueles dois e mandá-los para o inferno, que era o lugar de onde nunca deveriam ter saído.

◆ ◆ ◆

Laina Imelde marchava apressadamente pelo acampamento, mal notando os olhares de admiração que recebia.

Tendo 25 anos de idade, um corpo mediano, mas bastante curvilíneo, delineado pelo uniforme justo, aliado aos longos e sedosos cabelos loiros, soltos sobre os ombros, além de olhos verdes profundos e brilhantes, a mais nova capitã do Exército de Verídia era considerada por muitos como um banquete para os olhos.

A nova e brilhante insígnia no peito e as duas espadas curtas cujas bainhas ficavam presas em suas coxas davam a ela um ar de autoridade e perigo. E ela gostava disso.

Mas, naquele momento, ela tinha coisas mais importantes com que se preocupar além da própria vaidade.

— Como ele está? – Laina perguntou ao se aproximar de Lucine e Idan, que mantinham vigília ao lado da tenda de Evander.

— Não parece grave. A curandeira está examinando – respondeu Lucine, empertigando-se, numa instintiva e inconsciente reação à presença de um oficial superior.

Velhos hábitos não morrem fácil, pensou Laina.

— O que aconteceu?

— Ele passou mal de repente e desmaiou, então eu o trouxe para cá.

Laina assentiu, olhando para Idan.

— Você e Lucine passaram a maior parte do dia com ele, não? Esse foi o primeiro mal-estar que ele teve?

— Sim – respondeu Idan, com um meio sorriso. – Ele parecia muito bem... quero dizer... considerando as circunstâncias.

— Deve ser consequência da batalha – disse Lucine, lançando um olhar impaciente para a entrada da tenda. – Efeito retardado de algum daqueles poderes estranhos dele, provavelmente.

Laina assentiu novamente.

— Evander é um antigo colega seu, não? De antes de você pedir baixa?

Lucine cruzou os braços.

— Sim, nós dois fomos treinados pelo capitão Joanson.

Laina pensou por um instante. Ela também tinha sido treinada por Joanson, que tinha sido um dos melhores instrutores do Exército, principalmente depois que o pai de Evander, Leonel Nostarius, fora forçado a deixar de lado sua carreira de instrutor, ao ser promovido a general.

— Sabe, certa vez o capitão me disse que conhecia uma pessoa com habilidades similares às de Sandora e que, assim como ela, era um "ímã para problemas". Era a Evander que ele se referia, não era?

— Pode apostar nisso – respondeu Lucine, enfática. – São muito parecidos. Aura de proteção, arma especial, irritantes táticas de combate, tendência a querer salvar todo mundo, nenhuma hesitação em quebrar regras, isso sem falar na teimosia.

Laina sorriu. A forma como Lucine pronunciou aquela resposta e o fato de raramente usar tantas palavras numa única frase mostrava claramente que a caçadora de recompensas estava muito mais preocupada do que deixava transparecer.

— Espere aí – disse uma voz, com irônica indignação, atrás deles. – Sandora, sozinha, já era capaz de causar altos estragos. Só eu estou preocupado em saber que tem outra pessoa igual a ela por aí?

Laina se virou para ver o careca musculoso chamado Beni se aproximando, seguido pelos outros integrantes da unidade conhecida informalmente como "tropa caça monstros", da qual a própria Laina era um membro até alguns dias antes.

— Relaxa, Beni – respondeu Alvor, o arqueiro alto de cabelos castanhos. – Ao contrário de Sandora, esse garoto aí foi treinado pelo capitão Joanson.

— Pior ainda! – Beni retrucou, virando-se para o amigo. – Isso só significa que ele pode fazer um estrago ainda maior!

Laina soltou uma risada, no que foi acompanhada por Idan e pelos soldados. Lucine limitou-se a apertar os lábios e sacudir a cabeça, num gesto de impaciência.

— Ele vai ficar bem, não vai? – Loren, a ruiva que carregava uma grande quantidade de facas e punhais presos por todo o uniforme, perguntou.

— Provavelmente – respondeu Laina. – Ele não seria digno de ser comparado com Sandora se não fosse um vaso ruim.

— Ei, Laina – o moreno de olhos e cabelos negros chamado Iseo a chamou. – Posso falar com você um minuto?

— Claro – respondeu ela, caminhando ao lado dele em direção à praia até ficarem longe dos demais.

Iseo respirou fundo.

— E quanto às... você sabe... acusações?

Não era segredo para ninguém que Evander estava sendo procurado por traição e assassinato. Se capturado, provavelmente seria condenado à morte.

— Você pretende prendê-lo? – Lucine perguntou, surgindo ao lado deles de repente.

— Ai, que susto! – Laina reclamou, levando a mão ao peito.

— Céus! – Iseo exclamou, rindo. – Como consegue andar por aí nessa armadura sem fazer barulho nenhum desse jeito?

Lucine apenas encarou a capitã, esperando.

Laina suspirou e olhou ao redor. Os outros continuavam perto da tenda, aparentemente tendo uma conversa divertida com o paladino da terra.

— Relaxe – disse ela a Lucine, por fim. – Pessoalmente, eu não conhecia Evander antes da batalha contra Donovan. Mas eu já vi muitos encrenqueiros falando mal e inventando fofocas sobre ele. E apenas isso, para mim, já seria motivo suficiente para gostar do cara. Mas como ele arriscou a vida para proteger todo mundo, eu não vou autorizar a nenhum dos meus soldados que o prenda até que tenhamos provas concretas contra ele. Já deixei isso bem claro para todos os meus tenentes, inclusive.

— Mas... e quanto à ordem de busca e captura? – Iseo questionou.

— Eu li o manual, lembra? Capitães do Exército têm algumas regalias. Posso alegar *Caeci Sententia*. Tenho centenas de testemunhas de que ele lutou bravamente ao nosso lado.

— Isso é inútil – disse Lucine. – A acusação também tem testemunhas contra ele.

Provavelmente todas enganadas ou compradas.

— Sim, eu sei. Essa jogada não vai ter peso suficiente para livrá-lo da sentença, mas vai nos dar algum tempo. Vou aproveitar para investigar melhor essas alegações do nosso novo general. – Laina fez uma pequena pausa antes de prosseguir, apontando um dedo para Lucine. – Enquanto isso, eu tenho um favor para pedir a você.

— E o que é?

— Eu fui chamada de volta ao Forte. Temos que levantar acampamento amanhã bem cedo. E duvido que Evander iria querer ir com a gente.

— Isso é óbvio – resmungou Lucine.

— Então, Lucine, apesar de você não ser mais oficial do Exército, se alguém perguntar, digamos que eu pedi… não, eu ordenei, e de maneira bem veemente, que você ficasse de olho nele. Tudo bem?

Lucine encarou Laina por alguns instantes. As implicações daquele pedido eram claras. Ela deveria garantir que Evander não se metesse em encrencas, caso contrário, Laina poderia sofrer sérias punições por ter permitido que ele ficasse em liberdade.

Então assentiu devagar, concordando.

— Obrigada – disse Laina. – Não sei se você vai querer continuar prestando serviços para nós agora que o capitão não está mais aqui, mas…

— O capitão confiava em você – Lucine a interrompeu, com seus habituais modos bruscos. – Nem sei direito o porquê, mas ele confiava. E ele era muito melhor em julgar pessoas do que eu. Espero continuar recebendo meu pagamento em dia.

Dito isso, ela virou-se e marchou de volta para a entrada da tenda.

— Acho que você acabou de receber um elogio – disse Iseo, com um sorriso.

Laina olhou para ele com expressão irônica.

— Trabalhei junto com ela por anos e ela fala na minha cara que não sabe por que alguém confiaria em mim. Onde está o elogio?

O sorriso dele se ampliou.

— Que tal no fato de ela não confiar em ninguém?

Laina franziu a testa e abriu a boca para retrucar, mas interrompeu-se ao ver a movimentação na porta da tenda. A curandeira aparentemente tinha terminado o exame e estava saindo.

Tratava-se de uma mulher de baixa estatura e idade indefinida, que usava um lenço azul desbotado para cobrir quase a cabeça toda, deixando apenas o rosto visível. Carregava uma pesada bolsa de couro cheia de objetos de diversos tamanhos e formas.

Laina e Iseo se aproximaram no momento em que ela falava com Lucine.

Ao vê-la, a mulher se apressou em prestar continência.

— Oh, capitã Imelde!

— Cabo – Laina disse, deduzindo a patente da outra pela velha insígnia em seu peito e retribuindo a saudação. Ainda lhe era estranho ser tratada com formalidade e lhe incomodava um pouco ter que tratar os soldados pela patente ao invés de pelo nome, como estava acostumada a fazer.

— Eu estava explicando para a sargento...

— Eu não sou sargento – interrompeu Lucine. – Pedi baixa do Exército há anos.

— Oh, perdoe-me, sargento, quero dizer... senhora!

— Esqueça! Como está ele?

A curandeira pareceu confusa por um instante.

— Ele? Ah, o paciente! Ele está bem. Todas as minhas leituras foram boas. Deverá estar em plena forma em breve. Precisa apenas descansar mais um pouco.

— Quanto mais? – Lucine insistiu.

— Bem, sargento, é difícil dizer. As leituras mostram que ele está exausto, tanto física como emocionalmente. A batalha deve ter exigido muito dele.

— Não seria melhor levá-lo para a cidade? – Idan perguntou.

— Não vejo razão para isso – respondeu a mulher, com um sorriso. – No momento ele precisa apenas de um lugar tranquilo e silencioso para repousar. E, se possível, de alguém para ficar com ele, apenas por prevenção.

Laina cruzou os braços.

— Pelo que estou entendendo, ele está estável, não é? Não há risco de complicações?

— Ah, não, não. Ele está apenas cansado, o pobrezinho. Um tipo de esgotamento nervoso. Não é muito incomum, apesar de eu nunca ter visto um caso tão sério. Ele deve ter passado por alguma experiência bastante traumática... ou por uma série de experiências emocionais intensas. Isso, combinado com a manipulação de fluxos de energia, pode levar a um estado de...

— Baixo nível de cognação transcendente – resmungou Lucine, desviando o olhar para a tenda e cerrando os dentes.

A curandeira arregalou os olhos, surpresa, antes de sorrir.

— Isso mesmo, sargento! Não sabia que a senhora estava familiarizada com...

— E pare de me chamar de sargento!

A curandeira ficou vermelha.

Laina teve que apertar os lábios para segurar o riso e poupar a sensibilidade da mulher. Podia ver pelo canto dos olhos que os demais soldados também lutavam para se conter.

— Perdão, eu não...

— Como você sabe o que é "cognação transcendente"? – Laina perguntou a Lucine, tentando dar um fim àquela cena constrangedora.

— Eu sei, porque eu já tive isso – revelou Lucine, surpreendendo a todos e apagando definitivamente o riso do rosto dos soldados.

— Oh! – Foi tudo o que Laina conseguiu dizer por algum tempo.

Tentando se recuperar, a capitã voltou a atenção para a curandeira.

— Tem algo mais que possamos fazer por ele?

— Não, senhora. Ele parece ter uma saúde de ferro, todos os sinais vitais estão acima da média. Agora é só aguardar mesmo.

— Se importa se eu fizer um rápido exame, só para ter uma segunda opinião? – Laina perguntou, retirando uma pequena varinha de um compartimento lateral da bainha de uma de suas espadas.

— Absolutamente, capitã.

— Vão comer alguma coisa, depois falo com vocês – disse Laina aos soldados e entrando na tenda.

Depois que Alvor, Beni, Iseo e Loren se despediram alegremente e se afastaram, apressados, a curandeira ficou olhando, indecisa, para Idan e Lucine por um momento.

— Vocês... hã... vocês são amigos do paciente, não?

— Sim, senhora – disse Idan, com um sorriso amigável.

— Espero que possamos... quero dizer... bem, se vocês pudessem...

— Cuidar dele? – Idan sugeriu. – Claro, podemos nos revezar na vigília durante a noite, não é, Lucine?

A caçadora de recompensas deu de ombros e continuou olhando pela fresta da entrada da tenda, onde podia ver Laina balançando a varinha de ponta brilhante no ar.

— Obrigada. Temos outros pacientes para atender, então...

— Pode ficar tranquila, cabo – disse Laina, saindo da tenda enquanto guardava a varinha. – Tenho certeza de que esses dois poderão nos avisar caso aconteça alguma mudança no quadro. Apesar de que eu duvido que isso aconteça.

— Esse seu exame foi rápido. – Estranhou Lucine.

— Isso se chama "experiência" – respondeu Laina, sorrindo.

◆ ◆ ◆

Lucine respirou fundo ao ver a capitã e a curandeira se afastando e se virou para Idan, que sorria para ela.

— Você tem assuntos a tratar com Evander, eu presumo.

Ele não pareceu se importar com o tom seco dela.

— Na verdade, sim. Estou em uma missão e preciso da ajuda dele.

— Vi Evander falando algumas vezes sobre os monges de Lemoran, com ênfase em um determinado paladino com quem trabalhou em numa missão, que era muito grato a ele e blá-blá-blá. Imagino que seja você.

Idan olhou para ela, surpreso.

— Ora, existem muitos outros paladinos na irmandade, mas com certeza eu gostaria muito que as palavras dele fossem referentes à minha pessoa. Nós realmente nos envolvemos em uma situação bastante incomum certa vez, em minha terra.

— Certo – respondeu ela, distraída.

— Acredito que, se vamos esperar que nosso amigo acorde, passaremos algum tempo na companhia um do outro – disse ele. – Por que não nos sentamos e…

Ele interrompeu-se ao ver que Lucine o ignorava completamente e entrava na tenda. Ampliando o sorriso, ele sacudiu a cabeça enquanto ia atrás dela.

Evander estava deitado sobre um velho cobertor de viagem, com a cabeça apoiada sobre um travesseiro improvisado que parecia ser, na verdade, apenas uma trouxa de roupas velhas.

Os cabelos loiros e longos dele estavam emaranhados e o rosto de pele muito branca tinha as feições suavizadas e relaxadas durante o sono profundo. Lucine nunca o tinha visto assim, com aquela expressão tranquila e calma. Quando acordado, ele parecia estar sempre alerta e atento, interessado em tudo o que acontecia ao redor.

Idan parou ao lado dela e olhou para o amigo deitado por um momento, antes de tocar suavemente no ombro de Lucine e conduzi-la para fora.

— Precisamos deixá-lo descansar – disse, em voz suave.

Após saírem, Lucine desprendeu as espadas da cintura e colocou-as cuidadosamente sobre o velho tronco, antes de sentar-se ao lado delas, com um suspiro.

Idan sentou-se na outra ponta do tronco, olhando para ela com curiosidade.

— Está tudo bem? Posso fazer algo por você?

Lucine olhou para ele, desconfiada.

— Pode. Comece me dizendo por que, exatamente, está aqui.

Sem se abalar pelo tom seco dela, Idan inclinou a cabeça enquanto replicava, com expressão serena.

— Pensei que estava claro que estávamos do mesmo lado depois de lutarmos ombro a ombro contra tantos inimigos.

— Essa batalha só aconteceu porque fomos traídos por supostos aliados. Ele sorriu.

— Você tem toda razão. Mas seguindo essa linha de raciocínio, eu deveria desconfiar de você também, não deveria? Eu estou aqui porque me foi confiada uma missão pelos monges da irmandade. E quanto a você?

— Eu recebi uma ordem, bastante enfática, inclusive, para ficar de olho naquele cabeça-dura – ela fez um gesto de cabeça indicando a entrada da tenda – e evitar que se meta em encrencas.

— Entendo. Nesse caso não vejo problemas em compartilharmos algumas informações. Creio que temos uma longa espera pela frente. Diga-me: o que significa, exatamente, aquilo que a curandeira disse que nosso amigo tem?

Lucine franziu a testa.

— Sobre o nível de cognação transcendente? Resumindo, significa que ele está tão esgotado emocionalmente que o espírito não consegue manter uma conexão muito forte com o corpo físico.

— E você já passou por isso também?

— Não quero falar sobre isso.

— Como quiser – disse ele, dando de ombros. – E quanto àquela moça… Sandora, não é? Vocês disseram que os dois têm poderes parecidos. Será que ela não está passando pela mesma coisa que ele?

Lucine lembrou-se de seu primeiro encontro com ela, logo depois do genocídio de Aldera, e estreitou os olhos.

— Duvido muito.

E pouco me importo.

◆ ◆ ◆

Jarim Ludiana olhou mais uma vez para o cenário de morte e destruição à sua frente. Nada havia mudado desde a última vez que viera ali fora. Nada ali nunca mudava, mesmo assim, ele se sentia compelido a vir e ver com seus próprios olhos as consequências de seus atos impensados do passado.

Assim como a maioria de seus conterrâneos da província de Atalia, Jarim era ruivo e possuía olhos verdes. Tinha um corpo de estatura mediana, que no momento estava magro e abatido, exibindo as marcas da idade. Ele tinha consciência de que sua aparência era a de um homem com, no mínimo, dez anos a mais do que os seus 50 anos.

Sentindo um calafrio, ele levantou o capuz do manto de peles que usava, virando o rosto quando uma lufada de vento gelado o atingiu.

Concluindo que já tinha se autoflagelado o suficiente por aquele dia, Jarim deu as costas àquele cenário apocalíptico e voltou para dentro do abrigo subterrâneo. Após percorrer diversas câmaras, ele chegou ao local onde seu hóspede indesejado descansava.

Um homem grisalho, aparentando ainda mais idade do que ele, levantou os olhos vazios do livro que tentava ler.

— E então, general? Quando vai recuperar essa sua memória e ir embora daqui?

— Não sei – respondeu Leonel Nostarius, em um tom de voz baixo e rouco, que enfatizava ainda mais a idade avançada. – Mas se realmente quisesse se livrar de mim, você me ajudaria a lembrar. Você me conhecia de… antes.

Sim, de muitos anos atrás, pensou Jarim. *De antes de eu criar este inferno.*

— Você não precisa da minha ajuda. Nunca precisou.

Deixando seu hóspede sozinho e sem respostas, ele dirigiu-se à câmara da forja, onde começou a preparar o fogo. Forjar armas e armaduras era seu único passatempo há anos, e isso sempre o ajudava a pensar com mais clareza e deixar de lado a culpa e a tristeza.

Mas não hoje. A presença de Leonel Nostarius tornava impossível ignorar o passado. Ele era um tormento, uma lembrança constante dos erros que havia cometido, apesar de todos os esforços para trazer paz e prosperidade para sua gente.

Quando foi que tudo começou a dar errado?

Não, pensou, sacudindo a cabeça. Aquele não era o ponto, pois ele sabia a resposta para aquela pergunta. Tudo tinha começado há 20 anos. Com a convocação.

Parte I:

O Passado

Capítulo 1:
Gênesis

Capital do Império, 20 anos antes

O salão principal do palácio imperial estava lotado, com as pessoas mais influentes de cada uma das oito províncias presentes, assim como seus servos, ajudantes e bajuladores. Governadores, sacerdotes, sábios e seus conselheiros se espalhavam pelas mesas e cadeiras do suntuoso ambiente, por onde os servos circulavam com bandejas de comida e bebida. Os membros do Conselho Imperial caminhavam por entre as mesas, agindo como bons anfitriões e assegurando-se de que todos estivessem confortáveis e se sentissem bem-vindos. Generais e coronéis das diversas divisões do Exército também estavam presentes, envergando seus melhores uniformes e medalhas.

Leonel Nostarius não odiava nada daquilo. Nem os convidados ilustres, nem as centenas de velas acesas em cada um dos numerosos lustres que tornavam o ambiente iluminado como um dia ensolarado, nem a cerveja e vinho de excelente qualidade. Mas também não tinha uma predileção especial por nada do que havia ali.

Sentado em uma cadeira um pouco afastada, em sua farda de cor verde-escura com a insígnia de capitão brilhando do lado direito do peito, tendo presa à cintura a sua fiel espada longa, cuja bainha tocava o chão próximo à suas botas de couro negras como a noite, Leonel tentava ignorar os olhares de cobiça que recebia de muitas das mulheres presentes, desde as servas até oficiais de alta patente.

Ele sabia que era atraente, já tinha ouvido aquilo inúmeras vezes. Estava em plena forma, em seus 35 anos, coisa um pouco fora do comum, pois essa era a idade que as pessoas consideravam como o início da velhice. De qualquer forma, era forte e esbelto, com fartos cabelos escuros, que procurava manter curtos, e olhos negros sérios e penetrantes. O ar de seriedade e mistério era outro fator que as mulheres costumavam admirar, apesar de ele nunca ter entendido direito a razão daquilo, afinal, ele tentava ser sério justamente para desencorajar os avanços femininos.

Olhou mais uma vez ao redor, apertando os lábios. Onde estava o imperador, afinal? A única coisa que via eram pessoas públicas interagindo amigavelmente, rindo como se não houvesse nenhum problema no país.

Leonel achava aquilo ali uma perda de tempo e de recursos, considerando as inúmeras pendências que ele sabia que a maior parte dos militares tinha. Não conseguia deixar de se perguntar o motivo do imperador Sileno Caraman se dar ao trabalho de convocá-lo para aquela reunião, que mais parecia uma festa.

— Relaxe, Leonel – disse Demétrio Narode, aproximando-se, com um largo sorriso no rosto, enquanto se sentava na cadeira ao lado. – Não estamos aqui para fazer a segurança do imperador. Ele já tem guardas suficientes para isso. Vamos, tome alguma coisa.

As mulheres podiam até se sentir atraídas por Leonel, mas por Demétrio, elas praticamente enlouqueciam. Sendo um pouco mais jovem que Leonel, era loiro de olhos azuis, tendo um rosto de linhas clássicas e simétricas. O uniforme de gala de tenente caía muito bem nele, deixando-o com aparência mais elegante até mesmo que alguns dos generais presentes. Seus modos eram simpáticos e calorosos, sabia como ninguém como se portar em público e como fazer os outros se sentirem à vontade em sua presença. Também era um mestre na arte do flerte.

— Não, obrigado – respondeu Leonel, encarando o amigo por um instante. – Você está com uma marca – acrescentou, em voz baixa, com um rápido gesto em direção ao lado direito da própria boca.

— Oh! – Narode exclamou, com uma expressão de horror bem-humorada enquanto pegava um lenço e tratava de limpar a pequena mancha vermelha. – Obrigado. Melhor agora?

— Sim – disse Leonel por entre os dentes. – Por favor não vá envergonhar nossa divisão se envolvendo com a esposa de algum oficial. Ou, pior ainda, com alguma oficial casada.

— Não se preocupe. Com a promoção a capitão a caminho eu não faria nada impensado.

Se aparecer no meio de dezenas de oficiais e figurões do governo com uma mancha de pintura labial no rosto não era um ato impensado, Leonel não sabia o que mais poderia ser, mas decidiu manter esse pensamento apenas para si.

— A propósito – disse Narode, aproximando-se de Leonel e passando um braço pelos ombros dele –, não acho que eu agradeci o suficiente por você ter me convidado para este evento.

Leonel deu um tapa de leve na mão do amigo e se endireitou na cadeira, de modo a conseguir alguma distância, afastando-se daquele contato. Demétrio não era uma má pessoa. Na verdade, era um dos oficiais mais promissores e competentes que ele conhecia. Mas essa tendência dele de se aproximar e tocar os outros com intimidade era um pouco acima dos limites, na opinião de Leonel.

Romanticamente, Demétrio já tinha se envolvido tanto com mulheres quanto com homens, e costumava dizer que gostava do amor em todas as suas formas. Em público, no entanto, ele era esperto o suficiente para não fazer alarde de algumas de suas preferências. Afinal, mesmo sendo uma minoria hoje em dia, ainda existiam aqueles que pregavam que homossexualidade era uma doença que precisava ser curada. Ou erradicada a qualquer custo.

— Esqueça – respondeu Leonel. – Se eu pudesse, deixaria você aqui se divertindo e voltaria para minha tropa.

Narode riu.

— Tenho certeza de que sim, meu amigo. Alguma ideia de por que o imperador exigiu sua presença aqui?

— Nenhuma. Mas eu conversei um pouco com outros oficiais e descobri que houve outras convocações especiais além da minha.

— É mesmo? Algum conhecido nosso?

Leonel fez um gesto de cabeça para o outro lado do salão.

— O *belator* Ludiana é um deles.

— Jarim Ludiana? O vira-casaca de Atalia?

— Ele mesmo. E se eu fosse você evitaria usar esse apelido, principalmente ele estando no mesmo aposento.

Demétrio fez um gesto de pouco caso e olhou para Jarim, que se destacava em meio a uma roda de amigos, todos ruivos como ele. Conversavam animadamente com familiaridade, apesar de ser possível identificar pelos uniformes que não estavam todos no mesmo nível de autoridade e que Jarim provavelmente era o oficial de patente mais alta. Mas isso não era surpresa, pois a divisão de Atalia do Exército se caracterizava por ser a mais informal de todas.

— *Belator*? Por que ele ainda usa esse título? Ele não é um tenente ou capitão?

— Tenente. Mas o fato é que em Atalia os títulos antigos ainda possuem mais peso que as patentes militares. As pessoas de lá valorizam mais as próprias tradições do que o mérito e reconhecimento das tropas imperiais, que tratam como uma espécie de estrangeirismo.

— Interessante. Quem mais foi convocado?

— Suspeito de mais um ou dois. – Leonel olhou, pensativo, para uma mulher de turbante numa mesa próxima. Ela tinha pele escura e usava um uniforme branco. O corte do tecido era militar, mas num estilo completamente diferente do que se via na Província Central. Elegante, exótico e misterioso. Ela exalava um ar de autoconfiança que a destacava um pouco dos demais, apesar da expressão relaxada e do sorriso amigável.

— Oh, oh! – Narode chamou-lhe a atenção, apontando para a frente do salão. – Parece que a festa vai começar.

Leonel olhou naquela direção e viu o imperador entrando por uma porta lateral. Imediatamente, as conversas cessaram e as pessoas ficaram em pé. Os militares, incluindo Leonel e Demétrio, prestaram continência.

Após dar um leve beijo nos lábios da esposa, o homem que governava o Império subiu os poucos degraus do piso elevado da parte frontal do aposento, que era dominado por um grande e solitário trono. Virando-se para o salão, ele levantou a mão direita, fazendo um gesto para que as pessoas se sentassem.

O imperador Sileno Caraman era um homem alto e magro, na faixa dos 40 anos, com cabelos loiros muito claros na altura dos ombros e dono de uma voz grave e imponente. Vestia uma túnica de excelente qualidade, com diversos detalhes dourados, mas, diferente de boa parte das pessoas do salão, ele não usava nenhum tipo de joia.

Possuía um rosto anguloso e pequenos olhos castanhos, que pareciam brilhar com inteligência e determinação. A marca da Fênix, uma espécie de tatuagem que parecia brilhar quando ele falava, tomava quase toda a sua face direita, representando um pássaro de chamas, com formato similar ao de uma águia. Uma das asas começava próxima à orelha e a outra terminava no queixo. A ponta do bico flamejante do pássaro chegava a subir um pouco pelo nariz e as chamas que saíam da cabeça da figura terminavam um pouco abaixo do olho. Era uma imagem imponente e até mesmo assustadora.

Uma tradição de quase 700 anos dizia que a pessoa destinada a governar Verídia era escolhida pela entidade conhecida como Grande Fênix e recebia uma marca como aquela em algum ponto de sua juventude. Mesmo quando Verídia se tornou um Império e começou a anexar os outros países do continente, essa tradição foi mantida, principalmente pelo fato de os governantes escolhidos pela entidade sempre se mostrarem os mais sábios, justos e capazes.

Caraman era nativo da província da Sidéria, um país que passara a fazer parte do Império há menos de cinquenta anos. O fato de ele ter recebido aquela marca foi um fator crucial para acabar com as revoltas e a insatisfação daquele povo com a anexação. Há vinte anos no poder, Caraman já tinha dado provas mais do que suficientes de que era tão digno daquele cargo como qualquer um de seus predecessores.

Pegando um pequeno objeto metálico do braço do trono, o imperador prendeu-o à frente da túnica e começou a falar. Sua voz, amplificada, pelo diminuto artefato, percorreu todo o salão, soando alta e clara para todos os presentes.

— Saudações a todos! É um prazer e uma honra receber aqui hoje todos vocês, meus mais fiéis e leais amigos.

Caraman começou a bater palmas, no que foi imitado por todos, e logo todo o salão aplaudia em pé, num gesto já tradicional no início dos discursos do imperador.

— O grande Império de Verídia se estende de norte a sul, de leste a oeste – continuou o imperador, depois que as palmas cessaram. – Todos os que vivem neste continente são nossos conterrâneos, nossos aliados, nossos irmãos. E a menos que sejam verdadeiras as lendas que dizem haver outros continentes além dos nossos intransponíveis oceanos, somos todos um único povo, uma única força, uma única família.

O imperador fez uma pausa significativa, passando os olhos por todos os presentes no recinto, antes de continuar.

— Como todos sabem, reunir tantas pessoas diferentes num único Império não foi uma tarefa simples. Foi uma guerra. Uma guerra que durou mais de duzentos anos, se contarmos desde os primeiros conflitos entre o outrora Principado de Halias e o antigo Reinado de Verídia.

Ele fez uma nova pausa, olhando para o teto do salão e suspirando, antes de voltar a encarar a plateia.

— Unificar todo esse povo sob uma mesma bandeira foi o sonho de todos os meus antecessores, sem exceção. E fiquei muito feliz em honrar a memória deles tendo finalmente conseguido atingir esse objetivo dez anos atrás, quando o grande Reino de Atalia decidiu se juntar a nós. Mas o meu sonho, o meu objetivo, não é menos grandioso que o dos outros antes de mim. Meu propósito é garantir que todos sejam tratados com a justiça e consideração que merecem, não importando a cor da pele, dos cabelos ou dos olhos, não importando a crença religiosa, não importando se é homem ou mulher e, principalmente, não importando seu local de nascimento. Somos todos um único povo, com um único objetivo: viver em paz.

Mais uma vez a plateia bateu palmas com entusiasmo.

— Mesmo após tantos anos – continuou o imperador –, ainda existem aqueles que se ressentem do Império. Podemos encontrar muitos indivíduos que acreditam que vivíamos num mundo melhor antes da unificação, que questionam se o imperador realmente é digno de governar a todos. E o mais preocupante: existem pessoas que querem impor o separatismo a todos os seus semelhantes, sem se importar com os desejos e necessidades deles.

O imperador agora demonstrava fúria, enquanto olhava cada pessoa nos olhos.

— Não me importo que me chamem de tirano. Não me importo que me acusem de opressor desalmado. Não me importo que falem mal de mim ou até mesmo que atentem contra minha vida. Agora – neste momento ele levantou a voz, quase a ponto de gritar –, o que eu não suporto, o que eu não admito, é que atentem contra a liberdade e o bem-estar do meu povo!

Após alguns segundos carregados de emoção, a plateia se levantou numa ovação. Sileno Caraman fez um gesto, pedindo que um dos generais se aproximasse, então continuou.

— Hoje, contamos com a força de nosso grandioso Exército unificado para manter a paz e a segurança. Mas existem situações delicadas e perigosas, em que precisamos dos melhores entre os melhores. Por isso, eu e o Conselho Imperial entramos em um consenso: precisamos de uma tropa de elite, com autoridade para intervir em situações inusitadas em que vidas estejam em risco. E para isso, quero que todos conheçam os melhores e mais valorosos guerreiros que cada uma das oito províncias do Império tem para oferecer.

Leonel e Demétrio se entreolharam, espantados. Uma tropa especial? E sob as ordens diretas do imperador? Com certeza seria uma grande honra para todos os escolhidos.

Garleu Vilar, o general da divisão do Exército a qual ambos pertenciam, adiantou-se a um novo gesto do imperador e recebeu dele o pequeno amplificador de voz. Então se virou para o salão e saudou a todos com o tradicional gesto militar de continência, prontamente retribuído por grande parte dos presentes. Vilar era conhecido por suas atitudes francas, práticas e diretas, por dispensar formalidades e por, em seus discursos, ir sempre direto ao ponto, sem rodeios. Leonel o respeitava muito por isso.

— Saudações a todos. Para os que não me conhecem, eu sou o general Vilar, da primeira divisão.

Leonel achava que, dificilmente, haveria alguém naquele salão que não conhecesse um dos mais poderosos oficiais do Império.

— Hoje recebi a honra de anunciar os nomes daqueles considerados dignos de servirem à nova tropa imperial. Então, sem mais delongas, peço para que se aproxime o aspirante Galvam Lemara, da província de Halias.

Uma salva de palmas soou pelo recinto enquanto um homem enorme, de mais de dois metros de altura e cerca de 120 quilos, de olhos e cabelos castanhos, levantou-se e caminhou até a frente da plateia, recebendo o cumprimento do general e colocando-se ao lado dele. Seu rosto, apesar de sério e compenetrado, não conseguia esconder totalmente os sinais de surpresa e excitação.

— Da província das Montanhas Rochosas, a tenente Luma Toniato.

Foi a vez da mulher de turbante, que Leonel notara antes, levantar-se e se dirigir à frente, sendo também saudada com palmas. Ele meio que esperava que ela andasse de forma graciosa, de forma a combinar com a imagem serena e amável que ele tinha feito dela. No entanto, para sua surpresa, ela usou passos largos e decididos, praticamente marchando ao passar por entre as mesas. O sorriso brilhante que ela exibia, no entanto, mostrava que estava tão surpresa e animada quanto o gigante de Halias, que a cumprimentou com um forte aperto de mãos.

— Das florestas de Lemoran, a sacerdotisa Gaia Istani.

O salão inteiro se pôs de pé e aplaudiu com vigor.

A sacerdotisa era uma mulher pequena e de aspecto delicado, que ficou parecendo ainda menor e mais frágil quando parou ao lado dos outros dois. Ela foi cumprimentada com um abraço por cada um deles antes de virar-se para a plateia, com o rosto corado pela enorme ovação que recebia. Com um sorriso sereno, mas emocionado, ela agradeceu a todos.

Leonel, bem como boa parte das pessoas no salão, conhecia os atos heroicos e altruístas dos membros da Irmandade da Terra, especialmente de Gaia Istani, que era um dos prodígios de sua geração, com grandes chances de conseguir uma alta posição entre os sacerdotes de Lemoran no futuro. Ela não era, oficialmente, membro do Exército, mas todos a respeitavam como se fosse.

— Da província de Ebora, a subtenente Ada Gamaliel.

Depois da animação com a qual Gaia Istani foi recebida, os aplausos dedicados à jovem morena de cabelos curtos e grandes olhos azuis foram quase um anticlímax, mas ela não pareceu se importar. Sorrindo, agradeceu as palmas e cumprimentou os novos colegas de equipe com gestos efusivos. Parecia uma criança que tinha acabado de ganhar um doce.

— Das universidades de Mesembria, o professor Lutamar Romera.

Com movimentos tranquilos e discretos, o professor atravessou o salão e se colocou ao lado dos colegas, fazendo apenas uma leve reverência para agradecer os aplausos. Tinha olhos verdes penetrantes, cabelos negros revoltos e uma postura elegante e serena.

— Da província da Sidéria, o aspirante Erineu Nevana.

Nevana era um homem alto e atlético, que, pelo que Leonel tinha ouvido falar, nunca largava sua arma. Dirigiu-se a seu lugar, ao lado do professor, com o fiel arco composto na mão direita e a aljava de flechas balançando nas costas. Tinha longos cabelos loiros e olhos azuis.

— Da Província Central, o capitão Leonel Nostarius.

Aquilo não foi, necessariamente, uma surpresa para Leonel. Afinal, tinha que haver um bom motivo para ele ser obrigado a deixar de lado seus deveres como treinador e comandante de tropa num momento tão importante, uma vez que estavam recebendo novos cadetes e havia inúmeros problemas a resolver.

Outra intensa salva de palmas irrompeu pelo salão, o que também não o surpreendeu. Ele não era, exatamente, popular, mas a unidade que comandava, sim. Chegava, inclusive, a ser temida em alguns lugares.

Sem expressar nenhuma emoção, ele se levantou, ignorando os tapas nas costas e incentivos verbais de Demétrio, e marchou para a frente do salão, onde parou e prestou continência em frente ao general e aos demais que tinham sido chamados antes dele, ao que foi prontamente retribuído da mesma forma. Então ele marchou até o lado de Erineu Nevana e deu meia volta, prestando continência novamente, dessa vez para a plateia.

As palmas cessaram imediatamente e o salão caiu num silêncio respeitoso enquanto todos os oficiais presentes e até mesmo a maioria dos não oficiais retribuía o cumprimento. Nem mesmo o general Vilar tinha arrancado uma reação tão imediata e intensa dos presentes.

Militar até os ossos, pensou Demétrio Narode, divertido.

O imperador sorria satisfeito, estudando com interesse os movimentos de Leonel e a resposta da plateia a ele. Aquilo deixou o tenente ainda mais interessado. *Ora, ora, isso está ficando cada vez melhor.*

— E por último, mas não menos importante, da província de Atalia, o *belator* Jarim Ludiana.

O tenente, que gostava de ser chamado de *belator*, era um homem de estatura mediana, que andava com determinação e rapidez. Tinha os cabelos em um tom ruivo escuro, olhos verdes e rosto coberto por sardas.

Foi recebido pela plateia com palmas cautelosas. Era de conhecimento geral que ele havia lutado contra o Império durante a Guerra da Unificação, mas desde que seu país fora anexado a Verídia, ele passara a lutar ao lado do Exército para ajudar a manter a paz.

Leonel correu os olhos pelo salão, concluindo que, a julgar pela descon-fiança estampada em diversos rostos, dez anos não era tempo suficiente para esquecer certas rixas.

Jarim se dirigiu à frente do salão com uma expressão de animada deter-minação no rosto, acenando para os amigos e agradecendo as palmas, mesmo estas não sendo nem de perto comparáveis às recebidas pelos demais.

O imperador aproximou-se e saudou cada um dos oito escolhidos com um sorriso e um caloroso aperto de mão, antes de apoderar-se novamente do amplificador de voz.

— Agradeço a cada um dos oito por terem atendido à convocação e terem vindo até aqui hoje. Sei que foi uma surpresa terem sido chamados dessa forma, mas me foi confidenciado, durante o meu discurso, que a escolha efetuada pelos generais e governadores foi a mais acertada possível e que vocês estariam dispostos, mais do que quaisquer outros, a trabalhar em prol da paz e do bem comum. O que me dizem?

Leonel sabia bem o que o imperador queria dizer com "me foi confidenciado". Aquilo significava que a Grande Fênix estava abençoando a criação daquela equipe, apesar da óbvia e preocupante heterogeneidade de seus membros. Mas, como sempre, ele não deixou seus pensamentos transparecerem e apenas assentiu, aceitando a proposta do imperador assim como os demais, que expressavam sua concordância de forma bem mais enfática. Ele percebeu a que a subtenente Gamaliel chegou até mesmo a verter lágrimas de alegria e gratidão.

— Então – o imperador retomou a palavra –, por meio de decreto imperial, declaro que, a partir de agora, estes guerreiros passam a fazer parte da tropa especial, que será conhecida como Guarda Imperial, que responderá diretamente a mim. Que os céus iluminem o caminho de todos vocês!

◆ ◆ ◆

Com um sorriso simpático, Demétrio Narode abriu a porta e marchou para dentro da sala, parando em frente à escrivaninha, onde prestou continência, que foi retribuída pelas pessoas que estavam ali, sentadas em poltronas espalhadas pelo aposento, que era uma espécie de sala de estudos, cheia de prateleiras com livros, mapas, papéis, penas e inúmeros outros objetos para escrita e desenho.

— Muito prazer em conhecê-los. Eu sou o tenente Demétrio Narode e recebi a grande honra de ser nomeado para o posto de comandante desta equipe.

Luma Toniato ajeitou melhor o turbante e estreitou os olhos, enquanto o *belator* Jarim Ludiana arqueava uma sobrancelha. Ada Gamaliel apenas sorria, ainda nas nuvens por ter sido convocada para a equipe. A sacerdotisa Gaia Istani, o gigante Galvam Lemara e o arqueiro Erineu Nevana encararam Narode com curiosidade, enquanto o professor Lutamar Romera, sentado num canto atrás dos demais, ficou perplexo por um instante, antes de levar a mão ao rosto, disfarçando um sorriso.

Narode inspirou fundo e continuou:

— Nosso povo muito se orgulha de possuir oficiais tão talentosos como vocês. E temos que dar o melhor de nós para retribuir a confiança que está sendo depositada sobre nossos ombros. Primeiramente, creio que o ideal seria nos conhecermos melhor. – Narode se interrompeu ao ver Luma Toniato levantando a mão. – Pois não, tenente?

— Está faltando um dos membros da equipe. O capitão Nostarius não vai participar?

Narode limpou a garganta, o que fez o professor Romera novamente ter que disfarçar o sorriso divertido.

— Infelizmente, o capitão teve que atender a um chamado urgente e me pediu para irmos adiantando as formalidades até que ele esteja disponível.

39

As pessoas da sala receberam aquela informação com variados graus de aceitação ou ceticismo.

— Vamos começar por você, subtenente. – Narode apontou para Ada. – Apresente-se e nos diga quais são as suas habilidades.

Durante a meia hora seguinte, Narode envolveu todos os sete oficiais num debate em relação aos pontos fortes e fracos da equipe. Demonstrou excepcionais capacidades de dinâmica de grupo, parecendo saber muito bem o que estava fazendo. Ele conseguiu, em pouquíssimo tempo, estabelecer um vínculo emocional entre os membros da equipe ao conversar sobre as principais vitórias e momentos tristes passados por cada um. Até mesmo a tenente Toniato e o *belator* Ludiana acabaram deixando o ceticismo de lado, ficando satisfeitos com o desenrolar da reunião.

De repente, a porta foi aberta e Leonel Nostarius entrou, seus olhos negros percorrendo cada um dos presentes, até pousar em seu amigo.

— Pela Fênix, Narode, que raios pensa que está fazendo?

— Ops! Acho que fui pego! – Demétrio disse, dirigindo aos demais um dar de ombros e uma expressão cômica que fez com que quase todos rissem.

Narode olhou para Leonel, que o amigo o encarava, sério. Então, respirou fundo e voltou-se novamente para os demais, esboçando um sorriso brilhante.

— Desculpem, meus amigos. Eu não tenho nenhuma ligação com essa equipe. Sou apenas um curioso que conseguiu passar pela segurança para poder ter o prazer de conhecer pessoalmente a nova tropa de elite do Império. – Ele ficou sério. – Desejo, sinceramente, que muitas glórias os aguardem nessa sua nova jornada. Agora, se me derem licença…

Evitando olhar para Leonel, ele tratou de deixar o aposento.

— Amigo seu? – Lutamar Romera perguntou a Leonel, com ironia.

O capitão suspirou.

— Sim, ele é.

— Parece ser uma boa pessoa – disse Ada.

— Sim, ele é confiável… na maior parte do tempo – admitiu Leonel. – Ele gosta de fazer brincadeiras às vezes, mas tirando isso é um oficial competente e respeitável. O professor Romera pode atestar isso.

Todos os olhos se voltaram para Lutamar, que apenas sorriu.

— Sim, eu já o conhecia. Não disse nada porque eu queria ver até onde essa brincadeira iria chegar. Devo dizer que as habilidades de oratória e liderança dele melhoraram bastante nesses últimos anos. Ele conseguiu entreter a todos nós por meia hora, fez com que até mesmo nosso amigo arqueiro ali risse.

Com certeza, pensou Leonel, observando todos os olhares se dirigirem para o aspirante Nevana, que levantou as mãos com as palmas para cima e apertou os lábios, lançando um olhar de irônica indignação para o professor e fazendo todos caírem na risada.

— E quanto a você, capitão? – Luma Toniato perguntou, ainda rindo, o que tornava o rosto dela ainda mais singular e atraente. – Por que o atraso?

— O imperador solicitou minha presença. Recebi ordens para representar esta equipe perante ele e o Conselho.

— Então você será o nosso comandante? – Jarim perguntou.

A bem da verdade, aquela seria a escolha mais lógica, sendo Leonel o oficial com patente mais alta, apesar de nem todos ali serem oficiais.

— Não necessariamente – respondeu Leonel. – Eu serei o responsável por fazer os relatórios, mas o imperador prefere que vocês... digo, que *nós* tenhamos liberdade para eleger nosso líder. E precisaremos fazer isso logo, pois já temos a nossa primeira missão.

♦ ♦ ♦

Três anos depois

— Cinco elementos perto do portão e mais dois perto das casas – informou a agora capitã Ada Gamaliel, olhando para o aglomerado de construções à distância, através de uma luneta.

— Guarda reforçada – concluiu o major Leonel Nostarius, pensativo.

— Não creio que sejam páreo para nós – disse ela, baixando a luneta e revelando seus olhos azuis, que faziam um contraste fascinante com sua pele morena.

Naqueles três anos em que haviam trabalhado juntos, Leonel tinha concluído várias coisas sobre Ada. Primeiro, ela era um dos melhores soldados que ele já tinha conhecido. Tinha um preparo físico extraordinário, era muito forte e extremamente ágil, com impressionantes reflexos que eram capazes de virar o jogo a seu favor em qualquer batalha, por mais difícil que fosse. Segundo, era muito fácil trabalhar com ela, pois era bem-humorada, otimista, determinada, cheia de energia e, ao mesmo tempo, disciplinada. E terceiro, apesar de ser tão forte, ela conseguia manter as formas femininas razoavelmente atraentes. Seria a encarnação da definição dele de mulher perfeita, se ela não fosse quase vinte anos mais jovem que ele.

Não que ele estivesse procurando algum tipo de envolvimento. Já estava mais do que provado que ele era um fracasso completo nesse departamento e não estava nem um pouco interessado em voltar a cometer a estupidez de tentar se aproximar de alguém.

— Não me preocupo com esses separatistas – respondeu ele, passando a mão pelos cabelos enquanto esquadrinhava a região com seus olhos negros penetrantes. – Quem realmente me deixa apreensivo é o líder deles.

Ada inclinou a cabeça para um lado, pensativa.

— Você o conhece, não? Quero dizer, de antes de tudo isso?

— Você é muito jovem e vem de uma província pacífica, por isso não deve ter ouvido falar dele antes. – Leonel apertou os lábios por um momento. – Donovan Veridis foi uma peça-chave durante o final da guerra da unificação, quando o Império anexou Atalia e Lemoran. Ele é um estrategista brilhante e tem um conhecimento incomum sobre manipulação de energia mística. É também um excelente instrutor, provavelmente o melhor que o Exército de Verídia já teve.

— Uau! Você chegou a lutar ao lado dele?

— Algumas vezes, mas nunca chegamos a conversar pessoalmente.

— E sabe por que, depois de mais de dez anos do fim da guerra, ele decidiu virar de lado e se tornar um terrorista?

— Não faço ideia. Eu só sei que ele é extremamente competente no que faz. Vejo apenas duas possibilidades. Ou ele encontrou uma razão muito boa para atacar o Império...

— Ou...? – Ada perguntou, ao ver que Nostarius tinha interrompido a sentença, pensativo.

— Ou ele simplesmente enlouqueceu – concluiu ele, suspirando.

— O que me parece bem mais provável.

O ex-coronel Donovan havia enviado uma carta ao imperador, exigindo a "libertação" da província de Atalia, caso contrário ele iria liberar uma nuvem tóxica na região.

— Talvez – disse Leonel, pensativo, voltando a olhar ao redor.

— Mas ninguém acredita que ele possa cumprir essas ameaças. É totalmente impossível... não é?

— Em teoria, sim.

Mas Leonel não estava muito satisfeito com aquela missão. O fato de Donovan ter mudado de lado, a forma como o ultimato dele fora redigido, o absurdo das exigências, a maneira como os separatistas se organizaram... Aquela situação toda o deixava inquieto, com a impressão de que tinha algo importante acontecendo e ele não conseguia enxergar o que era. E ele odiava aquela sensação.

— Você não me parece muito convencido.

Ele não respondeu de imediato. O que o incomodava? Começou a repassar os detalhes da missão em sua mente. Pensou nos oito membros daquela equipe. Pensou na equipe em si e na forma como ela havia sido criada. Lembrava até hoje de cada palavra do discurso do imperador. Então veio à sua mente a imagem do coronel Veridis, seu uniforme todo sujo e rasgado, depois de liderar pessoalmente um batalhão numa bem-sucedida operação de contra-ataque às tropas de Lemoran.

Já tinha pensado e repensado tudo aquilo inúmeras vezes. Ele sabia que devia ter algo ali, mas não conseguia ver o que era. Ou, talvez a realidade fosse bem mais simples: talvez ele não estivesse vendo nada porque simplesmente não existisse nada para ver, e ele estava apenas ficando paranoico.

— Não sei – respondeu Leonel, massageando os olhos. – Talvez seja só o cansaço.

Ela riu.

— Claro que você está cansado, todos nós estamos. Não paramos, praticamente, por um minuto sequer nos últimos dois meses.

Aquilo era outra coisa que estava incomodando Leonel. Durante os três anos em que aquela equipe estava ativa, nunca tinham ficado tanto tempo em campo sem pausas. Como a Guarda Imperial era uma equipe de assalto, eles costumavam resolver os problemas em curtos espaços de tempo: alguns dias ou no máximo uma ou duas semanas. Mas nos últimos meses as missões se sucederam uma após a outra, num ritmo frenético e preocupante.

E Leonel tinha a impressão de que a atual missão era o desfecho daquela sequência. Só não sabia de onde vinha essa impressão, não conseguia achar uma explicação para aquilo. E, sendo um homem extremamente racional, que não acreditava em coisas como intuição e sabia que tudo sempre acontecia por alguma razão, aquilo era altamente perturbador.

Ele pegou a luneta das mãos de Ada e observou o alvo deles por um momento. Como explicar aquela sensação, que nem ele mesmo conseguia entender direito?

— Você acha que é uma cilada – concluiu Ada.

— Não sei o que pensar – admitiu ele. – Não vejo um motivo razoável para isso. Nenhum de nós tem ligação direta com Donovan, então a motivação dele não poderia ser algo pessoal contra nossa equipe. Talvez ele ache que nos eliminando possa atingir o imperador, ou algo assim.

— Mas isso não faz sentido, não é? Se nós falharmos, o imperador irá mandar uma tropa maior e muito mais poderosa.

— A menos que a ameaça de Donovan não seja um blefe e ele queira nos envenenar junto com a província.

— Oh, aí vem o resto do pessoal.

Os outros seis integrantes de tropa se aproximaram, liderados por Jarim Ludiana.

— Ada. Leonel. Prontos para botar para quebrar?

— Quando quiser, *belator* – respondeu Leonel. – Esta é a sua província, portanto, você é o líder. Como quer fazer isso?

Jarim estudou a paisagem diante deles. Aquele era um local montanhoso, com elevada altitude, o que tornava a respiração difícil até mesmo para ele, que tinha morado naquela província a vida toda.

— Segundo nossa inteligência, não há nada do que eles afirmam lá. O tal veneno mortal é só um blefe. Eles devem ter cerca de uma dúzia de reféns, e só. Tudo o que discutimos antes continua valendo.

— A propósito – o professor Romera adiantou-se, sorrindo para Leonel –, o capitão Narode mandou lembranças.

Demétrio Narode parecia ter encontrado sua vocação ao se juntar à rede de espiões do imperador. Além de ter se tornado uma valiosa fonte de informações para a Guarda Imperial, ele conseguira criar laços de amizade com todos os membros da equipe. Até mesmo o sempre sério Galvam Lemara costumava sorrir e balançar a cabeça ao falarem de Narode.

Leonel só esperava, para o bem do amigo, que Demétrio controlasse seus impulsos e diminuísse, ou, pelo menos, fosse discreto em suas aventuras amorosas, caso contrário, não duraria muito tempo naquele ramo.

— Nossa prioridade é libertar os reféns – continuou Jarim. – Vamos seguir o plano: primeiro entramos lá e tentamos negociar. Não vamos fazer nada impensado até termos certeza de que os reféns estão seguros ou de que não temos outra opção.

— Jarim – disse Leonel, em tom sério. – Nossa equipe é boa o suficiente para passar por essa resistência. Temos várias opções estratégicas aqui. Não precisamos, necessariamente, nos expor, chegando lá com uma bandeira branca.

Jarim Ludiana encarou Leonel por alguns instantes, considerando aquilo, antes de balançar a cabeça.

— Não, major. Vamos nos ater ao plano original. Não quero correr o risco de ter que entrar em combate contra essas pessoas a menos que seja estritamente necessário.

— Jarim… – intrometeu-se o professor Lutamar Romera, com um tom de censura na voz. – Pense bem. Sabemos que a resistência é grande, podem ter centenas de pessoas lá. Se eles nos cercarem, muita gente pode se machucar.

— Jarim tem razão em um ponto, professor – comentou a sacerdotisa Gaia Istani. – Se houver uma forma pacífica de resolver a situação, eu creio que vale a pena arriscar.

— Eles podem ser muitos – respondeu o *belator* –, mas como Leonel disse, não são páreo para nós. E tudo o que temos que fazer é neutralizar o tal Donovan.

— Não se esqueça de que ele foi um dos maiores heróis da guerra da unificação – lembrou Leonel. – Ou ele enlouqueceu ou tem um motivo muito forte para mudar de lado agora. Narode não conseguiu mais nada sobre ele?

— Narode encontrou evidências de que a maioria das afirmações da carta de Donovan é mentira – disse Luma Toniato. – E minhas outras fontes também não conseguiram encontrar nada além de contradições.

Por um momento, Leonel olhou para Luma. Mesmo endurecida por tantas batalhas e infortúnios, ela continuava tão atraente quanto antes, talvez até mais. No entanto, mesmo que pudesse voltar no tempo, provavelmente não seria capaz de mudar nada do que fizera, então alimentar aquele tipo de pensamento não o levaria a lugar algum. Ele desviou o olhar.

— Não existe nenhum veneno – dizia Jarim.

— É provável – ponderou Leonel. – Mas e se existir? E se eles conseguirem dar um jeito de nos neutralizar? Ou, então, se as negociações derem errado e eles conseguirem fugir? Nesse caso, poderão jogar isso em qualquer parte do país sem ninguém para impedi-los. – Jarim abriu a boca para protestar, mas Leonel ergueu uma mão, num gesto que pedia calma, e prosseguiu. – Escute, tem algo estranho acontecendo aqui. E não podemos descartar a possibilidade de eles não quererem negociar.

Jarim olhou para o professor.

— Romera, você acredita mesmo na possibilidade de esse cara ter criado um veneno mortal?

— Sinceramente? Não sei. – O professor sacudiu a cabeça.

Jarim olhou para os rostos de todos, avaliando as expressões de cada um. Então se virou para Leonel.

— A menos que você tenha algum argumento melhor que esse, meu amigo, vamos prosseguir com o plano.

Leonel encarou Jarim por um instante, com sua costumeira expressão que não revelava nenhuma emoção, antes de assentir.

— Obrigado – disse o *belator*. – Vamos em frente. Galvam, Luma, Gaia e Erineu serão a equipe de suporte. Ada, Leonel, Lutamar, estou contando com vocês. Vamos salvar aquelas pessoas.

◆ ◆ ◆

Os separatistas tinham construído uma espécie de aldeia no meio das árvores. Não chegava a ser uma fortaleza, mas era protegida por uma cerca alta de madeira que parecia bem resistente.

Os guardas do portão não se surpreenderam ao verem os quatro membros da Guarda Imperial se aproximando. Colocaram-se de prontidão e ficaram examinando os recém-chegados com muita cautela, mas não chegaram a desembainhar as armas.

— Sou o *belator* Jarim Ludiana, da Guarda Imperial. Estou aqui para falar com Donovan.

Os separatistas assentiram e abriram o portão, convidando todos a entrarem com um gesto.

Leonel entrou junto com os outros, analisando os arredores com cuidado. Um dos guardas ia à frente deles, mostrando o caminho, enquanto a maioria dos outros vinha atrás, numa escolta silenciosa e ameaçadora. Felizmente, aquelas pessoas não se deram ao trabalho de tentar desarmá-los, o que seria uma total perda de tempo. Por outro lado, isso podia ser um indicativo de que os conheciam bem e talvez soubessem do que eram capazes.

Um homem na casa dos cinquenta anos, de cabelos grisalhos e olhos azuis, saiu de uma das cabanas e aproximou-se deles.

— Ora, se não é a elite da Guarda Imperial. A que devo a honra desta visita?

— Coronel Veridis – saudou Leonel, adiantando-se. Como era o único que conhecia Donovan pessoalmente, tinha sido encarregado de iniciar os trâmites diplomáticos. – Há quanto tempo.

— Donovan. Meu nome é Donovan, e deixei de ser coronel há muitos anos – disse ele, olhando demoradamente para Leonel, da cabeça aos pés. – Eu me lembro de você. O garoto perspicaz de nome imponente. Leonel Nostarius, correto? Lutou sob minhas ordens em Lemoran.

— Isso mesmo, senhor. Não achei que fosse se lembrar de mim.

— Ah, eu me lembro. Você era subtenente na época, um dos mais promissores que eu tive, diga-se de passagem. Qual é a sua patente agora? Já chegou a coronel?

— Major.

— Meus parabéns.

— Obrigado – respondeu Leonel, com cuidado. Donovan parecia interessado em conversar, apesar dos olhares cautelosos que lançava a cada um deles. Talvez fosse possível resolver aquele impasse por meio de diplomacia, afinal. – Permita-me apresentar o *belator* Jarim Ludiana, nosso comandante.

Jarim deu um passo à frente.

— O imperador recebeu sua mensagem, senhor Donovan. Ele nos enviou. Estamos aqui para negociar.

— Fico honrado com a consideração, *belator*. Por favor, acompanhem-me.

E assim foram levados para dentro da maior cabana do pequeno vilarejo, onde havia uma grande mesa de reuniões com, no mínimo, 20 lugares. Tanto a mesa quanto as cadeiras eram feitas de madeira maciça e cheias de detalhes. Era um lindo trabalho artesanal e Leonel concluiu que o conjunto todo deveria valer uma pequena fortuna. Havia ricas tapeçarias pelas paredes e um grande lustre no teto iluminava o ambiente com diversos cristais de *luz contínua*. O chão era quase todo coberto por um grosso tapete com intrincados detalhes em tons vibrantes de azul e vermelho. Aquela sala parecia destoar completamente do restante do vilarejo, cujas construções eram simples e rústicas.

Ada e Lutamar olhavam ao redor, impressionados.

— Vejo que gostaram de minhas humildes instalações – disse Donovan, com um sorriso, enquanto sentava-se de um dos lados da mesa e convidava-os a se instalarem diante dele. – Tudo isso foi feito aqui mesmo. O povo de Atalia conta com excelentes artesãos e tapeceiros, e tenho a honra de alguns deles terem abraçado a minha humilde causa.

A um sinal de Donovan, um homem se aproximou trazendo uma bandeja com um jarro de vinho e taças. Tratou então de servir a todos, saindo em seguida.

— Agradeço a acolhida, senhor Donovan – disse Jarim, ignorando a bebida. – Mas eu gostaria de ir direto ao ponto, se não se importar.

Donovan tomou um gole de sua taça, antes de assentir.

— Muito bem, *belator* – respondeu o homem, com um leve sorriso. – Meus termos são bastante simples. O Império deve libertar Lemoran e Atalia de sua tirania, retirar suas tropas e devolver os países aos seus governantes de direito, caso contrário, muita gente morrerá.

◆ ◆ ◆

— Tudo tranquilo por lá até agora – comentou o arqueiro Erineu Nevana, olhando o vilarejo com uma luneta.

— Cuidado! – Luma alertou, olhando para imagens difusas criadas pelo brilho de um pequeno objeto similar a uma moeda em sua mão. – Não sei como, mas estamos cercados por unidades armadas e em formação. Acho que seremos atacados a qualquer momento pelo sul e pela trilha a nordeste.

— Oh não! – A sacerdotisa Istani levou a mão ao peito.

— Quantos? – Galvam Lemara quis saber, levantando-se do tronco em que estava sentado e desembainhando a espada.

— Muitos – disse Luma.

Galvam balançou a cabeça com um meio sorriso.

— Leonel não erra uma, não é mesmo?

— Ele apenas pensa em todas as possibilidades – comentou Luma, guardando o objeto brilhante e checando os demais itens místicos que carregava nos incontáveis bolsos de seu traje. – Dessa forma não há como errar.

Então, sons de dezenas de pessoas marchando e vozes exaltadas chegaram até eles.

— Tropas hostis a nordeste, com grito de guerra e tudo – disse Erineu, guardando a luneta e preparando o arco. – Luma, acho que é hora de mandar o sinal.

Um *grito de guerra*? Num ataque a *quatro pessoas*? Luma não sabia se ficava lisonjeada ou se sentia pena.

— Certo – respondeu ela. – Que a Fênix nos ajude!

Mesmo enviando o sinal agora, todos eles sabiam que seria impossível os reforços chegarem antes de a batalha começar.

Capítulo 2:
Caos

Leonel olhava para Donovan, completamente estarrecido. Ada e Lutamar estavam boquiabertos, enquanto Jarim estreitava os olhos, irritado.

— Isso é um absurdo! Você enlouqueceu! – O belator levantou-se bruscamente, fazendo com que a cadeira caísse para trás com um estrondo. – Não vou permitir que cometa um genocídio desse nível apenas para comprovar uma teoria insana!

Os guardas que estavam na porta da cabana sacaram suas armas. Donovan se levantou devagar, dizendo:

— Já comprovei essa teoria há anos. A migração vai ocorrer, você querendo ou não.

Leonel fez um gesto para Lutamar, que imediatamente fechou os olhos, invocando um encantamento de proteção.

— E vocês serão os primeiros a embarcar nessa viagem! – Donovan exclamou, fazendo um gesto com o punho direito.

Imediatamente, o enorme lustre se soltou e caiu sobre a mesa com um estrondo. Ao racharem, os cristais de luz contínua emitiram uma grande quantidade de energia que foi liberada na forma de uma poderosa onda de choque, que jogou os quatro membros da guarda contra a parede, juntamente com as cadeiras e tudo o que estava sobre a mesa em frente a eles.

Quando voltou a abrir os olhos, Leonel percebeu que havia um gás de cor púrpura envolvendo-os.

— Não respirem!

Ada se levantou com a mão sobre os lábios e tentou abrir a porta de madeira, mas estava trancada. Ela então recuou até a outra parede, ativou sua impressionante habilidade mística de aumento de força e correu, lançando-se contra a madeira. Um novo estrondo foi ouvido quando a porta, bem como boa parte das paredes de ambos os lados, veio abaixo.

Os guardas que vigiavam do lado de fora tentaram atacá-la, apenas para serem atropelados, pois, quando viu o lado para onde Donovan tinha ido, ela disparou naquela direção, usando sua incrível força para derrubar a tudo e a todos em seu caminho.

Leonel, Lutamar e Jarim saíram da cabana, tossindo e sentindo o início dos efeitos do veneno, que Donovan tinha descrito tão claramente para eles minutos antes. Imediatamente, foram atacados pelos guardas e uma batalha ferrenha se seguiu. Apesar dos separatistas não possuírem a mesma força, determinação, armamentos ou a experiência dos membros da Guarda Imperial, eles eram em número bem maior.

Aquele foi um dos dias mais sangrentos da vida de Leonel Nostarius. Quando aquela batalha acabou, ele concluiu que aquele seria um dos poucos episódios em sua vida dos quais ele nunca mais gostaria de se lembrar.

Lutar contra soldados durante uma guerra era uma coisa, mas aquelas pessoas não passavam de agricultores e pastores lutando pelo que achavam que era o melhor para seu lar e suas famílias. Aquilo era injusto, insano. Os separatistas os atacavam e lutavam até a morte, com determinação ferrenha. Donovan tinha feito uma doutrinação e tanto naquelas pessoas.

— Lutamar? – Leonel olhou para o professor, tão exausto pela batalha quanto ele.

— É, meu amigo, acho que eu estou lhe devendo um jantar. Se eu tivesse demorado um segundo a mais não teria conseguido concluir a invocação da barreira.

— E ela está funcionando? – Jarim quis saber.

— Sim, creio que estamos protegidos da maioria dos efeitos da intoxicação por mais algum tempo.

— Quanto tempo?

— Uns quinze minutos.

— Então temos quinze minutos para parar aquele louco e impedir que ele envenene o rio – concluiu o *belator*.

— Ada foi atrás dele – ponderou Leonel. – Precisamos investigar essas cabanas. Os reféns podem estar por aqui.

— Certo, ao trabalho, homens!

Leonel chegou a uma casa que tinha as portas fechadas e escoradas com vigas de madeira, como se tivesse algo ali dentro que os separatistas não quisessem que fugisse. Ele aproximou o ouvido da porta e arregalou os olhos ao escutar o choro de uma mulher do outro lado. Imediatamente, ele embainhou a espada e tratou de remover as escoras, escancarando a porta.

Deparou-se, então, com três rostos femininos abatidos e assustados. Uma das mulheres era loira e estava deitada em um catre, aparentemente em trabalho de parto, com seu ventre volumoso, e tinha o que parecia ser um graveto entre os dentes. Choramingava enquanto tentava empurrar o bebê, incentivada por uma ruiva que também parecia em estágio avançado de gravidez.

A outra mulher era morena, mais velha do que as outras e encarava Leonel, demonstrando medo e confusão.

A ruiva olhou para ele e seus olhares se encontraram por um longo instante. Ela parecia exausta e aterrorizada e seu olhar suplicava por ajuda. Não para ela, mas pela loira que estava dando à luz.

— Misericórdia! – Leonel exclamou, saindo da cabana e se preparando para gritar por ajuda, quando viu Galvam, Erineu e Gaia se aproximando. Estavam sujos, rasgados e cansados, aparentemente tinham tido sua própria quota de batalhas naquele dia.

— Gaia! Aqui!

— O que houve?

— Reféns. Mulher em trabalho de parto. Precisamos tirar todos daqui.

— Pelo Espírito da Terra! – Gaia exclamou, ao ver os cadáveres dos separatistas. – O que aconteceu aqui?

— Donovan está louco. Negociação é impossível. Ele tem o veneno e vai liberá-lo a qualquer instante. Esses homens lutaram até a morte por ele.

— Céus! Galvam, venha comigo.

— Luma? – Leonel perguntou a Erineu.

— De guarda.

Leonel assentiu.

— Ajude a vasculhar as casas. Deve haver mais reféns e o veneno pode estar em qualquer lugar.

Os dez minutos seguintes foram os mais longos da vida dele. E ao mesmo tempo foram curtos demais.

Uma das cabanas tinha uma espécie de passagem secreta que levava para um túnel subterrâneo. Leonel pegou uma tocha e seguiu por ele até finalmente encontrar o que procurava.

O túnel terminava em outro, bem maior, no qual havia um pequeno rio subterrâneo. O local estava muito bem iluminado por cristais brilhantes afixados às paredes. Bem à frente da entrada, do outro lado do fluxo de água, havia uma enorme estátua de um cavalo alado, com um aspecto estranho. Tinha uma cor arroxeada e parecia estar derretendo, as gotas de cor púrpura formando uma poça no chão e escorrendo até o riacho.

Leonel aproximou-se um pouco mais ao ouvir sons de luta e olhou para a sua direita.

A cerca de 50 metros de distância havia um buraco no teto da caverna, por onde entrava um raio do sol do meio-dia, iluminando uma pequena plataforma de pedra de cor esverdeada. Um pouco além estava Donovan, levantando um bastão do qual saía uma poderosa descarga elétrica, que atingia em cheio uma mulher.

51

— Ada! – Leonel gritou, largando a tocha, desembainhando a espada e correndo para atacar o velho insano.

Donovan olhou para ele e levantou o bastão, emitindo uma nova descarga elétrica. Leonel estacou e abraçou o próprio corpo, numa postura defensiva que permitiria a seu traje especial absorver a maior parte daquela eletricidade, mas então percebeu que o ataque de Donovan não tinha sido direcionado a ele.

O raio atingiu a base da estátua do outro lado do riacho, danificando o pedestal, o que fez com que a enorme rocha arroxeada caísse dentro da água. A estátua não voltou à tona, mas a água começou a mudar de cor e a emitir borbulhas, de onde uma névoa púrpura começou a surgir.

— Chegou bem a tempo de ver o espetáculo, major Nostarius – disse Donovan. – A maturação está completa, o encanto está concluído. O rio está amaldiçoado para sempre, assim como o seu corrupto Império.

— Maldito seja! – Leonel gritou, mais uma vez correndo na direção de Donovan.

Mas o velho ignorou-o. Apenas subiu na plataforma esverdeada e deixou cair um pergaminho, que fez com que a plataforma brilhasse num verde intenso, antes de lançá-lo para cima, numa incrível velocidade.

Leonel correu até a plataforma, mas de longe dava para perceber que ela estava danificada. O maluco havia sabotado aquela ponte de vento para que ninguém pudesse segui-lo. Raios!

Correu então até onde Ada estava caída no chão. Ou, pelo menos, o que tinha restado dela. Estava quase irreconhecível, completamente queimada, os braços e pernas caídos em ângulos impossíveis.

Ele olhou novamente para o riacho. Toda a extensão de água que ele podia ver já estava contaminada e a névoa púrpura já estava tomando conta de quase toda a caverna. Até mesmo os cristais de iluminação da parede começaram a se contaminar e brilhar num tom alaranjado, diminuindo consideravelmente o brilho.

Seus quinze minutos já estavam esgotados. Precisava sair dali.

Deu uma última olhada para o corpo de Ada Gamaliel.

— Perdoe-me, Ada. Prometo que não irei falhar dessa forma de novo!

Então ele virou-se e correu na direção do túnel de onde viera, agarrando a tocha que ainda queimava no chão e afastando-se daquele lugar o mais rápido que podia.

O efeito da barreira de proteção de Lutamar estava acabando. Leonel podia sentir seu corpo se enfraquecer, ficar mais lento, mais pesado. Forçou-se a continuar correndo até chegar novamente ao interior da cabana e fechou a porta do túnel. Sabia, no entanto, que se o que Donovan tinha dito a eles fosse verdade, essa porta não iria segurar a contaminação.

Ele correu para fora, mas teve que parar quando foi assolado por um acesso de tosse.

— Leonel! – Jarim gritou, vindo em direção a ele. – Você está bem? Encontrou Donovan?

— Temos que sair daqui. Ele... – Leonel foi interrompido por outro acesso de tosse – ele matou Ada... e jogou o veneno no rio.

— Não! – Jarim exclamou, chocado. – Não pode ser! Tem que ter algo que possamos fazer.

Leonel começou a caminhar na direção dos outros, que estavam agrupados na porta da cabana das grávidas.

— Com certeza tem algo que possamos fazer – Leonel esforçou-se para dizer, com a voz grave e rouca. – Vamos sair daqui primeiro, depois descobriremos o quê.

— Leonel! Você está ferido? – Gaia correu até ele.

— É o veneno – respondeu ele, balançando a cabeça. – Vamos embora, temos que sair daqui!

— Tem uma ponte de vento do outro lado da aldeia. Já tiramos os reféns por lá – informou Lutamar. – Sigam-me!

Nesse momento, Galvam saiu da cabana carregando a ruiva grávida nos braços. A mulher chorava desconsolada e resmungava algo sobre uma bruxa.

— O que houve? – Leonel perguntou a Gaia, enquanto caminhavam.

Ela balançou a cabeça, triste.

— A outra mulher não sobreviveu ao parto. Já tinha perdido sangue demais, não pude fazer nada.

Leonel percebeu que Erineu tinha passado um braço ao redor dos ombros de Jarim para ajudá-lo a caminhar. O *belator* parecia estar em choque.

Ele voltou a olhar para Gaia.

— E a criança?

— Foi levada.

— Como assim? Por quem?

— Pela outra mulher que estava lá, aquela morena. – A sacerdotisa torcia as mãos, nervosamente. – Achei que ela estava apenas querendo ajudar, deixei-a segurar o bebê enquanto tentava salvar a mãe. Quando nos demos conta, ela havia desaparecido.

— Ela escapou pela ponte de vento antes que tivéssemos percebido que ela existia – esclareceu Lutamar.

— E quanto a Luma? – Erineu perguntou.

— Já demos o sinal de retirada – explicou Galvam.

— Deve haver algo importante em relação a esses bebês – comentou Leonel enquanto subiam na plataforma de vento.

— Primeiro vamos cuidar de vocês – disse Gaia, olhando, apreensiva, para Jarim. – Podemos nos preocupar com o resto mais tarde.

Assim, eles partiram, salvando algumas poucas vidas, enquanto a névoa mortal se expandia, cada vez mais rápido.

◆ ◆ ◆

Uma semana depois

Leonel sentava-se em um banco, diante do grande chafariz na praça que servia como área de treinamento para as tropas de Aurora, a capital do Império. Ele encarava, sem ver, a belíssima estátua, enquanto tentava entender o que estava acontecendo. Parecia que o mundo tinha enlouquecido enquanto ele não estava olhando. A tragédia que se abatera sobre a província de Atalia tinha virado sua vida de pernas para o ar.

— Ouvi dizer que queria falar comigo – disse uma determinada voz feminina atrás dele.

— Aurea Armini, eu presumo – respondeu ele, sem se virar. – Por favor, sente-se.

A ruiva contornou o banco e sentou-se ao lado dele devagar, pousando uma das mãos sobre o ventre distendido pela gravidez, que já havia entrado em seu nono mês. Ela era alta, para os padrões do Império, e assim como Jarim tinha cabelos ruivos, olhos verdes e a pele pontuada, ocasionalmente, por pequenas sardas. Apesar da fragilidade conferida pela gravidez, tinha o aspecto de uma pessoa que lutava as próprias batalhas.

Leonel tentou se concentrar. Não fazia parte da natureza dele ser gentil ou atencioso. Diferente do amigo Demétrio Narode, ele não era versado na arte de ganhar a confiança das pessoas, principalmente de mulheres. Mas ele era um homem prático e naquele momento, tinha uma tarefa importante a cumprir.

— Como está o bebê?

— Está bem, obrigada. Deve vir ao mundo a qualquer momento.

— Isso é ótimo – disse ele, olhando para ela e revelando sinceridade no olhar. – Fico feliz por você.

Ela sorriu e assentiu.

— Me disseram que você proibiu os demais oficiais de me interrogarem – ela olhou para ele com curiosidade.

— Até o seu bebê ter nascido e vocês dois estarem bem, seguros e saudáveis, não permitirei que ninguém a aborreça.

— Nem mesmo você? – Ela aumentou o sorriso.

— Se eu a estiver aborrecendo, pode me dizer a qualquer momento, que eu irei embora e a deixarei em paz.

— Muito nobre de sua parte.

Ele sacudiu a cabeça e voltou a olhar para a estátua.

— Não há nobreza nenhuma nisso, estou apenas sendo prático. Tem certeza de que deveria estar em pé? Não seria melhor ficar em repouso absoluto? Os oficiais me disseram que sua situação é de alto risco.

— Segundo a tenente, é melhor eu me manter em movimento o máximo que puder para facilitar a circulação das ervas e ajudar a limpar meu organismo. Posso me exercitar um pouco, desde que eu não tente voltar a prender bandidos. – Ela soltou um riso nervoso.

Ele olhou para ela, interessado.

— E era isso que você fazia em Atalia? Trabalhava na guarda?

— Ah, não. Eu era só uma instrutora de combates marciais. Cheguei a ajudar os guardas da minha cidade uma ou duas vezes, mas não foi nada oficial.

— Talvez isso explique como conseguiu sobreviver a tanta coisa. Você tem um corpo forte e bem treinado.

Ela riu com vontade.

— No momento, major, eu me sinto como um elefante com pés de pato. Mal consigo me mover. Devo ter ganhado uns vinte quilos durante essa gravidez.

— Bobagem. Você está ótima.

— Acho difícil acreditar nisso, mas obrigada.

Leonel estava surpreso. Aquela conversa estava saindo infinitamente melhor do que ele tinha previsto. Por alguma razão, era muito fácil conversar com ela.

— Tem algum lugar para ir? Quero dizer, depois que o bebê nascer e você estiver recuperada?

Ela voltou a ficar séria.

— Quer dizer, agora que meu marido, minha família e todos os meus amigos estão mortos, envenenados pelo homem que eu segui cegamente, acreditando que era a melhor pessoa do mundo? Não, não tenho.

Infelizmente, não havia nada que Leonel pudesse fazer em relação ao pesar dela, por isso achou melhor deixar aquele ponto de lado e ater-se somente ao que estava ao seu alcance.

— Certo. Mas não precisa se preocupar com isso, temos bastante espaço por aqui e os céus sabem o quanto precisamos de mais instrutores. Isso é, se você não se importar de trabalhar para o Exército.

— E por que eu me importaria? Vocês salvaram minha vida.

— Mas não conseguimos salvar sua família.

— Vocês fizeram tudo o que puderam, major. Estou em dívida eterna para com vocês. Quando nos trancaram naquela cabana eu tinha certeza de que estava condenada. Para falar a verdade, eu nem me importava, seria um alívio. Finalmente iria acabar o sofrimento, as dores, as crises constantes, essa gravidez interminável, tudo. Então, de repente, você entrou por aquela porta como uma espécie de vingador celestial, destemido, determinado. Naquele momento você abalou meu mundo. Ver você e sua tropa arriscando a vida para ajudar outras pessoas fez com que eu percebesse o quão egoísta eu estava sendo, querendo apenas fugir pelo caminho mais fácil. – Ela fez uma pausa, enquanto limpava as lágrimas dos olhos. – Naquele dia você salvou a minha vida de diversas formas.

— Fui apenas o primeiro a chegar até você, só isso.

— Não. Foi mais que isso. Foi a sua presença de espírito, sua bravura, foi… Não sei nem como explicar.

Leonel olhou para ela, sério, por alguns instantes.

— Então quer dizer que você se sente em dívida para comigo? Isso é bom, pois eu preciso que você faça uma coisa em retribuição.

— Pode me pedir qualquer coisa. Não que eu possa fazer muito nesse estado. – Ela levantou os braços, fazendo um gesto para a barriga protuberante.

— Melhore.

— Como?!

— É o que eu preciso que você faça. Tenha esse bebê e melhore. Supere essas crises e fique saudável novamente.

Ela abriu um enorme sorriso, visivelmente tocada. A emoção dela era tanta que lágrimas rolavam abundantes por sua face.

— Sim, senhor!

Os dois ficaram em silêncio por mais de um minuto, ambos olhando para o chafariz, perdidos em pensamentos. Até que ele voltou a olhar para ela.

— Você disse que tem essas crises há meses, certo?

— Sim, todas as mulheres grávidas tinham.

— Como são essas crises, exatamente?

Ela deu de ombros.

— Dor, muita dor. Às vezes, em um ponto do corpo, às vezes, no corpo inteiro. Na maioria das vezes a dor mais forte é no peito. Em alguns casos ocorrem contrações involuntárias e câimbras. Às vezes, a dor é tão forte que chego a perder a consciência.

— Quantas grávidas havia naquele lugar além de você?

— No começo eram muitas, nem consegui contar. Mas com o passar dos meses elas iam desaparecendo. Sofriam uma crise mais intensa, eram levadas para o curandeiro e não voltavam. Diziam para a gente que elas eram transferidas para outro lugar, onde teriam cuidados mais adequados, mas nunca nos davam notícias. O sofrimento era tão grande que eu simplesmente me esquecia delas.

— Viu alguma entrar em trabalho de parto?

— Sim, mas era sempre a mesma coisa. Eram levadas e não voltavam mais. Imagino que tiveram o mesmo destino daquela que estava comigo quando você nos achou, pobrezinha.

— Pode nos dizer alguma coisa que nos dê alguma pista sobre a causa dessas crises? Os curandeiros imperiais não fazem a menor ideia do que possa estar errado.

Ela olhou para baixo e acariciou o ventre protuberante, obviamente perturbada. Leonel percebeu a reação e se aproximou mais dela no banco, preocupado.

— Por favor, Aurea. Há algo mais sobre você e as outras grávidas que eu deveria saber? Algo que possa nos dar uma pista de como ajudar você?

◆ ◆ ◆

De uma das varandas do principal prédio militar da capital, Luma Toniato e Gaia Istani observavam a praça, onde Leonel e Aurea conversavam.

— Gaia, tem certeza de que é uma boa ideia deixar que Leonel cuide disso? Ele não é nenhum cavalheiro, se é que você me entende.

A sacerdotisa fez um gesto na direção do casal, que conversava em voz baixa à distância. Pareciam sérios, mas estavam muito próximos enquanto falavam se olhando nos olhos.

— Por alguma razão, Aurea confia nele. Deve considerá-lo o seu herói ou algo assim.

Luma observou enquanto Aurea falava algo e gesticulava bastante, aparentemente tentando explicar algo complicado. Leonel ouvia com grande interesse, ocasionalmente fazendo uma pergunta ou outra.

— Parece que sim – concordou Luma, estreitando os olhos. – Não é comum ver mulheres se aproximando dele dessa forma. Ainda mais com toda a bagagem que ele carrega desde a morte dos pais.

Gaia levou uma das mãos ao queixo, pensativa, enquanto observava os gestos dele à distância. O major nunca tinha sido uma pessoa muito sociável e essa característica tinha se intensificado depois da tragédia de Atalia. Mesmo assim, ele era o que melhor estava lidando com aquilo. Os demais membros da Tropa Imperial, incluindo a própria Gaia, estavam todos debilitados e abatidos tanto pela depressão quanto pela breve exposição à névoa púrpura. Leonel era o único que não havia apresentado sintomas de intoxicação. Também era o único deles que tinha mantido o foco sem se deixar abalar. *Que graças fossem dadas ao Espírito da Terra por isso.*

— Talvez essa situação venha a ser benéfica para ele – disse ela, antes de se voltar para Luma. – E você? Como está?

Luma sacudiu a cabeça, a pedra de seu turbante reluzindo sob um raio de sol.

— Além de um pouco de tosse e coriza, não estou sentindo mais nada.

— E a depressão?

Luma apertou os lábios e desviou o olhar.

— Não é a primeira vez que tenho que arcar com as consequências das minhas mancadas.

— Não vá por esse caminho, Luma. Você sabe onde ele vai dar.

— Eu sei! Eu sei! Podemos mudar de assunto? Você falou com os outros? Como eles estão?

— Lutamar está se matando de trabalhar, Erineu voltou para Sidéria fingindo que nada aconteceu, Galvam está se afogando na bebida e Jarim pensando em suicídio.

— Pela Fênix! E eu aqui, me afogando em autopiedade. Para uma tropa que era considerada "os melhores entre os melhores", estamos dando um vexame e tanto, não?

— Foram milhões de mortos, Luma. Milhões! Incluindo um dos nossos.

Ambas ficaram em silêncio por um momento. Então Luma soltou um suspiro e ajeitou seu turbante.

— Jarim perdeu tudo. Casa, família, amigos. Preciso conversar com ele.

— Isso seria ótimo.

— Acha que o imperador vai dissolver a tropa?

— Não enquanto Leonel e Lutamar continuarem a fazer milagres.

— A ideia de Lutamar para as fronteiras deu certo?

— Sim, o veneno foi completamente contido, graças aos céus. As outras províncias, bem como o oceano, estão seguros por enquanto. Conseguimos conter o que provavelmente seria o maior desastre da história.

— Para mim isso *já é* o maior desastre da história.

Gaia apenas assentiu. Impossível argumentar contra aquilo.

— Perdemos uma província inteira – continuou Luma. – Todas aquelas vidas ceifadas em... o quê? Três dias? A névoa se espalhou por todo lugar como fogo em palha. Parece até um pesadelo.

— Tudo poderia ter sido muito pior se não freássemos a expansão do feitiço antes de ele chegar ao mar ou a algum outro grande rio. Ainda bem que... – Gaia arregalou os olhos ao perceber uma comoção no pátio. – Pela Mãe Terra!

Luma olhou naquela direção e viu Leonel marchando na direção do prédio principal, carregando Aurea Armini nos braços. A mulher parecia inconsciente.

◆ ◆ ◆

O major Demétrio Narode sentou-se ao lado de Leonel na sala de espera e bateu nas costas dele, amigavelmente.

— E aí, como está?

— Em trabalho de parto – respondeu Leonel, com voz neutra.

— Não me referia a ela. Quero saber como *você* está.

Leonel olhou para o amigo e suspirou.

— Para ser franco, não sei. Essa confusão toda em Atalia cobrou um preço muito grande de todos nós.

— Aquilo foi uma tragédia, mas não deve se deixar abater por isso, Leonel. Muitos dependem de pessoas como nós.

— Eu sei.

— Você parece cansado. Talvez devesse ir para casa e tirar alguns dias de folga.

— Estou considerando essa possibilidade.

— É mesmo? – Demétrio exclamou com um largo sorriso. – Bom ouvir isso, meu amigo, muito bom mesmo. Faz anos desde que vi você parar para tomar um fôlego pela última vez.

Leonel deu de ombros e continuou sentado, olhando para o corredor à sua frente.

— Eu preciso ir – disse Narode, levantando-se. – Ah, antes que me esqueça, o imperador mandou lembranças para você. Disse que estamos fazendo um ótimo trabalho por aqui.

Leonel assentiu, distraído. Narode olhou para ele com atenção.

— Você *realmente* parece exausto, meu amigo. Cuide-se.

— Você também – respondeu Leonel, despedindo-se do major com um gesto de continência informal.

Demétrio retribuiu o gesto e marchou para a saída. Leonel observou o amigo se afastar, imaginando se o imperador realmente tinha feito a escolha correta quando escolheu o representante da Província Central para a Guarda Imperial.

O que teria acontecido em Atalia se Demétrio estivesse lá no lugar dele? Narode era um negociador nato, um oficial com bastante empatia e que se relacionava facilmente com qualquer tipo de pessoa, enquanto Leonel era… bem, ele não era nada disso. Será que Narode teria sido capaz de conversar com Donovan e fazê-lo ver a razão?

Não, de alguma forma, Leonel não conseguia acreditar naquilo. Donovan parecera alterado demais, insano demais para compreender qualquer tipo de argumento.

Vendo a parteira entrar na sala, ele deixou suas ponderações de lado e levantou-se.

— Como ela está?

A mulher sorriu.

— Ela está muito bem, major. Ou melhor, eles estão bem. É um bebê lindo e saudável.

Leonel sentou-se novamente com um suspiro de alívio, dando-se conta de que era a primeira vez em décadas que experimentava um genuíno sentimento de preocupação em relação a outro ser humano.

— Obrigado, senhora.

— Eu não fiz nada demais major. Mas confesso que não sei se conseguiríamos reverter a situação se não fosse pelas informações que o senhor nos passou quando a trouxe para cá.

Ele apenas assentiu, perdendo-se em pensamentos. Ainda se sentia em choque por tudo o que Aurea havia lhe dito antes de sofrer outra crise, que acabou fazendo-a entrar em trabalho de parto.

O que ela lhe contou era irreal, bizarro, inconcebível. Como alguém em sã consciência podia tomar uma decisão daquelas?

Se bem que, na verdade, ele sabia a resposta: amor maternal. Racionalmente falando, a escolha dela podia ser um absurdo, mas considerando a parte emocional, fazia todo sentido. E aquilo aumentava ainda mais a sensação de impotência, que Leonel tanto odiava.

Maldito seja, Donovan!

Assim como preocupação, o ódio era outro sentimento que ele nem conseguia lembrar direito da última vez em que tinha chegado a sentir. Mas o desastre de Atalia, combinado com as chocantes revelações de Aurea formavam um quadro revoltante demais para que até mesmo ele conseguisse se manter indiferente.

Era um verdadeiro milagre que uma criança tivesse conseguido nascer viva naquelas condições, quanto mais duas!

Luma e Gaia tinham vindo conversar com ele horas antes. Perguntaram se ele tinha conseguido alguma informação de Aurea, mas ele não conseguiu responder. Parecia-lhe que a história que Aurea lhe contara era íntima, pessoal demais. Falar sobre isso com outra pessoa, mesmo com seus amigos, não lhe parecera correto.

Para um homem conhecido por não ter emoções, ele com certeza estava bastante abalado por aquela situação.

— Major?

Ele levantou o olhar, percebendo que a parteira o chamava. Por um momento tinha se esquecido completamente de que ela estava ali.

— Sim?

— O senhor pode entrar para vê-la agora.

Ele a fitou, confuso.

— Como?

— Aurea Armini. Imaginei que o senhor gostaria de vê-la agora.

— Ah, sim, claro. Obrigado.

A parteira sorriu e pediu que ele a seguisse. Era encantador ver o nervosismo do major, denunciando a preocupação para com a paciente. Ainda mais considerando a fama que ele tinha, de ser um soldado duro, implacável.

Leonel seguiu a parteira pelo corredor, entrando num quarto tranquilo com amplas janelas e que exalava um agradável aroma de ervas.

Aurea estava deitada na cama, recostada aos travesseiros enquanto dava de mamar ao bebê. Ela desviou os olhos para Leonel e sorriu. Um sorriso intenso, tão radiante que fez com que ele se esquecesse de tudo o mais e aquela sensação de irrealidade desaparecesse, de repente.

Ao menos uma coisa boa tinha ocorrido em meio a todo aquele caos.

— Olá, major – ela o saudou, alegremente. – Quero que conheça o meu filho, Evander.

Capítulo 3:
Compromissos

Honra Natis é o tipo de homenagem que a maioria dos oficiais, senão todos, sonham em um dia receber. É o prêmio máximo de coragem e de bravura no cumprimento do dever. Seu nome fica para sempre gravado na Muralha dos Heróis, um enorme monumento na praça principal da capital do Império, eternamente imortalizado ao lado dos nomes dos maiores e melhores guerreiros de todos os tempos.

Hoje era a vez de Ada Gamaliel receber a sua mais que merecida homenagem. Leonel considerava impulsiva e imatura a atitude dela ao sair sozinha em perseguição a Donovan durante a batalha de duas semanas antes, mas não havia a menor dúvida de que fora um ato corajoso.

Do telhado do prédio mais alto em frente ao monumento, Jarim Ludiana assistia enquanto o oficial efetuava a gravação do nome dela no enorme paredão de mármore negro.

Leonel aproximou-se e saudou o amigo com um gesto de cabeça. Jarim olhou para ele com expressão desconcertada antes de voltar a desviar o olhar para a praça.

— Obrigado por ter vindo – disse Leonel.

— Ela merecia muito mais do que isso. Infelizmente, é tudo o que posso fazer por ela agora.

— Ninguém culpa você, Jarim.

— Isso é porque vocês todos são boas pessoas.

Na praça abaixo, o imperador voltava ao palanque para o discurso oficial, dando prosseguimento à cerimônia. Ele parou em frente à concha de caramujo gigante sobre o palco, que servia como um potente amplificador de voz. A multidão na praça fez silêncio absoluto quando ele começou a falar.

Hoje imortalizamos nesta rocha o nome de Ada Gamaliel, da província de Ebora, por sua coragem, honra e dedicação ao bem-estar da população do Império; por sua determinação em lutar contra os inimigos da paz, colocando a segurança dos cidadãos à frente de sua própria; por sua abnegação, em considerar que a vida de cada um de nós era mais importante do que a dela; por considerar-se uma serva de todos, desde o mais simples camponês até o mais graduado general. Não existem homenagens realmente à altura de tanta bravura e dedicação. Escrever um nome em uma rocha com letras pequenas está muito longe do que merece um soldado como ela. Ou de qualquer um dos outros que tiveram seus nomes escritos nesse mural.

O imperador era um excelente orador, mas não eram as palavras que ele dizia que trouxeram lágrimas aos olhos de todos os presentes. Era a forma como ele carregava cada sílaba com tanta emoção e devoção, compartilhando com todos os seus próprios sentimentos de pesar e indignação com a partida de alguém que ele considerava como um ente querido.

Leonel sabia que o discurso da cerimônia de *Honra Natis* podia levar horas se fosse feito por qualquer um dos predecessores de Sileno Caraman. Mas o atual imperador não precisava disso. Ele conseguia unir os corações das pessoas com poucas e bem colocadas palavras e as pessoas o amavam por isso.

Uma ovação enorme teve início, as pessoas batendo palmas, gritando, assobiando e prestando a última homenagem àquela que havia sido a integrante mais jovem da Guarda Imperial.

Leonel e Jarim bateram palmas também.

Ao ver as lágrimas escorrendo pelo rosto do amigo, Leonel invejou a capacidade das outras pessoas de se emocionarem a esse ponto e conseguirem dar vazão a essa emoção. Em seu próprio peito, a morte de Ada permanecia como um assunto inacabado, algo pelo qual ele se sentia compelido a tomar uma atitude, a fazer algo a respeito. No entanto derramar uma simples lágrima era algo muito além das capacidades dele.

Após alguns instantes, o imperador levantou a mão direita pedindo silêncio. Aos poucos, a multidão foi se acalmando e ele voltou a falar.

Eu tenho certeza de que Ada Gamaliel concordaria comigo, quando digo que ela não estava lá sozinha encarando o inimigo. Havia uma tropa com ela. Um integrante de cada uma das províncias do Império estava lá, lutando a seu lado e fazendo o possível para que a justiça triunfasse. Infelizmente, naquele dia, o inimigo era muito mais poderoso e traiçoeiro do que podíamos ter antecipado. E Ada não foi a única a perecer. Nosso país todo está de luto pela perda de nossos irmãos da província de Atalia. Um povo justo, correto e trabalhador, que nada fez para merecer tal sina.

O imperador fez mais uma pausa, enquanto a multidão fazia silêncio.

Tenho certeza de que Gamaliel concordaria comigo que, não só ela, mas todos os membros da Guarda Imperial merecem uma homenagem hoje. Apesar de termos perdido Atalia, o resto de nós está aqui, vivo e respirando, o que não estaria acontecendo se não fosse pelos incansáveis atos desse grupo de heróis que encontrou uma forma de neutralizar o encanto maligno e impedir que o mesmo destino se abatesse às regiões vizinhas, e provavelmente a todo o Império.

Mais uma grande salva de palmas. Leonel voltou a olhar para Jarim, notando as fundas olheiras e a expressão abatida. Era bastante provável que ele não estivesse se alimentando bem. O olhar que ele lançava à praça, em meio a lágrimas, era carregado de pesar e culpa.

Para encerrar, eu gostaria de dirigir algumas palavras à tenente Ada Gamaliel, onde quer que ela esteja. Minha menina, descanse em paz. Não se preocupe conosco, pois seus amigos ainda estão aqui. E, assim, posso lhe assegurar que estamos em boas mãos.

Jarim se virou e começou a se afastar, caminhando com cuidado sobre as telhas escorregadias.

— Espere, para onde vai? – Leonel o segurou pelo ombro.

— Estou voltando para minha família.

— Sua... *família*? Está pensando em ir para Atalia?

Jarim não respondeu.

— Ludiana, aquele lugar ficará inabitável pelos próximos 150 anos.

— Não há mais nada para mim aqui, meu amigo.

— Nós estamos aqui. E você é um de nós. Sempre foi e sempre será. Todos apoiam você e querem que fique conosco.

Jarim voltou-se para ele, com uma expressão furiosa no rosto abatido.

— E por que alguém iria querer isso? Me diga, que utilidade eu tenho aqui? Por que eu continuaria insistindo nisso? Que sentido faz? – Ele se interrompeu, tentando recobrar o fôlego enquanto limpava o rosto com as mãos. – Por que *você* continua insistindo nisso? Você não dá a mínima para mim!

— Isso é injusto – respondeu Leonel, sem desviar os olhos dos dele.

— Injusto? *Injusto?* Então por que você não está se vangloriando? Você estava certo! Eu, para variar, estava errado e fiz uma grande *lunajaaraz!* Onde está o *eu te disse*?

— Mais de um milhão de mortos, *belator.* Isso é muito mais importante do que qualquer discussão sobre quem estava certo ou não. Bem como o fato de existirem milhões mais que ainda precisam de proteção. Temos que nos concentrar nisso.

Jarim olhou por sobre o ombro para a praça por um momento, depois encarou Leonel.

— Meu lugar não é mais com vocês. Adeus.

◆ ◆ ◆

Lutamar Romera seguiu na direção apontada pelo jardineiro, ainda imaginando se não estava sendo vítima de alguma peça que estavam pregando nele. Após passar por baixo de um arco recoberto por trepadeiras floridas, virou à direita e abriu um enorme sorriso ao ver a figura solitária entre os canteiros de girassóis. O homem se encaixava tanto naquele ambiente quanto um martelo de batalha em uma loja de brinquedos para crianças.

— Leonel Nostarius colhendo flores? Oh, céus! O que será desse país?

O major deixou de examinar as flores coloridas e se virou para encarar o recém-chegado, com sua costumeira expressão séria.

— Olá, professor.

— Tive dificuldade para acreditar quando me contaram que você tinha vindo para cá.

— Aurea gosta de girassóis – retrucou Leonel, dando de ombros.

— Nunca vi você se preocupando com o que uma mulher gosta ou não, meu caro. Estou vendo que as coisas entre vocês estão progredindo.

O major voltou a examinar as flores, ignorando deliberadamente o comentário.

— Fico me perguntando como você conseguiu descobrir as preferências dela sobre esse assunto – insistiu Lutamar.

— Ouvindo os delírios causados pela febre e pela dor insuportável que ela sente durante as crises – respondeu Leonel, seco.

— Oh! Sinto muito por ela. No entanto isso ainda não explica por que você mesmo veio colher as flores ao invés de mandar alguém fazer isso.

Leonel se virou para ele, as marcas de exaustão evidentes em sua fisionomia.

— Lutamar, eu acabei de voltar de uma inspeção da região que um dia foi a província de Atalia e agora não passa de um gigantesco depósito de cadáveres. E de manhã tive que dar meu último adeus a uma das oficiais que mais respeitei em minha vida. Por favor, perdoe-me por me mostrar interessado em fazer algo por alguém que ainda esteja vivo.

O professor sorriu, nem um pouco ofendido pelo tom seco de Leonel.

— Sabe, quase recebemos uma bronca do imperador por causa de sua ausência nos lugares de honra na praça durante a cerimônia.

— Eu estava ocupado.

— Foi o que eu disse para o imperador. Na verdade, Luma avistou você no alto do prédio. Conseguiu encontrar Jarim?

— Sim. Ele se sente responsável pela morte de Ada, assim como de toda a província dele. Eu imaginei que compareceria.

— Como ele está?

— Muito abalado. Bem pior do que da última vez que conversamos. Disse que vai voltar para junto da família.

— Você está brincando?

— Não consegui convencê-lo a ficar.

— Mas não podemos deixá-lo ir para lá para morrer!

— Não creio que essa seja a intenção dele. Acho que apenas precisa de algum tempo sozinho.

— Fico mais aliviado em ouvir isso.

Leonel começou a colher flores utilizando uma pequena tesoura de jardinagem.

— Leonel… Você já parou para pensar em tudo aquilo que Donovan disse?

As mãos do major paralisaram-se, ele suspirou e se virou novamente para o professor.

— Claro que sim.

— Acha que pode ter algum fundo de verdade em toda aquela baboseira?

— Não sei. Mas se é mesmo uma "baboseira", ela foi concebida por uma mente muito criativa. É o tipo de coisa perfeita para um genocida insano justificar seus atos.

Leonel voltou a concentrar-se nas flores, colhendo as que considerou mais adequadas e ajeitando-as numa pequena cesta de palha. Então se endireitou e se preparou para sair, mas Lutamar ficou parado, bloqueando seu caminho enquanto olhava para as próprias mãos.

Impaciente, Leonel levantou uma sobrancelha.

— Se tem algo mais para me dizer é melhor se apressar, professor, porque eu preciso ir.

— Na verdade, eu tenho. - Lutamar voltou a encará-lo. - Sabe, Leonel, eu não conhecia você muito bem antes da Guarda Imperial ser formada e os céus sabem as encrencas pelas quais passamos nesses últimos anos. Nunca tivemos tempo ou oportunidade para nos socializarmos. Mas eu realmente gosto de você.

O major agora levantava ambas as sobrancelhas, surpreso.

— Não só eu, mas os outros também – continuou Lutamar. – De todos nós, você é o mais focado, o mais determinado. Quando as coisas ficam feias, é sempre você quem fica calmo, toma as rédeas da situação e acha uma forma de resolver o problema. E todos sabemos que podemos contar com você.

— É claro que podem, mas por que essa conversa agora?

Lutamar engoliu em seco.

— Leonel, estamos metendo os pés pelas mãos. Na missão que eu liderei há seis meses levamos o dobro do tempo que seria necessário para cumpri-la. Quando Galvam assumiu a liderança, acabamos perdidos no meio da selva. E quando Jarim…

— Jarim não tem culpa nenhuma pelo que aconteceu em Atalia.

— Eu concordo com você. Claro que ele não tem culpa, mas não consigo parar de pensar naquela batalha com os seguidores de Donovan...

— A carnificina.

— Exato. Além disso, não foi Jarim quem lidou com o estrago depois que ele já estava feito. Foi você. Você que ficou pegando no meu pé, dizendo que se eu não pudesse ser capaz de fazer algo útil você encontraria quem fosse. Foi você quem reuniu as tropas e praticamente deu ordens ao general para que enviasse homens às fronteiras e cavaleiros alados para procurar sobreviventes. Você é quem coordenou os esforços de Luma, Galvam e Erineu para prender o restante dos separatistas que haviam fugido.

Leonel cruzou os braços

— Certo. E onde, exatamente, você está querendo chegar?

— Eu sei que você passou por muitos momentos ruins e que tenta manter distância das pessoas. Oh, isso não me incomoda, não se preocupe. Não incomoda a nenhum de nós, na verdade. É só uma parte do seu... digamos... charme. O fato, major, é que agora que Jarim e Ada não estão mais conosco, nós estamos muito vulneráveis. Precisamos de você mais do que nunca.

— Você quer que eu me declare o comandante da equipe?

Lutamar sorriu.

— Na verdade, major, nós já fizemos isso. Estou aqui apenas para comunicá-lo.

♦ ♦ ♦

— Obrigada pelos girassóis, major, são lindos! – Aurea sorria, encantada, enquanto embalava o pequeno Evander.

— A enfermeira me disse que as crises estão se atenuando.

— Graças aos céus! Tive apenas uma hoje e consegui suportar sem desmaiar ou devolver o que tinha no estômago.

— Me parece que hoje foi um dia vitorioso para você.

— Bem, até meia-noite ainda é considerado "hoje", não é?

Ele ficou observando enquanto ela deitava o bebê no pequeno berço improvisado ao lado da cama.

— Deve ser desconfortável ficar presa a essa cama por tanto tempo.

— Não se preocupe, estou feliz simplesmente por estar viva – respondeu ela, enquanto se recostava novamente ao travesseiro, com um suspiro. – As outras mulheres, você sabe, não sobreviveram ao parto e a maioria nem mesmo conseguiu chegar ao final da gravidez.

— Aquele criminoso ainda vai pagar por todos os crimes que cometeu.

— Fui eu mesma quem me coloquei nessa situação, Leonel.

— Mas ele se aproveitou de você.

— Eu não teria o meu filho se não fosse por ele.

Não havia como negar aquilo. E aquela era a maior ironia da terrível história de Aurea Armini.

— Mas você ainda teria sua saúde e poderia ter outros filhos.

— Talvez. Mas isso não me importa agora. Eu amo meu bebê e não o trocaria por nada no mundo.

— Entendo – respondeu ele, devagar. – Você acha que está em condições de responder a uma pergunta?

— Claro que sim. Já disse antes, pode me perguntar o que quiser.

— Da última vez em que perguntei algo importante, provoquei uma crise que acabou fazendo você entrar em trabalho de parto prematuramente.

— Besteira. Já estava mais do que na hora de Evander nascer. E as minhas crises vêm e vão o tempo todo, não precisam de nenhuma razão ou incentivo para isso. O que quer saber?

— A mulher que levou o outro bebê. Você a chamou de "bruxa".

— Ah, sim. Era como ela gostava de ser chamada. Nunca fiquei sabendo o nome dela, era apenas "a bruxa". Acho que não era muito equilibrada, se é que me entende. – Com um sorriso, ela fez um gesto com o dedo indicador dando voltas ao redor do ouvido.

— Ela estava trancada na cabana com vocês.

— Muitos homens da aldeia não gostavam dela. Tinham medo, eu acho. Quando foi dada a ordem para nos prenderem, algum deles deve ter "esquecido" ela ali, junto conosco.

— Você não tem nenhuma ideia de para onde ela possa ter levado o bebê?

— Não. Sinto muito.

— Não há problema. Ela não poderá se esconder de nós para sempre.

— Espero que a garotinha esteja bem. Era uma coisinha fofa.

— Escute, Aurea, eu tenho uma… proposta maluca para fazer para você.

Ela sorriu novamente.

— Vindo de alguém que vive pesando os prós e contras de qualquer situação, major, tenho muita dificuldade em acreditar que qualquer proposta sua possa ser considerada "maluca".

— Em breve eu precisarei voltar para Talas e reassumir minhas funções por lá.

— Oh! – Aurea exclamou, com uma expressão de profundo desapontamento. – Então não iremos vê-lo novamente?

Ele suspirou.

— Você não é militar e deverá receber alta em breve. Não sei se você já decidiu o que vai querer fazer ou para onde vai querer ir. Mas, se quiser… posso hospedá-la pelo tempo que precisar.

Ela arregalou os olhos, surpresa.

— Está me pedindo para ir morar com você, major?

— Estou oferecendo um lugar para ficar. Pelo menos até que se recupere completamente e possa… fazer o que quiser. Minha casa é grande e… bem, espaço é o que não falta.

Ela sorriu, feliz.

— Obrigada, major. Eu e o Evander aqui nos sentiremos muito mais seguros com o senhor por perto. – Ela olhou, terna, para o bebê adormecido. – Não é, queridinho?

Leonel assentiu e soltou um suspiro cansado. O dia tinha sido exaustivo. Precisava urgentemente de um banho, comida e cama. Não necessariamente nessa ordem. Ele levantou-se da pequena cadeira, preparando-se para sair.

— Espere, major! Eu… - ela interrompeu-se, insegura.

— Precisa de algo?

— Bom, tem uma coisa, mas não sei se é possível.

— Diga.

— Vocês… vocês ainda estão fazendo voos sobre Atalia para procurar sobreviventes?

— Sim, estamos - respondeu ele, com cuidado.

— Eu não quero colocar ninguém em risco desnecessário, mas, já que vocês vão estar por lá de qualquer forma, eu estava pensando se alguém poderia… procurar uma coisa para mim.

◆ ◆ ◆

No final da tarde, Leonel entrava em seu alojamento, exausto e nem um pouco surpreso ao encontrar Demétrio Narode, muito à vontade, sentado em uma cadeira, com os pés sobre a pequena escrivaninha. Com um sorriso preguiçoso, o outro levou dois dedos à testa.

— Major!

Leonel encarou o amigo por um instante, antes de balançar a cabeça e sentar-se no pequeno catre.

— Capitão – respondeu, enquanto começava a tirar as botas.

— Fiquei sabendo que está cortejando a ruiva, major.

— Estou sujo, cansado e faminto, Demétrio. Não me sinto nada sociável neste momento.

— Ou seja, você continua sendo o mesmo Nostarius que conhecemos e amamos. A propósito, por que você se contenta em ficar num quarto pequeno e desconfortável como este? Altos oficiais como nós merecem um pouco mais de mordomia, sabia?

— Eu não preciso de nada disso. E se tem algo a dizer, diga logo.

— Amável como sempre. Na verdade, eu só queria mesmo ver como você está. Amigos se preocupam uns com os outros, sabia?

Leonel apenas grunhiu, enquanto removia a bainha com a espada da cintura e a guardava cuidadosamente num armário. Demétrio lançou-lhe um olhar curioso.

— Me diga uma coisa, você não gosta dessa arma, não é? Por que não se livra dela? Tem vários artefatos bem mais poderosos que ela no arsenal imperial, apenas esperando aparecer alguém capaz de usá-los. Alguém como você.

— Não vejo necessidade e não tenho nenhum interesse em trocar de arma. Podemos continuar essa conversa outra hora?

— Está bem, está bem – disse Narode, levantando-se e se dirigindo à porta, onde parou e virou-se para o amigo. – Mas me diga só mais uma coisa. O quanto essa ruiva significa para você? Até onde está disposto a ir por ela?

Leonel se limitou a encarar Demétrio por alguns instantes, antes de balançar a cabeça e continuar a se livrar do uniforme, sem responder.

— Como eu imaginava – disse Narode, com um sorriso, aparentemente muito satisfeito com a reação de Leonel. – Não se esqueça de que eu vou querer ser o padrinho do casamento.

Leonel parou o que estava fazendo, virou-se para o outro e prestou uma continência formal, com expressão de irritação, indicando a porta com um olhar.

— Capitão!

— Major! – Narode respondeu, retribuindo o gesto, saindo e fechando a porta, sem nunca tirar aquele sorriso irritante no rosto.

Depois da saída do amigo e esquecido do cansaço e da fome, Leonel ficou olhando para a porta, pensativo, por um longo momento.

Até onde estou disposto a ir por ela?

◆ ◆ ◆

Leonel refletiu bastante sobre aquela pergunta nas semanas seguintes. Aurea voltou a ter crises e precisou ficar na capital, em observação. Enquanto isso, os membros da Guarda Imperial lutavam para manter confinada e sob controle a névoa escarlate no norte do país. Tratava-se de uma batalha diferente de tudo o que já tinham enfrentado, pois envolvia política, logística, planejamento e muito, muito cuidado.

Mas em seus curtos períodos de descanso, aquela pergunta sempre voltava à mente dele. Até que ponto devia se envolver com ela? Não parecia justo condenar uma mulher a suportar a rotina que ele vivia, com as viagens e o perigo constantes. Mas ao mesmo tempo, ele observava a forma como o professor Romera interagia com a esposa, a forma afetuosa como tratavam um ao outro, a forma como faziam o casamento deles dar certo, e ficava sem saber, exatamente, o que pensar. Demétrio, é claro, não perdia nenhuma oportunidade de bancar o cupido, fato que deixava Leonel tanto irritado quanto divertido.

Em determinada manhã, sob os primeiros raios de sol, Leonel vestia o traje especial de proteção usado pelas tropas de reconhecimento que sobrevoavam a região contaminada pelo veneno de Donovan. Tratava-se de uma veste toda preta, composta por uma espécie de macacão de mangas compridas, luvas, botas especiais e capuz. Cobria o corpo da cabeça aos pés, apenas os olhos ficando visíveis através de uma pequena abertura frontal no gorro. A respiração através do tecido era difícil e levava algum tempo para se acostumar.

O traje tinha sido a última coisa que Jarim Ludiana tinha feito antes de deixar a equipe. Sua última e, provavelmente, maior obra-prima. Seguindo as anotações do professor Romera com cuidado, ele tinha usado todas as suas habilidades como armeiro para confeccionar aquele material. Os armeiros imperiais ficaram fascinados quando ele lhes mostrou como reproduzir o trabalho.

De qualquer forma, Leonel não gostava nada daquele traje. Lembrava-se bem das explicações de Lutamar sobre ele.

Essa roupa gera uma barreira energética de intensidade 42. A toxina de Atalia não pode penetrar, então é razoavelmente seguro andar em zonas contaminadas, desde que não por muito tempo, e desde que não se faça contato direto com… bem, com matéria orgânica contaminada.

Ou seja, os cadáveres, Leonel tinha concluído.

Outra coisa que é bom ter em mente é que o traje não bloqueia apenas a toxina, ele impede também que algumas ondas de energias benignas cheguem até sua pele. O uso prolongado deixará seu organismo vulnerável a uma grande variedade de doenças, por isso é bom tomar muito cuidado.

Enquanto terminava de ajustar as luvas, Leonel ponderava aquelas palavras. Tinha apenas uma vaga ideia do que significava "barreira energética de intensidade 42", mas o restante da explicação não podia ser mais claro. Significava *use apenas em caso de extrema necessidade.*

Ele usara aquele traje diariamente nos últimos dias, mas nunca com intenção de fazer uso das capacidades dele. Sempre tinha se mantido fora do alcance da névoa púrpura, mas hoje sua missão era diferente.

O oficial encarregado se aproximou trazendo um grande pássaro. *A minha parceira de hoje*, pensou Leonel, oferecendo o braço, protegido pela grossa luva de couro. Obediente, a águia imperial empoleirou-se nele.

Agradecendo ao oficial, Leonel acariciou as penas do animal. Era uma ave muito bonita, com plumagem cinzenta e manchas brancas no peito e nas pontas das asas e da cauda. As garras e o bico tinham uma aparência poderosa, perigosa, mas aquelas não eram, nem de longe, as características mais impressionantes daquela espécie em particular.

— Hora de trabalhar, amiguinha.

Ele levantou o braço e o animal, reconhecendo o gesto familiar, alçou voou, afastando-se alguns metros de distância e pousando no chão, assumindo sua forma gigante, cuja envergadura ultrapassava um pouco os quinze metros.

Rapidamente, Leonel aproximou-se e prendeu a sela especial nas costas do pássaro, bem como uma espécie de capacete sobre os olhos e o bico do animal, antes de montá-lo e despedir-se do oficial com um gesto de cabeça. Então, com movimentos dos pés e assobios, comandou a águia a levantar voo, tomando a direção do lugar que um dia fora a província de Atalia.

A forma gigante da águia imperial era apenas uma ilusão, fato que nunca deixou de surpreender Leonel, mesmo depois de tantos anos de experiência como cavaleiro alado. Naquela forma, o animal ganhava muita força e era capaz de fazer coisas que apenas um pássaro gigante conseguiria, mas, na verdade, aquele corpo não passava de uma flutuação mística, uma espécie de construto temporário, que durava apenas enquanto o pássaro se mantivesse concentrado. Esse fato tornava a cavalgada alada um dos esportes mais perigosos que existiam. Se o animal e a pessoa que o estivesse montando não fossem muito bem treinados, eram grandes as chances de ambos acabarem caindo.

Do lado sul, Leonel avistou outros cavaleiros alados, entrando em formação e preparando-se para mais um voo de reconhecimento sobre a região afetada pela toxina púrpura. Na última semana, Leonel tinha se juntado a eles quase todos os dias, num esforço para cobrirem toda a região montanhosa à procura de possíveis sobreviventes, mas até o momento não tinham encontrado nenhum.

Hoje ele não voaria ao lado dos outros. Ao invés disso, dirigiu-se para o leste, tendo um destino específico em mente. Não havia tempo a perder, pois nem ele e nem a sua montaria estavam em condições de realizar voos muito longos. A tensão e o esforço físico empreendidos nas últimas semanas estavam cobrando seu preço.

Após cerca de quarenta minutos, finalmente chegaram ao seu destino. Fez um voo de reconhecimento sobre o que um dia fora uma movimentada cidade, antes de afastar-se até um platô mais elevado a uma pequena distância, onde pôde fazer com que o pássaro pousasse em segurança.

A névoa púrpura era intensa ali. Ele tratou de saltar ao chão e afastar-se, antes de mandar que a águia levantasse voo novamente. O capacete especial não era capaz de proteger o animal da névoa por muito tempo, por isso ele precisava manter-se no ar, fora do alcance do veneno, o máximo possível.

Leonel olhou mais uma vez ao redor. Atalia era o retrato da morte.

As árvores estavam todas secando. Enormes e cerradas florestas reduzidas a troncos estéreis e sem vida. A maioria das folhas havia murchado e caído. As que ainda estavam nos galhos tinham assumido uma cor acastanhada e pálida, que parecia ainda mais desolada por causa da névoa que cobria quase tudo.

Cadáveres estavam espalhados por toda a parte. Bois, carneiros, cachorros, porcos... e pessoas. Era muito perturbador andar por ali, pois parecia que o tempo havia parado. Não era como se apenas todos tivessem morrido, era como se o fluxo da vida tivesse sido interrompido. Os corpos estavam caídos no chão exatamente no mesmo estado em que se encontravam havia mais de um mês, exceto pelos efeitos da exposição aos elementos. Nenhum sinal de decomposição ou de mau cheiro, apenas inércia. Os sábios de Mesembria imaginavam se não haveria alguma forma de reverter aquele estado e se desdobravam em tentativas de decifrar a natureza daquele encantamento de morte.

Leonel passou ao lado do corpo de um menino com a pele completamente enegrecida nos locais onde a luz do sol incidia diretamente sobre ele. Como sempre, lamentou o fato de não poder tocar nos corpos, pois parecia uma heresia deixar as pessoas naquele estado, mas, infelizmente, não havia nada que pudessem fazer sobre isso.

Decidido, ele tratou de entrar na cidade e procurar uma casa em particular, enquanto a águia imperial gigante sobrevoava o lugar, fazendo círculos perfeitos lá em cima.

◆ ◆ ◆

A tarde ia pela metade quando Leonel finalmente levou a cansada águia imperial de volta ao posto avançado, ao norte das Montanhas Rochosas.

Estava chegando à área dos alojamentos, com os cabelos ainda úmidos após tomar um banho com um preparado especial descontaminante seguido por um enxágue com baldes de água fria, quando ouviu seu nome ser chamado.

— Ora, ora, se não é nosso amigo, o major Leonel Nostarius!

Leonel virou-se para fitar a face sorridente de Lutamar Romera, que se aproximava, carregando uma bolsa de couro com o brasão imperial.

Então franziu o cenho.

— O imperador não tinha dado uma folga para todos vocês?

— Posso dizer o mesmo - retrucou Lutamar. - Você também deveria estar de férias, não?

— Eu não tenho família e filhos querendo passar tempo comigo.

O professor riu.

— Apenas porque você não quer, meu amigo.

— Talvez.

Lutamar balançou a cabeça, divertido, antes de encarar Leonel nos olhos e adotar um tom sério.

— Quanto falta para terminarem de sobrevoar todo o perímetro da província?

Leonel balançou a cabeça, contrariado.

— Provavelmente mais uns dois meses. Como os voos são muito longos e somos obrigados a fazer as viagens de ida e volta sem nenhuma pausa para descanso, cada cavaleiro consegue fazer, no máximo, um voo por dia. Outro problema é que os animais estão ficando cansados, então estamos tentando poupá-los, o que atrasa ainda mais a conclusão da missão.

— Leonel, sei que você gosta muito de voar por aí nessas coisas, mas não acha que está exagerando um pouco? Gaia está preocupada com sua saúde. Nós todos estamos, para falar a verdade.

— Não estou querendo me matar ou fugir da realidade, professor. Não vou abandonar a Guarda Imperial como Jarim o fez. Estou ajudando nos voos apenas porque sou treinado para isso e no momento a equipe aérea precisa de toda a ajuda disponível.

— Sei disso, mas também ouvi dizerem que a equipe aérea tem um saudável sistema chamado "revezamento". Até onde eu sei, você esteve no ar todos os dias desde que a missão de reconhecimento começou. Posso ver o cansaço nos seus olhos, major.

— E é por isso mesmo que estou dando uma pausa. Vou ficar em casa por alguns dias.

O professor voltou a sorrir.

— Ora, mas que maravilha! Não sei se consigo acreditar que possa ficar fechado em casa sem fazer nada por tanto tempo, mas ouvir você dizer isso já me deixa muito satisfeito.

Leonel sorriu pela primeira vez em muito tempo.

— Posso pensar em alguma coisa para passar o tempo.

Lutamar o estudou em silêncio por alguns instantes, surpreso.

— Está falando sério. Pela misericórdia divina, você está falando sério! Sinceramente, acho que Aurea Armini foi a melhor coisa que já aconteceu em sua vida.

— Eu não iria tão longe.

— Sei – disse o professor, pegando algo de dentro da bolsa que carregava. – A propósito, aqui está o objeto que você pediu para descontaminar. Fiquei surpreso quando o encarregado me disse que você tinha trazido algo de Atalia. O que é isso?

Leonel pegou a pequena caixa de madeira trabalhada. Tinha pouco mais de um palmo de comprimento por meio palmo de largura e de altura e era pesada, tendo sido confeccionada a partir de um sólido tronco de aroeira. Ele fez alguns gestos com a mão nos cantos da caixa e a tampa invisível se abriu, revelando um interior recoberto por veludo vermelho. Lutamar arregalou os olhos, surpreso, dizendo:

— Nenhum sinal de contaminação na parte de dentro, pelo menos nada visível. Impressionante. Não se vê esse tipo de selo místico todo dia. Alguém deve ter gastado uma pequena fortuna para fazer essa caixa.

— Bem como isto aqui – complementou Leonel, retirando um pequeno objeto do interior da caixa. Tratava-se de um pequeno bastão de madeira, com detalhes nas pontas.

— Interessante. Dá para sentir a energia dessa peça de longe. Posso dar uma olhada?

Leonel estendeu o bastão para ele.

— É personalizado – concluiu o professor depois de um rápido exame. – Creio que apenas o dono pode desativar o selo e liberar toda a capacidade dessa peça. Parece ser uma arma consideravelmente poderosa.

— Acredito que sim. Aurea me pediu para buscá-la.

— E você arriscou sua vida para isso?

Leonel deu de ombros.

— Ela é instrutora de combate. Imaginei que ela se sentiria mais inclinada a prosseguir com a própria vida se tivesse uma arma decente para usar nos treinos. E nada melhor que uma arma personalizada.

Lutamar inclinou a cabeça, intrigado.

— Alguma ideia de como ela conseguiu uma peça rara e valiosa como essa?

— Aparentemente, foi um presente de algum grande *belator*. Ela não quis dar muitos detalhes.

— Entendo. Imagino que você queira levar isso para ela o mais rápido possível. Vai voltar para Aurora agora?

— Na verdade, estou indo para Talas.

— Voltando para casa?

— Isso mesmo.

— E quanto a isso? – Lutamar devolveu o bastão, que Leonel guardou novamente na caixa de madeira. – Achei que fosse querer entregar a ela pessoalmente.

— Sim. Ela está lá me esperando.

O professor se surpreendeu novamente.

— Você a levou para sua casa? Nossa, as coisas estão indo mais rápido do que eu esperava. Meus parabéns!

— A propósito - disse Leonel, como sempre ignorando as provocações –, eu estava pensando em procurar você. Quero pedir um favor.

— O que precisar, amigo.

— Preciso de algumas respostas que envolvem a sua especialidade. Mas é uma situação delicada. É sobre um segredo de Aurea que ela não quer ver exposto de jeito nenhum.

— Pode confiar em mim.

◆ ◆ ◆

Quando Leonel chegou a sua casa naquela tarde, Aurea conversava com Luma Toniato nos bancos da varanda.

— Capitã – ele saudou Luma, com uma continência.

— Major – levantando-se, ela respondeu do mesmo modo formal.

— Bom vê-lo de volta e a salvo, major - disse Aurea, com um sorriso forçado, visivelmente sentindo dores enquanto se levantava devagar. — A capitã Toniato veio até aqui para falar com o senhor. Imagino que seja algo importante. Se não se importam, vou me recolher.

— Espere. Acho que isso pertence a você – disse ele, estendendo-lhe a caixa de madeira.

Os olhos dela brilharam e ela pareceu esquecer a dor por um momento, enquanto pegava o objeto, com gestos quase reverentes.

— Você encontrou! – Aurea exclamou, emocionada, antes de lançar um olhar para Luma e voltar a olhar para ele. – Muito obrigada, major! Agora, se me dão licença, eu vou entrar. Foi um prazer revê-la, capitã.

— Desejo-lhe melhoras, senhora Armini.

— Obrigada – respondeu Aurea, afastando-se, carregando a pequena caixa como se fosse um tesouro.

— Sente-se, Luma – disse Leonel, acomodando-se em um dos bancos, com um suspiro cansado.

— Você anda trabalhando demais, Leonel.

— Lutamar veio me dizer a mesma coisa hoje. Não precisa se preocupar, estou de licença até a próxima semana.

Ela assentiu.

— Você me pediu para vir aqui, Leonel. Do que se trata?

— Preciso que você investigue um assunto para mim.

— Não faço favores por baixo dos panos a ninguém, major.

— Eu sei disso. Mas o assunto em questão interessa a você também. É sobre Donovan.

Ela endireitou-se na cadeira.

— Fale.

— Quero saber qual foi a motivação de Donovan para fazer experiências com grávidas.

— Isso é simples, ele é um sádico.

— Duvido que seja algo tão simples. Ele investiu anos nessa… pesquisa que estava fazendo.

— Leonel, ele causou a morte de dezenas de mulheres com essas experiências. Não passa de um louco assassino.

Ele balançou a cabeça.

— Por mais absurdo que possa parecer, eu não creio que ele tenha cometido nenhum crime. Pelo menos não em relação a esse assunto.

— Como não?!

— As mulheres foram voluntárias. Todas elas. Aurea me contou.

O queixo de Luma Toniato caiu.

— Mas como? Por quê?

Leonel suspirou novamente.

— De forma resumida, posso dizer que todas tiveram problemas com a gravidez logo no início. Donovan então dizia para a mulher que existia uma chance de ele conseguir… resolver o problema. Ele deixava bem claro que a chance de dar certo era mínima e que era muito provável que a mãe não sobrevivesse ao tratamento ou ao parto. As mulheres que participaram das experiências dele foram apenas as corajosas ou malucas o suficiente para aceitar a proposta. Ele não forçou nenhuma delas.

— Tolice! A maioria das mulheres aceitaria qualquer proposta por uma chance de salvar o filho.

— Concordo. Mas de qualquer forma, não houve crime de sequestro ou de coação. Ele ofereceu uma possibilidade mínima de sucesso e elas aceitaram. Nós vimos também que duas crianças nasceram saudáveis, então ele não mentiu em nenhum momento, pois o tratamento realmente funcionou como ele prometeu.

— Mesmo assim, isso é inaceitável. Eu... mal consigo acreditar que seja verdade!

— Sim, sei como se sente. Eu quero descobrir exatamente o que ele fez com essas mulheres. Quero saber se Evander e o outro bebê não terão nenhum tipo de complicação.

— Ainda estou tentando encontrar a tal "bruxa" que fugiu com a menina, mas até agora não tive nenhuma pista.

— Certo. Poderia investigar Donovan para mim? Quero saber se ele teve esposa, namorada ou o que quer que seja. Quero saber de qualquer coisa que possa ter servido de motivação para ele investir tanto tempo e energia nessa pesquisa.

Ela suspirou.

— Tudo bem. Pode contar comigo.

— Obrigado – disse ele, sabendo que a primeira providência que Luma iria tomar seria verificar a veracidade daquela história.

Ela se levantou.

— Você devia ir conversar com Aurea. Ela estava preocupada com você.

— Farei isso mais tarde. Preciso tomar um banho e ajeitar algumas coisas.

Luma franziu o cenho.

— Diga-me, Leonel, por acaso você nunca teve uma namorada antes?

Ele olhou para ela, sério, e disse, em tom baixo:

— Eu tive você.

— Se me lembro bem, nós nunca chegamos nesse estágio – respondeu ela, também abaixando a voz. – Você não estava interessado no pacote completo.

— Sinto muito por aquilo.

— Se tem uma coisa que eu posso elogiar em você, major, é que sempre joga com todas as cartas na mesa. Não mente e não tenta iludir outras pessoas em seu benefício, por isso não há motivo para se desculpar.

Ele assentiu, em silêncio.

— Se ela realmente é importante, é melhor que você a coloque no lugar que ela merece. Ela precisa ser sua prioridade número um. E ela tem que saber disso, não se esqueça.

— Não vou esquecer.

— Major – disse ela, numa despedida militar formal.

Ele se levantou e retribuiu a continência.

— Capitã.

— Eu lhe aviso quando descobrir algo concreto.

— Estou contando com você.

Luma deu-lhe as costas e marchou para a saída.

Ela precisa ser sua prioridade número um.

Leonel voltou a suspirar. Estava tão cansado que era difícil até mesmo raciocinar com clareza, mas tinha que admitir que Luma estava certa. Dirigiu-se então ao quarto de hóspedes do andar térreo, onde Aurea estava instalada provisoriamente até que estivesse recuperada o suficiente para subir escadas.

Pela porta aberta pôde ver que ela estava em pé, no meio do quarto, com um grande bastão de madeira nas mãos, praticando alguns movimentos. Leonel já vira aquele tipo de treinamento inúmeras vezes, ele até mesmo já tinha praticado algumas sequências. Mas ela executava os movimentos com cuidado e lentidão tão grandes que aquilo lhe parecia até um crime contra a arte marcial.

— Major! – Aurea exclamou, surpresa, ao vê-lo na porta.

— Não me lembro de ter um desses por aqui – ele apontou para o bastão ricamente trabalhado que ela segurava.

— Ah, isso. – Ela sorriu. – Foi você mesmo quem me trouxe. – Ainda sorrindo, ela girou o bastão uma vez e o segurou diante do corpo com a mão direita. Imediatamente, a arma encolheu de seu mais de um metro e meio para cerca de vinte centímetros. Na verdade, não era como se a arma tivesse encolhido. Ao invés disso, era como se o restante dela tivesse se desmaterializado, evaporado no ar.

— Impressionante – disse ele. – Eu estava mesmo me perguntando como essa coisa funcionava.

— Muito obrigada por trazê-lo, major. Não imagina o quanto isso é importante para mim.

— Leonel.

— O quê?

— Por favor, me chame de Leonel.

Ela voltou a sorrir.

— Como quiser… Leonel.

Ele assentiu.

— Aurea, eu realmente gostaria que você ficasse morando aqui comigo.

Ela olhou para ele, sem palavras.

— Eu me importo com você, com vocês dois, aliás, e gostaria que ficassem por perto.

Ela fechou os olhos por um momento, depois soltou um profundo suspiro antes de voltar a encará-lo.

— Por que está fazendo tudo isso por nós, Leonel?

— Aurea, eu... eu gosto de você e a acho muito atraente. Você é forte, determinada e sensível. Eu gosto de estar perto de você, de conversar com você. Depois que comecei a conviver com você e com o bebê sinto que recuperei um pouco do que perdi muitos anos atrás. Eu... – Aquilo era mais difícil do que ele tinha pensado. – É por isso que eu gostaria que vocês permanecessem comigo.

— Mas...? – Aurea perguntou, vendo a hesitação dele.

— Eu... eu não amo você. Na verdade, depois de tudo que me aconteceu, tenho dúvidas se sou capaz de ter esse tipo de sentimento por qualquer pessoa.

Ela não ficou nem um pouco surpresa.

— Eu sei disso. Não consigo imaginar você se prendendo emocionalmente a uma mulher, por mais atraente que ela seja. Quais são suas intenções, Leonel? O que quer de nós?

— Eu sempre confiei na minha intuição. E algo me diz que a sua história ainda está muito longe de acabar. Eu quero participar, não desejo deixá-la enfrentando a vida sozinha, num lugar estranho, sem amigos e sem família. E se meus instintos estiverem certos, eu preciso estar por perto para protegê-los quando chegar a hora.

Ela estudou-o por um longo instante.

— Por quanto tempo?

— Por todo o tempo que eu puder.

— Mesmo que isso signifique o resto de nossas vidas?

— Sim – disse ele, sem hesitação.

— Vou poder cuidar da casa... e de você?

Ele engoliu em seco, mas se manteve firme.

— Pode fazer o que quiser, Aurea. Você será sempre minha primeira prioridade. Terá o pacote completo, se você aceitar.

— Mesmo que você afirme que isso não é amor, para mim é o suficiente – disse ela, com expressão solene. — Serei sua, Leonel, pelo tempo que me quiser.

Tempos depois, quando a tragédia de Atalia já completava oito meses, o imperador Sileno Caraman fez questão de deixar de lado seus afazeres para abençoar aos noivos, incentivando-os a levarem uma vida plena e produtiva, baseada no respeito e no apoio mútuo, unidos por todos os dias a serem vividos tanto neste mundo como no próximo.

Aurea derramou lágrimas durante quase toda a cerimônia, enquanto Lutamar Romera e Demétrio Narode, envergando seus melhores trajes, não pararam de sorrir como bobos nem por um minuto sequer.

O bebê de Aurea foi então oficialmente adotado por Leonel e batizado com o nome *Evander Armini Nostarius.*

Capítulo 4:
Humanidade

Os meses seguintes ao casamento foram razoavelmente tranquilos para Leonel e Aurea. O Império continuava tendo seus problemas, mas após a névoa mortal em Atalia ter sido considerada sob controle, o imperador e a cúpula do Exército decidiram conceder uma licença prolongada para todos os membros da Guarda Imperial. Oficialmente, eles ainda estavam de serviço e poderiam ser convocados para missões a qualquer momento, mas isso não aconteceu naquele período.

O casamento foi uma revelação para ele. Nunca havia se imaginado capaz de assumir o papel de marido e pai, mas depois que aquela situação foi oficializada, as coisas foram se organizando de uma maneira muito simples, praticamente sem esforço da parte dele. Aurea era uma mulher fantástica, forte, decidida, e na medida do possível, independente. E parecia entendê-lo instintivamente. A cada dia que se passava, pareciam descobrir algo novo em comum. Depois de pouco tempo, ele já não conseguia mais se imaginar voltando para sua antiga vida de solteiro. Solitária. Vazia.

Leonel possuía uma confortável casa na área nobre da cidade de Talas, grande o suficiente para ser chamada de mansão, mas pequena e modesta demais para ser considerada ostensiva ou luxuosa. Antes de Aurea entrar em sua vida, a única razão que ele tinha para ter uma casa grande era porque tinha muitas coisas para guardar, principalmente livros e armas, além de precisar de um espaço particular para praticar e desenvolver suas habilidades marciais. Um dos pré-requisitos para conseguir usar e controlar aquela espada era manter-se em forma, e aquilo, para ele, era vital.

Aurea tinha ficado maravilhada com o lugar e dedicou boa parte de seu tempo a tornar a grande construção acolhedora e confortável, efetuando diversas reformas a ponto de conseguir o espaço e a decoração perfeita para a grande biblioteca e para o imponente salão de treinamento, que ficava no porão.

Era comum naquela região que pessoas de posse contratassem uma grande quantidade de empregados, como se o número de servos fosse uma medida de status social. O major, no entanto, não via utilidade alguma em tentar impressionar os outros e mantinha na mansão apenas umas poucas pessoas, todos membros de uma família humilde, gente simples e trabalhadora.

Uma das coisas que mais encantou Aurea foi ver o respeito com o qual o marido tratava os empregados e o fato de não hesitar em juntar-se a eles para ajudar a concluir alguma tarefa. Logo, ela também adquiriu esse mesmo hábito e a nova rotina a fez sentir-se como se pertencesse a uma grande e animada família. Não que Leonel pudesse ser definido como uma pessoa "animada", mas ela não teve problemas em se acostumar ao jeitão introspectivo dele.

Evander crescia e se desenvolvia como qualquer criança normal. Com seus cabelos loiros e olhos castanhos curiosos, encantava a todos que o viam. Tinha uma personalidade dócil e não se irritava com facilidade. Tinha desenvolvido um afeto especial por Leonel e gostava muito de passear nos braços do pai adotivo.

Lutamar Romera se tornou um visitante constante. Sempre encontrava alguma desculpa para aparecer, trazendo consigo a esposa e o filho pequeno, Argus, que era apenas alguns meses mais velho do que Evander.

Outro visitante frequente era Demétrio Narode, normalmente acompanhado da namorada do momento, que costumava ser substituída, em média, a cada três semanas.

Certa tarde, enquanto as mulheres tagarelavam animadas na sala, os homens desceram até o porão.

— Certo, amigo – disse o professor, olhando Leonel com expressão séria. – Dá para perceber que tem alguma coisa incomodando você. O que é?

Leonel balançou a cabeça, desconfortável.

— É particular. Não precisam se preocupar com isso.

— Por que não deixa para nós decidirmos se vale a pena ou não nos preocuparmos? – Narode sugeriu. – Na verdade, essa sua expressão *já está* me deixando preocupado.

— Esqueça, não há nada o que possa fazer, de qualquer forma.

Lutamar estreitou os olhos e apontou para o peito de Leonel com o dedo indicador.

— Você costuma dizer que não tem emoções, mas sabe o que eu acho? Eu acho que isso é uma grande mentira. O seu problema é que guarda tudo aí, dentro de você. Vai varrendo as preocupações para debaixo do tapete e finge que elas não existem. Mas elas continuam lá e vão se acumulando. Mais cedo ou mais tarde tudo isso pode explodir, sabia? E o resultado não vai ser nada agradável, eu garanto a você.

— Concordo – disse Demétrio. – Lembre-se do que ocorreu com Luma.

Leonel odiava quando os amigos começavam a analisá-lo daquela forma. E compará-lo com Luma era golpe baixo.

— É o bebê – admitiu ele, lançando um olhar atravessado para Demétrio.

— O que tem ele? – Lutamar perguntou, sério. – Você descobriu algo?

— Só o que Aurea me contou.

O professor cruzou os braços e o encarou, aguardando que o major lhe contasse a história. Então Leonel se viu falando aos amigos sobre as experiências a que Aurea havia sido submetida e os motivos dela para concordar com aquilo.

— Aquele carniceiro maldito! – Demétrio exclamou, exaltado, numa de suas raríssimas demonstrações de fúria.

— Mas isso é... Céus! – Lutamar estava completamente atônito. – O que isso faz da pobre criança? O garoto pode nem mesmo ser humano!

— Lutamar! – Demétrio ralhou, indignado. – Como pode dizer uma coisa dessas?

— Isso é exatamente o que pensei, a princípio – admitiu Leonel.

— Você também? – Demétrio retrucou, incrédulo, olhando de um para o outro. – Que absurdo! Qualquer um pode ver que ele é um garoto normal como qualquer outro. Como podem insinuar que... – ele se calou e levou as mãos ao rosto, tentando se recompor.

— O que pretende fazer, Leonel? – Lutamar quis saber.

— O que eu puder. Não que eu possa fazer muita coisa. No momento estou me concentrando em dar ao garoto o benefício da dúvida. Não quero que ele cresça segregado, como uma espécie de pária. A menos que a natureza dele se revele no futuro e isso se torne necessário, não pretendo revelar nada disso a mais ninguém.

Lutamar olhou para o teto, pensativo.

— Observando o menino, realmente é difícil acreditar que ele seja qualquer coisa além de uma criança normal. Talvez Narode esteja certo e não haja com o que se preocupar.

◆ ◆ ◆

Assim como todos os membros da Guarda Imperial, Leonel não gostava de inatividade. Aproveitou seu período de "férias" para trabalhar como instrutor na guarnição de Talas, que era, praticamente, o núcleo do poder militar de Verídia. Ali era onde ficava o conjunto de prédios conhecido como "O Forte", onde ocorriam as reuniões estratégicas entre os generais das sete divisões do Exército. Era onde decisões de vida ou morte foram tomadas nos tempos de guerra. Também era o local com o melhor programa de treinamento de soldados do Império.

Ao chegar em casa, ele era recebido pela esposa com carinho e empolgação. Ela continuava tendo crises, mas elas agora aconteciam apenas esporadicamente e não eram mais tão violentas e dolorosas como antes, graças à atividade física regular que ela tinha começado a praticar. E era exatamente esse o motivo da empolgação dela quando o marido chegava do trabalho todos os dias. Deixando Evander com a babá, Aurea e Leonel se trancavam na grande sala de treinamento no porão da casa e se dedicavam a exercícios de combate corporal ou a técnicas de meditação.

Com o tempo, Aurea começou a ajudá-lo com o treinamento de esgrima. De forma absolutamente natural, ele acabou revelando para ela a história daquela espada e a razão de ele precisar estar sempre em forma e em guarda o tempo todo. Sempre acreditou que aquele era um segredo que levaria para o túmulo, mas seu relacionamento com a esposa tinha evoluído de tal forma que era quase como se ela fosse uma parte dele e, simplesmente, não havia razão alguma para guardar segredo dela.

Certa vez, ele levou Aurea e Evander até a colina de treinamento das águias, onde soldados cuidadosamente escolhidos eram treinados para se tornarem cavaleiros alados. Diferente da maioria das pessoas que Leonel conhecia, a esposa havia ficado encantada com aquilo. O bebê também tinha ficado muito excitado ao ver um pássaro gigante de perto.

— Eu gostaria de voar com você – Aurea havia pedido.

— Isso seria complicado. Primeiro, teríamos que encontrar uma águia muito forte para conseguir manobrar eficientemente carregando outra pessoa além de mim. Segundo, você precisa de bastante treinamento físico e mental para conseguir se manter sobre a sela.

— Mas por quê? Não é como andar a cavalo?

— Dificilmente — respondeu ele, balançando a cabeça. – O cavalo possui uma estrutura física capaz de suportar o peso de uma pessoa montada sobre ele, praticamente, em qualquer situação. A águia imperial só consegue isso por meio da manipulação da energia etérea ambiental. A forma gigante dela é apenas um campo de energia que é mantido coeso pela força de vontade do animal. Você precisa entrar em uma espécie de elo mental com ela para que confie em você e queira te manter sobre ela. Se ela se sentir confusa ou insegura durante o voo, a energia irá se dissipar e quem estiver montado irá cair, muitas vezes para a morte certa.

— De qualquer forma, isso parece emocionante. Você me ensina?

Ele olhou para ela, levantando uma sobrancelha.

— Nem todos têm afinidade com isso, e mesmo os que têm precisam treinar desde os dez anos de idade e não fazem o primeiro voo antes de completarem oito ou dez anos de treinamento. Começando na sua idade e supondo que tenha afinidade, você precisaria de, no mínimo, o dobro desse tempo.

O pequeno Evander balançou os bracinhos efusivamente no colo da mãe, balbuciando, enquanto olhava, excitado, para a águia gigante que seu pai acariciava na cabeça.

— E daí? – Aurea sorriu. – Temos o resto de nossas vidas, não temos?

Leonel olhou para ela e depois para o filho. Era difícil dizer qual dos dois parecia mais animado com a ideia de montar naquele pássaro. Ele conhecia bem aquela sensação, pois ele próprio a tinha desde sua infância. Constatar que sua nova família compartilhava aquele sentimento lhe trouxe uma inesperada sensação de pertencimento, de completitude e paz.

Naquele momento, um soldado veio até eles.

— Com licença, major?

— À vontade, soldado.

— Trago uma mensagem do coronel. O senhor está sendo convocado para uma missão.

A expressão de Aurea mostrava que ela não tinha ficado nada satisfeita com aquela interrupção. Evander pareceu perceber a tensão entre os adultos e ficou muito quieto, olhando de um para o outro.

— É meu trabalho, Aurea. Você sabe que eu tenho que ir.

Ela olhou para ele, surpresa.

— Claro que sim, Leonel. Vá, não se preocupe conosco.

Ele a estudou por alguns minutos antes de despedir-se dela com um rápido beijo nos lábios e fazer um carinho nos cabelos do bebê. Evander agarrou o dedo de Leonel e apertou forte, balbuciando alguma coisa incompreensível, o que fez ambos os adultos sorrirem.

◆ ◆ ◆

Aqueles momentos com a família foram as últimas sensações agradáveis que Leonel teve por quase duas semanas.

Mais rebeldes, seguidores de Donovan, haviam surgido na província de Lemoran. Aceitando seu novo papel como comandante da Guarda Imperial, Leonel focou-se naquela tarefa de forma como nunca tinha feito antes e os resultados da missão foram excepcionais.

— Vejo que o casamento lhe fez bem – comentou Lutamar Romera em determinado ponto. – Você está mais afiado do que nunca.

Quando finalmente prenderam os líderes da rebelião, muitas verdades vieram à tona, inclusive uma que deixou Leonel muito apreensivo. Aconteceu numa noite, sobre o telhado de um dos prédios mais altos de Aurora. Encontros furtivos sobre telhados o deixavam desconfortável, pois se sentia como uma espécie de ladrão ou conspirador.

— Leonel – uma voz o saudou.

— Luma – respondeu ele, inflexivo, virando-se para ela. – Por que me chamou aqui?

— Os prisioneiros estão falando muitas coisas. Algumas delas... bem... achei melhor avisá-lo. E é melhor conversar sobre isso longe de ouvidos alheios.

— Estou ouvindo.

Luma respirou fundo.

— Descobrimos o objetivo das experiências de Donovan com as mulheres grávidas.

Leonel assentiu. Finalmente, uma resposta para aquele mistério.

— Ótimo. E qual é?

— Ele queria produzir crianças com altos níveis de afinidade mística.

Ele suspirou, olhando para o céu onde uma revoada de pássaros fazia sua migração.

— Crianças superpoderosas – disse ele, por fim. – Não estou exatamente surpreso, já tínhamos considerado essa possibilidade.

— Sim.

— Conseguiu descobrir para que ele queria usar essa afinidade?

— Viagem dimensional.

Ele olhou para ela, franzindo o cenho.

— Isso quer dizer que ele acreditava mesmo naquele discurso maluco que fez em Atalia.

— Sim. Ele queria produzir uma criança capaz de abrir portais entre mundos, provavelmente para o tal "projeto de libertação" dele. Vendo que as experiências não estavam tendo sucesso, ele desistiu e concebeu um novo plano para atingir o objetivo.

— O massacre.

— Sim.

— Algo mais?

— O resto são apenas detalhes. Ele conseguiu apossar-se de objetos escavados de antigas pirâmides e passou anos estudando essas relíquias. Conseguiu criar alguns artefatos impressionantes. Imagino que foi desse mesmo estudo que ele conseguiu desenvolver a névoa mortal.

— Esse homem me parece cada vez mais perigoso. Precisamos tirá-lo de circulação em definitivo. E rápido.

— Minha unidade está trabalhando nisso. Mas tem mais uma coisa que você precisa ficar ciente.

— O que é?

— Não conseguiremos evitar que os rumores se espalhem. Não fui eu quem conduziu todos os interrogatórios e muitos relatórios já foram feitos. Minha experiência me diz que, em algumas semanas, a notícia das experiências de Donovan já deverá ter se espalhado pelo país inteiro.

Leonel pensou por um instante e então arregalou os olhos.

— Aurea! Todos irão saber sobre ela e... sobre Evander também!

— Possivelmente. Mas creio que seja uma situação administrável.

— Como assim?

— Ora, você se mostrou interessado nela o tempo todo. Ficou todo preocupado, proibindo interrogatórios e a visitando constantemente. Em seguida, levou-a para casa para se recuperar. Todos acreditam que vocês estavam namorando havia meses, muito antes da nossa missão fatídica em Atalia. Ninguém tem dúvidas de que Evander é seu filho.

Ele suspirou novamente.

— Talvez. Mas... e quanto aos nossos relatórios sobre a missão?

Ela sorriu.

— Essa é a parte mais simples. Eu cuido disso.

◆ ◆ ◆

A conversa com Aurea, no entanto, não foi nada simples. Ela ficou arrasada.

— Pelos céus, Leonel, o que eu fiz? Como pude permitir que aquele homem fizesse isso comigo?

— Você não tinha como saber.

— O que vai ser de Evander?

— Não se preocupe. Ninguém sabe que você fez parte dos experimentos. Esse segredo está seguro desde que todos acreditem que ele é meu filho. Nós cuidaremos dele, tudo vai ficar bem.

Ele a abraçou enquanto ela derramava suas lágrimas. Quando finalmente se acalmou, ela afastou-se e olhou para ele, séria.

— Estou cansada de tudo isso, Leonel. Não quero mais ficar trancada em casa sem nada o que fazer além de pensar. Preciso voltar a trabalhar. Tenho que fazer algo útil ou vou enlouquecer. Não me agrada ver você saindo para fazer o seu trabalho enquanto eu não faço nada além de cuidar de Evander e de mim mesma. Eu gosto de ser mãe, mas, sinceramente, eu gostaria de fazer algo mais além disso.

— Como quiser.

Na semana seguinte, Aurea Armini tornou-se instrutora de combate no Forte.

◆ ◆ ◆

O treinamento que Aurea Armini administrara em Atalia até o ano anterior não era muito diferente do que era feito ali no Forte para os cadetes e soldados mais jovens. Os fundamentos eram os mesmos, apesar da forma de execução ser um pouco diferente. Por isso ela não teve o menor problema em se adaptar à nova rotina.

Ela era uma profissional dedicada, além de possuir um talento nato para ensinar. Em pouco tempo conquistou o respeito e a admiração dos soldados, bem como dos altos oficiais, que decidiram conceder a ela uma patente oficial.

O trabalho significava para ela muito mais do que uma simples distração ou passatempo. Era uma vocação, algo em que ela sabia que podia fazer a diferença. E essa era outra coisa que ela e o marido tinham em comum. A lista similaridades entre os dois parecia crescer cada vez mais conforme o tempo passava.

Leonel sabia que, se não fosse pelas condições de saúde de Aurea, ela poderia ter uma carreira brilhante no Exército. De qualquer forma, era inegável que o trabalho do Forte fez muito bem a ela. As crises haviam desaparecido por completo, bem como a maioria dos sintomas que geravam desconforto a ela e o deixavam apreensivo. Ela era uma mulher que tinha recebido uma nova chance na vida e estava fazendo tudo ao seu alcance para aproveitá-la. E ele estava satisfeito com isso.

No ano seguinte, o imperador começou a sofrer pressão política por parte da província de Ebora, que pedia uma representação na Guarda Imperial. O imperador então delegou a Leonel a tarefa de sugerir dois novos membros para a guarda: os substitutos para Ada Gamaliel, de Ebora e para Jarim Ludiana, de Atalia, que continuava desaparecido.

Entre os oficiais de Ebora, Leonel não teve muitas dúvidas e apontou o então tenente Dario Joanson, que havia feito a maior parte de seu treinamento no Forte sob a supervisão do próprio Leonel, anos antes. A escolha foi aplaudida pelos oficiais daquela província, que viam o tenente como muito promissor.

Em relação ao substituto de Jarim, a tarefa não foi tão simples. Nem mesmo Luma Toniato e Demétrio Narode, com suas respectivas redes de inteligência, haviam conseguido encontrar sobreviventes ou nativos de Atalia que tivessem habilidade ou treinamento adequados.

No fim, restava apenas uma opção. Apesar das objeções de Leonel, Aurea Armini foi apontada como a representante da província destruída de Atalia na Guarda Imperial.

— Tem certeza de que quer participar disso? – Leonel perguntou a ela.

— Por quê? – Aurea retrucou, com expressão divertida. – Tem medo de que eu descubra sobre alguma bobagem que você anda aprontando?

— Você ainda não se recuperou completamente.

— Leonel, já se passaram mais de dois anos. Eu nunca vou me recuperar e nós dois sabemos disso. Sempre vou ter sequelas.

Ele então tentou outra tática.

— As regras do Exército proíbem pessoas casadas ou em relacionamentos afetivos de trabalharem na mesma equipe.

— Não estamos falando do Exército, Leonel. É uma equipe especial, composta por oito pessoas apenas.

— Existem boas razões para essa regra existir.

Ela riu.

— Não acho que você seja capaz de se distrair do trabalho só porque eu estou por perto.

— Aurea…

Ela ficou séria e sacudiu a cabeça.

— Escute, se o imperador acredita em mim, estou disposta a seguir em frente e ver até onde isso irá me levar. Afinal, já constatamos mesmo que os danos causados pela gravidez são permanentes. Não sei quanto tempo mais eu tenho, por isso eu quero… não, eu *preciso* descobrir até onde eu posso chegar. Eu quero fazer a diferença, Leonel.

Ele pensou em dizer que ela *já fazia* toda a diferença, mas decidiu não mais argumentar. Afinal, era a vida dela e Aurea tinha todo o direito de decidir o que fazer com o que o tempo que lhe restava.

◆ ◆ ◆

A paz, tão almejada pelo imperador, assim como pela Guarda Imperial, parecia um sonho distante. Movimentos separatistas, grandes e pequenos, surgiam a todo o momento.

Poucos dias depois do ingresso dos dois novatos na Guarda Imperial, teve início uma tentativa de golpe separatista que ficaria conhecida na história do Império como "Revolta Berige". Liderados por uma ex-coronel da divisão de Sidéria do Exército chamada Filiar Berige, milhares de pessoas marcharam pela província com o intuito de declarar independência.

Tentativas de negociação feitas pelo imperador foram sumariamente ignoradas. Por fim, não restou alternativa além do envio da Guarda Imperial para se infiltrar no movimento e prender a líder e seus principais asseclas, muitos dos quais eram criminosos procurados.

A performance de Aurea e Dario nessa missão surpreendeu a todos, servindo para calar os protestos daqueles que discordavam da escolha de ambos para a equipe.

O plano orquestrado por Leonel para invadir o quartel general de Berige e prendê-la provavelmente correria conforme o esperado, no entanto, a engenhosidade e a extraordinária capacidade de improviso do tenente Joanson permitiu que Aurea e Berige se encontrassem frente a frente.

Todos os outros membros da Guarda Imperial ficaram perplexos ao verem Filiar Berige aparecer no alto da torre e fazer um comovente discurso para seus soldados, no qual admitiu ter cometido um enorme erro, alegou ter sido enganada e pediu desculpas ao povo. Após aquilo, a ex-coronel partiu para as montanhas, numa viagem de autoexílio. Prendê-la não era uma opção, uma vez que isso só daria razões concretas para o povo odiar o Império, então Leonel decidiu não ir atrás dela. Berige nunca mais foi vista.

Com a debandada dos soldados rebeldes foi bastante simples para a Guarda Imperial capturar os verdadeiros vilões da história, os corruptos conselheiros que, segundo a própria Berige, tinham-na levado a perseguir uma causa perdida, que só beneficiaria a eles.

— O que, em nome da Fênix, você disse a ela? – Leonel perguntou a Aurea, muito tempo depois.

— Nada demais. Foi apenas uma conversa de mulher para mulher.

Ele a estudou por um momento.

— Se o seu objetivo era fazer a diferença, acho que você o cumpriu – disse ele. – Você acabou de evitar uma guerra.

— Foi o tenente Joanson que conseguiu me colocar no lugar certo na hora certa.

— Nada mal para sua primeira missão – elogiou Luma.

— É bom ter sangue novo na equipe – o professor Romera sorriu.

Aurea nunca revelou detalhes da conversa dela com Berige, mas Leonel, observador como era, percebeu que aquilo a tinha afetado bastante. No entanto ele nunca a pressionou por respostas, o que a deixou muito grata.

Assim, aquela crise foi resolvida, mas a paz no Império estava longe de ser concretizada. Logo surgiu uma nova missão, e depois outra, e mais outra, até Aurea se perguntar se aquilo algum dia teria fim. Às vezes, eles eram obrigados a ficar meses afastados de casa, mas a sensação de estar fazendo a diferença a levava a seguir em frente.

Este é o meu mundo agora, pensava ela. *Nada mais natural do que lutar por ele.*

Capítulo 5:
Desilusão

Os anos foram passando.

Evander aprendeu a andar e a falar como qualquer outra criança. Era inteligente e perspicaz, mas não apresentava nenhum indicativo de ser nada além de um garoto como qualquer outro, para imenso alívio de seus pais.

A Guarda Imperial, com sua nova formação, entrou em confronto direto com Donovan algumas vezes, mas nunca foram capazes de capturá-lo, até que um dia receberam a notícia de que ele estava morto, vítima de uma de suas próprias experiências. Não ouviram mais falar dele desde então e as coisas ficaram consideravelmente mais calmas no Império.

O pequeno Evander, desde a mais tenra idade, considerava seus pais como heróis. O garoto ficou todo orgulhoso por ficar nos braços de Leonel durante boa parte da cerimônia de promoção do pai ao posto de coronel, e depois nos da mãe, enquanto ela recebia o título simbólico de *belatora*. Não havia restado nenhum oficial de Atalia que pudesse conceder aquele título, que era usado apenas naquela província, mas o imperador Sileno Caraman fez questão de frisar que o povo de Atalia havia concedido a ele autoridade para tanto quando aceitou o tratado que transformara o país em uma província do Império.

Muitas vezes, Leonel e Aurea precisavam viajar, envolvidos com as missões da Guarda Imperial, mas essas missões foram se tornando mais raras com o passar dos anos, conforme as rebeliões iam diminuindo em força até praticamente se extinguirem.

Nessas ocasiões, no entanto, Evander sentia muito a falta dos pais e causava transtornos sérios aos tutores. Quando os pais retornavam, o garoto se atirava sobre eles, numa demonstração infantil de amor incondicional tão intensa que às vezes trazia lágrimas aos olhos de quem observava.

Aurea gostava muito de contar histórias ao filho. E boa parte delas era sobre os feitos heroicos da Guarda Imperial em sua cruzada interminável para promover a paz. Leonel era, na maior parte das vezes, o herói central das histórias.

Certo dia, o marido decidiu falar com ela sobre isso.

— Você não devia inventar histórias desse jeito. Assim você me transforma, aos olhos dele, numa pessoa que eu não sou.

— Ora, mas você é um herói! É o meu herói! Por que não pode ser o dele também?

— Ser considerado "um herói" por alguém é uma honra que deve ser conquistada e não aprendida dessa forma, como se fosse um fato estabelecido.

— Leonel, eu amo você, mas tem horas em que esse seu jeitão me incomoda, sabia? Você é um herói, não só para mim, mas para o país inteiro. E isso é um fato. Por que é tão difícil de aceitar?

— Eu faço apenas o que tem que ser feito. Não há nada de excepcional nisso.

— É claro que tem! E simplesmente pelo fato de ninguém mais ser capaz de fazer o que você faz.

Os protestos de Leonel não tiveram qualquer efeito e o garoto acabou desenvolvendo uma grande adoração pelo pai e costumava dizer que quando crescesse queria ser um herói como ele.

◆ ◆ ◆

— Meu amigo, você nunca foi conhecido como uma pessoa sociável, eu admito, mas desde que se casou, parece que se esqueceu dos amigos.

— Olá, Demétrio – saudou Leonel, sentando-se à mesa da taverna e pedindo uma cerveja.

— Como estão as coisas? – Narode perguntou, interessado.

— Tranquilas.

— Que barra, hein?

Leonel levantou uma sobrancelha.

— Como assim?

— Ora, pessoas de ação como nós desenvolvem uma saudável aversão pela "normalidade". Vai dizer que não tem saudade dos velhos tempos?

— Não sou um hiperativo inveterado como você, Demétrio. Gosto de um pouco de paz de vez em quando.

— Claro, claro – disse Narode, com um sorriso zombeteiro.

— Estou falando sério.

— Nostarius, ninguém chega onde nós conseguimos chegar se realmente gostar de inatividade. Nós somos homens de ação.

Leonel tomou um gole de sua bebida antes de balançar a cabeça.

— Eu lutei pela paz, Demétrio. Agora que finalmente as coisas estão se acalmando, eu sinto como se tivesse atingido meu objetivo.

— Querendo se aposentar, coronel?

— Se eu soubesse que eu não seria mais necessário, eu ficaria feliz em deixar o Exército e seguir minha vida.

— Mas sabe que isso não vai acontecer, não é? – Narode ficou sério. – Existem muito poucas pessoas como nós, portanto, sempre vai existir uma próxima missão.

Leonel suspirou.

— Isso é verdade.

— Você mudou muito, Leonel.

— Tive meus motivos.

— Escute, sei que você ainda se tortura pelo que aconteceu em Atalia anos atrás, mas tem que deixar aquilo para trás.

Leonel suspirou.

— Você sabe qual é o meu verdadeiro problema, Demétrio.

Narode baixou a voz para que ninguém o ouvisse além do amigo.

— E você sabe qual a minha opinião sobre isso, amigo. Às vezes, tudo que eu gostaria é de ser como você.

— Não sabe do que está falando – sussurrou Leonel. – Milhões de pessoas perderam a vida. A princípio achei que estava apenas em uma espécie de estado de apatia devido ao choque. Mas mesmo depois de tantos anos, eu continuo sem sentir absolutamente nada.

— Isso é besteira!

— É verdade.

— Leonel, isso é ridículo. Não consegue ver que você está se sentindo culpado? Isso é muito diferente de "não sentir absolutamente nada".

— Ora, eu...

— Você apenas canaliza seus sentimentos de uma forma construtiva, meu amigo. Ao invés de ficar se lamuriando pelos cantos, você toma uma atitude e tenta fazer o melhor possível frente à adversidade. Se você realmente acha que não sente nada, então me responda uma pergunta: o que o motiva? Se não sente nada pelas pessoas, por que você as protege com tanta determinação?

— Porque eu odeio o vazio que minha vida se tornou. Eu *quero* agir como uma pessoa normal, mas não consigo me *sentir* normal. Sinto como se minha vida não passasse de uma grande farsa. E, para falar a verdade, nem sei se isso realmente me incomoda.

— Às vezes é difícil acompanhar seu raciocínio. Se não te incomodasse, por que, raios, estaria me contando tudo isso?

Leonel balançou a cabeça.

— Não sei, Demétrio. Simplesmente não sei.

Narode se recostou na cadeira, voltando a usar um tom de voz normal.

— Se quer uma motivação para fazer seu trabalho direito, coronel, vou te dar uma.

— É mesmo?

— Estarei na sua cola daqui para frente. Você vai ter que se esforçar o dobro se quiser chegar ao posto de general algum dia.

Leonel olhou para ele, surpreso.

— Conseguiu sua promoção?

— Sim, a partir da próxima semana, você também terá que me chamar de coronel.

♦ ♦ ♦

A despeito de suas preocupações, Leonel Nostarius ia, com o passar dos anos, superando aos poucos as suas limitações sociais. Seus traumas passados, que o impediam de se aproximar das pessoas ou de demonstrar sentimentos, não tinham qualquer efeito no que dizia respeito a Evander. O garoto conseguiu se esgueirar com muita facilidade por uma brecha que ele não sabia que existia em seu coração endurecido por perdas, dor e sofrimento. Sua esposa também o compreendia como nenhuma outra mulher que ele já tivesse conhecido. Ela estava feliz apenas por estar ao lado dele, sem fazer nenhum tipo de exigência, o que o fazia se sentir em paz.

E foi então que os acidentes começaram a acontecer.

O primeiro ocorreu num determinado dia, quando o pequeno Evander, com a tenacidade típica de uma criança de cinco anos de idade, exigiu a atenção de Leonel.

— Papai! Papai! Eu quero ouvir a história do Avatar! Você prometeu que ia me contar hoje!

Cansado após um longo e burocrático dia no Forte, Leonel sentou-se no banco da varanda e pegou o menino no colo.

— Tudo bem, Evander. O que quer saber sobre o Avatar?

— Tudo!

Leonel sorriu.

— Certo. Mas sua mãe já não contou a história do Avatar muitas vezes para você?

— Mas a mamãe disse que você já viu e até já conversou com ele!

— Está bem, mas já vou avisando que sua mãe sabe contar histórias muito melhor do que eu.

— Eba!

Leonel respirou fundo antes de começar a falar devagar.

— Um dia, a Guarda Imperial foi chamada para proteger uma cidade de um terrível monstro.

— Uau! Era um monstro grande?

— Sim, era bem grande. Nem mesmo se a sua mãe ficasse de pé sobre os meus ombros ela conseguiria chegar até a cintura dele.

— Uaaaaau!

— Então nós tivemos que lutar contra o mostro gigante para convencê-lo a ir embora e deixar a cidade em paz.

— Você bateu nele com a espada?

— Não, não. Minha espada era pequena demais para machucar aquele monstro.

— E como você derrotou esse monstro?

— Com bastante ajuda. A Guarda Imperial tem bastante gente e cada um fez a sua parte – Leonel pensou por um instante, tentando decidir como explicar aquilo em palavras que uma criança pudesse entender. – Descobrimos que o monstro não gostava de um certo barulho, então cada um de nós pegou um sino…

— Sino? Igual ao sino da torre do relógio?

— Não, tinha que ser um sino pequeno, que a gente aguentasse carregar. Nós fomos atrás do monstro tocando os sinos, ele se assustou e saiu da cidade.

— Ah! Você não matou o monstro?!

— Não. Por que você acha que eu devia ter matado o monstro?

— Porque ele era um monstro malvado.

— Ele não era malvado. Era só feio e grande. Fora isso, era só um bicho como qualquer outro. Ele tinha se perdido e só queria voltar para casa.

— Ah, mas não tem graça! E foi aí que o Avatar apareceu?

— Bom, primeiro o monstro saiu correndo. Então os bichos da floresta se assustaram com o barulho e saíram todos correndo na direção da cidade. E olha que aquela floresta tinha muito bicho.

— Uaaaaau! E aí?

— E aí o Avatar apareceu voando. Ele pousou na frente do portão da cidade e conjurou uma enorme barreira de fogo. Então os bichos que vinham correndo mudaram de direção e a cidade foi salva.

— E era uma parede de fogo muito, muito, muuuuuito alta?

— Sim, Evander, era uma barreira bem alta. Todo mundo que estava na cidade inteira conseguiu ver o fogo, de tão alto que ele era.

— E daí?

— Bom, quando os bichos foram todos embora, o Avatar apagou o fogo e me disse o que eu tinha que fazer para fechar a porta da casa do monstro, para impedir que ele voltasse até a cidade.

— Que legal! E como é o Avatar?

— Ele é bem grande.

— Grandão que nem o monstro?

— Não, nem tanto, mas ele é bem grande. Deve ter uns três metros de altura.

— *Três metros de altura?!*

— Pois é. Ele também tem uma armadura dourada muito bonita.

— Você viu o rosto dele?

— Não, Evander, o Avatar não tem rosto. A gente só pode ver a armadura. O corpo dele é feito de energia e é invisível.

— Que legal.

Nesse momento, um barulho vindo da rua chamou a atenção de ambos. Evander imediatamente sorriu e saiu gritando.

— Mamãe! Mamãe!

O sorriso de boas-vindas de Leonel desapareceu quando percebeu a expressão de dor no rosto de Aurea ao abaixar-se para abraçar o filho. Ele aproximou-se, preocupado, mas Evander fez a pergunta antes dele.

— Mamãe? Você está doente?

— Não, Evander, foi só um acidente. Mamãe se machucou durante o treinamento dos soldados, mas logo vai passar.

— Acidente? - Leonel perguntou, preocupado.

— Sim, não foi nada demais. Um dos arqueiros se atrapalhou e atirou uma flecha para o lado errado.

— Você foi atingida por uma *flecha? Dentro de uma guarnição militar?*

— Sim, mas foi só um acidente. Nada demais.

— Onde foi o ferimento? Deixe-me ver.

— Já foi devidamente tratado, Leonel.

Ele a encarou com aquele olhar sério que não permitia recusa. Ela suspirou e descobriu o ombro esquerdo e uma parte do braço, que estava envolvido por bandagens. O local exato do ferimento podia ser percebido pela pequena mancha vermelha no curativo.

— Pela Fênix, Aurea! - Leonel gritou, alterado. - Foi a cinco centímetros do seu...

Ele se interrompeu quando Evander o abraçou com força pela cintura.

— Tudo bem, papai - disse o garoto, com voz chorosa. - A mamãe disse que foi só um acidente. Já passou.

Leonel só conseguiu ficar parado ali, fitando o filho por sobre o ombro com expressão incrédula por um longo instante.

Mais tarde naquela noite, quando já estavam deitados na cama, ele voltou ao assunto.

— Ainda não consigo acreditar que você quase foi morta durante um treino. Um pouco mais para baixo e a flecha teria atingido seu coração.

— Acidentes acontecem, Leonel. O cadete já foi devidamente repreendido e tenho certeza de que não vai voltar a se distrair de novo.

— Ah, mas não vai *mesmo*!

— Calma, já está tudo resolvido, *coronel*. Não precisa ficar assim.

Ele olhou para ela na penumbra do quarto iluminado apenas por uma vela.

— Como você pode sorrir assim? Parece até que está feliz por quase ter morrido!

— Na verdade, estou mesmo. Nunca tinha visto você se preocupar tanto comigo antes, nem mesmo durante as missões da Guarda.

Ele voltou a olhar para o teto e suspirou. Ela estava certa. Ele nunca se importara tanto com ninguém antes, e aquela preocupação súbita lhe era tão estranha que provavelmente havia reagido de forma um tanto exagerada naquele momento.

— Tem razão, acho que me excedi. Até Evander ficou assustado com a minha reação.

— Ele não é um amor?

— É – concordou Leonel, lembrando-se da forma como o filho olhara para ele naquele momento. – Com certeza.

◆ ◆ ◆

O incidente da flecha causou bastante repercussão dentro do forte e diversas precauções foram tomadas. A pedido de Aurea, Leonel não tomou nenhuma providência sobre o assunto, deixando a cargo dos oficiais de segurança e instrutores a incumbência de providenciar medidas preventivas. Ele se limitou apenas a supervisionar as medidas, envolvendo-se o mínimo possível, o que ele descobriu ser bastante difícil, uma vez que os recém-despertados instintos protetores em relação a Aurea o instigavam a interferir a todo momento. Desacostumado a reações tão emotivas, ele fez o possível para tentar conter os próprios sentimentos e deixou que os outros oficiais fizessem seu trabalho.

Apesar de todo o esforço, Leonel não foi capaz de ocultar sua preocupação dos outros oficiais. Ficou claro para todos o quanto o coronel estava abalado pelo acidente da esposa, bem como o esforço que ele fazia para deixar os tenentes fazerem seu trabalho sem interferir. Isso foi visto por todos como um ato de confiança e a popularidade dele aumentou ainda mais dentro do Forte. Até mesmo oficiais veteranos que não tinham gostado de ver a ascensão rápida da carreira de Leonel passaram a vê-lo com bons olhos.

Demétrio Narode, que tivera uma ascensão ainda mais rápida que Leonel, uma vez que era alguns anos mais jovem que ele, não perdeu a oportunidade de fazer alguns comentários bem-humorados sobre aquela situação.

— Está jogando sujo para chegar a general antes de mim, não é? – Narode disse, com uma risada, enquanto tomavam uma cerveja. – Você não perde por esperar! Também sei jogar sujo. Me aguarde.

— Espero que seu "jogo sujo" não inclua seduzir oficiais ou conselheiros – respondeu Leonel, levantando uma sobrancelha. – Ou seus cônjuges.

— Ora, isso aí eu considero diversão, não trabalho.

Então ocorreu o segundo acidente. E, por ironia do destino, no Dia da Paz.

Comemorado em todo primeiro dia da primavera há centenas de anos no Império, o Dia da Paz foi estabelecido para homenagear aqueles que lutaram pela criação do país numa época caótica e de muitas dificuldades. Apesar de, teoricamente, os homenageados serem os homens e mulheres que lideraram o movimento, a Grande Fênix sempre roubou a cena nas comemorações. As pessoas costumavam usar roupas em tons de amarelo e vermelho e se reunirem em grandes grupos em parques e bosques. Um dos eventos mais populares, para aqueles que conseguiam um lugar, era o show de manobras aéreas da tropa de cavaleiros aéreos.

Ver as águias era o passatempo favorito de Evander. Naquele dia, em particular, Leonel tinha ido sozinho com o filho.

— Trouxe o garotão para ver o show, coronel?

— Tenente Renedo – cumprimentou Leonel, surpreso, virando-se para o recém-chegado.

Selinor Renedo era um homem de média estatura, que se orgulhava dos longos cabelos castanhos, que caíam numa cascata lisa abaixo dos ombros. Por diversas vezes, aquela característica fez com que ele fosse confundido com uma mulher ao ser visto de costas ou de longe. No entanto qualquer confusão acabava quando se olhava para o rosto dele. Suas feições exalavam força e masculinidade, bem como o olhar normalmente sério e penetrante, desafiador, perigoso. Naquele momento, no entanto, os olhos negros estavam sorridentes, enquanto ele abaixava-se para cumprimentar Evander.

— E aí, garotão? Como está?

— Achei que estava de folga hoje – disse Leonel.

— E estou, graças à providência divina. Hoje estou aqui apenas como parte da plateia. – Renedo olhou para o céu, onde os pássaros voavam lado a lado naquele momento, simulando formações de ataque aéreo. – Ora vejam, parece que aqueles cabeças-duras conseguiram aprender algumas coisas.

Renedo tinha sido o segundo em comando de Leonel por bastante tempo na tropa alada. A promoção para coronel, no entanto, obrigou Leonel a delegar o comando da unidade ao tenente.

— É uma boa equipe – concordou Leonel, olhando com atenção para os cavaleiros. – Por que não quis se juntar a eles, tenente? Você também é bom nisso.

— Ah, seria injusto com os novatos.

Ficaram observando em silêncio enquanto a equipe alada praticava uma manobra que envolvia um voo rasante. Leonel percebeu que tinha algo errado na forma como um dos pássaros se movia, mas, infelizmente, o cavaleiro não era experiente o suficiente para perceber isso também.

Todos os espectadores soltaram exclamações de surpresa quando o pássaro mudou de direção abruptamente, o que fez com que o soldado que o montava fosse arremessado para longe. Em seguida, a águia gigante voou a esmo por alguns instantes, abandonando a formação, antes de soltar um pio estridente e furioso e fazer uma investida na direção da plateia, que observava, incrédula.

— Afastem-se! – Leonel gritou para as pessoas, empurrando Evander na direção de Renedo.

Sem hesitar, o tenente pegou o garoto no colo e tentou se afastar o máximo que pôde. Evander apenas olhava para o pai num misto de medo e fascinação.

Os cadetes que estavam por perto gritaram e começaram a correr, assustados. Na primeira investida, a águia quase conseguiu agarrar um deles, que, felizmente, foi esperto o suficiente para jogar-se no chão ao invés de continuar correndo.

Estreitando os olhos, Leonel levantou a espada e deixou que os raios do sol refletissem nela, liberando o fluxo de um determinado tipo de energia mística, o mais abundante naquela arma. Sem ter como resistir ao efeito de *provocação*, o animal imediatamente voltou sua atenção para ele.

Vendo a águia dar a volta e se preparar para atacar, Leonel embainhou a espada, segurando com firmeza o cabo da arma e flexionando os braços e as pernas. E esperou. A águia mergulhou na direção dele, pronta para atacar com as gigantescas e afiadas garras. Um segundo antes do impacto, em um único movimento, Leonel desembainhou a espada e cortou o ar à sua frente, descrevendo um arco perfeito. A lâmina não chegou a atingir o corpo do pássaro, mas o efeito daquele golpe, conhecido como *expurgo*, imediatamente fez com que a energia mística se dissipasse e o animal voltasse ao seu tamanho normal.

Afetado pelo impulso do próprio ataque e surpreendido pela rapidez do golpe, o pássaro perdeu totalmente o controle, passando por sobre a cabeça do coronel a toda velocidade e se chocando com força contra o solo, quicando no chão algumas vezes.

Leonel voltou a embainhar a espada e aproximou devagar do animal caído. Como imaginava, estava morto. Era impossível sobreviver a impacto como aquele.

Os soldados aproximaram-se dele, maravilhados.

— Impressionante, coronel!

— É, o senhor foi demais!

Um dos cadetes se dirigiu ao tenente Renedo, que ainda segurava Evander no colo.

— Achei que as águias fossem imunes a *expurgo*.

— E são - respondeu o tenente, sorrindo. - Mas duvido que já tenha nascido alguma coisa imune ao coronel Nostarius!

Os soldados ao redor riram, divertidos.

— Papai matou o passarinho malvado! – Evander gritou, de repente, surpreendendo Renedo.

— Isso mesmo, rapazinho.

— Papai é um herói!

Após assegurar-se de que o cavaleiro que havia sido derrubado pela águia estava sendo bem cuidado, Leonel aproximou-se do tenente, trazendo nas mãos uma gaiola de metal, própria para o transporte de pássaros, coberta com uma espécie de cortina de tecido branco.

Evander correu para abraçar as pernas dele.

— Papai! Papai!

— Como sempre, ver o senhor em ação foi impressionante, coronel - disse Renedo, com um sorriso.

Leonel acariciou os cabelos do filho.

— O animal devia estar muito doente, caso contrário não voaria daquele jeito. E nem teria sido afetado por um *expurgo*.

— E como o senhor sabia que o *expurgo* iria funcionar?

— Eu lido com esses animais desde criança - respondeu Leonel, passando a gaiola para o tenente. - E por isso mesmo estou preocupado com este aqui.

O tenente ficou olhando para o objeto por um instante.

— Este é o...

— Sim, é a águia morta. Preciso que ela seja levada para avaliação. Quero saber exatamente o que havia de errado com ela.

— Sim, senhor. Farei isso imediatamente. O senhor acha que isso não foi um acidente?

— Não sei, tenente. Não sei. – Leonel passou novamente a mão pelo cabelo de Evander, que ainda olhava para ele com adoração. Em seguida, voltou a encarar o tenente. – Desculpe lhe dar essa tarefa em seu dia de folga, mas eu gostaria que esse isso fosse tratado com prioridade máxima.

Leonel sabia muito bem que aquele incidente com a águia teria sido um desastre para a moral do batalhão aéreo de Verídia caso alguém como ele não estivesse no local para parar o animal descontrolado. Se tivesse havido uma vítima fatal que fosse, o Conselho Imperial poderia pedir a suspensão do funcionamento de toda a unidade.

As pessoas tinham medo das águias imperiais. Elas foram o grande trunfo de Verídia durante a guerra da unificação, mas agora que todos os países do continente tinham se unido ao Império, não havia mais inimigos contra os quais lutar. E aquela unidade, a sua unidade, estava começando a ser considerada perigosa demais para continuar ativa.

E talvez fosse mesmo, pensou ele, sombrio, lembrando-se do estado precário em que se encontrava o soldado que havia caído. Aquele pensamento era incômodo, uma vez que Leonel tinha trabalhado e lutado, praticamente, a vida toda ao lado daquela unidade.

◆ ◆ ◆

O exame da águia morta não trouxe nenhum esclarecimento. E, para piorar as coisas, outros acidentes inexplicáveis ocorreram nos anos seguintes. Às vezes, passavam-se semanas ou meses entre uma ocorrência e outra; às vezes, passavam-se anos, mas o perigo parecia estar sempre lá. Os amigos de Leonel, no entanto, não viam nenhuma conexão entre aqueles fatos.

— Você está paranoico – sentenciou Luma Toniato. – São só acidentes. Não há nenhuma evidência de serem nada além disso.

— Já pensou em tirar umas longas férias? – Lutamar Romera sugeriu. – Pegue a família e vá visitar as praias de Halias. Acredite em mim, isso faz maravilhas.

— Você deve meditar mais, Leonel – aconselhou Gaia Istani. – Precisa descarregar as emoções negativas acumuladas durante todos esses anos.

— Quanta bobagem! – Demétrio Narode resmungou. – Quem está no fogo não pode ter medo de se queimar, meu amigo. Não tem como trabalhar num ramo como o nosso sem ter que enfrentar um revés ou outro, isso faz parte do trabalho. Não faz sentido ficar procurando culpados ou achar que alguém esteja conspirando contra você.

Leonel tentou seguir os conselhos dos amigos e continuou tocando sua vida, canalizando suas energias para seu trabalho e estabelecendo prioridade máxima aos procedimentos de segurança em todas as operações das tropas.

E, involuntariamente, conquistando respeito e admiração cada vez maiores dos demais oficiais. Graças às suas inatas características de objetividade, dedicação, abnegação e respeito a todos, ele foi criando uma sólida reputação, recebendo várias comendações, tanto do general Vilar quanto do governador da província, e algumas vezes do próprio imperador.

♦ ♦ ♦

O salão de treinamento da mansão era o local favorito de Aurea Armini.

O piso de madeira do aposento era recoberto com um tipo especial de tapete, grosso e muito resistente. As paredes eram enfeitadas com tapeçarias e armas decorativas. Devido a sua localização, no subterrâneo da mansão, o salão não era um espaço totalmente aberto, ao invés disso, era cortado por diversas fileiras de colunas, com formas em relevo percorrendo a quase totalidade de seu formato cilíndrico. Nas colunas eram afixados pequenos cristais de luz contínua, que faziam com que todo o ambiente fosse claro como o dia o tempo todo. Em uma das paredes havia uma escultura representando a cabeça de um dragão, com cerca de meio metro de altura e cuja boca se projetava por mais de um metro de distância da parece. Por entre a boca aberta entrava uma constante lufada de ar, que percorria o aposento todo em forma de uma suave brisa. A lufada de vento também podia ser ajustada para aquecer ou resfriar o ambiente, o que tornava o salão um local prático e confortável, independente do clima externo.

Naquele dia, Aurea praticava seus exercícios de rotina com o bastão enquanto Evander, então com sete anos de idade, assistia. O garoto não notou na ocasião, mas posteriormente ele iria se lembrar de que os movimentos dela estavam mais lentos, mais cuidadosos.

Quando ela terminou a série, Evander pediu que o ensinasse a fazer aqueles exercícios também. Ela sorriu e lhe entregou seu bastão, a arma da qual ela nunca se separava, e pediu para que ele cuidasse muito bem dela.

O garoto mal conteve a alegria ao perceber que ela estava lhe dando o bastão especial, que tinha o poder de se expandir e se encolher de acordo com comandos gestuais do usuário. Sua mãe lhe dera treinamento de combate diversas vezes, mas sempre usando armas leves de madeira. Ela nunca o havia deixado usar aquele bastão.

Então ela lhe mostrou os comandos básicos, sendo que a maioria deles o garoto já sabia instintivamente, tendo observado sua mãe fazê-los tantas vezes. Depois, ela lhe mostrou como fazer uma série simples de manobras, que o manteve entretido por um longo tempo, provavelmente uma hora ou mais. Enquanto isso, ela apenas se sentou, apoiada em uma das colunas, e ficou observando-o, sempre com aquele sorriso sereno no rosto, que fazia com que o menino se sentisse importante e querido.

Levou um bom tempo para Evander perceber que ela havia se deitado. Ele se aproximou, com cuidado e viu que ela tinha a respiração profunda e relaxada de uma pessoa adormecida. Não querendo perturbar a mãe e não sabendo exatamente o que fazer, ele subiu até o estúdio e encontrou Leonel sentado a uma escrivaninha e lendo um grande livro.

Ao ouvir que Aurea estava adormecida no salão lá embaixo, seu pai chamou a governanta e pediu para ela levar Evander para tomar um banho e colocá-lo na cama. Então desceu apressadamente as escadas até o salão e aproximou-se da esposa, sacudindo-a gentilmente.

Ela abriu os olhos devagar e sorriu depois que conseguiu focalizar o rosto do marido.

— Acho que… meu tempo… se esgotou.

— Aurea…

— Preciso dizer uma coisa. Você… você foi o melhor marido do mundo. Se existir… uma vida após esta… quero que saiba que… eu serei eternamente grata pelos momentos… que tive a honra de passar com você.

Após aquilo, ela perdeu os sentidos, de forma similar ao que ocorrera muitas vezes na gravidez e nos primeiros meses após o parto.

Ele ficou ao lado dela a noite toda. Gaia Istani tinha vindo a seu pedido e a examinado, constatando que não havia muito o que fazer. O sol começava a nascer no horizonte quando Aurea Armini exalou seu último suspiro.

Após o café da manhã, Leonel chamou Evander para uma conversa séria e lhe explicou que Aurea sofria de uma doença muito rara e muito grave, que não tinha cura, e que os momentos que o garoto passara com ela no dia anterior tinham sido os últimos.

Aquele foi um momento muito difícil. O garoto se sentiu completamente abandonado, sozinho, desamparado. Leonel tirou uma licença prolongada e permaneceu ao lado dele o tempo todo por meses, mas isso não trouxe muito um alívio. Na verdade, Evander começou a notar a falta de emoções no pai, que parecia não se importar com a morte da própria esposa. Agia quase o tempo todo como se nada tivesse acontecido, e quando falava sobre a partida de Aurea o fazia num tom tão desapaixonado que provocava uma profunda aversão no garoto.

Certa vez, Evander acusou o pai de não amar a esposa. Seu pai nunca negou.

Leonel via a desilusão e a frustração do garoto, mas nem imaginava o que podia fazer a respeito. Apesar de ter tentado, ele simplesmente não conseguiu sentir nada em relação ao falecimento de Aurea. Por outro lado, os sentimentos dele eram profundos e intensos no que diziam respeito ao filho adotivo, e a possibilidade de o garoto descobrir o quanto o pai era vazio e destituído de emoções em relação a outras pessoas lhe causava uma enorme aflição.

Capítulo 6:
Motivação

Algum tempo após o fim da guerra da unificação, as pessoas imaginaram que o Exército Imperial seria debandado. Afinal, não existiam mais países a conquistar, não havia mais adversários contra os quais lutar.

No entanto, o imperador Caraman nunca pensou no Exército de Verídia como uma simples força de combate. Desde que assumira o poder, ele investira muito na educação e especialização das tropas. Assim, os soldados começaram a receber treinamento nas mais diferentes áreas: agricultura, forjaria, tecelagem, pesca, artesanato e em todas as principais atividades praticadas nas províncias. E, aos poucos, os militares começaram a realizar outras tarefas além de patrulhamento e manutenção da segurança. Começaram a trabalhar lado a lado com as outras pessoas, transmitindo o conhecimento que receberam e auxiliando nos trabalhos do dia a dia quando não existiam aldeões qualificados para executar alguma tarefa.

Hoje em dia, o bem treinado e organizado Exército era responsável pela maioria dos serviços públicos, incluindo segurança, saúde, educação, armazenamento e transporte de mantimentos, coleta de impostos e diversos outros. A maioria das ocupações existentes na cidade de Talas estava ligada ao Exército de alguma forma, direta ou indiretamente.

A chave para ser uma pessoa bem-sucedida nessa sociedade era ter ao menos um pouco de treinamento militar e contatos entre os oficiais. Para um soldado, galgar os degraus da hierarquia militar não significava apenas uma progressão natural na carreira, era, principalmente, uma forma de conseguir sucesso e glamour nas rodas sociais. Para ser aceito em certos círculos, era mais importante uma alta patente do que ser rico ou famoso.

Em relação à educação, o Exército mantinha prédios especializados espalhados pela maioria das cidades com esse fim, as chamadas *academias*. Em uma academia, as crianças aprendiam de tudo um pouco: geografia, história, matemática, arte da cura, trabalho com metais, tecelagem, culinária, táticas militares, treinamento de combate e a disciplina que englobava, entre outras coisas, o estudo e manipulação do campo energético, conhecida como *"física"*, um nome bastante curioso, diga-se de passagem.

As crianças entravam para a academia normalmente com a idade de oito anos, independente da intenção de se tornarem ou não soldados no futuro. Os conhecimentos adquiridos na academia eram muito úteis e necessários para se dar bem em quase qualquer profissão, sendo ela dentro da carreira militar ou não. O período médio de permanência na academia era de sete anos, portanto, geralmente aos quinze anos de idade o jovem deveria optar entre tornar-se um cadete ou procurar alguma outra ocupação para a qual pudesse se dedicar.

Estudar em uma academia era praticamente um pré-requisito se o jovem desejasse conseguir um bom emprego em qualquer lugar na cidade. Quanto mais tempo de treinamento militar, maiores as chances de conseguir uma vaga nas ocupações mais disputadas.

E isso era uma compensação para aqueles que não conseguiam se adequar à rotina militar. Menos da metade dos garotos que entrava no quartel como cadete chegava a se tornar um soldado. E desses, apenas um em cada 10 conseguia chegar a conseguir uma promoção.

Esse fato, no entanto, nunca foi uma preocupação para Evander. Devido à sua criação e ao treinamento que recebera desde a mais tenra infância, fazer parte daquela organização era uma ideia tão natural quanto o ato de respirar. Ele nunca desistiria, não importava o quão difíceis os próximos anos pudessem ser. Ele devia isso à memória de sua mãe.

E havia, é claro, o fato de que a dedicação aos estudos, para ele, estava bem longe de ser uma tarefa desagradável.

— Instrutora, o que significa "paralaxe"?

A sargento Leone Bartania era uma das instrutoras que Evander mais gostava. Ela se aproximou e olhou para o livro que ele tinha em mãos.

— Não seria melhor primeiro terminar sua lição ao invés de tentar ler um livro tão complexo quanto este, Evander?

— Mas eu já terminei a lição.

Constatando que ele falava a verdade e que aquela conversa tinha chamado a atenção de toda a turma, Leone achou melhor responder.

— Paralaxe é uma palavra usada para se referir à aparente mudança de posição de um objeto dependendo do lugar de onde você o está observando.

As crianças, todas na faixa dos oito aos 10 anos de idade, observavam-na com diferentes graus de interesse.

Evander tinha uma fascinação especial pelo nome dela. Leone. Era como se tivessem pegado o nome de seu pai e o transformado completamente, removendo uma única letra. O resultado era harmônico, quase poético, o que combinava perfeitamente com a mulher pequena e de feições delicadas.

Ela pegou um papel com um desenho que estava sobre a mesa dele.

— O que você desenhou aqui?

— O pôr do sol.

— Quando foi a última vez que você assistiu ao pôr do sol?

Ele baixou o olhar.

— Um tempo atrás.

Junto com meu pai, ele quase acrescentou.

— E você sabia que não estava observando sozinho?

Ele levantou a cabeça e a encarou, surpreso.

— Como...?

— No exato instante em que você olhava o sol se pôr à distância, milhares de pessoas provavelmente faziam a mesma coisa, pois a mesma cena ocorria simultaneamente em todo o país.

— Mas meu pai disse que anoitece primeiro ao leste – disse uma menininha de cabelos cacheados.

Leone olhou para a menina por um momento e pareceu ponderar um pouco antes de responder.

— Muitas pessoas pensavam assim antes da invenção das pontes de vento. Hoje é possível viajar para qualquer parte quase instantaneamente. E qualquer pessoa que fizer isso irá constatar que o amanhecer e o anoitecer acontecem exatamente na mesma hora, não importa onde se esteja.

— E se eu estiver em cima de uma montanha muito alta?

— Mesmo se você estiver no alto de uma montanha. A hora do anoitecer e do amanhecer é a mesma para todas as pessoas, não importa onde estejam.

— Mas como é que pode?

— Esse é o efeito paralaxe – respondeu ela. – Dependendo de onde você estiver, o sol, a lua e as estrelas sempre parecerão estar na mesma posição do céu em relação a você, mas não em relação ao ambiente ao seu redor.

— E se eu estiver dentro de um buraco no chão?

A turma toda caiu no riso.

— Ao menos que o buraco seja muito, mas muito largo, você não vai ver nada além do céu. – Ela explicou, com um sorriso. – O efeito de paralaxe só ocorre em distâncias longas. Por exemplo, se você estiver na base da montanha e não no topo dela, o sol poderá se esconder por trás da montanha, de forma que você não vai conseguir ver o pôr do sol no horizonte. Mas se você estiver bem longe da montanha, irá ver o sol se pondo por cima dela, ao mesmo tempo em que outras pessoas mais ao sul ou ao norte verão o sol se pôr ao lado da montanha e não sobre ela.

— É como se fosse uma ilusão? – Evander perguntou, lembrando-se das conversas que seus pais costumavam ter sobre diversos assuntos, incluindo este.

— Mais ou menos. Coisas que vemos no céu, como o sol, a lua e as estrelas são apenas manifestações do campo místico. Esse é um fenômeno muito interessante e que os acadêmicos gostam de estudar. Mas, infelizmente, ainda sabemos muito pouco sobre ele.

— Quando eu crescer, eu quero saber de tudo – disse a garotinha de cabelos cacheados, fazendo Leone sorrir e a turma irromper em risos e zombarias.

Para Evander, parecia que sempre tinha um assunto novo e fascinante para aprender ali. O ambiente acadêmico e o contato com as outras crianças foram novidades muito bem-vindas naquela etapa delicada de sua vida, e fez com que ele sentisse como se sua existência estivesse entrando novamente nos eixos.

O relacionamento com o pai vinha se deteriorando, uma vez que ficava mais e mais evidente a falta de afeição de Leonel Nostarius não só para com ele, mas para com as pessoas em geral. Leonel nunca era grosseiro ou fazia nada impolido, tratando a todas as pessoas até com mais respeito do que elas mereciam, mas as ações dele pareciam sempre frias, calculadas. Em certo ponto, Evander começou a duvidar que seu pai tivesse algum sentimento por outra coisa que não fosse a carreira militar, para a qual ele se dedicava com afinco.

Era como se a morte da esposa tivesse matado algo dentro do coronel, criando uma barreira que, por mais que Evander tentasse, nunca conseguiria superar.

◆ ◆ ◆

Enquanto Evander se adaptava à rotina da academia, Leonel tentava se readaptar à rotina do Forte, tendo retornado ao trabalho após o fim de sua licença especial por luto.

Ele constatou, com certa satisfação, que os programas de segurança que ele havia criado estavam sendo seguidos à risca pelas tropas da primeira divisão. A iniciativa dele, criada com o único objetivo de impedir a ocorrência de outros acidentes inexplicáveis, acabou se tornando um modelo altamente elogiado, que inclusive passava a ser adotado em diversas outras províncias, com bons resultados.

Leonel gostaria de estar tão otimista em relação àquele programa quanto os demais oficiais, mas simplesmente não conseguia. O fato de Evander ter ingressado na academia lhe trazia uma nova gama de preocupações. Se algum daqueles acidentes estranhos ocorresse com o filho…

Foi em meio a essas reflexões que ele recebeu a notícia do falecimento de Garleu Vilar. O respeitado general havia deixado sua marca na primeira divisão, implantando diversas iniciativas inovadoras, incluindo o programa de segurança criado e gerenciado por Leonel. Tinha sido um homem eficiente e sem afetação, e Leonel o respeitara muito. Ambos compartilhavam muitos valores, incluindo a completa abominação a manobras políticas, tão comuns no ambiente em que viviam.

Seguiram-se dias melancólicos, de luto e homenagens ao grande general. Após uma semana, o governador decidiu que era hora de virar a página e anunciou a promoção de Leonel, que passaria então a exercer o cargo de general da principal província do Império. Para a frustração do coronel Narode.

— Parece que eu subestimei você, meu amigo – disse o coronel em determinada ocasião, cumprimentando Leonel com um sorriso torto.

— Sinto muito.

Narode sacudiu a cabeça, com expressão determinada.

— Não se preocupe. Você pode ter me vencido na disputa pela promoção, mas ainda vou ter meu momento, você vai ver.

Leonel levantou uma sobrancelha.

— Você já é um dos oficiais mais condecorados do país. É invejado por todos os soldados. Não teria chegado onde está se fosse de outra forma.

Olhando para o amigo de forma zombeteira, Demétrio respondeu:

— Ah, sabe como eu sou: adoro um bom desafio.

— Esse é o Narode que conhecemos! – Lutamar Romera exclamou, aproximando-se e dando tapinhas nas costas do coronel. – Nunca admite a derrota, não é?

— Essa é a ideia – respondeu Demétrio, ainda sorrindo, enquanto cumprimentava o professor com um firme aperto de mão.

— Romera, eu estava mesmo precisando falar com você – disse Leonel, aproximando-se para também apertar a mão do amigo.

— Estou às suas ordens, general.

— Preciso de um favor – Leonel estudou com cautela o rosto sorridente do professor. – E bem grande.

♦ ♦ ♦

A morte do general trouxe sentimentos conflitantes para Evander. Por um lado, ficou triste pelo velho homem, famoso por sua busca incansável pela justiça. Por outro, ficou satisfeito pela promoção de Leonel, que passou a trabalhar exclusivamente no Forte. Com isso acabaram as longas e constantes viagens do pai. Agora, ele passava bastante tempo em casa, e quando tinha que viajar, sempre levava o garoto com ele.

Outra mudança importante que ocorreu na época foi a chegada de novos vizinhos. Lutamar Romera se mudou para a casa em frente à mansão Nostarius, trazendo sua esposa Nara e seus dois filhos, Argus e Natale.

Argus tinha a mesma idade de Evander e era divertido, brincalhão e competitivo. Tinha olhos azuis, como os de sua mãe, e cabelos loiros rebeldes. Ele entrou para a mesma turma de Evander na academia e então os dois se tornaram inseparáveis, brincando, estudando e treinando juntos. Em pouquíssimo tempo tornaram-se melhores amigos. O filho do professor gostava muito de conversar e de fazer tiradas irônicas sobre tudo e todos. Evander adorava aquele jeitão dele, apesar de ser um dos alvos preferidos do amigo naquelas brincadeiras.

Aos nove anos de idade, Argus também era um artista promissor. Tinha um talento nato para desenho e pintura e dizia que um dia ainda publicaria um livro feito apenas com imagens. Imagens que se mexeriam sozinhas e contariam sua própria história.

Evander sabia que aquilo era apenas uma das brincadeiras do amigo, mas a ideia de um livro animado lhe parecia bastante romântica e cativante. Ele deu seu ponto de vista e os dois iniciaram um longo debate sobre o assunto, incluindo temas como paralaxe e manipulação de energia. Em certo momento Argus olhou para Evander e exclamou:

— Que droga! Você está me fazendo acreditar que essa ideia estúpida é possível! Como você faz isso?

— Como assim? – Evander perguntou, rindo. – Essa "ideia estúpida" foi sua.

— E quem mais além de você seria idiota o suficiente para dar atenção às minhas ideias?

Natale, a irmã de Argus, era três anos mais jovem que os meninos e era irritantemente esperta e encrenqueira. O passatempo preferido da menina era esconder os brinquedos do irmão só para ver quanto tempo ele levava para encontrá-los. Muitas vezes, ela nem mesmo se preocupava em esconder, apenas pegava as coisas quando ele não estava olhando e levava para o próprio quarto para brincar.

A menina simpatizou bastante com Evander, que se esforçava para brincar com ela sempre que podia, mas isso não o poupava das traquinagens da menina. Em certa ocasião, ela pegou e escondeu o bastão, que ele guardava em um local de honra em seu quarto, em uma pequena bolsa pendurada na parede logo acima da cabeceira de sua cama.

A reação dele, ao perceber que a arma tinha sumido, foi muito além do que a menina poderia ter imaginado. O garoto ficou agoniado, procurando obsessivamente o objeto por todos os cômodos da casa, sem parar de chorar. A princípio, os adultos acharam que se tratava de uma brincadeira e ignoraram a pequena comoção, mas ao verem Evander passar pela sala pela quarta vez, naquela busca obsessiva e chorando, mas sem falar nada para ninguém, decidiram intervir.

Natale foi sentenciada a um severo castigo pelos pais. Mas o que mais marcou mesmo a pequena foi o intenso sentimento de culpa pelo sofrimento do garoto. Ela já tinha escondido outras coisas de Evander antes e a reação dele era sempre parecida com a de Argus. Ele chegava até mesmo a se divertir com aquelas travessuras dela, mas daquela vez foi diferente. Quando ela devolveu o bastão para ele resmungando um "desculpe" de má vontade, ele abraçou o pequeno objeto e se afastou dela caminhando de costas antes de virar-se e sair correndo, como se ela fosse um animal perigoso. E depois daquilo, ele ficou mais de um mês recusando-se a falar com ela.

Leonel conseguiu fazer com que o filho se sentisse melhor ao dar-lhe de presente um pequeno cinturão com uma bolsa, do tamanho exato para acomodar o bastão em seu tamanho reduzido. Podendo carregar o objeto para onde quer que fosse, o garoto voltou a se alegrar e a brincar com as outras crianças como antes.

Argus passou semanas chamando Evander de "chorão", "mimizento" e o acusando de "dar piti" por nada, até que a graça da coisa foi passando e ele começou a inventar outros apelidos mais adequados ao momento, para insultar o amigo.

Um dia Argus perguntou se Evander queria ser general como o pai quando crescesse. Evander disse que não, pois ao invés disso, queria ser um herói. Com toda a sua inteligência infantil, ele tinha deduzido que o pai tinha deixado de ser herói quando se tornou general, afinal, as pessoas não contavam mais histórias sobre ele como antes.

Argus riu dele e nunca mais parou de fazer piadinhas sobre o assunto. Quando Evander retrucou perguntando o que Argus queria ser quando crescesse, ele respondeu que queria ser um pirata cozinheiro.

Passaram dias rindo daquela ideia.

◆ ◆ ◆

Quando completaram 10 anos de idade, os garotos perceberam que sempre havia adultos ao redor deles. O professor, sua esposa e Leonel pareciam se revezar na vigília, estando, miraculosamente, sempre por perto. Quando não eram eles, era um batalhão de empregados que ficava sempre por ali, muitas vezes inventando tarefas inúteis para fazer ou até mesmo não fazendo nada.

Ocasionalmente, Evander era invadido por uma sensação inexplicável de apreensão. Parecia que de vez em quando algum dos empregados lançava a ele um olhar estranho, avaliador, preocupado. Confidenciou o fato com Argus, que a princípio riu e chamou o amigo de "paranoico", mas depois começou a prestar atenção e concluiu que tinha mesmo algo esquisito acontecendo.

Essa foi a época em que os garotos aprenderam a desaparecer. Enganar as pessoas que os vigiavam e fugir para dar uma volta na rua ou simplesmente se esconder em algum cômodo das enormes casas de ambos era uma ideia atraente demais para ser ignorada e assim passaram por momentos excitantes, geralmente gratificantes por algum tempo, mas muito frustrantes logo depois, quando eram pegos, o que sempre acontecia. Por mais espertos que fossem, seus pais sempre estavam um passo à frente deles. Passaram muitas e muitas horas de castigo, mas valeu cada segundo.

Então, meio que sem mais nem menos, Evander começou a mudar. Passou a se sentir diferente, a ver as coisas de forma diferente.

A primeira coisa que ele passou a perceber foram os sentimentos de Leonel. Deu-se conta de que o pai não gostava dele. Parecia até mesmo ter medo dele às vezes, por mais estranho que isso pudesse parecer. E, em algumas raras ocasiões, parecia sentir pena. Graças aos céus isso era muito raro porque esse era o pior sentimento de todos. Fazia com que o garoto se sentisse horrível.

Ele começou também a perceber claramente quando as pessoas mentiam ou tentavam esconder algo dele. Essa parte foi a mais divertida, pois Argus nunca mais conseguiu ganhar dele nos jogos de cartas. Quando Evander confidenciou ao amigo o que estava acontecendo, acabou por ganhar um monte de apelidos novos.

Um dia, os garotos deram uma de suas escapulidas e subiram na Torre do Relógio, a construção mais alta da cidade. No topo da torre existia um mecanismo energético que fazia com que um ponteiro girasse bem devagar, mas em velocidade constante, levando exatamente um dia para dar uma volta completa num círculo dividido em 24 segmentos, representando as 24 horas. Todas as grandes cidades do Império tinham um relógio como aquele.

A torre tinha aproximadamente 80 metros de altura e uma escadaria interna em espiral que parecia interminável. Entraram sorrateiramente no lugar e subiram até o topo, onde havia uma pequena janela de observação.

Por várias razões, esse dia foi um dos mais marcantes da vida de Evander. A primeira delas é que foi a primeira vez que viu o Avatar.

Lá estavam eles, com as cabeças para fora, admirando a cidade, quando o herói apareceu no horizonte, sobrevoando a cidade e vindo na direção deles, passando a uns 30 metros de distância da torre onde estavam. Os garotos puderam ver nitidamente sua armadura, o elmo e a capa, todos de um reluzente tom de dourado. Ele era muito grande, tinha no mínimo o dobro da altura de uma pessoa normal e provavelmente estava indo ajudar alguém que estava em apuros.

Afinal era isso que os heróis faziam, não era? E o Avatar não era simplesmente um herói, ele era "o" herói. Todos sabiam que ele fora enviado pelos céus para trazer paz ao mundo, e as pessoas contavam muitas histórias sobre ele.

Muito excitados por terem visto seu herói tão de perto, os garotos se descuidaram e encostaram numa parte do corrimão de metal que estava velho e enferrujado. O aparato cedeu, desequilibrando a ambos, que caíram, vendo os lances da escada em espiral subindo ao redor deles enquanto o chão se aproximava cada vez mais.

Acordaram depois de dois dias, milagrosamente sem nenhum arranhão. Os pais deles pareciam até patéticos, de tão preocupados, mas, aparentemente, não havia nada de errado com nenhum dos dois.

Depois de passarem pelo período mais longo de castigo de suas vidas, eles decidiram que talvez fosse melhor deixar de lado aquelas aventuras secretas, pelo menos por algum tempo.

Um dia, Evander perguntou ao pai se alguém havia os salvado da queda e o pai respondeu que não sabia, mas que era possível. Assim, ele passou um bom tempo alimentando a fantasia de que o Avatar havia ouvido o grito deles e voltado para salvá-los, deixando-os em segurança. Argus não acreditava nisso, pois, segundo ele, não explicava por que os dois tinham passado tanto tempo desacordados. Evander argumentava que provavelmente tinha sido pelo trauma da queda, que tinham ficado tão assustados que tiveram que descansar bastante para se acalmar. Argus pediu para Evander deixá-lo de fora daquela teoria, porque ele não era nenhum fracote, chorão ou "borra-botas".

Evander argumentou então que talvez eles não tivessem ficado desmaiados por tanto tempo assim, talvez os adultos tivessem tentado assustá-los de propósito, como parte do castigo. No entanto, depois de discutirem um pouco o assunto, concluíram que nenhum dos dois concordava muito com aquela explicação também.

O mais estranho naquela confusão toda, no entanto, foi que os pais ordenaram aos garotos que mantivessem sigilo absoluto sobre o que tinha ocorrido.

Argus não gostou nada daquela ordem, mas Evander percebeu pelo tom de voz dos adultos que aquilo era muito sério, apesar de ninguém estar disposto a explicar a eles a razão. Então ele acabou convencendo Argus a obedecer a ordem. De qualquer forma, eles achavam que, se contassem, ninguém iria acreditar neles mesmo.

Dias depois, Evander fez mais uma descoberta. Durante um treino, quando o instrutor tinha precisado sair da sala por um momento, ele acabou acertando sem querer o rosto de Argus com um forte soco. No entanto ele ficou com a impressão de que a mão não chegou nem mesmo a encostar no amigo. Era como se ele tivesse esmurrado uma espécie de barreira. Argus sentiu a inércia do soco e precisou dar dois passos para trás para se equilibrar, mas depois se gabou, dizendo que não tinha sentido absolutamente nada e que Evander batia como uma mulherzinha. Com 10 anos de idade, ambos não tinham ainda atingido a adolescência, e como todo garoto nessa fase, não gostavam muito de meninas, afinal, elas eram umas chatas, e ser chamado de "mulherzinha" era, para eles, uma ofensa muito grave. Resultado: Evander golpeou de novo. Novamente, Argus não sentiu nada. E aí ele cruzou os braços, riu alto e disse para o amigo dar o seu melhor golpe. Então Evander se preparou e caprichou num gancho de esquerda. Dessa vez Argus caiu no chão. Mas, mesmo caído, continuava rindo e caçoando, dizendo que não sentia nada e que Evander era o maior fracote do Império. Então ele fechou os olhos e ficou dois dias e meio inconsciente.

◆ ◆ ◆

— E então você bateu nele de novo? – Leonel perguntou, muito sério.

— Mais *duas vezes*? – Lutamar Romera acrescentou.

— É que ele ficou me provocando – respondeu Evander, cabisbaixo. Nunca tinha se sentido tão inseguro em sua vida.

Lutamar abriu a boca, mas Leonel levantou a mão, pedindo silêncio.

— Argus sempre provocou você o tempo todo – Leonel disse a Evander, num tom de voz que demonstrava claramente o esforço que fazia para soar racional. – Ele faz isso com todo mundo, esse é o jeito dele. E você nunca teve problema com isso antes.

O garoto permaneceu olhando para as próprias mãos, em silêncio.

— Evander, olhe para mim – pediu Leonel, num tom de voz mais suave, que de alguma forma só serviu para deixar o garoto ainda mais ansioso enquanto levantava os olhos devagar. – O que está acontecendo?

— Eu não sei!

O professor soltou um suspiro, que de alguma forma fez com que Evander se encolhesse todo, ao perceber toda a frustração dentro dele.

— Lutamar – advertiu Leonel, em tom baixo –, você o está assustando.

— Mas eu não… – ele engoliu o que ia dizer e suspirou de novo. Quando voltou a olhar para Evander, ele esboçava um leve sorriso arrependido. – Perdoe-me, Evander. Ter um de meus filhos desacordados numa cama de hospital está me deixando um pouco frustrado.

— Como ele está? – Evander perguntou, em um fio de voz.

Os adultos se entreolharam. A um gesto de assentimento de Leonel, o professor se sentou na cama ao lado do garoto e respondeu num tom suave.

— Está bem. Apenas precisando de um descanso.

— É um problema de cognação?

Aquela pergunta pegou ambos os adultos de surpresa.

— Quer dizer, cognação transcendente? – Lutamar perguntou, intrigado.

— Isso. Os livros do papai dizem que quando isso fica muito baixo, a pessoa pode até…

— Não – respondeu Lutamar, balançando a cabeça. – Eu também pensei nisso a princípio, mas as leituras emocionais deles estão inalteradas. Ele não corre nenhum perigo, está apenas precisando descansar para recuperar as energias.

— Mas por quê? – Evander insistiu. – Eu não entendo.

O professor olhou para Leonel, que se ajoelhou na frente do filho, ficando com os olhos no mesmo nível que os dele.

— Você sabe que existem várias explicações para isso – disse o general, devagar. – Pessoas apresentam características especiais o tempo todo. Creio que você esteja simplesmente manifestando uma das suas. Eu já te disse antes, inclusive, que esse é um dos fundamentos do Exército. A diversidade de pessoas, de sentimentos, de opiniões…

— E de poderes – completou Evander.

— Exato.

— Eu não quero ser diferente.

— Não há nada errado em não ser como os outros. Na verdade, isso é uma coisa boa.

— Então por que estou de castigo?

— Porque você bateu no seu amigo – respondeu Leonel, levantando-se. – Intencionalmente.

— Por que você andou lendo sobre cognação transcendente? – Lutamar perguntou, curioso.

— Queria saber o que o Argus tinha.

— Mas como chegou a esse assunto, em especial?

— Não sei. Acho que ouvi alguém falando algo sobre isso. Só não lembro quem.

Leonel podia perceber claramente o esgotamento emocional na linguagem corporal do garoto.

— É melhor você descansar um pouco. Podemos conversar mais tarde, se você quiser.

A um gesto de Leonel, o professor levantou-se, preparando-se para sair.

— Está tudo bem – foi só o que Lutamar conseguiu dizer ao garoto antes de se afastar pelo corredor.

Leonel saiu também e estava fechando a porta quando Evander o chamou.

— Pai?

— Sim?

— Eu não vou poder entrar na tropa alada?

Evander parecia ter se tornado uma caixinha de surpresas nos últimos anos. De alguma forma, parecia conseguir surpreender o pai o tempo todo. E Leonel ainda não tinha conseguido chegar a uma conclusão se aquilo era bom ou não.

— Talvez seja melhor esperarmos um pouco – respondeu, com cuidado.

— O senhor não vai me deixar ir! – Evander exclamou, com lágrimas nos olhos.

O garoto estava certo, mas como tinha adivinhado, era um mistério.

Evander vinha há anos aguardando ansiosamente completar a idade mínima necessária para iniciar o treinamento com as águias. Aquilo era muito importante para ele. No entanto…

— Precisamos ter algumas respostas – disse Leonel, sério. – Habilidades especiais precisam ser desenvolvidas. Precisamos trabalhar na sua, de preferência com profissionais treinados para isso por perto. Não temos pessoal especializado nas montanhas, você sabe disso.

— E quanto tempo isso vai levar?

— Eu não sei.

Depois que o pai saiu, Evander levantou-se e começou a andar de um lado para outro, indócil. De repente, toda a sua vida parecia ter se transformado numa enorme confusão.

Ele repassou na mente diversas vezes o que tinha acontecido no pátio de treinamento. Lembrava-se claramente da expressão divertida e irônica de Argus enquanto tomava os golpes. Da forma como ele caiu, o barulho violento do choque do corpo dele contra o chão, muito mais intenso do que o esperado numa situação daquelas, o que tinha dado um enorme susto em Evander. E a forma como ele simplesmente fechou os olhos e ficou lá, imóvel, depois.

Extremamente frustrado e sem pensar muito no que fazia, ele virou-se para a parede e desferiu um violento soco nela, com toda a força que tinha.

◆ ◆ ◆

— Assim que meu filho se recuperar estou voltando para Mesembria, Leonel – disse o professor Romera, assim que chegaram ao andar térreo.

— O quê? Mas por quê?

— Venho pensando nisso há algum tempo. Meus filhos terão uma melhor educação lá.

— Mas você tinha concordado em me ajudar.

— E eu fiz isso. Você me pediu para me mudar para cá e ajudar a ficar de olho em Evander. Pois bem, eu me mudei para cá. Já se passaram três anos desde então, agora preciso voltar a me preocupar com a minha vida.

Leonel estreitou os olhos.

— Você está com medo.

— Não seja idiota! – Lutamar exclamou, com uma expressão de raiva completamente atípica dele.

— Então o que há com você?

— O que há comigo? *Comigo?* Não passa por essa sua cabeça que *você* pode ser o problema? Você e essa sua mania de perseguição e essa preocupação exagerada com o filho daquela mulher!

— Ei! – Leonel exclamou, ofendido.

— Quer saber o que eu penso, velho amigo? Eu penso que você está sendo afetado por esse garoto. E há anos! Esse campo de energia que ele possui está aos poucos corroendo sua percepção da realidade, fazendo você imaginar coisas. E não estou disposto a arriscar o bem-estar da minha família ficando por perto de vocês.

Leonel percebeu que tinha se enganado. Aquilo não era medo. Era algo muito mais intenso do que isso.

Abriu a boca para responder, para falar o quão absurdas aquelas palavras pareciam quando vindas de alguém que costumava usar a racionalidade e basear-se em evidências concretas para tomar decisões e não em "achismos", mas então ouviu um estrondo vindo do andar de cima. Concluiu imediatamente que era do quarto de Evander, já que não havia mais ninguém na casa naquele momento. Sem pensar duas vezes, virou-se e saiu correndo na direção das escadas, enquanto o professor apenas balançava a cabeça, irritado, e dirigia-se à saída.

◆ ◆ ◆

Evander empurrava um armário pelo quarto quando seu pai entrou, escancarando a porta.

— O que houve?

— Nada. Eu só derrubei algumas coisas enquanto mexia com esse armário.

Leonel aproximou-se e analisou o filho da cabeça aos pés. Não encontrou nada de errado. Exceto, é claro, pela expressão de contrariedade do garoto.

— E por que decidiu mexer com isso?

— Porque não tenho mais nada o que fazer. Estou trancado aqui até sei lá quando, não estou?

Então o grande general da primeira divisão do Exército de Verídia ficou ali, por um minuto, simplesmente sem ter a menor ideia do que dizer ou fazer. No fim, decidiu bater em retirada.

— Só tente não se machucar – disse, antes de se afastar.

Evander fechou a porta com força, tomando o cuidado de trancá-la antes de voltar a empurrar o armário para encobrir completamente o buraco na parede.

Por sorte o pai estivera tão concentrado nele que não tinha notado as rachaduras.

Depois de pôr o móvel no lugar que queria, Evander se apoiou nele e tentou recuperar o fôlego. Analisou sua mão direita apenas para constatar que não tinha mesmo nenhum ferimento, nenhuma marca, nada. A única coisa que sentiu depois de enfiar a mão violentamente na parede de tijolos foi aquela sensação de cansaço.

♦ ♦ ♦

O relacionamento com o pai tinha ficado estranho depois de tudo aquilo. Evander pressentia um sentimento de medo e apreensão quase constantes no general.

Meu pai tem medo de mim.

A partir dessa constatação, ele passou a sentir um constante e terrível sentimento de inadequação. Sentia-se como um intruso, um estorvo, uma peça fora de lugar. E tudo por causa daquela habilidade, daquele poder que ele não conseguia entender.

No entanto, depois de alguns dias se sentindo deprimido, uma ideia começou a tomar forma. Ele não poderia se meter em nenhuma briga, pois se fizesse isso, provavelmente iria acontecer a mesma coisa que houve com Argus. E descobririam que tinha algo errado e passariam a ter medo dele, assim como aconteceu com seu pai. No entanto, se ele aprendesse a se defender direito, poderia vencer qualquer oponente pelo cansaço, sem precisar deferir nenhum golpe e, portanto, sem nocautear ninguém. Não haveria razão para desconfiarem dele. Era o plano perfeito.

Então ele procurou um dos treinadores de artes marciais da academia e lhe disse que queria se especializar em técnicas defensivas. Após conseguir a autorização de Leonel, que pareceu satisfeito com aquela nova determinação dele, Evander passou a dedicar todas as suas horas vagas àquele novo treinamento.

Não demorou muito tempo para tanto ele quanto o instrutor se darem conta de que ele tinha uma verdadeira vocação para aquele estilo de luta. Seus progressos eram notáveis. E a sensação de estar fazendo algo de produtivo fez maravilhas por seu bem-estar emocional. Ainda mais porque Leonel deixava bem óbvia sua aprovação, algumas vezes até demonstrando certa alegria em ver os progressos dele.

Conforme os meses foram passando e o treinamento evoluía, ele foi aprendendo a sentir a aura de energia ao redor dele e a perceber como ela afetava não só a ele mesmo, como também a todos ao seu redor.

Era um campo de proteção, uma aura mística que parecia absorver impactos e preservar a integridade física das pessoas, impedindo que se machucassem. E tinha um raio de alcance limitado a poucos metros. Era também o que os sábios chamavam de *habilidade passiva*. Ele simplesmente não conseguia encontrar nenhuma forma de restringir ou desligar a aura. Ela estava sempre lá, o tempo todo, ele querendo ou não.

Ele também percebeu que, quanto mais usasse a aura para se proteger, mais cansado se sentia. Mas nada que uma boa refeição não resolvesse. Se fosse seguida por uma bela noite de sono, melhor ainda.

Assim, aos poucos, ele passou a se sentir otimista em relação ao futuro. Em sua imaginação infantil, ele começou a se considerar um herói em potencial. Ele seria grandioso, valoroso, invencível. Assim como o Avatar.

Evander Armini Nostarius era apenas uma identidade secreta. Na verdade, ele era o superpoderoso... *herói*. Ele era péssimo para inventar nomes, nunca conseguiu achar um que o agradasse, então o nome "herói" teria que servir. De qualquer forma, ele estava ali, pronto para ouvir o chamado do destino e sair para salvar as pessoas dos vilões, protegendo os fracos e oprimidos. Era só esperar a oportunidade chegar.

E, dessa forma, ele ficou aguardando. Por anos.

◆ ◆ ◆

O coronel Demétrio Narode saiu pela porta da pensão, levantou os braços, alongando os músculos e respirando fundo, inalando o ar fresco e úmido daquela noite de outono. Então, sorridente e satisfeito consigo mesmo, ele virou-se, preparando-se para voltar para casa, quando uma figura de uniforme saiu das sombras e se postou diante dele, fazendo-o sobressaltar-se.

— Mas o quê...? Hã? Leonel? Mas que raios?!

— Olá, Demétrio.

— Que susto você me deu! O que significa isto?

— Vejo que continua com seus joguinhos amorosos, coronel – Leonel olhou de forma significativa para o prédio de onde o outro tinha saído.

Narode estreitou os olhos.

— Que eu saiba, não cometi nenhum crime.

— É mesmo? Pense um pouco, meu caro. Olhe da cama de quem você acabou de sair.

Percebendo que estava cerrando os punhos, Narode tratou de cruzar os braços e forçar-se a relaxar.

— E com quem você acha que eu estava?

— Não seja cínico. Sabe muito bem que a sumo-sacerdotisa de Lemoran não é alguém com quem você ou qualquer pessoa deva se divertir.

Tentando controlar a fúria, Narode sorriu.

— É mesmo? Eu acho que nos divertimos bastante.

Leonel aproximou-se dele, lançando-lhe um de seus raríssimos olhares glaciais, que faziam com que qualquer oficial tremesse nas bases.

— Não abuse da sorte, *coronel* – a última palavra foi dita devagar, em tom ameaçador.

Naquele momento Narode percebeu, para aumentar ainda mais seu nervosismo, que era tão suscetível àquele olhar quanto qualquer soldado.

— Tudo bem, tudo bem, me desculpe – ele passou a mão pelo cabelo. – Estou um pouco nervoso, está bem? Você me deu um baita susto!

— Não fuja do assunto.

Narode soltou um riso nervoso e olhou ao redor. Já passava muito da meia-noite e a rua estava deserta, exceto pelos soldados que passavam ocasionalmente por ali em patrulha. Então voltou a olhar para o general e levantou as mãos, em um gesto apaziguador.

— Escute, nunca foi minha intenção que as coisas chegassem a esse ponto. Apenas não consegui evitar. Ela também não. Você sabe como é.

— Não, não sei.

— Ora, vamos, você foi casado...

— Você não me parece um homem apaixonado, coronel – cortou Leonel.

Narode passou a mão pelo rosto, parecendo exalar nervosismo por todos os poros.

— Escute, eu tenho uma boa razão para estar fazendo isso, está bem? Você sabe com o que eu trabalho. Sabe como as coisas funcionam.

— É mesmo? E quanto a Luma Toniato? Ela também sabe como as coisas funcionam, não? Qual é a opinião dela sobre *isso*? – Leonel perguntou, fazendo um gesto de cabeça na direção da pensão.

— Luma? Como assim? O que tem a ver...?

— Você passou a noite de ontem com ela. Nos aposentos reais da fortaleza imperial das Rochosas. Quer que eu cite aqui com quem você esteve nas noites dos últimos meses? A lista tem um tamanho considerável.

Agora Narode estava perplexo.

— Ora, você tem me espionado? Com que motivo? Você não sabe o que eu...

Leonel o interrompeu, seco.

— Tudo o que eu sei, coronel, é que você vai parar com isso imediatamente. E se tivermos problemas diplomáticos com o governo de Lemoran ou das Rochosas por causa dessas suas aventuras, você irá para a prisão.

Narode deu um passo para trás, apreensivo. Então estreitou os olhos e decidiu partir para o ataque.

— Parece que os outros têm razão. Você mudou mesmo, Nostarius. Primeiro, aquela teoria da conspiração, agora, isso. Achei que fôssemos amigos.

— Essa é a única razão de estarmos tendo essa conversa. Se fosse qualquer outra pessoa você estaria acorrentado no salão de interrogatório. Agora vá para casa. Você tem cerca de duas horas para descansar. Às cinco da manhã você vai se apresentar para o exercício matinal da tropa. Vai comandar pessoalmente os treinos de agora em diante.

— O quê?! Mas...

— Dispensado!

Demétrio empalideceu. Cerrando novamente os punhos, ele deu meia-volta e se afastou, furioso.

Muito mais furioso do que o esperado, pensou Leonel, estreitando os olhos.

Capítulo 7:
Determinação

Os anos seguintes foram cheios de surpresas para Evander. Boas e ruins.

O ruim era que o auto imposto treinamento intensivo em técnicas defensivas evoluía de forma muito mais lenta do que ele gostaria, apesar de todos os instrutores com os quais ele havia trabalhado dizerem o contrário, de forma enfática, inclusive.

Outro fato frustrante para ele é que parecia não haver absolutamente nada nos livros do general e nem nos da academia que dessem alguma pista sobre a origem ou a natureza da flutuação energética que ele agora considerava seu "campo de força pessoal".

O bom é que ele conhecera muitos jovens interessantes, incluindo meninos e meninas com poderes muito mais impressionantes que os dele. Havia um que conseguia fazer chover em pequenas áreas, mesmo sem haver nenhuma nuvem no céu; outro, que podia produzir fogo com as mãos; uma menina que podia mover objetos à distância; a lista era grande. E para todos esses casos, sempre havia uma explicação, clara e racional, uma teoria que descrevesse completamente o ciclo: de onde vinha a energia, o canal pelo qual ela chegava até a pessoa, a ligação física ou espiritual da pessoa com o canal, as características psicológicas que permitiam a percepção e manipulação da energia e a válvula de escape, o mecanismo pelo qual a energia conseguia interagir com o meio e criar flutuações.

Leu todos os livros sobre física que conseguiu, mas nunca conseguiu encontrar nenhuma descrição na qual ele mesmo pudesse se encaixar. Era como se a energia dele viesse de uma fonte desconhecida, sem nenhum tipo de conduíte e sem nenhuma válvula de escape visível. Ou seja, era uma impossibilidade física, de acordo com as teorias.

Ele também conheceu diversos instrutores, tanto na academia quanto fora dela, especializados em vários assuntos. Leonel não havia poupado esforços em fornecer ao filho um treinamento de qualidade. No entanto, o general havia estabelecido uma regra: Evander deveria manter para si mesmo as opiniões sobre sua aura energética. Aquele assunto deveria ser mantido em sigilo, exceto de alguns oficiais especializados, que o ajudaram a aprimorar os sentidos e ganhar algum controle sobre a flutuação.

No início, ele não tinha gostado nada daquela condição, mas mudou de ideia depois de conviver algum tempo com certas crianças dotadas de poderes especiais. A arrogância com que tratavam os que consideravam inferiores a eles lhe parecia inadmissível. Assim, aos poucos ele foi se distanciando daquele grupo e passou a conviver com crianças que ele considerava "normais". Ele preferia ser ridicularizado pelos mais "iluminados" do que ficar ao lado deles e ver pessoas sendo maltratadas por não serem consideradas "dignas", sendo julgadas por algo sobre o qual não tinham o menor controle.

Seus poderes tinham evoluído um pouco. Agora ele era capaz de materializar uma concha energética, cuja flutuação era forte o suficiente para ser visível, e parecia uma difusa e instável mistura de cores pelo curtíssimo tempo em que ela durava: geralmente, menos do que dois segundos. Essa concha tinha um efeito de bloqueio cinético, capaz de absorver impactos. Com disciplina e treinamento, aquela habilidade estava se tornando mais forte, sendo capaz de repelir forças cada vez mais intensas.

O melhor de tudo é que aquela concha de energia era considerada comum o suficiente pelas pessoas em geral a ponto de não chamar muito a atenção, mesmo nas poucas vezes em que ele a ativara sem querer. O máximo que aconteceu foi ele ouvir comentários do tipo "Ih, olha lá o fracassado que não consegue manter o escudo dele ativo por mais do que um segundo". Evander sabia que sua concha energética era muito diferente do tipo comum de escudo místico ao qual eles se referiam, mas decidiu não falar nada. Não se importava com o que aqueles arrogantes pensavam dele e as gozações serviam como um incentivo para continuar se aperfeiçoando.

O relacionamento com o pai parecia ter se estabilizado em uma espécie de meio-termo. Não havia mais o afeto e a proximidade de antes, mas também não havia mais aquela sensação horrível e irracional de que Leonel era uma espécie de golem que não se importava com nada ou ninguém. Com o passar dos anos eles estabeleceram uma rotina que se tornou confortável para ambos. Um pouco distante e fria demais para o gosto de Evander, mas que, pelo menos, funcionava.

E outra boa surpresa foi quando seu pai resolveu treiná-lo pessoalmente, quando o instrutor anterior precisou se aposentar por problemas de saúde.

Aquele foi um ano intenso. Leonel era rígido e exigente, mais do que qualquer pessoa que Evander conhecera. Mas os progressos dele em técnicas defensivas, segundo o pai, eram excepcionais para um garoto de treze anos de idade. E não havia uma opinião que ele respeitasse mais do que a do general.

Aos quatorze anos de idade ele entrou oficialmente para o Exército, na chamada "escola de cadetes", o que não lhe deixou mais tempo livre para treinar com o pai. Foi um período interessante, no qual fez diversas amizades. Também foi quando ele descobriu que podia se dar muito bem com pessoas da idade dele e aos poucos começou a se tornar popular.

Ansioso para se mostrar útil para a sociedade, Evander progrediu rapidamente pelos estágios da escola, conseguindo concluir os requerimentos básicos para conclusão do curso em cerca de seis meses, metade do tempo gasto pela maioria esmagadora dos adolescentes da idade dele.

Foi então que começaram a surgir boatos maldosos, insinuando que as portas se abriam para ele por ser o filho do general, e que os instrutores seriam rebaixados caso não lhe dessem as melhores notas.

A realidade era bem diferente e o próprio Leonel o tinha avisado sobre isso antes de matriculá-lo na escola.

— A minha posição no comando do Exército não pode e não será usada para influenciar o seu progresso – dissera o general. – Eu nunca, em hipótese nenhuma, irei questionar nenhuma decisão que qualquer um dos avaliadores tomar. Você tem discernimento e integridade suficiente para ser capaz de usar os canais normais da própria instituição para resolver qualquer problema que possa ocorrer.

— Sim, senhor – Evander tinha respondido, com certa empolgação. A forma como o pai dissera aquelas palavras lhe dizia que o general confiava tanto em suas habilidades quanto na sua capacidade de tomar decisões, o que lhe parecera extremamente lisonjeiro.

Mas isso não lhe tinha preparado para suportar as fofocas e conversas maldosas. Um dia, ele decidiu reclamar ao pai sobre isso. Para sua surpresa, Leonel fez algo que quase nunca fazia: sorriu.

— Quando chegar à minha idade – disse o general –, vai perceber que é impossível colocar um barco na água sem produzir ondulações na superfície. Não há como construir algo que realmente valha a pena sem arrancar reações das pessoas. A paz de espírito só pode ser alcançada dando aos fatos a atenção que realmente merecem, ao aprender a ouvir as vozes que realmente importam. E esse aprendizado é o verdadeiro desafio. Saber distinguir e classificar a intensidade, a relevância das ondas, muitas vezes é bem mais difícil do que todo o processo de construção do barco.

◆ ◆ ◆

A idade considerada mínima para pessoas normais se alistarem no Exército era 16 anos, desde que, é claro, os pais ou responsáveis permitissem. Mas exceções eram abertas para adolescentes com habilidades especiais. Assim, tendo concluído o treinamento de cadete em tempo recorde, Evander tornou-se oficialmente um soldado antes mesmo de chegar aos 15.

Assim ele foi designado para a unidade conhecida como "Alvorada 3", composta por 32 jovens vindos de todos os cantos do país, todos com idade entre 15 e 17 anos, o que fazia de Evander o membro mais jovem.

Ele ouvia comentários bastante divergentes sobre aquela unidade. Alguns diziam pelos corredores que era uma das mais promissoras do Forte, outros, entre sussurros, chamavam-nos de "esquadrão dos fracassados". Nenhum dos outros membros da unidade além de Evander, no entanto, parecia ouvir aquelas conversas sussurradas, o que, a princípio, o fez se perguntar se aquilo era coisa de sua imaginação.

A unidade Aurora 3 era liderada pelo sargento Erom Dinama. Tratava-se de um homem na casa dos 30 anos, cujas maiores características eram sua cabeça raspada, as diversas cicatrizes no rosto e nos braços, e sua voz. Se quisesse, o sargento Dinama poderia fazer-se ouvir a quilômetros de distância sem precisar usar nenhum tipo de amplificador de voz. Era muito sério e exigia que todos seguissem as normas à risca.

A rotina dos primeiros anos de um soldado consistia, em sua maior parte, de treinamento. E o treinamento envolvia diversas áreas: combate corporal, uso de armas, condicionamento físico, forjaria, manipulação de energia, além das disciplinas mais mentais, como física, matemática, história, geografia e diversas outras. Havia também estudos mais especializados como agricultura, artesanato, desenho e pintura. Era muito similar a uma academia, com o adicional do treinamento de combate.

O treinamento das unidades era supervisionado por um alto oficial. E o supervisor da Alvorada 3, feliz ou infelizmente, dependendo da perspectiva, era o capitão Dario Joanson. O capitão era famoso no Forte, não apenas por ser um membro da Guarda Imperial, considerada a melhor tropa de assalto de todos os tempos, mas também por ser um dos mais rigorosos instrutores do Império.

Todos os 32 jovens da unidade se encontravam em pé, formando oito filas no pátio, mantendo espaço de cerca de um metro e meio entre si. Todos olhavam para frente, sérios, mantendo as mãos atrás das costas e as pernas ligeiramente afastadas. Era a "pose de ouvir discurso", como Evander havia apelidado aquela formação ainda em seus primeiros meses como cadete.

Os soldados usavam o uniforme padrão, composto por um conjunto de túnica e calças de cor marrom esverdeada, com um discreto emblema do Império na altura do coração, além das botas pretas. A maioria usava cabelos muito curtos, mas aquela não era a regra geral no Exército. Era permitido manter os cabelos longos desde que eles fossem mantidos fora do caminho por tranças ou coques e que ficassem ocultos sob um elmo.

O elmo padrão da unidade era um capacete especial feito sob medida a partir de um material bastante leve e que tinha a mesma cor do uniforme. Possuía um formato arredondado e não cobria o rosto e nem as orelhas, e chegava até pouco acima da altura dos ombros na parte de trás.

Quem decidisse cortar os cabelos muito curtos ficava liberado do uso do elmo, coisa que a maioria dos soldados, tanto homens como mulheres, faziam. Mas esse não era o caso de várias das mulheres daquela unidade, assim como de Evander. Inclusive, nos últimos anos, havia se tornado moda os oficiais do sexo masculino usarem cabelos curtos e, apesar de não haver nenhuma regra dizendo que *todos* deviam cortar as madeixas, a atitude dele soava como rebeldia para muitos.

O capitão se aproximou e olhou na direção dos soldados, com uma expressão entre divertida e avaliadora. Todos imediatamente saudaram o oficial com a continência de praxe, até que ele se posicionou em frente às duas filas centrais da formação e deu sua primeira ordem:

— Descansar!

Imediatamente, todos os soldados voltaram à posição anterior, com as mãos atrás das costas, enquanto encaravam o capitão com variados graus de respeito, curiosidade e medo.

Dario Joanson era um homem imponente. No início da casa dos 30 anos, possuía curtos cabelos avermelhados e olhos castanhos, que tinham um brilho inteligente e determinado. Era alto e atlético, a musculatura evidente dentro de um uniforme muito similar aos que os soldados usavam, mas que possuía detalhes em preto na gola da túnica, nos ombros e na cintura. As quatro estrelas acima do símbolo do Império em seu peito também eram bem visíveis contra o tecido escuro, evidenciando sua patente.

— Muito bem! Todos nós estamos aqui com um objetivo: servir e proteger nosso país e nosso povo – ele fez uma pausa, coçando a cabeça com expressão de dúvida. – Ou pelo menos deveria ser por isso... Mandam a gente fazer tanta coisa hoje em dia que às vezes é difícil saber com certeza.

Os soldados riram.

— De qualquer forma – continuou ele –, todos aqui agora fazem parte do Exército de Verídia. E isso é motivo de muito orgulho, podem ter certeza.

Vários sons de aprovação puderam ser ouvidos da tropa.

— Para os que não me conhecem, meu nome é Dario Joanson, e sou capitão da sexta divisão. E se vocês conseguiram passar nas provas de Geografia, devem saber onde fica a sexta divisão, não sabem?

Várias vozes animadas gritaram o nome "Ebora".

— Isso mesmo, na província de Ebora. Fui "emprestado" para a primeira divisão especialmente para supervisionar o treinamento dessa turma. Das duas uma: ou vocês são um grupo excepcional, com potencial suficiente para se darem ao trabalho de trazer um supervisor de tão longe... ou talvez vocês sejam tão ruins que ninguém daqui quis assumir o cargo.

Houve uma nova comoção entre os soldados, alguns rindo e outros protestando contra o último comentário.

— Mas não se preocupem, eu logo vou tratar de esclarecer esse mistério. – Joanson fez uma pequena pausa e ficou sério, de repente. – Infelizmente, porém, isso não vai ser uma experiência muito agradável para vocês. Muitos aqui vão me odiar e o resto... bem, o resto provavelmente vai desistir e pedir baixa da tropa antes do fim do ano. Vocês terão vários instrutores para diferentes atividades, mas eu serei o rosto que vocês verão com mais frequência por aqui. Minha função é manter vocês em forma e preparados para as funções que irão exercer. Isso quer dizer que é minha obrigação fazer com que vocês fiquem *vivos*, que consigam voltar inteiros de qualquer missão para a qual forem enviados. E eu levo muito a sério essa obrigação, portanto, aqueles que não mostrarem capacidade ou interesse... bem... eu não gostaria de estar na pele deles.

◆ ◆ ◆

No dia seguinte houve uma avaliação de habilidades marciais. Os soldados foram divididos em duplas para uma simulação de batalha, que foi analisada atentamente pelo capitão e por mais uma meia dúzia de oficiais assistentes.

Evander estava em seu elemento. Mesmo usando uma espada longa, que não era o seu tipo preferido de arma, ele se sentia à vontade naquele tipo de atividade. O soldado Ianis, que foi designado como oponente dele durante o exercício, mostrou-se bastante hábil em combate e ambos divertiram-se trocando golpes e abusando de movimentos amplos e dramáticos.

Mas havia muitos soldados que não estavam se saindo tão bem. Ele podia sentir o nervosismo e a angústia deles, quase como se fossem a sua própria. A sensação era tão intensa que ele acabou por cometer um erro tático que permitiu que Ianis o desarmasse e declarasse a vitória.

Evander sorriu para ele e aceitou a ajuda para se levantar.

— Você poderia ganhar se conseguisse tirar os olhos da garota – caçoou Ianis.

— Todo homem tem suas prioridades – respondeu Evander, dando de ombros, antes de voltar para olhar para a morena do outro lado do pátio.

O nome dela era Indra Solim, e tinha a pele mais escura que Evander já tinha visto. Era mais alta do que todos na divisão e tinha uma constituição imponente. Tinha cabelos encaracolados e curtos e olhos ainda mais escuros do que seu tom de pele. Evander não tinha muita certeza de por que ela lhe chamava tanto a atenção. Parecia ter algo especial nela, mas ele não sabia o que era. Principalmente, porque existiam garotas muito mais atraentes que ela na unidade.

De qualquer forma, não era a aparência da garota que tinha tirado a concentração dele, mas sim a completa falta de afinidade com a espada, bem como o desespero dela ao se atrapalhar toda tentando se defender dos ataques do parceiro de treino.

Evander estava tão concentrado na luta que por pouco não percebeu a aproximação do capitão.

— Qual é o seu problema, Nostarius?

Evander virou-se para o capitão imediatamente, surpreso com o tom cortante da voz do superior.

— Senhor...?

— O que pensa que está fazendo? Esqueceram de informar a você que se tratava de um exercício *sério*?

Evander empalideceu. Ele *tinha* se esforçado. Um pouco, pelo menos. Ianis era habilidoso e apesar de nunca ter tido a intenção de vencer o embate, Evander precisou pensar rápido algumas vezes para acompanhar o ritmo dele.

— Fiz o meu melhor, senhor. Só não foi o suficiente para vencer o meu amigo ali. – Ele apontou para Ianis, que observava a cena entre incrédulo e divertido.

As pessoas que estavam por perto pararam de prestar atenção ao treinamento e se voltaram todas para observar a cena.

— Distraído, desleixado e indolente – disse Joanson, balançando a cabeça. – E eu acreditando que você podia ter algum potencial. Que lástima.

O capitão passou por Evander, que ficou parado no lugar em silêncio.

— Ferim Imelde, Karoi Jiula e Indra Solim – chamou o capitão. – Vou ser bem franco: em meus oito anos nessa função, raras vezes vi apresentações tão desprovidas de habilidade e empenho.

Evander pôde sentir a desolação de Indra como se fosse uma dor física. Fazer parte do Exército deveria ser muito importante para ela por alguma razão.

— É comum dizerem por aí – continuou o capitão – que não é preciso saber lidar com uma espada para fazer a diferença. Que existem inúmeras outras formas de lutar por aquilo em que se acredita. – Dario Joanson agora falava com todos, encarando cada um dos soldados da unidade nos olhos. – Às vezes não é necessário nem mesmo usar uma arma ou sequer dispor de habilidades especiais. Sabem como Verídia conseguiu derrotar e anexar a nação de Mesembria tantos anos atrás? Vocês já devem estar cansados de ouvir essa história, mas vou repetir mesmo assim: não foi com uma espada, nem com uma lança ou machado. Muito menos com conjuração de bolas de fogo, tempestades de gelo ou furacões. A guerra foi decidida por uma disputa de palavras.

O silêncio agora era total, todos os olhares fixos no capitão enquanto ele prosseguia.

— Mas aí eu pergunto a todos vocês: será que realmente foi tão simples? Será que nosso imperador simplesmente era bom de papo, carismático, eloquente? Não, não era! O imperador Riude Brahan era um homem calmo, pacífico, introvertido. Não gostava de fazer discursos e muito menos de aparecer em público. E com boas razões, afinal, ele era praticamente gago! Então eu pergunto novamente: como um homem como esse conseguiu governar esse país tão bem durante tanto tempo, vencendo não apenas uma, mas *duas* grandes guerras? Como alguém que tinha pouca ou nenhuma habilidade de fala conseguiu, com meras palavras, convencer uma nação inteira a se render, a desistir de uma batalha que estava praticamente ganha para eles?

Joanson fez uma longa pausa, olhando mais uma vez ao redor, para todos os presentes. Até mesmo os oficiais que estavam por ali tinham parado, ouvindo as palavras do capitão com visível fascínio.

— A resposta é uma só: determinação. Porque determinação gera comprometimento. E comprometimento gera inspiração, engenhosidade e coragem. E é por isso que *essa* é a maior arma de todas.

Evander desviou os olhos para Indra. A moça parecia ter até esquecido de sua questionável performance de minutos antes. Olhava para Joanson com olhos arregalados, praticamente bebendo aquelas palavras.

O capitão desembainhou e ergueu a própria espada.

— E será que saber lutar com *esta* arma é importante? Por que precisamos passar por esse treinamento padrão e por essas avaliações? – Mais uma pausa dramática. – Vocês todos têm menos de 18 anos! São muito jovens, nem sabem direito o que farão da vida. Muitos aqui poderão seguir carreiras de muito sucesso no Exército, outros não, mas o fato é que todos têm um longo caminho pela frente. E a única forma de seguir nessa jornada é com um passo de cada vez. Não vou entrar nos méritos e benefícios da esgrima para o corpo e para o espírito, todos aqui já devem estar cansados de ouvir o blá-blá-blá dos instrutores sobre isso. O fato é que saber lutar com pelo menos um tipo de espada é um requisito fundamental para qualquer soldado e posso garantir para vocês que quem criou essa regra teve ótimos motivos para isso.

O capitão então apontou para Indra, Ferim e Karoi.

— Vocês três vão ficar confinados à área de treinamento por uma semana. Vão repassar todo o treinamento desde o básico. Daqui a sete dias teremos uma nova avaliação e somente aqueles que mostrarem verdadeira determinação poderão continuar.

Joanson, então, voltou-se para Evander.

— Ah! E você também vai ficar com eles, Nostarius! Talvez um pouco de trabalho duro o ajude a adquirir disciplina.

Evander olhou para o capitão, contrariado. Não tinha nada contra treinar com aquele pessoal, mas não era seu pai e, por isso, definitivamente, não gostava nada de ser chamado por aquele nome.

◆ ◆ ◆

No final daquela tarde, o capitão Dario Joanson se encontrava no gabinete do general.

— Senhor, em relação a seu filho… Posso ser bem franco?

Leonel Nostarius olhou para ele e assentiu.

— Ele não deveria estar aqui. Este não é o lugar dele, senhor.

O general olhou para o teto e soltou um pequeno suspiro.

— Eu sei, Dario. Céus, eu sei disso melhor do que ninguém.

— Sinto muito.

Leonel balançou a cabeça, em negativa.

— Não sinta. Mas estou sem opções no momento e preciso que alguém fique de olho nele. E você, capitão, é uma das poucas pessoas em quem eu realmente posso confiar.

Mesmo contrariado, Joanson acabou assentindo.

◆ ◆ ◆

Nos dias seguintes, Indra Solim, Karoi Jiula e Ferim Imelde chegaram à conclusão de que Evander tinha disciplina suficiente por todos eles juntos. Era sempre o primeiro a chegar e o último a ir embora. Repetia as sequências de exercícios exaustivamente, sempre chamando os outros para praticar com ele e parando apenas quando estava cansado demais para fazer qualquer outra coisa.

A rotina de treinamento era intensa. Tinham quatro horas de lições teóricas de reforço em diversas disciplinas se alternando com outras seis horas de treinamento prático de esgrima. A maior parte das horas práticas eles ficavam sozinhos num dos pátios de treinamento, na parte leste do Forte, próximo ao refeitório principal.

Sem nenhum instrutor por perto, eles precisavam enfrentar as gracinhas dos demais soldados, que sempre aproveitavam para dar uma passadinha no pátio para ver o progresso dos "retardatários".

Karoi e Ferim conseguiram melhorar muito durante a semana e em certo ponto começaram a competir um com o outro, incentivados por Evander, que ora elogiava e ora fazia pouco caso do progresso deles.

Já Indra era um caso muito diferente. Por mais que se esforçasse, a moça não tinha coordenação motora adequada para aquele tipo de coisa e quanto mais tentava, mais frustrada ficava.

Em um determinado final de tarde, ela treinava com Evander como de costume, até que, depois de mais uma manobra malsucedida, ela desistiu de lutar, deixou cair a espada e deitou-se no chão de costas, tentando recuperar o fôlego. Ele deitou-se ao lado dela e ficaram ambos contemplando as poucas nuvens no céu.

— Sabe – disse ela, com voz cansada. – Às vezes eu fico pensando como seria nascer numa família rica ou influente, ter condições de abrir um negócio, sei lá, para conseguir sobreviver sem ter que passar por nada disso.

Evander, que mesmo vindo de uma família rica e influente tinha passado toda a infância fantasiando em ser um soldado, achou melhor não responder.

— Por que você está aqui? – Indra perguntou. – Quero dizer, conheço alguns filhos de oficiais que preferem ficar na deles, não fazendo nada além de festar e gastar o dinheiro dos pais.

— Fora de cogitação – disse ele, rindo.

— Seu pai te obrigou a se alistar?

Ele fechou os olhos por um momento e suspirou.

— Bom, digamos que ele, praticamente, me deu uma ordem nesse sentido. Ele disse algo como "Vá lá e se torne um homem de verdade", e ainda completou com um "Sua mãe ficaria orgulhosa".

Ela sorriu e voltou a olhar para o céu.

— Que bacana. Quem me dera se minha família me apoiasse assim.

— Eu tinha a impressão de que você estava bastante motivada.

Ela sentou-se, de repente.

— Quem me dera.

— Ora, você ficou chateada por causa da bronca do capitão. Se não quisesse prosseguir na tropa, você não teria reagido dessa forma.

— É claro que eu quero prosseguir! Mas de que isso me adianta?

Evander sentou-se ao lado dela.

— Você não ouviu nada do que o capitão disse?

— Nesse momento eu não sei de mais nada.

O que estou fazendo aqui? O que eu quero provar, afinal de contas? Será que vale a pena continuar com isso?

Ele conseguia perceber claramente os pensamentos dela, a linguagem corporal não podia ser mais óbvia. Levantando-se, ele a encarou de cima, com expressão séria.

— O que, raios, você quer?

Ela olhou para ele, muito espantada, mas ele a ignorou e continuou:

— Por que continua? O que pensa que vai ganhar?

— Hei! – Indra reclamou, levantando-se também. – Por que tudo isso, de repente?

— Não é isso que está pensando? – Ele mudou para um tom agudo, imitando a voz dela. – Ah, coitadinha de mim, sou um fracasso.

— Ora, cale a boca, seu cretino!

— Venha! Me faça calar! – Ele abaixou-se e pegou a espada que ela havia derrubado antes e arremessou na direção dela, que pegou a arma no ar com facilidade. Em seguida, desembainhou a sua. – Vamos ver se essa sua "vontade de prosseguir" serve para alguma coisa!

Totalmente transtornada, Indra avançou para cima dele com um grito selvagem, aplicando golpes intensos, porém desajeitados e irregulares. Completamente enfurecida, ela se esqueceu totalmente do treinamento e passou a atacar apenas por instinto, não se importando se seus movimentos eram corretos ou não. Tudo o que importava era dar vazão à sua fúria e frustração.

Evander concentrou-se apenas em aparar os golpes, encarando-a com aquela expressão decidida e levemente irritada, o que a enfurecia ainda mais. Ela não sabia de onde estava tirando tanta energia, mas aquilo não importava. Sua vida, naquele momento, resumia-se apenas em atacar, ferir, destruir.

Depois de alguns minutos naquele ritmo intenso, ela conseguiu reunir uma quantidade impressionante de energia em um ataque frontal devastador. Ele conseguiu bloquear o golpe com sucesso, mas acabou perdendo o equilíbrio e caiu de costas, com um baque surdo.

Só então Indra olhou ao redor e percebeu que os outros dois soldados já tinham ido embora e que já havia passado há muito do horário de encerramento dos treinamentos. Nesse momento, a voz autoritária do capitão fez com que ambos olhassem para a entrada do pátio.

— Levante-se, Nostarius! Você ainda não apanhou o suficiente!

Joanson carregava algo grande envolto em um pacote de tecido grosso amarrado com cordas. Evander se levantou, tentando ocultar sua contrariedade por ser chamado pelo sobrenome, enquanto o capitão se aproximava de Indra e desatava os nós do embrulho, afastando o tecido e revelando uma enorme espada, que ele cravou no chão bem na frente dela.

— Tome! Tente com esta.

Indra, ainda tentando recuperar o fôlego, olhou para a arma, perplexa. Mesmo com a ponta cravada no chão arenoso, a ponta do cabo da espada chegava quase à altura de seu nariz. Era toda trabalhada, com padrões intrincados e apresentava pequenos furos circulares ou ovais em várias partes da larga lâmina.

Então Joanson estendeu a mão, silenciosamente ordenando a ela que lhe entregasse a espada longa que segurava.

Ela olhou para Evander, que estava tão surpreso e exausto quanto ela. Após uma pequena hesitação, ele brandiu a própria arma e assumiu posição de combate, com a mesma expressão de desafio nos olhos, claramente esperando que o atacasse.

Indra então entregou sua arma ao capitão e agarrou o cabo da gigantesca espada com ambas as mãos, imaginando onde encontraria forças para sequer tirar aquela coisa do chão. Para sua surpresa, no entanto, a arma parecia não ter peso nenhum. Após levantar a espada com extrema facilidade, ela a brandiu algumas vezes, encantada ao perceber que conseguia manuseá-la até mesmo com apenas uma das mãos.

Evander, por sua vez, não sabia direito onde queria chegar quando começou a provocar Indra daquela forma, mas com certeza não tinha imaginado um desfecho como esse. O capitão afastou-se até o canto sem dizer mais nada e então Indra preparou-se para atacar.

Certo, ele pensou consigo, *isso não pode ser tão ruim quanto parece.*

Então ele fez um gesto de assentimento e ela iniciou o ataque. Realmente, não era tão ruim quanto parecia. Era muito pior. Depois de três ou quatro golpes, que ao serem aparados poderiam facilmente ter quebrado todos os ossos de suas mãos se não fosse por sua habilidade natural de proteção, de repente ele se viu indefeso, sua própria arma voando até o outro lado do pátio, enquanto ele encarava a ponta da gigantesca espada, quase encostada em seu peito.

Ele então ouviu a gargalhada do capitão.

— Não vai conseguir sobreviver muito tempo nesse ritmo, Nostarius!

Evander torceu os lábios, imaginando se seria muita falta de respeito lembrar o capitão que ele tinha outro nome além daquele.

Indra havia baixado a espada e a examinava, fascinada.

— Você pode fazer melhor que isso, não pode? – Joanson continuou falando com Evander. – Parece que Indra encontrou a arma dela, por que você não usa a sua?

Resmungando um "Sim, senhor", ele levou a mão à pequena bolsa em sua cintura, da qual retirou o bastão que havia sido de sua mãe e executou o comando silencioso, que fez com que a arma se expandisse. Indra olhou para ele, surpresa, mas não disse nada.

Ele, então, expandiu e bastão e o girou no ar algumas vezes, antes de encostar uma ponta no chão e levar a mão esquerda com punho fechado em direção ao peito. Para retribuir a saudação, Indra girou a espada no ar com uma inacreditável facilidade, segurando a arma diante do rosto por alguns segundos e depois encostando a ponta no chão.

Dario Joanson não conseguiu evitar um sorriso. A saudação de batalha é uma das primeiras coisas que qualquer soldado aprende, mas raras vezes ele tinha visto uma apresentação tão dramática. Ou tão carregada de emoção.

Então os dois soldados iniciaram uma nova sessão de treinamento. E que tinha pouca, ou nenhuma semelhança com as anteriores.

Fazia muito tempo que Evander não encarava uma luta que pudesse considerar como um desafio. Com os longos anos de treinamento que tivera, nem mesmo os instrutores particulares lhe davam muito trabalho. Ele só tinha oportunidade de lutar mesmo para valer nas raras visitas de seu amigo Argus.

Indra não era muito experiente, mas a afinidade ridiculamente grande que ela tinha com aquela arma dava a ela uma vantagem extraordinária, o que equilibrava a luta. Ela podia aplicar um golpe atrás do outro, praticamente sem necessidade de tempo para se recuperar, o que era um desafio e tanto para as técnicas defensivas dele.

O bastão de Evander era uma arma defensiva extraordinária, capaz de absorver grande parte do impacto da maioria dos golpes que recebia. Também era extremamente resistente, quase indestrutível. Evander evitava usá-lo em público, primeiro, para não atrair atenção sobre si, segundo, porque nunca tivera uma motivação adequada para tal. Mas ele treinava diariamente em casa havia muitos anos e conseguia manipular a arma com maestria.

Mas nem mesmo isso era suficiente para salvá-lo da saraivada de golpes que a adversária aplicava nele. Ela parecia controlar a enorme espada com a força do pensamento apenas, realizando movimentos impossíveis, mudando a direção dos golpes a bel-prazer e sempre com uma velocidade absurda.

Vendo que não duraria muito se deixasse Indra mandar na luta, ele passou a aproveitar as aberturas e contra-atacar. Com isso, a batalha se intensificou mais ainda, com ambos os combatentes se esforçando para se adequar ao ritmo um do outro e buscando obter vantagem em cada movimento, em cada respiração, em cada olhar.

Apesar de quase exaustos fisicamente, ambos se sentiam cheios de energia e praticamente tinham se esquecido do tempo enquanto se concentravam naquela troca de golpes.

Naquela altura de sua vida, o capitão Dario Joanson considerava-se um homem vivido e experiente. Mas ainda assim era difícil evitar ficar de queixo caído. Os movimentos de ambos eram tão rápidos que era difícil de acompanhá-los. Logo, no entanto, ele começou a perceber sinais de que aquilo já tinha ido longe demais.

— Parem!

Evander e Indra se imobilizaram, ofegantes, e olharam para o capitão, parecendo confusos.

— Declaro um empate – disse Joanson, aproximando-se. – Podem baixar as armas agora.

Evander olhou ao redor e percebeu, surpreso, que já havia escurecido e o pátio estava iluminado apenas pelos cristais no alto dos diversos postes ao redor.

Ao ver Indra cambalear, ele notou que ela estava mais do que exausta. Ele próprio não estava muito melhor, mesmo assim era surpreendente que não tivesse percebido o esgotamento de sua parceira.

— Você está bem?

Cravando a espada no chão e apoiando-se nela, Indra olhou para ele.

— Se estou bem? Estou ótima! – Ela olhou para o capitão. – Como sabia que eu seria capaz dc usar esta espada?

— Pela forma como se moveu quando perdeu a paciência e começou a atacar por instinto.

Ela deu um sorriso sem graça.

— Ah, o senhor viu aquilo?

Joanson olhou para ela, sério. *Lá vem discurso de novo*, pensou Evander, apoiando-se no bastão e tentando recuperar o fôlego.

— Você sabe o que é uma espada vorpal? – Joanson perguntou a Indra, apontando para a enorme espada. – Isso é uma arma inventada ainda na era ancestral, com o objetivo de cortar o pescoço dos adversários. Claro que, com a evolução das artes marciais, isso se tornou praticamente inviável. Hoje em dia, até mesmo novatos como vocês dois têm treinamento suficiente para conseguir evitar um tipo de ataque como esse, mas, de qualquer forma, a essência do funcionamento da arma permanece sendo uma força considerável em combate, desde que esteja nas mãos da pessoa certa. O material usado na fabricação da espada e o seu formato especial fazem dela um excelente canalizador energético. A arma é capaz de absorver a energia do ambiente e praticamente se mover sozinha, permitindo que o soldado a manipule com extrema facilidade. Mas para que tudo isso seja possível, o soldado precisa ter o tipo certo de afinidade, caso contrário é necessário um longo e tedioso treinamento.

— Incrível! – Indra exclamou. – Eu nem imaginava que existia algo como isso. Será que vou poder usar uma arma como essa de novo?

— É sua – respondeu o capitão.

— Como?!

— Leva anos para treinar um soldado o suficiente para conseguir usar uma coisa dessas de forma razoável. Seria um desperdício de tempo e energia sequer tentar uma coisa dessas. Por isso, quando conseguimos um artefato como esse, deixamos reservado para quando aparecer alguém com afinidade suficiente para usar sem ter que dedicar todos os momentos de sua vida treinando para isso.

— Uau!

— Oficialmente, a arma pertence ao Exército, mas você tem permissão para levá-la com você e usá-la durante os treinamentos. Não há nenhuma regra que a impeça de fazer os exames de esgrima com ela.

Indra estava tão contente que lágrimas escorriam de seus olhos.

— Nossa, capitão, nem sei como agradecer.

— Agradeça a ele – Joanson apontou para Evander. – Me sinto até um pouco constrangido de admitir, mas devo dizer que eu já tinha desistido de você.

Ela olhou para Evander com uma expressão que, com certeza, deixou-o muito mais constrangido do que o capitão. Ele preferiu então mudar logo de assunto.

— Capitão, posso fazer uma pergunta?

— Sim?

— Por que a ela o senhor chama pelo primeiro nome, mas a mim não?

Joanson sorriu.

— Porque você vem de uma família à qual eu dedico todo o meu respeito e admiração. E por causa de seus pais, eu dedico esse mesmo respeito você. É uma honra poder carregar um nome como o seu.

Evander abaixou a cabeça, torcendo os lábios, desgostoso. Indra olhou para ele com curiosidade, enquanto o capitão estreitava os olhos.

— Evander – disse Joanson –, você não pode querer deixar de ser quem você é só por causa de alguma rixa que tenha tido com seu pai. E digo mais: muitos gostariam de estar no seu lugar.

— Esse é o problema – respondeu ele, revirando os olhos.

138

— Só se você deixar que seja. E agora, caiam fora daqui os dois. Tirem o resto da semana de folga, no primeiro dia da semana que vem, quero ambos em forma para uma nova avaliação. – Ele apontou o dedo para Evander. – E dessa vez, sem moleza. Nada de perder de propósito. Isso é uma ordem!

◆ ◆ ◆

Dias depois, a Guarda Imperial recebeu uma missão e seus membros se reuniram pela primeira vez em anos.

— Soube que Evander se tornou um soldado – disse o professor Romera, aproximando-se de Leonel com expressão constrangida.

— Sim.

— Bom saber que está tudo bem com vocês.

— Se está preocupado com o que me disse da última vez que nos vimos, professor, esqueça. Afinal, já se passaram anos.

— De qualquer forma, eu lhe devo desculpas. Eu não costumo agir de forma tão insensível. Ainda mais com os amigos.

— Esqueça – repetiu. – Temos um trabalho a fazer agora e devemos nos concentrar nele.

Diferente de todas as outras vezes, Leonel estava ansioso para acabar logo com aquela missão e voltar para casa. E quanto aos demais membros daquela equipe, agora eles não mais lhe pareciam velhos amigos. Na verdade, com exceção de Dario Joanson, ele tinha se afastado tanto deles naqueles anos que não tinha certeza se ainda eram de confiança.

Olhou para Luma Toniato e, por um instante, desejou que as coisas fossem diferentes. O olhar frio que ela lhe lançou mostrava que a confiança absoluta que os demais membros da equipe tinham nele também era coisa do passado.

Capítulo 8:
Heroísmo

Depois de passarem no exame de esgrima, Evander e Indra se tornaram parceiros. Passaram a estudar juntos, a fazerem os deveres de casa juntos e, é claro, passavam boa parte do tempo treinando juntos.

O capitão Joanson encorajava fortemente a parceria para todos os membros da unidade, pois, segundo ele, isso ajudava a estreitar os laços de camaradagem e confiança, cruciais durante os deveres de guarda – pelas normas do Exército, todos os soldados iniciantes como eles precisavam trabalhar na segurança da cidade algumas horas por dia, como guardas ou patrulheiros.

Durante a convivência deles naqueles meses foi inevitável que Indra percebesse a sempre presente aura de proteção de Evander. Sendo sincero, ele explicou a história toda para ela, bem como todas as dúvidas que tinha. Ao invés de olhá-lo com estranheza, como ele esperava, ela ficou fascinada.

— Évan, por que você não conversa sobre isso com o capitão Joanson?

Ele não se lembrava ao certo de quando ela começara a chamá-lo por aquele apelido, mas era um tratamento carinhoso que o agradava bastante.

— Sei lá. Meu pai me mandou manter segredo, e mesmo que não fosse por isso, esse negócio parece tão estranho que às vezes me sinto como uma aberração. Não gosto da ideia dessa história se espalhar por aí.

— O capitão não permitiria uma coisa dessas. E certos fardos não se deve carregar sozinho.

— Por isso eu contei a você.

— Que honra! - Ela sorriu. - Posso te ajudar a pesquisar sobre isso, se quiser.

— Tem certeza de que quer se envolver nisso?

— Claro! Somos parceiros, não somos?

Durante as primeiras semanas, Evander tinha considerado seriamente a possibilidade de transformar aquela "parceria" em algo mais. Apesar de ser dois anos mais velha que ele, Indra era uma garota razoavelmente atraente. Era uma pessoa divertida, de fácil convivência e sem afetações. E, de alguma forma, ele sabia que ela não teria recusado uma proposta. No entanto, quanto mais se conheciam, mais o relacionamento deles se aproximava daqueles entre primos ou irmãos.

Ela o apresentou à sua família e a todos os seus amigos. E Evander a levou para conhecer a mansão onde ele morava. E, para a alegria dela, apresentou-a a seu pai.

— Indra Solim? – Leonel perguntou, encarando-a, enquanto ela não conseguia fazer nada além de ficar parada, boquiaberta. – Eu recebi relatórios sobre você e sua habilidade com a vorpal. Temos grandes expectativas em relação a você.

— O-obrigada, senhor!

Ele a avaliou de alto a baixo por um momento, antes de assentir, aparentemente aprovando o que via.

— Sua constituição é muito boa. Mas precisa cuidar melhor da alimentação. Você pode tirar proveito de um pouco mais de massa muscular.

— Sim, senhor!

Leonel olhou rapidamente para o filho antes de voltar a falar com ela.

— Pode ficar à vontade. Você é bem-vinda aqui. Pode vir quando quiser. Agora, se me der licença…

Dito isso, o general se afastou, deixando a garota nas nuvens. Evander aproximou-se e a beliscou no braço.

— Ai! – Indra reclamou.

— Desce daí – brincou ele.

— Descer de onde?

— Do mundo da lua.

— Mas eu acabei de conhecer o general!

— E daí?

— Como assim, "e daí"?

— Você viu como ele é, não viu? Eu te disse. Ele não tem nenhuma frescura, não gosta de bajulação e nem de bancar o superior. Ele não se considera melhor do que ninguém e não gosta de receber tratamento especial. É só um cara comum que por acaso trabalha como general. Ele pode ser um pouco sério demais, mas não chega a ser intimidador. Não tem nenhuma razão para você ficar de boca aberta desse jeito.

— O que você está dizendo só o faz parecer mais impressionante ainda.

Ele riu. Ela acabou rindo também.

— Você gosta muito dele – concluiu ela.

Ele deu de ombros.

— Faz parte do pacote, eu acho. Sei lá, meus sentimentos são confusos a esse respeito.

— Achei que você não gostasse de seu pai, depois do que disse ao capitão sobre seu sobrenome.

Ao se lembrar das vezes em que sentira o olhar avaliador do pai sobre si e de ver claramente o medo e a desolação nos olhos dele, Evander sentiu um calafrio na espinha e resolveu mudar de assunto.

◆ ◆ ◆

Diferente da maioria dos integrantes da Guarda Imperial, Leonel Nostarius não tinha medo de Evander. Mas tinha muito medo *por* ele. Por isso, quase entrou em desespero quando foi chamado às pressas por Dario Joanson numa certa tarde.

Havia acontecido de novo. Mais um evento inexplicável. E dessa vez envolvendo o filho, o que era a materialização de seus piores pesadelos.

Felizmente, Evander estava bem. Mais do que bem, na verdade. Ele e Indra Solim haviam sido atacados por mercenários. Um *grande* grupo grande de mercenários, que, de alguma forma, agora estavam todos devidamente acorrentados, dormindo nas celas da masmorra.

Respirando fundo para tentar recuperar o controle, Leonel olhava para o círculo de luz gerado por um aparato especial, que projetava as imagens e os sons de uma sala do andar de baixo.

— Vamos começar do início – dizia o capitão Joanson, em pé, com as mãos sobre a mesa, encarando Evander e Indra, que se sentavam do outro lado, parecendo intimidados. – Por que vocês dois estavam sozinhos montando guarda no portão leste da cidade?

— Os oficiais responsáveis precisaram sair, senhor – respondeu Evander. – Estávamos lá cumprindo dever de guarda, de acordo com as ordens do nosso sargento. Então os oficiais nos instruíram a manter posição sem apoio por algum tempo, até que chegassem os substitutos, que eles tinham solicitado ao Forte.

— Precisaram sair por qual razão?

Evander e Indra se entreolharam por um instante.

— Não ficou muito claro, capitão. O sargento parecia um pouco… ansioso, mas não nos deu nenhuma razão. Só disse para mantermos posição.

— Ele pediu ou ordenou?

Evander hesitou por um instante.

— Ordenou, senhor.

O capitão olhou para o canto da sala, onde se encontrava Erom Dinama.

— Sargento? Foi comunicado disso?

— Não, senhor. Já enviei uma reclamação formal pelos canais competentes. Os oficiais em questão ainda não foram encontrados, mas serão trazidos para prestar esclarecimentos.

— Obrigado, sargento. – Dario virou-se novamente para Evander. – O que houve então?

— Por volta das dezesseis horas surgiu uma espécie de comboio, vindo na direção do portão. Eram quatro veículos de carga de cor escura, com as carrocerias cobertas por lonas e puxados por cavalos sujos e de aspecto doentio, como se vivessem sofrendo abusos. Havia cinco pessoas em cada um dos três primeiros e quatro no último. Todos usavam capas empoeiradas de cor indefinida e muitos cobriam a cabeça com capuzes.

— E vocês os abordaram?

— Parecia ter algo errado, capitão – disse Indra.

— É mesmo? Por quê?

Ela abriu a boca, mas a fechou novamente, sem saber como responder. Evander fez um leve gesto de cabeça para ela, tranquilizador, e voltou-se para Dario.

— Acho que pode chamar de instinto, capitão. Achamos que era melhor pedir para que as carroças esperassem até que os guardas encarregados chegassem.

Joanson assentiu e fez um gesto para que Evander continuasse.

— Os cocheiros nos atenderam quando pedimos para parar. Então nos aproximamos e…

— E a ouvimos gritar! – Indra exclamou.

O capitão levantou a mão para silenciá-la e olhou para Evander, indagativo.

— Ouvimos algo que parecia um grito. Eu não vi direito de onde ele veio, mas percebi que as pessoas do comboio se sobressaltaram e começaram a sacar armas e a saltar dos veículos. Então eu bati com toda a força no flanco do cavalo mais próximo, o que fez com que ele assustasse os outros e disparassem, derrubando alguns dos elementos no chão. Um dos indivíduos do veículo de trás começou a invocar alguma coisa, que me pareceu uma bola de fogo, mas Indra desferiu uma *investida de búfalo*, que jogou dois deles ao chão e atingiu uma das rodas, desequilibrando o conjurador.

Enquanto Evander continuava o relato, Leonel desviou o olhar da cena ao perceber a aproximação do coronel Viriel Camiro, que parecia tão transtornado quanto ele.

— Como está sua filha, coronel?

— Ainda desacordada, mas bem, que a Fênix seja louvada.

Viriel era um homem de origem humilde, filho de agricultores, que apesar de ter conseguido um alto cargo no Exército, ainda gostava de levar uma vida simples. Perdera a esposa, que também era militar, em uma perigosa missão nas Montanhas Rochosas havia mais de dez anos e sua filha Cerise era sua única família agora. A menina dos olhos dele.

Fisicamente, tinha uma aparência bastante comum entre os soldados naturais da Província Central. Tinha estatura média, cabelos castanho-escuros e um rosto sem grandes traços marcantes.

Estava no início da casa dos quarenta anos e gostava de usar o mesmo uniforme padrão dos soldados, contrariando teimosamente as regras de vestimenta dos altos oficiais. O fato de parecer mais jovem do que realmente era permitia que ele se misturasse entre os soldados novatos e passasse despercebido pela maioria deles. Camiro gostava de fazer isso ocasionalmente para "sentir o moral da tropa", como ele mesmo dizia, mas o general sabia que aquela habilidade servia para outros propósitos.

— E quanto aos nossos heróis?

— Ouça você mesmo. – Leonel apontou para a imagem projetada. – Se fosse qualquer outra pessoa fazendo esse relato, eu não acreditaria.

Na sala abaixo deles, Joanson massageava o ponto entre as sobrancelhas.

— E então vocês encontraram a garota desmaiada em uma das carroças – concluiu ele. – Qual de vocês fez o disparo de alerta?

— Fui eu, capitão – respondeu Evander.

— E em que momento teve tempo para isso?

— Logo que bati no lombo do cavalo, senhor. Com Indra realizando a investida, eu me posicionei em segurança por tempo suficiente para disparar o sinal. O primeiro apoio chegou em pouco menos de 10 minutos.

— Mas nesse tempo a luta já tinha terminado.

— Sim, senhor.

— E vocês dois, sozinhos, derrotaram *dezenove* agressores, todos identificados como mercenários, a maioria com treinamento militar, e tudo isso em *menos de dez minutos*? O que tem a dizer sobre isso, soldado Solim?

— Eu derrotei a maior parte deles senhor – disse Indra. – Mas, na verdade, tudo o que eu fiz foi seguir os instintos do meu parceiro. Ele, praticamente, comandou a batalha toda, desde o início; estava no meu campo de visão ou próximo a mim o tempo todo, me passando comandos.

"Comando", no linguajar militar, significava uma instrução ou solicitação, quando vinda de um companheiro, ou uma ordem, quando vinda de um superior, geralmente de forma discreta e silenciosa, por gestos, olhares ou outros meios.

Joanson dirigiu um olhar inquisidor para Evander.

— Com todo respeito, senhor – explicou ele –, não consegui perceber indício nenhum de que eles tivessem qualquer treinamento além do básico. Em relação à duração da luta, considerando a desvantagem numérica, seria improvável que demorasse mais do que isso, não importa quem vencesse. Nossa única chance era usar algum tipo de distração de forma a poder derrubar o maior número de oponentes no menor tempo possível. E, felizmente, eles não contavam com as investidas de Indra com a vorpal.

— As investidas não a protegeriam de conjurações.

— Não senhor. Eu precisei defletir alguns ataques para que ela pudesse manter o ritmo.

O capitão estreitou os olhos.

— Você *defletiu bolas de fogo?*

Leonel apertou os punhos enquanto observava Evander hesitar por um momento.

— Sim, senhor. Bem como algumas outras coisas.

— Por acaso você possui alguma habilidade especial que não esteja em sua ficha, soldado?

Evander engoliu em seco.

— Sim, senhor.

— E como explica isso?

— Eu omiti essa informação no registro, obedecendo a uma ordem direta do general, senhor.

No andar superior, Leonel soltou a respiração, que estava prendendo. O coronel dirigiu-lhe um olhar indagador, ao que o general respondeu silenciosamente com um gesto afirmativo, antes de voltar novamente a atenção para a projeção.

— E como descreveria essa habilidade, soldado? – Dario perguntou.

Evander passou a mão pelo cabelo e olhou para Indra, que retribuiu o olhar com um rápido sorriso de incentivo.

— Bem, senhor, na verdade, eu tenho o que parece ser uma habilidade passiva involuntária e autoprojetável, que gera um campo pessoal polarizado e invisível de deflexão seletiva.

Os níveis de perplexidade do capitão pareciam ter extrapolado todos os limites. Com uma expressão quase cômica, ele puxou uma cadeira e sentou-se, soltando um suspiro.

— Certo, vou morder a isca – disse o capitão. – Esse campo provoca uma ruptura inversional, liberando um fluxo polarizado, é isso?

— Hã... não sei se tenho informações suficientes para contestar isso, mas eu diria que o campo causa a ruptura *por ser* polarizado.

Indra e o sargento Dinama apenas olhavam um para o outro, sem entender nada.

— E qual é a ligadura que absorve a carga de deflexão? – Dario perguntou.

— Bom, a estrutura transiente parece sofrer todo o efeito, apesar de que nunca usei nenhum mecanismo para mensurar isso.

Apesar de ter dito tudo aquilo sem hesitação e com óbvio conhecimento de causa, Evander olhava para o capitão com apreensão. Indra parecia muito orgulhosa, enquanto o sargento coçava a cabeça, completamente confuso. Joanson ficou olhando para Evander por um longo momento.

— Certo - disse o capitão, por fim. - Resumindo, se eu te der um soco, você não sofre nenhum arranhão.

— Mas dependendo do soco, eu posso entrar em coma.

— Porque a sua energia espiritual será usada para absorver a carga deflexiva.

— Sim, e quando essa energia cai em níveis muito baixos, não dá para manter a harmonia eterial ativa. E o corpo se desconecta do espírito.

— E por causa disso temos 19 prisioneiros desmaiados, mas sem nenhum arranhão. Assim como vocês.

— Sim, senhor.

— Mas e quanto às bolas de fogo? Ruptura inversional não redireciona flutuações.

— Estou aperfeiçoando uma espécie de escudo, solidificando o fluxo. A duração é ínfima, mas é suficiente para defletir impactos cinéticos.

Joanson pôs os cotovelos sobre a mesa e se inclinou para frente.

— Esses termos não fazem parte da física básica ensinada em nossas academias. Onde foi que aprendeu tudo isso, Nostarius?

— Nos livros, senhor.

Joanson olhou para cima, diretamente para o sensor metálico que ele sabia estar enviando imagens e sons diretamente para a sala do general.

Leonel não conseguiu evitar um sorriso ao olhar para a estupefata expressão do capitão. O coronel Camiro se limitou a olhar para o general, projetar o lábio inferior para frente e sacudir a cabeça em um gesto afirmativo algumas vezes, antes de voltarem a atenção à projeção.

— E qual a origem dessa energia? – Dario perguntou a Evander. - Qual é o conduíte?

— Indeterminado, capitão.

— Só existem quatro possibilidades, soldado.

— Não apresento sinais relevantes de nenhuma delas, senhor. Também não consegui identificar a válvula de escape.

— Entendo – disse o capitão, endireitando-se na cadeira, ao concluir que aquilo explicava por que o general havia ordenado sigilo ao garoto. - Quantos anos você tem, soldado?

— Quinze, senhor.

— Tem noção de que muitas pessoas passam a vida toda estudando e se aperfeiçoando para conseguirem chegar ao ponto de serem capazes de enfrentar uma crise como essa que vocês resolveram hoje?

— Sim, senhor.

— Ótimo. Espero que você realmente esteja encarando esse assunto com toda a seriedade que está demonstrando.

Dias se passaram e tanto a filha do coronel quanto os sequestradores acordaram e foram devidamente interrogados. Segundo o capitão Joanson, os bandidos acabaram confessando que tinham intenções de pedir resgate ao coronel em troca da libertação da filha. A garota, que havia sido atingida durante a luta e desmaiara, mas não sofrera nenhum dano físico graças à aura de Evander, dissera ter sido agarrada e levada à força enquanto caminhava por uma rua considerada segura.

Assim, o caso foi dado como encerrado, apesar de Evander não entender como ou por que um grupo tão grande de pessoas havia sido reunido para levar uma simples e indefesa civil para fora da cidade.

De qualquer forma, aquele episódio resultou em três coisas excepcionalmente boas, na opinião dele.

A primeira delas foi a estonteante e contagiante alegria de Indra. Utilizar suas novas habilidades para fins práticos, e mais ainda, para ajudar alguém que estava em perigo, foi como um bálsamo para a autoestima dela. Ainda mais depois que rumores de uma suposta promoção começaram a correr pelo forte.

Ele não tinha pressa nenhuma em avançar em sua própria carreira militar, mas ficaria muito feliz se ela realmente fosse promovida a cabo. Indra já tinha desempenho acima da média em todas as disciplinas teóricas antes e, agora que tinha motivação suficiente, estava se saindo muito bem também nas disciplinas físicas. E, no tocante a combate, se ela estivesse com aquela vorpal, ninguém mais na unidade deles era capaz de permanecer em pé por mais de dois minutos numa luta contra ela.

Ela ficou muito popular por ter derrotado sozinha a quase todos os sequestradores. Para os fofoqueiros de plantão, o papel do filho do general naquela batalha tinha sido secundário e ela provavelmente teria acabado com todos os bandidos sem a ajuda de ninguém. Evander discordava daquilo porque sabia que havia sido um trabalho de equipe. Ela realmente tinha tido um desempenho fenomenal e surpreendido até mesmo a ele, que vinha treinando com ela havia meses. Mas ela tinha precisado de apoio, alguém para apontar o lado certo e proteger as costas dela uma ou duas vezes. Apesar de que, sinceramente, ele achava que seu papel realmente não fora muito difícil e conhecia um ou dois oficiais que poderiam tê-lo substituído muito bem. Seus poderes de proteção tinham sido úteis, mas ele não era o único com habilidades especiais que poderiam fazer diferença numa batalha como aquela.

Uma vez, ele disse isso a Indra e ela ameaçou bater nele se voltasse a falar tamanha bobagem.

— Lembra-se daquela expressão que o capitão Joanson usou naquele discurso? – Ela engrossou a voz, tentando imitar o jeito de falar do capitão. – "De quem é o mérito por fincar o prego na madeira: do martelo ou do carpinteiro?".

A segunda coisa excepcional que aconteceu foi um inusitado estreitamento de laços entre ele e o pai.

Certa noite, Evander e Indra estavam no salão de treinamento da casa dele, praticando movimentos – mais rindo e conversando do que realmente praticando, para falar a verdade –, quando Evander ficou quieto de repente, sentindo uma presença, e se voltou para a entrada do salão.

— Pai?

Indra olhou naquela direção, confusa por um instante, até que o general apareceu em seu costumeiro uniforme e com a espada à cintura.

— Evander, Indra – cumprimentou ele.

— General. – Ela prestou continência, sem saber muito bem como reagir.

— À vontade – disse Leonel com tranquilidade, aproximando-se. – Não é necessária formalidade aqui.

— Sim, senhor – respondeu ela.

— Posso? – Leonel perguntou, apontando para a gigantesca espada.

— C-claro! – Indra exclamou, passando a arma a ele, antes de trocar um olhar surpreso com Evander.

O general pegou a espada e a analisou cuidadosamente de cima a baixo, antes de se afastar alguns passos e empunhá-la com facilidade, girando-a e cortando o ar algumas vezes. Para espanto de Evander, o pai conseguia manusear aquela coisa com ainda mais facilidade do que Indra.

Leonel olhou para ela.

— Qual a distância que você consegue percorrer com uma *arrancada*?

— Uns oito metros, mais ou menos.

— Bom para uma iniciante, mas continue treinando. Agora preste atenção...

Com certa fascinação, Evander viu o pai reassumir seu antigo papel de instrutor, discorrendo pacientemente sobre a ciência por trás daquele golpe em especial, sempre fazendo uma pergunta ou outra para ter certeza de que seus alunos o acompanhavam. Por fim, ele demonstrou algumas formas de postura, respiração e movimentos de pulso. Em seguida, ele apontou para uma das paredes do salão e mandou que Indra a atacasse. Ela seguiu as instruções e, no final, acabou cravando a espada até a metade da lâmina na parede de tijolos.

Ela e Evander encararam o general, perplexos. Leonel se aproximou da parede e, com uma facilidade que beirava ao ridículo, retirou a arma que tinha ficado presa entre as pedras e a devolveu a ela. Então a fez repetir o movimento mais algumas vezes, mas dessa vez no ar, até se dar por satisfeito com a técnica que ela demonstrava.

— Se atacar a parede dessa forma, poderá abrir um buraco nela ao invés de apenas atravessá-la com a espada – concluiu Leonel.

— Não sei nem como agradecer por ter me ensinado isso tudo, general – disse ela. – E sinto muito por sua parede.

— Não se preocupe. Além disso, ensinar esse golpe a você foi um benefício adicional, mas não era meu objetivo primário – ele olhou para Evander. – Eu vou lhe mostrar como bloquear esse tipo de golpe. E com Indra sabendo como aplicá-lo, vocês poderão praticar um com o outro. Lembre-se, o objetivo é bloquear, não defletir com seu campo energético. Sua habilidade natural consome energia, portanto você deve usá-la apenas quando necessário.

Assim como Indra, Evander não teve dificuldades para absorver o conhecimento que lhe era oferecido, apesar da enorme surpresa em ver o pai, em certo momento, pegar seu bastão e manuseá-lo melhor do que ele próprio. Depois de algum tempo, os dois já estavam realizando os movimentos com razoável competência.

— Ótimo – disse Leonel, por fim. – Agora prestem atenção. Vocês tiveram um desempenho excepcional numa situação altamente adversa. Há muito mérito nisso, mas seu aprendizado está só começando. A prova disso é que estamos aqui há menos de duas horas e vocês já conseguiram dominar técnicas novas. Nem sempre será tão fácil ou rápido, mas o mundo é tão vasto e existe tanto a aprender que mesmo três vidas não seriam suficientes para absorver tudo. Sempre haverá um movimento novo, uma postura melhor, algo que você possa fazer para que na próxima missão tenha mais condições de se defender e de proteger outras pessoas.

Evander olhou para Indra e concluiu que, se dependesse apenas de disposição e empolgação, ambos poderiam chegar bem longe naquele infinito caminho que o general descrevia.

Leonel passou a dar lições extracurriculares aos dois com alguma regularidade, apesar da complicada agenda dele. Assim, Evander aos poucos foi conhecendo diversas facetas do pai que nunca sequer imaginara existir. Era óbvio que o incidente com os sequestradores tinha deixado Leonel muito preocupado, mas o fato de o general decidir treiná-lo ao invés de removê-lo do Exército e mandá-lo para estudar em alguma universidade mais segura, mas muito mais tediosa, soava para Evander como uma prova de confiança. E uma que ele não estava disposto, de forma nenhuma, a trair.

A terceira coisa excepcional foi Cerise. Pelo menos no começo.

Cerise Ania era filha do primeiro casamento da falecida esposa do coronel Camiro. Tinha dezesseis anos, cabelos loiros não muito longos, mas brilhantes e bem cuidados, olhos azuis inteligentes e um corpo esguio, mas com curvas nos lugares certos. Apresentava certa arrogância no narizinho empinado e no jeito que ela caminhava, quase como se estivesse valsando. Para Evander, ela sempre parecera uma princesa de contos infantis, linda e intocável. Até que ela veio conversar com ele cerca de uma semana após o incidente.

— Boa tarde, soldado – disse ela, com um sorriso.

— Boa tarde – respondeu ele, sorrindo também, meio que embasbacado ao sentir o perfume dela.

— Creio não ter agradecido adequadamente por você ter me salvado daqueles homens horríveis.

Eles conversaram por bastante tempo, mas ele não se lembrava de quase nada do que falaram. A linguagem corporal da garota lançava, para a sensibilidade aguçada dele, uma mensagem universal, clara e inequívoca. E depois daquele encontro ele estava totalmente enfeitiçado, simples assim.

O relacionamento durou quase dois meses.

Evander logo percebeu que era muito fácil passar tempo com ela. Ele percebia, instintivamente, o estado de espírito dela e tinha uma alta taxa de sucesso em adivinhar o que poderia agradá-la ou não no momento. E isso fazia com que ela ficasse cada vez mais fascinada por ele e, dessa forma, o relacionamento de ambos foi se tornando intenso de maneira muito rápida.

Certo dia, Evander terminava a bateria de exercícios com a tropa, quando mais sentiu do que viu o coronel Camiro se aproximando por trás dele. Como de costume, o homem estava usando uniforme padrão, que o tornava quase indistinguível no meio dos soldados. No entanto se o coronel queria pegá-lo desprevenido, ficou desapontado quando Evander voltou-se para ele prestando continência.

— Senhor!

— À vontade! – Camiro disse, estreitando os olhos.

Os poucos soldados que ainda estavam no pátio olharam para os dois com expressão de curiosidade, mas seguiram seu caminho.

— Você aproveitou que eu estava fora para passar essa noite em minha casa, não foi, soldado?

— Sim, senhor – admitiu Evander, com franqueza, imaginando o que seria dele depois dessa conversa.

— Tem ideia do quanto Cerise é preciosa para mim, Nostarius?

— Claro que sim, coronel.

— E como pode saber disso?

— Porque o senhor perdeu sua esposa, da mesma forma como eu perdi minha mãe. Meu pai foi tudo o que me restou. Imagino que a situação entre o senhor e Cerise seja similar.

— Está tirando vantagem da minha filha, soldado?

— De forma alguma, senhor.

— E se eu oferecesse, digamos, um incentivo para você se afastar dela?

— Eu recusaria, senhor.

— Mesmo sem saber o que eu posso oferecer?

— Se o senhor me ordenar que eu me afaste dela eu obedecerei, coronel. Não preciso de nenhum incentivo adicional para isso.

Camiro voltou a estreitar os olhos, desconfiado.

— Isso é inesperado, soldado. Está dizendo essas coisas apenas para ganhar minha confiança?

— Não, senhor.

— Está realmente interessado nela?

— Completamente, senhor.

O coronel coçou o queixo, pensativo. Essa conversa estava tomando um rumo muito diferente do que ele tinha imaginado. Não conseguia perceber nenhum tipo de malícia naquele rapaz, não havia nenhum sinal do arrogante encrenqueiro que ele esperava encontrar, o que contrariava os rumores que corriam pelos corredores do Forte. A verdade era que o garoto parecia uma versão jovem do pai, disciplinado, inteligente e confiável. Sólido. Camiro não havia dado muito crédito ao depoimento de Evander naquele incidente, mas agora, olhando diretamente para os olhos castanhos do rapaz, era difícil não se convencer de sua sinceridade.

151

— Ótimo. Não vou incomodá-lo mais desde que se mantenha na linha e minha filha esteja feliz.

— Sim senhor. Mas não foi incômodo nenhum, senhor.

O garoto apresentava uma desconcertante maturidade para alguém com apenas 15 anos de idade. Não havia dúvidas de que merecia o sobrenome Nostarius. Era como se estivesse encarando uma versão muito mais jovem do general.

Com um gesto de assentimento, Camiro se afastou, enquanto Evander tentava não se sentir culpado. Os sentimentos do coronel eram tão evidentes, tão palpáveis, que ele quase podia adivinhar o que estava pensando. Assim, não foi nada difícil para ele escolher as palavras certas para acalmar o oficial. Evander dizia a si mesmo que não importava, porque ele não dissera nada além da verdade, mas a sensação de estar manipulando alguém deliberadamente persistia e ele descobriu que não gostava disso.

Perguntou-se quando fora que sua percepção das pessoas chegara àquele ponto. Era possível que fosse um efeito colateral de sua aura energética, afinal, todos sabiam que energia mística e emoções estavam intimamente relacionadas. Mas, de qualquer forma, aquilo estava ficando muito perturbador.

Nos dias seguintes, todas as vezes que ele e Cerise estavam juntos, o encontro inesperado com o coronel teimava em voltar à sua mente. Por mais que ele se justificasse, que dissesse a si mesmo que tinha sido sincero com o coronel, o sentimento de que estava fazendo algo errado persistia.

Até que um pequeno incidente ocorreu e, finalmente, uma luz foi lançada sobre suas dúvidas.

Aconteceu uma semana antes do aniversário de 17 anos de Cerise. Ela queria uma comemoração romântica especial e particular na véspera do grande dia, mas Evander recebeu ordens para cumprir dever de guarda no Forte naquela noite.

A garota tinha ido encontrá-lo num dos pátios de treinamento e não ficou nada satisfeita quando ele lhe deu a notícia.

— Não pode fazer isso comigo, Évan.

— Eu recebi ordens, Cerise, sabe como é. Mas podemos fazer uma comemoração antecipada, que tal?

— Não é a mesma coisa!

De alguma forma, Evander sabia que ela diria isso.

— Podemos sair, ir ao seu lugar favorito.

— Também não é a mesma coisa!

Evander também sabia que ela diria aquilo. Aliás, ele tinha certeza de que nada que ele oferecesse seria bem recebido. Cerise sabia ser bastante orgulhosa e mimada nessas situações. Havia uma única forma de fazê-la se esquecer do orgulho e aceitar qualquer outra proposta... E só o fato de pensar nisso já fez o sangue dele correr mais rápido nas veias.

Então ele disse algumas palavras no ouvido dela e a levou escondido para uma sala dos fundos. Depois de um dos momentos mais loucos e maravilhosos de sua vida, Cerise não dava mais a mínima para o dia em que comemoraria o seu aniversário.

No dia seguinte, o capitão Joanson percebeu, com certa preocupação, que tinha algo errado com Evander e o chamou para um canto.

— Qual o problema, Nostarius? Você está agindo estranho hoje.

A culpa crescia a níveis insuportáveis dentro de Evander.

— Eu quebrei uma regra ontem, capitão.

— É mesmo? E o que foi dessa vez?

— Bom, Cerise passou aqui para me pegar, nós fomos para a sala dos fundos e...

— Pela misericórdia, Nostarius! - Dario sussurrou, olhando ao redor e baixando o tom de voz. - Você seduziu a menina dentro do quartel?!

Evander ficou em silêncio. O capitão massageou a testa com a mão por um longo tempo, com uma expressão contrariada, antes de suspirar e voltar a falar, ainda em voz baixa.

— Sabe, uma vez, quando eu era um pouco mais velho que você, eu fiz exatamente a mesma coisa.

— Sério?! - Evander disse, muito espantado.

— O general Nostarius, que na época ainda era capitão, me pegou no flagra.

— Céus!

— Como ele não estava interessado em gerar comentários desnecessários no quartel, ele achou um castigo alternativo para mim. Ao invés de ir para a prisão, fui mandado, de forma sigilosa, para uma das montanhas da Sidéria. Cumpri dever de guarda por dois dias sozinho naquele fim de mundo gelado, ficando preso lá em cima até que o próximo soldado fosse me substituir.

— Isso... deve ter sido difícil.

— Sim, foi. Mas lá naquele lugar, sem nada o que fazer além de pensar, eu cheguei a várias conclusões importantes em relação à minha vida. Quando voltei de lá eu senti que era uma pessoa melhor.

Evander não estava gostando do rumo daquela conversa.

— E o senhor vai me mandar para lá também.

— Sim, vou. Você está se descontrolando, Nostarius. Precisa esfriar a cabeça e ter mais disciplina. Você sabe muito bem disso, caso contrário não teria me contado sobre o seu deslize, não é?

Evander suspirou.

— Acho que sim, senhor.

— Arrume agasalhos, você parte hoje à noite.

♦ ♦ ♦

— Você mandou Evander para a Sidéria? – Leonel perguntou, com uma assustadora fúria na voz. Nada parecia tirar o general do sério, exceto quando o filho estava envolvido.

— Sim, senhor.

— Sozinho?!

— Bem... – Joanson hesitou. Não fazia o menor sentido mandar alguém junto com Evander, uma vez que o objetivo era justamente isolar o garoto de tudo e de todos por algum tempo, mas parecia não ser uma boa ideia argumentar com o general no momento.

— Quem mais sabe disso?

— Além de nós dois e do próprio Evander, apenas o tenente responsável pelo posto avançado. Mas por lá eles estão tão acostumados a esse tipo de situação que provavelmente nem prestaram atenção no nome dele. E mesmo que prestassem, eles sabem ser discretos.

— Não podemos contar com isso.

Não havia censura na voz de Leonel, apenas preocupação, o que fez com que o capitão concluísse, não pela primeira vez, que o general realmente era uma pessoa extraordinária. Qualquer outro oficial, no lugar dele, estaria furioso por não ter sido consultado em relação àquela decisão, mas o homem não ligava para aquilo, a única coisa com que se preocupava era com a segurança do filho. Leonel temia que antigos inimigos da Guarda Imperial pudessem tentar atingi-lo por intermédio do garoto, apesar de que Dario não estava convencido de que ele realmente estivesse correndo qualquer risco.

— General, o garoto sabe cuidar de si mesmo. E apesar de estar isolado, ele tem meios de pedir ajuda em caso de necessidade.

Leonel respirou fundo, nitidamente tentando se controlar.

— Era necessário, senhor – o capitão insistiu. – O garoto precisava disso.

— Certo – disse o general, mais calmo. – Comece do início.

♦ ♦ ♦

Os postos avançados nas montanhas ao sul da Sidéria tinham como objetivo monitorar as fronteiras geladas e disparar o alarme caso alguém ou alguma coisa decidisse invadir a província por ali. Criaturas grandes e perigosas habitavam a imensidão desértica e gelada do sul do continente, e como era inviável mandar homens para explorar e conquistar aquelas terras, o imperador tinha optado apenas por instalar uma rede de vigilância.

Os dois dias passados no topo daquela montanha inóspita fizeram com que Evander percebesse duas coisas importantes.

A primeira é que a aura de proteção dele também servia como barreira contra o frio. Ele era capaz de sair da fortificação durante uma tempestade de neve totalmente desagasalhado, dar uma volta e entrar novamente sem sofrer nenhum tipo de desconforto, hipotermia ou queimadura. No entanto, quanto mais frio, mais energia a aura de proteção necessitava e ele decidiu que permanecer o tempo todo bem agasalhado era bem melhor do que desmaiar no meio da neve, onde certamente teria morte certa.

A segunda coisa que ele percebeu é que Cerise Ania era um tédio. No fundo ela era uma boa garota, apesar da arrogância e do orgulho exagerados, mas o fato é que Evander conseguia prever todo o roteiro diário dela, desde o momento em que ela se levantava da cama até o momento em que ela se deitava de novo, à noite. Ele sabia o que ela gostava de comer, o que gostava de vestir, o que gostava ou não de fazer e como gostava de passar o tempo livre. Também sabia exatamente como agradá-la, como deixá-la feliz, entediada ou com sono. Apesar de todos os intensos momentos que tinham passado juntos, a ideia de continuarem com aquele relacionamento pelos próximos meses ou anos o deixava com uma sensação desagradável.

Felizmente, nenhum tipo de monstro das neves apareceu e no final do segundo dia ele foi substituído e liberado para pegar uma ponte de vento de volta para casa.

De volta a Talas, uma das primeiras coisas que ele fez foi chamar Cerise para uma conversa. O desprezo por si mesmo apenas aumentou no momento de terminar com ela. Prevendo as reações da moça, ele manipulou a conversa de forma a minimizar o choque e ao mesmo tempo a distraiu com outras coisas, de forma que Cerise acabou aceitando tudo, num estranho estado de torpor.

No dia seguinte, Dario Joanson perguntou como estavam as coisas e ele acabou contando ao capitão os detalhes da conversa que tivera com a Cerise.

— Me senti como se eu estivesse fazendo uma lavagem cerebral nela.

— Eu não vejo dessa forma, Nostarius. Para mim, o que você fez se chama "controle de danos".

— Mas eu não fui sincero com ela.

— Acredite, soldado, às vezes a verdade dói mais. Além disso, relacionamentos são sempre assim mesmo: confusos e cheios de deslizes. Não vale a pena insistir no que já está perdido. Tudo o que pode ser feito é aprender a lição para não repetir os mesmos erros no futuro.

◆ ◆ ◆

O restaurante Daiman era um dos mais frequentados pelos oficiais do Forte. Era próximo, limpo e administrado de forma eficiente e organizada, coisa que a maioria dos oficiais prezava. Tinha uma fachada simples, sem decorações especiais, como desenhos ou letreiros, apenas grandes janelas de um tipo escuro de vidro que permitia que a luz externa entrasse, mas impedia que a luz interna saísse. Como efeito, as pessoas que estavam dentro do restaurante conseguiam ver o lado de fora, mas quem estivesse na rua via apenas o vidro escuro.

O sargento Erom Dinama passou pela porta, sendo calorosamente cumprimentado pelo dono do estabelecimento.

— Capitão Joanson – disse ele, ao reconhecer o oficial, que se levantava e lhe estendia a mão. – Agradeço por vir falar comigo.

— Sou todo ouvidos, sargento. Sente-se.

Dinama jogou-se na cadeira, como se carregasse um enorme peso nas costas.

— O senhor me parece um pouco tenso. Algo errado?

— Tenho algo para reportar, mas não sei se devo.

Joanson não precisou pensar muito.

— Isso é sobre Evander Nostarius, não?

Dinama assentiu.

— Pode falar livremente, sargento. Na verdade, não há nada que o impeça de tratar o soldado Nostarius como a qualquer outro. O general pode ser um pouco protetor em relação ao filho, como qualquer pai que se preze, mas ele nunca deixa isso influenciar em seu julgamento.

O sargento refletiu um pouco e decidiu ser direto.

— Aquele garoto é encrenca, capitão. E encrenca séria, escreva o que eu digo.

— Posso perguntar por que acha isso, senhor?

— Não me chame de "senhor", faz eu me sentir velho.

— Como quiser, sargento. O que o faz pensar que o soldado Nostarius seja uma ameaça?

— Eu não disse que ele é uma ameaça. Eu disse que ele é encrenca. É diferente.

Joanson levantou a sobrancelha.

— É mesmo?

— Prestativo, quer ajudar todo mundo, não se importa de fazer papel de bobo para livrar a cara de alguém que fez besteira e aceita ser punido no lugar de outra pessoa.

— Essas me parecem qualidades desejáveis em um soldado, não?

— Não quando se tem uma inteligência e percepção muito acima da média.

— Como assim? – Dario perguntou, lutando, sem muito sucesso, para acompanhar o raciocínio do sargento.

— Qualquer pessoa normal com o nível intelectual dele estaria se esforçando para se dar bem, entende? Paquerando a mulherada, se vangloriando para todo mundo, planejando uma vida para si mesmo, sei lá.

— Desculpe, sargento, mas não estou conseguindo entender qual é o problema.

— Não faço ideia do que seja o problema. E *esse* é o problema.

Joanson soltou um riso nervoso.

— Olhe, sargento, acho que não estou...

— Capitão, hoje foi o exame do semestre. A última prova foi um exercício de "cerco ao forte". Eu e mais nove instrutores ficamos na defesa. O senhor não está aqui há muito tempo e não sei se sabe disso, mas fazemos esse exercício há mais de 10 anos para avaliar os novatos. A nota máxima é dada para quem consegue atravessar a muralha do forte, o senhor sabe, aquelas maquetes da ala de estratégia.

— Sei, sei.

— Eles tomaram o forte.

Joanson piscou, confuso.

— Desculpe, não entendi.

— A nota mais alta é para quem passa da primeira muralha. Isso é porque ninguém nunca consegue ir além desse ponto. Mas eles *tomaram o forte*.

— Está dizendo que Evander conseguiu derrotar todos os instrutores sozinho?

— Antes fosse. Ele ficou só correndo de um lado para o outro e não lutou contra ninguém. Mas eu sei que ele liderou o ataque. Passou comandos para cada um dos trinta e um membros da unidade. Me distraiu para que aquela parceira dele conseguisse me tirar da luta. E ainda tentou fazer parecer que ele não sabia o que estava fazendo. Mas a mim ele não engana.

O capitão tomou um gole de água, ganhando tempo para organizar os pensamentos, antes de responder.

— E o que os outros instrutores têm a dizer sobre isso?

— Nós nem vimos o que nos atingiu, capitão! Foi uma vergonha! Alguns acham que nós fizemos besteira, usamos uma tática ruim, mas eu tenho certeza de que não foi nada disso.

— Mas, sargento, mesmo que vocês tivessem feito alguma besteira, não seria nada demais. Era só um exercício e essas coisas acontecem. Ninguém iria punir nenhum de vocês só por causa isso. Por que está tão preocupado?

— Por que, capitão? Porque eu quero aquele moleque longe. Mande-o para a capital, para a frente de combate, para o exílio, o que for, mas por favor, se livre dele.

— Então o senhor o considera *mesmo* uma ameaça.

— Ele não. Mas que ele vai atrair muita desgraça, isso ele vai. O moleque foi parar na sala do comitê disciplinar umas três vezes, e isso só no primeiro mês como soldado. Sempre dando uma de herói que quer ajudar todo mundo e se metendo em encrenca por causa disso. Ele tem um dom, uma vocação, sei lá, para confusão. Não é normal. Escreva o que eu digo, capitão, ele ainda vai virar esse lugar de pernas para o ar.

◆ ◆ ◆

O capitão Joanson ainda se sentia um pouco fora da realidade por causa daquela conversa quando entrou na sala do general. Leonel estava arrumando sua mesa, preparando-se para ir embora.

— Sente-se, capitão.

— Obrigado, senhor.

Joanson deu-se conta de que se sentava na cadeira de forma muito similar ao que vira o sargento Dinama fazer uma hora antes. Aquela lembrança trouxe um sorriso involuntário a seus lábios.

— Achei que queria conversar sobre algo sério – disse Leonel, levantando uma sobrancelha.

O capitão respirou fundo.

— Sim, senhor. É sobre seu filho.

Leonel guardou alguns papéis numa gaveta, antes de trancá-la com uma chave que guardou no bolso do uniforme. Em seguida, recostou-se na cadeira e encarou Joanson sem dizer nada.

— Eu fiz uma avaliação sobre ele logo no primeiro dia, como o senhor deve se lembrar. – Dario fez uma pausa, aguardando o assentimento de Leonel antes de prosseguir. – Bom, tendo em vista tudo o que ocorreu nos últimos meses, devo dizer que minha avaliação não mudou. Na verdade, senhor, estou ainda mais convicto dela agora. Evander não deveria estar aqui.

Capítulo 9:
Tenacidade

— Prossiga, capitão – disse Leonel.

— Ao permitir que ele se alistasse, general, o senhor permitiu que a nossa instituição, o Exército de Verídia, passasse a ser responsável por ele. Evander recebeu todas as obrigações de um oficial, bem como todos os direitos. Tendo isso em mente, vamos enumerar alguns fatos.

Joanson começou a contar nos dedos.

— Um: o soldado Nostarius passou com louvor em todas as avaliações físicas, sem exceção. Força, agilidade, resistência, reflexos, tudo acima da média. Nada fora das escalas, claro, mas se não levarmos em conta nenhum tipo de treinamento especial ou talento místico, as características físicas dele são melhores do que as de 80% de todos os nossos oficiais. Aliás, eu também me incluo entre esses 80%.

Os lábios de Leonel se curvaram em um de seus raros sorrisos.

— Anda negligenciando seu treinamento, capitão?

Dario sorriu também.

— De forma alguma, senhor. Estou apenas... canalizando meus esforços em outras áreas.

— Continue.

— Dois: o soldado em questão teve desempenho exemplar em todas as disciplinas intelectuais. Demonstrou impressionante domínio de física, matemática e estratégia militar. Consegue ler e escrever em todos os idiomas do Império e teve altas notas em História e Geografia. A única disciplina na qual ele não apresentou grande interesse é no estudo das leis, mesmo assim atingiu uma média razoável. Ele tem bastante facilidade em absorver conhecimento.

O capitão segurou o próximo dedo.

— Três: ele é bastante carismático, as pessoas que o conhecem, gostam dele. É simpático, atencioso e gosta de ajudar a todos quando pode. E às vezes até quando não pode. É fonte de inspiração e motivação para toda a unidade dele. Também é um dos soldados mais populares do Forte e quando não está em serviço, está sempre rodeado de amigos. Indra Solim é um caso especial. Eles são muito próximos, quase como irmãos, mas ambos têm uma vida social bastante intensa.

Dario aceitou o copo de água que Leonel ofereceu a ele e tomou um gole antes de continuar.

— Essas três características o tornaram também alvo daqueles que gostam de fofocas e maledicências. Não é preciso muito para despertar a inveja e o despeito de certas pessoas e o caso dele… bem, além de ser melhor do que eles em tudo, ele é seu filho. Os rumores chegaram a tal ponto que os amigos dele decidiram formar uma espécie de fã-clube.

— Estou ciente. Eu já imaginava que as pessoas falariam, mas devo dizer que estou surpreso com a maldade dos comentários.

Joanson assentiu.

— Quatro: é um líder nato. As pessoas confiam nele e o seguem. Ele raramente tira proveito dessa característica, no entanto, preferindo ficar em segundo plano sempre que possível. A unidade Alvorada 3 é dele, mais do que do sargento Dinama. Inclusive, o sargento e os instrutores parecem estar se sentindo ameaçados por ele, devido ao fato de terem sido derrotados num exercício de "cerco ao forte".

Leonel se endireitou e pôs os cotovelos na mesa.

— Quantas muralhas do forte a unidade conseguiu tomar?

— Segundo o sargento, todas. Eles tomaram o forte. – Dario percebeu a reação do general e ficou curioso. – O que há com esse exercício afinal? Pelo que eu entendi, foram 32 contra 10. Por que tanta surpresa na derrota dos instrutores?

— A própria natureza do exercício impede um resultado como esse. É bem mais provável que os instrutores tenham cometido erros táticos.

— O sargento parece estar bastante convicto do contrário. E mesmo que ele esteja errado, ainda temos todos os outros fatos que enumerei aqui, como o papel dele no resgate de Cerise Ania. A quantidade de evidências é esmagadora, general.

Leonel suspirou.

— Entendo onde está querendo chegar, capitão.

— Então me deixe concluir, senhor. Evander deveria estar em Mesembria ou em Lemoran. Ele precisa estar aos cuidados de especialistas capazes de lidar com um potencial como o dele. E isso seria verdade mesmo que ele não tivesse nenhum poder especial. O lugar dele não é aqui. Nós prezamos pela meritocracia, e a menos que seja cometida uma grande injustiça com ele, Evander terá uma ascensão meteórica na carreira militar. Poderá obter uma patente de alto oficial antes mesmo de chegar à maioridade. Ele tem bom senso e capacidade de adaptação suficientes para mais do que compensar a falta de experiência. E se chegar a esse ponto, o nível de inveja e insatisfação das outras pessoas irá aumentar e ele vai ganhar muitos inimigos. Se o senhor já está preocupado com a segurança dele agora, sinto dizer que isso pode piorar.

O general balançou a cabeça.

— Vou pensar sobre isso, capitão.

— Sugiro pensar com carinho, general. Pois, a meu ver, ele já fez por merecer e subiu o primeiro degrau.

— Como assim?

— Estou com os documentos de autorização para a promoção de Evander Nostarius e Indra Solim para cabo. E a menos que o senhor me dê uma ordem em contrário, pretendo assinar.

O dia da sua primeira promoção foi um dos mais inesquecíveis da vida de Evander Armini Nostarius. Não pela alegria de Indra Solim e dos demais soldados que também foram promovidos, apesar de a empolgação deles ser contagiante. Nem pela tremenda festa de despedida que os amigos fizeram para eles, uma vez que, com a promoção, seriam transferidos para outras funções. Nem pela expressão de orgulho e satisfação no rosto do capitão Joanson, que havia se tornado seu ídolo. Nem mesmo pelo novo distintivo, símbolo de uma nova etapa em sua carreira. O que imortalizou aquele momento, para Evander, foi a expressão no rosto do general, que assistiu à cerimônia à distância. O que ele viu nos olhos do pai aquele dia foi respeito. E aquilo calou fundo dentro dele.

♦ ♦ ♦

Evander conheceu Lucine Durandal na sua segunda semana como cabo.

— Então vocês querem entrar para a tropa de apoio? E por que eu deveria aceitar vocês? – Lucine perguntou, lançando a Evander e Indra um olhar desconfiado, enquanto mudava de posição e se reclinava na cadeira. Parecia tão à vontade que por um momento Evander imaginou se ela iria colocar as botas sobre a mesa.

Lucine era a sargento responsável pela tropa de apoio lotada no Forte. Tratava-se de uma unidade um tanto informal, composta majoritariamente por jovens com menos de 18 anos, o que incluía a própria sargento. A função daquela tropa era dar apoio às demais unidades e treinar os jovens de forma a estarem mais bem preparados e já com alguma experiência, antes de conseguirem uma posição em uma unidade "oficial".

— Nós trabalharemos duro – respondeu Indra, animada. – Nosso objetivo é entrar para a Tropa de Operações Especiais.

161

Operações Especiais era uma das unidades mais respeitadas do Exército. Também era uma das mais temidas, uma vez que lidava com as situações mais perigosas e, por isso, contava com os oficiais mais durões e poderosos.

— Sei – resmungou a sargento, cética.

— O sargento Dinama nos deu uma escolha – disse Evander. – E como nós dois temos alguma afinidade com artes marciais, entrar para esta unidade parecia ser o mais adequado para nós.

— Cabo Nostarius, por acaso você sabe o que as pessoas dizem por aí a seu respeito?

Uau! Pensou Evander. *Curta e grossa. Além de bonita.*

Não que desse para ver muito dela. Lucine parecia pronta para uma guerra, usando uma cota de malha que lhe chegava até quase os joelhos, sobre a qual ela vestia uma espécie de camisa branca sem mangas com o emblema de sargento afixado do lado esquerdo do peito. Usava um par de luvas que lhe chegava até os cotovelos, mas que tinha as pontas dos dedos cortadas, deixando à mostra unhas curtas e limpas. Ela usava um elmo da mesma cor metálica da cota de malha, que lhe cobria toda a cabeça, deixando apenas o rosto à mostra. Tanto o elmo como a armadura pareciam novos e de boa qualidade. De qualquer forma, naquela época do ano, em que o clima em Talas era marcado por dias ensolarados com bastante calor, não deveria ser muito confortável usar um equipamento pesado como aquele o tempo todo.

— Sim, senhora – ele respondeu, meio a contragosto, incomodado com a pergunta sobre os boatos maldosos.

— Sargento – corrigiu ela.

— Sim, sargento.

— E o que você tem a dizer sobre isso?

Por um momento, Evander precisou se esforçar para controlar a irritação. Mas então ele olhou para os olhos da sargento, de um tom castanho bem mais escuro que os dele, e percebeu que ela não o estava julgando. Ela simplesmente estava lhe fazendo uma pergunta direta, provavelmente para avaliar sua reação.

Então ele deu de ombros.

— Me ensinaram que um marinheiro não deve se preocupar com qualquer onda, mas apenas com aquelas que forem grandes o suficiente para afetar o curso do barco – respondeu ele.

Lucine estreitou os olhos, enquanto Indra se esforçava para não cair na risada e lhe dava um cutucão com o cotovelo.

— Mas estou falando sério – disse ele, olhando de uma para a outra. – Admito que isso soava bem melhor quando dito por outra pessoa, mas...

— Você realmente acredita que o que falam sobre você não é uma ameaça à sua carreira? – Lucine o interrompeu.

— Sim, sargento. Eu acho que o que realmente importa é o mérito, não a fama.

— E você concorda com isso, cabo Solim?

— Sim, senhora! Quero dizer, sargento!

— Então não teremos nenhum problema. Só mais uma coisa, Nostarius: não tenho autorização para dar nenhum tipo de regalia a nenhum de meus subordinados, não importa quem sejam seus pais.

— Eu agradeço, sargento.

Ela apenas o encarou por um momento, provavelmente avaliando se ele estava sendo sincero.

— Como devem saber, operamos com unidades de até cinco soldados – disse Lucine, mudando de assunto. – A média da avaliação semestral da Alvorada 3 foi bem acima da média e, além de vocês, estamos recebendo mais sete pessoas vindas de lá. Vou fazer um favor e permitir que fiquem todos juntos em dois pelotões – ela apontou um dedo ameaçador para Evander e depois para Indra –, que vocês dois irão liderar. Vocês vão responder direto a mim e me entregar relatórios diários. E é bom que estejam afiados em redação, caso contrário vão ter que esquecer essa ideia de ir para Operações Especiais, pois o máximo que irão conseguir é um posto permanente de guarda nos portões do Forte. E quero deixar bem claro que, por aqui, não nos importamos com o desempenho que tiveram antes. Para conquistar respeito terão que começar por baixo e passar por todas as etapas, assim como todo mundo. Entendido?

— Sim, sargento – responderam ambos, em uníssono.

♦ ♦ ♦

Meses depois, uma velha fortaleza abandonada nas montanhas da Província Central sediava uma reunião um tanto incomum.

— Espero que tenha uma boa razão para terem me chamado aqui – disse Galvam Lemara, entrando no salão e lançando um olhar duro para os demais membros da Guarda Imperial, sentados ao redor de uma mesa de madeira que já vira dias melhores.

— Foi o que eu disse a eles – concordou Luma Toniato.

— Por favor, pessoal – pediu a sacerdotisa Gaia Istani, apontando para uma cadeira vaga, para onde o recém-chegado se dirigiu, a contragosto. – Vamos, ao menos, ouvir o que têm a nos dizer.

— Estamos todos aqui, Leonel – disse o professor Romera. – Qual é a razão dessa convocação?

— Sei tanto quanto vocês – disse ele, virando-se na direção de uma parede nos fundos do salão. – Narode! Venha para cá e vamos acabar logo com isso.

Subitamente, uma parte da parede pareceu se afundar e depois se abrir para o lado, revelando o coronel Demétrio Narode, com um sorriso travesso no rosto.

— General, você estragou minha surpresa.

— Coronel – disse o capitão Dario Joanson –, com todo o respeito, mas considerando que os ânimos parecem um pouco exaltados, eu recomendaria irmos direto ao ponto, se possível.

— Claro, claro, perdoem-me – respondeu Narode enquanto se aproximava, a expressão no rosto indicando que o pedido de desculpas não podia ser menos sincero. – Eu só queria quebrar o gelo.

— Narode – disse Leonel, em um tom baixo e controlado, mas que soou tão ameaçador que serviu não somente para tirar o sorriso do rosto do coronel, mas também para calar os protestos de todos os demais.

— Muito bem – Demétrio adotou um tom profissional. – Eu pedi que Leonel convocasse essa reunião porque minha rede de informações revelou alguns fatos que vocês todos têm o direito de receber em primeira mão. Ainda não reportei nada disso ao governador e nem ao Conselho Imperial.

Os sete membros da Guarda Imperial o encararam com variados níveis de curiosidade.

— Eu acho que, para começar, vocês todos devem um pedido de desculpas ao general Nostarius. Ele estava certo o tempo todo. Estamos sendo vítimas de uma conspiração em larga escala.

– Acho que vou passar mal – declarou o soldado Ferim Imelde, levando uma mão enluvada à boca. Ferim era ruivo, de estatura mediana, chamado de "o baixinho" pelos demais membros do pelotão.

— Não faça isso, senão eu passo mal também – respondeu Karoi Jiula, o loiro de olhos azuis, apelidado de "o bonitinho".

— Então saiam de perto de mim – disse Crassu Maralder, que por sua vez era chamado de "o negão", devido à sua pele escura e impressionante constituição física.

— Parem com isso, vocês dois – reclamou Idara Lamorse, que, por sua vez, era conhecida como "a enfermeira". Ela tinha pele muito clara e cabelos negros curtos que emolduravam um rosto oval. A aparência delicada, no entanto, contrastava com sua altura e seu corpo atlético. – Ninguém foi obrigado a aceitar esse trabalho, então agora aguentem.

— Sugiro que ouçam a moça – disse Evander Nostarius, analisando os arredores. – Concordo que esse cheiro é de matar, por isso vamos tentar acabar com isso o mais rápido possível.

O caçador de recompensas chamado Celtam Nedial olhou para os quatro soldados de Evander com cenho franzido.

— Esses quatro não me parecem muito disciplinados, cabo. Não acha que deveria ser um pouco mais firme com eles?

Celtam era um ex-sargento, bem mais velho que todos eles, deveria estar chegando na casa dos 30, que tinha uma aparência razoável, com olhos azuis perspicazes, queixo quadrado e cabelos negros longos, amarrados num rabo de cavalo similar ao de Evander.

— Não dá. Eles me conhecem há muito tempo e sabem de todos os meus podres – respondeu Evander, com uma expressão irônica que fez todos rirem.

Infelizmente, nem todas as brincadeiras do mundo seriam capazes de fazer com que se esquecessem daquele odor ruim que parecia impregnar a tudo.

Dizer que aquela era uma comunidade pobre seria um elogio. O que viam ali era o que poderia ser considerado como o fundo do poço, a pior situação a que um povo civilizado poderia chegar. Não havia casas, apenas um amontoado de cabanas de palha que provavelmente não seriam capazes de proteger seus ocupantes de uma chuva mais forte.

De todos os lados podiam ouvir tosses e espirros, o que indicava um quadro precário de saúde, consequência direta do grande volume de pessoas vivendo em um espaço tão pequeno. Evander precisou desviar o rosto quando uma brisa o atingiu em cheio, trazendo o odor de um esgoto a céu aberto a poucos passos deles.

— Com tanto espaço nesse mundo, por que esse povo decide viver assim? – Crassu perguntou.

— Eles não têm escolha, ou, pelo menos, acreditam que não – respondeu Celtam. – Vieram de comunidades que sofreram ataques de animais selvagens ou que foram destruídas por desastres naturais.

— Os que ainda têm alguma esperança se mudam para os assentamentos em Linarea ou Alto Horizonte – completou Evander, lembrando-se de tudo o que tinha lido sobre aquele lugar. – Mas muitos acabam voltando para cá.

— Mas por quê? – Crassu quis saber. – Lá é pior do que aqui?

Evander olhou para uma construção maior e franziu o cenho ao ver, através das enormes portas e janelas, muitas pessoas sentadas em cadeiras rústicas e se divertindo com jogos e cerveja. Era possível ouvir as exclamações típicas de quem tinha se excedido no consumo de álcool.

— Acho que nem sempre as pessoas agem de forma racional.

— Será que não tem algo que o Exército possa fazer por eles? – Idara perguntou, olhando para um grupo de homens, mulheres e crianças que carregavam baldes, provavelmente com água que coletavam de um riacho que ficava a quilômetros dali.

— Existem diversas comunidades como esta – respondeu o caçador de recompensas. – O Exército não tem contingente suficiente para atender a todas elas. – Ele se virou para Evander. – A enfermeira ali tem cara de ser conjuradora. – Ele indicou Idara com um gesto de cabeça. – E os outros estão todos armados. E quanto a você, cabo? Por acaso virou conjurador também? Pelos rumores que ouvi a seu respeito, eu esperava que você aparecesse com algo espalhafatoso, talvez uma espada maior do que você ou algo assim.

Evander deu de ombros.

— Pediram para sermos discretos, então eu decidi trazer algo mais fácil de esconder.

Pela primeira vez desde que se alistaram, Evander e os soldados não usavam uniforme enquanto estavam de serviço. Todos eles usavam trajes velhos e surrados, com o objetivo de passar despercebidos entre as pessoas da vila, ou, pelo menos, das mais desatentas.

— Muito bom. Tentem não chamar atenção. Vou conseguir algumas pistas.

Dizendo aquilo, Celtam se afastou, indo em direção ao bar improvisado, com passos preguiçosos.

Com gestos rápidos e discretos, Evander mandou que os soldados se dividissem em dois grupos e tomassem direções opostas, enquanto ele se dirigia a uma espécie de estábulo, onde porcos, vacas, cavalos e galinhas dividiam o espaço, todos parecendo muito magros e alguns muito doentes. Ele se encostou na cerca de troncos e fingiu estudar os animais enquanto mantinha-se atento aos arredores.

O alvo deles era um grupo perigoso de criminosos que supostamente estava escondido em algum lugar por ali. Na verdade, o alvo era de Celtam, ele é quem tinha rastreado os malfeitores, mas a sargento Durandal havia ordenado que o pelotão de Evander o acompanhasse para dar cobertura na captura.

Ele evitou contato visual quando as pessoas que traziam água passaram por ele. Ver crianças de menos de 10 anos de idade carregando baldes pesados não era uma visão nada agradável, mas, mesmo que pudessem, não havia nada o que fazer para ajudar aquela gente. Pelo menos era o que o seu lado racional lhe dizia.

Não levou muito tempo para Evander perceber que tinha algo de muito errado acontecendo por ali, além das condições de penúria dos habitantes do lugar. Algumas pessoas estavam se movendo, aparentemente se posicionando, em lugares estratégicos, onde ficavam em grupos, fingindo que conversavam. Sabendo que os soldados mantinham contato visual com ele enquanto fingiam passear pelas ruas fétidas e barrentas, ele levantou os braços, como se estivesse se espreguiçando e virou-se na direção do bar. Imediatamente, os soldados reconheceram o sinal para se reagruparem e se puseram a caminho.

Evander nunca conseguiu chegar até o bar porque, antes disso, Celtam saiu de lá, andando de costas com as mãos levantadas. Cerca de uma dezena de pessoas, incluindo homens, mulheres, velhos e crianças, saiu da construção rústica e começou a avançar na direção dele, com expressões ameaçadoras.

— O que houve? – Evander perguntou, em voz baixa.

— Sei lá! Tem alguma coisa errada com esse pessoal. Parecem não entender nada do que eu digo.

— Ah, droga! – Evander praguejou ao virar-se e perceber que os soldados se aproximavam, também cercados por todos os lados.

Os aldeões andavam de modo estranho, meio que se arrastando, parecia uma coreografia de um teatro macabro, com todos se movendo da mesma forma. E o brilho dos olhos deles causou calafrios em Evander.

— Parem todos! Somos oficiais do Exército de Verídia! – Evander gritou, levantando seu distintivo e sendo completamente ignorado pelos aldeões, que continuavam avançando.

— E agora, Évan? – Crassu perguntou, quando todos se juntaram, de costas um para o outro, formando um círculo e cercados pela multidão. – Deve ter mais de cinquenta deles.

— Temos que causar uma distração – disse Celtam, pegando uma pequena besta que estava oculta numa discreta mochila em suas costas. – Eu vou...

— Não – disse Evander. – É algum tipo de feitiço. Não vamos conseguir tirar a atenção deles tempo suficiente.

— E qual a sua ideia brilhante, cabo *Nostarius*?

Estavam prestes a ser atacados. Evander não perderia preciosos segundos se irritando com a ênfase desnecessária em seu sobrenome.

— Escutem. Estou com um escudo etéreo bilateral de curto alcance. Mantenham formação, não se separem. Não ataquem ninguém que esteja a mais de seis metros de distância ou que estiver caído. Mas quem estiver de pé, ataquem para matar. Idara, fique no centro e dê o sinal de alerta.

— Como é que é?! – Celtam exclamou.

— Mas um escudo bilateral não protege os inimigos também? – Ferim perguntou, enquanto Idara jogava um pequeno objeto do tamanho de uma moeda para cima. – De que vai adiantar...

— Aí vêm eles! – Evander gritou, ao mesmo tempo em que um rápido brilho no céu indicou que o sinal de alerta tinha sido enviado.

Boquiaberto, Celtam viu Evander tirar seu bastão do bolso e expandi-lo, antes de avançar dois passos dando um giro e atingindo o plexo solar do aldeão que estava mais próximo, lançando-o a vários metros de distância e derrubando todos os que estavam atrás dele.

A horda de aldeões zumbis pareceu ficar paralisada por um momento, apenas olhando enquanto o homem atingido se sentava com dificuldade, sacudia a cabeça e voltava a se levantar, junto com os demais que tinham sido derrubados. Então, novamente como se fosse uma coreografia ensaiada, todos se voltaram na direção daqueles que consideravam inimigos, gritaram e atacaram.

Se aquelas pessoas fossem soldados treinados não haveria a menor possibilidade de sobreviverem àquela luta. No entanto os aldeões não tinham armas adequadas, força ou técnica, além de parecerem estar em uma espécie de transe. Atacavam cegamente com qualquer coisa que tivessem em mãos sem pensar em mais nada, nem mesmo em se defender.

Celtam, que tinha demonstrado ceticismo à estratégia de Evander no começo, não teve muitas dificuldades em se adaptar ao ritmo do pelotão e usou sua besta para dar cobertura aos demais, juntamente com Idara e seus projéteis energéticos.

Seguindo as ordens de Evander à risca, entre golpes de bastão, espada, dardos místicos e flechas, a equipe encerrou a batalha em poucos minutos. Então, Celtam e os cinco soldados se viram cercados por pilhas de aldeões desmaiados.

Idara se aproximou de um dos corpos caídos e tomou o pulso.

— Parecem estar todos bem – concluiu ela.

— Tremendo escudo esse, hein, Évan? – Ferim bateu com o punho no ombro de Evander, que sorriu e fez um rápido comando gestual para ele e os outros. Sem dizerem nada, os soldados trataram de examinar os demais aldeões, em busca de feridos.

Celtam olhou ao redor e soltou um assobio, enquanto guardava a besta.

— Ótimo trabalho – disse ele. – O que era esse escudo, cabo? Algum tipo de encanto de pergaminho?

Evander deu de ombros enquanto analisava as redondezas. Muitas pessoas olhavam para eles através de portas, janelas ou brechas nas paredes. Mais além, ele podia ver famílias inteiras fugindo, assustadas. Alguns poucos soldados se aproximavam, de diversas direções, provavelmente atendendo ao sinal de alerta.

— Essa é uma das vantagens de ser um *Nostarius* – disse ele, antes de encarar o caçador de recompensas. – Mas eu prefiro não ser chamado assim, se não se importa. Meu nome é Evander.

— Muito bem. – Celtam reparou na forma metódica com que os soldados examinavam os aldeões desacordados. – Quanto tempo essas pessoas vão dormir?

— Um dia ou dois.

— Não parecem ter nenhum arranhão. E eu tenho certeza de que acertei no coração ou na garganta de vários deles.

— Quanto mais mortal o golpe, mais rápido eles dormem. Se procurar por aí, provavelmente vai conseguir recuperar suas flechas. O campo de deflexão impede que penetrem, então elas apenas perdem a aceleração no contato e caem no chão.

— É, eu percebi. Aliás, essa sua equipe é impressionante quando decide entrar em ação. Muito bom! Muito bom mesmo.

Evander sentiu uma emanação de energia familiar e voltou-se para o leste. E soltou um suspiro desanimado.

— Espero que o general compartilhe de sua opinião.

Leonel Nostarius e Demétrio Narode galopavam na direção deles, liderando um pelotão de cavalaria.

◆ ◆ ◆

Nunca em sua vida, Leonel tinha se sentido tão ansioso e impotente como quando captou o sinal de aviso. Agora, ao ver o filho, aparentemente intacto, mas diante de dezenas de pessoas desmaiadas e virando-se para recebê-lo com um gesto de continência, a onda de alívio que o atingiu foi tão grande que seus joelhos estavam trêmulos a ponto de ele precisar se esforçar para recuperar o equilíbrio ao descer do cavalo.

— Cabo – disse ele, retribuindo a continência, antes de fazer o gesto de "à vontade" com a mão.

— General, coronel – disse Evander, saudando os recém-chegados.

— Cerquem a área – ordenou Narode. – E tragam ajuda médica!

— Fomos atacados de repente – reportou Evander. – Tivemos que revidar.

— Eu sei – disse o general, observando as pessoas caídas pelo chão lamacento. – Alguém da sua unidade está ferido?

— Não senhor. Nós… – o cabo se interrompeu, sentindo uma súbita tontura. – Quero dizer, talvez eu tenha recebido um golpe ou dois…

Leonel adiantou-se e o segurou pelo ombro, antes que perdesse o equilíbrio.

— Não se preocupe – disse Evander, em voz baixa. – Só preciso descansar um pouco.

O general assentiu, antes de chamar um dos cavaleiros.

— Oficial, leve o cabo para o hospital.

O soldado ajudou Evander a montar na sela atrás dele, antes de partir, a galope. Leonel continuou olhando naquela direção por bastante tempo, mesmo depois que o cavalo sumiu de vista.

Narode aproximou-se e pôs a mão no ombro dele.

— Está tudo bem, Leonel – disse, em voz baixa. – O garoto é duro na queda. Muito mais do que pensávamos.

— Controle da mente – respondeu o general no mesmo tom, sem se virar. – Isso é sério, coronel. Dessa vez tivemos sorte que nossos adversários não contavam com os poderes dele, mas e da próxima? Qualquer um de nós ou de nossos familiares pode ser atacado a qualquer momento, por qualquer um.

— Sim.

E o pior, pensava Leonel, é que seu filho, com certeza, seria envolvido naquilo de novo.

— Quero os responsáveis por isso. Não importa quem sejam.

— Obrigado pelos reforços – disse Celtam Nedial, oferecendo uma maçã a Lucine Durandal antes de voltar a se recostar na cadeira e dar uma mordida em outra. – Mas achei que você fosse me mandar um grupo de amadores.

— Eles *são* amadores – respondeu ela, pegando a fruta e se sentando atrás de sua mesa.

— Sei. Então quer dizer que vocês andaram aumentando um pouco o nível de exigência dos novatos por aqui.

— Pois é, agora eles só vêm para cá quando conseguem derrotar todos os instrutores no Cerco ao Forte.

Celtam riu, divertido, até encontrar os olhos dela.

— Você está brincando... não está?

— Não.

Ele arregalou os olhos, surpreso, por um instante, mas logo exibiu um sorriso provocativo.

— Vou querer saber todos os detalhes... mais tarde.

— Cale-se. Conseguiu prender algum dos alvos?

— Dois deles estavam no grupo que nos atacou.

— Então, por que não está atrás do resto?

— Quanta amabilidade – disse ele, com um novo sorriso, levantando-se bem no momento em que Evander entrava pela porta aberta. - Oh, olá, cabo. Já recuperado do chilique de ontem?

— Sargento – disse Evander, prestando continência para Lucine, ao que ela retribuiu e gesticulou para que ele se aproximasse.

— Sabe que nós, da alta sociedade, somos muito sensíveis – respondeu Evander a Celtam, enquanto entregava uma pasta de couro para a sargento. – Trabalhar com a ralé é cansativo.

— Essa foi boa – disse Celtam, rindo. - De qualquer forma, espero ter a chance de trabalhar com você de novo no futuro. Foi divertido.

— Você não viu nada. Na próxima vou levar meu livro de piadas.

Rindo novamente, Celtam balançou a cabeça, antes de recostar-se no batente da porta, olhando para Lucine enquanto ela lia alguns papéis que tinha tirado de dentro da pasta.

— E aí? Já sabem o que deu naquele povo todo?

— Aqui diz que pode ser um tipo novo de doença ou algum efeito hipnótico causado por flutuações espontâneas – respondeu ela, sem tirar os olhos dos documentos. - A Guarda Imperial assumiu o caso e está investigando. Estão examinando todos os aldeões da área, mas até agora não encontraram mais ninguém com os sintomas.

— Doença, é? – Celtam resmungou, desconfiado, dando uma última mordida em sua maçã. – Nesse caso, acho que vou esperar os caras acordarem para dar uma prensa neles antes de ir atrás do resto do bando. A propósito, cabo, estou muito interessado naquele escudo. Onde eu posso conseguir um para mim?

— Desculpe, é segredo. Receita familiar, passada de geração para geração, sabe como é.

Celtam gargalhou e despediu-se com um gesto antes de sair. Evander percebeu o rápido olhar que o caçador de recompensas trocou com a sargento antes de se afastar e concluiu, com certa decepção, que o relacionamento de ambos ia um pouco além de negócios.

Lucine fez um sinal para que ele fechasse a porta.

— Então, me parece que você andou ocultando algumas habilidades especiais, cabo. O que tem a me dizer sobre isso?

Parecia até uma repetição da conversa que ele tivera com o capitão Joanson, meses antes, pensou Evander, enquanto encostava a porta e se sentava.

— Eu recebi ordens para manter sigilo e evitar que essa informação fosse inserida em minha ficha.

— Qual o nível de periculosidade dessa aura energética, cabo?

Ele olhou para ela, surpreso.

— Ora, é zero – vendo que ela não parecia acreditar, ele abriu os braços, frustrado. – Eu sei disso porque venho fazendo testes periódicos desde que tinha oito anos de idade. E mesmo que não acredite em mim, você conhece o general. Ele nunca colocaria na divisão dele alguém que pudesse ser considerado perigoso.

— O general é seu pai – retrucou ela. – É obrigação dele se importar mais com você do que com a tropa.

Evander chegou a abrir a boca para falar, mas descobriu que não tinha resposta para aquilo.

◆ ◆ ◆

As coisas ficaram um tanto tediosas para Evander nas semanas seguintes. Depois da emoção daquela incursão no assentamento de refugiados e da batalha contra os aldeões descontrolados, a volta à rotina normal foi um anticlímax. Aquele desânimo deve ter transparecido em seu rosto, pois o capitão Joanson mandou chamá-lo.

— Tenho uma nova missão para você – disse o capitão, enquanto o levava pelos corredores do Forte até uma área restrita, passando por portas vigiadas por soldados fortemente armados. Por fim, chegaram a outro pátio de treinamento, bem menor do que os demais.

Lucine Durandal, usando armadura como sempre, estava sentada em um banco em um canto e levantou-se assim que Evander e o capitão entraram.

— Vamos pular as formalidades – disse o capitão. – Vocês dois parecem estar meio enferrujados e sem muito ânimo ultimamente. Decidi então ver o que podem fazer um contra o outro. Luta justa, com suas armas especiais, sem limite de tempo e sem direito a rendição. Quem cair ou for imobilizado primeiro perde.

Evander podia ver a surpresa e a apreensão no olhar de Lucine. O Exército não permitia esse tipo de combate entre soldados devido ao perigo de alguém se machucar. O escudo energético passivo dele poderia protegê-los de ferimentos físicos, no entanto, sempre existia a chance de um dos dois, ou talvez ambos, acabarem desacordados durante dias.

Ela não levou muito tempo para se recuperar da surpresa. Dirigindo-se para o centro do pátio, desembainhou sua espada e encarou Evander, aguardando-o. Sua expressão deixava claro que não estava disposta a perder.

Ele lançou um último olhar para o capitão antes de dar de ombros e aproximar-se dela, com expressão contrariada. De uma distância menor, ele sentiu uma emanação energética e olhou para a arma dela. Era uma bela espada, com intrincados detalhes em relevo. Parecia de excelente qualidade, devia ter custado uma fortuna. Também devia ter um forte encantamento místico se até ele era capaz de senti-lo.

Mau sinal, pensou, expandindo seu bastão e saudando a adversária. Ele estava ciente de que Lucine era uma das melhores lutadoras entre os praças do Forte. Até mesmo alguns subtenentes e aspirantes não eram páreo para ela. Evander a viu treinando com Indra certa vez. Mesmo usando a vorpal, a cabo Solim não tinha conseguido durar mais do que cinco minutos.

De qualquer forma, se ela achava que teria uma vitória fácil, iria se decepcionar, ele prometeu a si mesmo.

O embate começou bastante equilibrado. Ela era bem mais forte do que ele fisicamente, além de ser melhor em canalizar energia para aumentar a própria força, mas ele compensava isso com técnica, agilidade e instinto. Depois de alguns minutos ambos já estavam cobertos de poeira e suor, enquanto tentavam controlar a respiração. A intensa troca de golpes era exaustiva e, claramente, nenhum dos dois estava acostumado a encarar um oponente desse nível. Nenhum dos golpes dela conseguia penetrar na defesa dele, ao mesmo tempo em que ele não achava nenhuma abertura na defesa dela, pois estava muito ocupado tentando antecipar o próximo movimento.

Ambos perderam a noção do tempo e continuaram naquele ritmo intenso até que, em certo momento, numa manobra ágil, ele se esquivou de uma investida excepcionalmente violenta dela e Lucine se viu sem apoio, as pernas sem mais forças para conseguir manter seu equilíbrio. Então ela caiu de cara no chão, levantando uma pequena nuvem de poeira. O elmo que ela usava saiu, rolando pelo chão e revelando os cabelos prateados amarrados em um coque. Ela se esforçou para tentar levantar, mas tudo o que conseguiu fazer foi cair novamente, dessa vez de costas.

Evander se aproximou, um tanto cambaleante, e encostou a ponta do bastão no peito dela. Lucine então pousou a cabeça no chão e soltou a espada, enquanto lutava para recuperar o fôlego. Ele se virou para o capitão, que assistia a tudo recostado a uma parede com os braços cruzados e uma expressão entre divertida e intrigada no rosto.

Com um lento gesto de cabeça, Dario Joanson concedeu a ele a vitória.

Evander olhou para Lucine, que tentava se levantar, obviamente sentindo-se humilhada. Provavelmente, não era derrotada com muita frequência, o que fazia sentido considerando a força que tinha. Ele mal podia acreditar que tinha conseguido chegar ao final do embate sem tomar nenhum golpe. Mas como ele também não tinha conseguido acertá-la nenhuma vez, estavam empatados naquele quesito.

Percebendo que falar qualquer coisa naquele momento não seria uma boa ideia, ele apenas a fitou nos olhos com expressão séria e lhe ofereceu ajuda para se levantar. Ela lançou um olhar para o capitão antes de aceitar a ajuda, com uma expressão contrariada.

Assim que ela se colocou de pé, ele fez novamente o movimento de saudação com o bastão. Aquilo era uma saudação clássica, quase equivalente a uma continência, e deveria expressar respeito e humildade, mas naquele momento ele ficou imaginando se não tinha ofendido ainda mais a sensibilidade dela com aquele gesto, pois ela fechou a cara e olhou para o outro lado.

Ele olhou para o capitão, um tanto quanto inseguro do que fazer a seguir. Joanson se aproximou alguns passos, olhando de um para o outro antes de, finalmente, dirigir-se a Evander.

— Dispensado, cabo!

Evander assentiu e virou-se na direção da saída, caminhando com dificuldade, ainda exausto demais para conseguir andar mais do que dois passos em linha reta.

Lucine se recusou até mesmo a olhar na direção de Evander nas semanas seguintes, tendo transferido todo o pelotão dele temporariamente para um sargento da unidade de pesquisas para ajudar no cumprimento de uma missão especial. Evander divertiu-se com a ideia de ter deixado a sargento Durandal tão desconcertada a ponto de querer evitá-lo, afinal, ela tinha fama de não se abater com nada.

Os amigos de Evander, incluindo Indra, ficaram curiosos em relação à transferência e, como não podia deixar de ser, metralharam-no com brincadeiras e gozações.

Évan é tão implicante que nem a sargento mais casca grossa do Forte consegue aguentá-lo.

Ei, Évan, não quer entrar para o meu pelotão? Não aguentamos mais aquele nosso sargento chato. Você podia se livrar dele para nós.

Parem de provocar o Evander. Se ele se irritar podemos acabar sendo todos transferidos para a Sidéria.

Apesar de Lucine se manter afastada dele o quanto podia, ambos voltaram a lutar diversas vezes. O capitão pareceu muito satisfeito com o resultado da primeira luta e passou a, periodicamente, organizar um "treinamento", que nada mais era do que colocar ambos um contra o outro em combates no estilo vale-tudo.

Aquilo acontecia sempre em algum espaço privativo do Forte, longe dos olhos de curiosos. Dario nunca disse exatamente qual era a razão para manter aquelas sessões de treinamento em sigilo, mas Evander podia imaginar alguns bons motivos. Não havia outros soldados no forte capazes de lutar de igual para igual contra a sargento Durandal, e apesar de Evander normalmente não se considerar melhor do que ninguém, sentia-se muito bem por estar naquela posição. Aqueles embates também permitiam que ele desenvolvesse as próprias habilidades de uma maneira muito mais eficiente que o treinamento padrão do Exército ou do que suas sessões particulares com Indra, que agora mais lhe pareciam simples brincadeiras.

Lucine nunca mais cometeu o erro tático daquela primeira luta e desde então passou a ser mais cuidadosa com os próprios golpes, evitando gastar energia desnecessariamente. Ele logo percebeu que ela se tornava praticamente imbatível quando lutava usando tática e estratégia ao invés de apenas os músculos. Como resultado, ele não conseguiu derrotá-la mais nenhuma vez desde então.

Ele não se importava muito com ganhar ou perder, e como ela parecia muito mais satisfeita apontando a espada para a garganta dele do que imobilizada no chão sob a ponta do seu bastão, aquilo foi o melhor que poderia acontecer para ambos. Para ele, bastava o fato de sentir que ambos estavam evoluindo e até mesmo se divertindo um pouco com aquela situação.

◆ ◆ ◆

Luma Toniato havia trabalhado muito para conseguir chegar ao posto de general da segunda divisão do Exército de Verídia. Às vezes, ela ainda se perguntava se realmente merecia aquela posição, mas então ela se lembrava do voto que tinha feito havia muitos anos, de dedicar sua vida a proteger e servir, e forçava-se a ir em frente. Mas isso não significava que não pudesse dar uma pausa em suas obrigações de vez em quando.

Animada com a perspectiva de encontrar seu amante, e melhor ainda, de lhe fazer uma surpresa, ela se embrenhou na alta grama enquanto seguia na direção da cabana oculta entre as montanhas. Ali era um lugar tranquilo e relaxante, bem longe de qualquer sinal de civilização. Perfeito para tirar uns dias de folga e se esquecer de política, estratégia militar ou teorias da conspiração. E a ideia de ter um pouco de paz e sossego nunca tinha lhe parecido tão atraente.

Demétrio ainda levaria um dia ou dois para chegar ali, no lugar que ambos consideravam seu pequeno refúgio, e ela estava determinada a recebê-lo com uma bela surpresa.

No entanto, quando se aproximou de uma clareira, algo chamou sua atenção e ela tratou de se abaixar, escondendo-se entre as enormes moitas de capim e ervas daninhas.

Não demorou muito para ela reconhecer o som dos passos de seu amado. Uma felicidade enorme se apoderou dela. Começava a se levantar, com um sorriso, quando percebeu que ele não estava sozinho. Uma mulher correu para alcançá-lo e os dois conversaram e riram com muita animação.

Então, Luma afastou alguns tufos de grama para poder enxergar melhor... e teve uma visão privilegiada de Demétrio Narode trocando um beijo apaixonado com a sacerdotisa Gaia Istani.

Capítulo 10:
Desafios

Leonel Nostarius chegou em casa tarde da noite, após um dia particularmente exaustivo. Para sua surpresa, encontrou Evander esperando-o no hall de entrada, sentado em uma poltrona com um livro nas mãos.

— Oi, pai.

— Você não deveria estar dormindo? Aconteceu alguma coisa?

— Não, nada.

Leonel tirou o casaco e o pendurou em um gancho na parede, grato por estar em casa, protegido do vento cortante do inverno. Então encarou o filho, franzindo o cenho.

— Precisa de alguma coisa?

Evander hesitou. Ele odiava ter que pedir qualquer coisa ao pai, mas, naquele caso, não tinha escolha.

— Eu estava pensando. O torneio de Egas será no fim do mês.

Surpreso, Leonel ergueu uma sobrancelha.

— Sim. Por quê?

— Eu estava aqui me perguntando se o senhor me autorizaria a participar.

Leonel se sentou na poltrona diante do filho, lançando a ele aquele familiar olhar perspicaz. Evander se perguntou se alguém algum dia tinha sido capaz de omitir a verdade ao ser interrogado pelo general.

— Você não costuma se colocar voluntariamente em situações que chamem atenção para a sua pessoa.

Evander nunca tinha pensado muito sobre aquilo, mas agora que o pai tinha falado em voz alta, ele teve que admitir que era verdade.

— Não, senhor.

— E o que o levou a querer participar de um torneio? E desse, em particular?

Aquilo estava sendo mais difícil do que Evander tinha antecipado.

— Fiquei sabendo que este ano haverá um prêmio em dinheiro. Se eu… se eu conseguisse vencer, o senhor me permitiria ficar com ele?

Tendo menos de 17 anos de idade, Evander ainda não havia atingido a maioridade e, portanto, não tinha direitos legais a possuir propriedades ou dinheiro. Ter uma patente no Exército e liderar um batalhão de soldados durante uma guerra era permitido, mas ter o próprio dinheiro não. Era muito injusto.

— Claro que sim – respondeu Leonel, depois de um instante de total surpresa. – Mas o que o motiva a fazer isso?

Evander brincou com o tecido do braço da poltrona.

— Tem uma coisa que eu queria fazer, sabe? Com meu próprio esforço.

Leonel olhou para Evander com atenção e, pela primeira vez, conseguiu entender perfeitamente por que Dario Joanson sempre insistia que o garoto havia puxado a ele. Apesar de não terem nenhuma semelhança física, era como se estivesse olhando para uma versão mais jovem de si mesmo. Uma versão dele de antes da guerra. Antes de lhe tomarem tudo.

— Mesmo com suas habilidades, isso não será fácil.

— Sim, eu sei. Mas quero tentar.

— Muito bem. Vou autorizar, mas com uma condição: mantenha-se em guarda o tempo todo.

◆ ◆ ◆

O Torneio de Egas era uma competição amistosa entre o baixo escalão da tropa. Tratava-se de uma tradição estabelecida pelo general Egas, tendo recebido o nome dele após sua morte, havia pouco mais de 300 anos. Era composto por lutas um contra um, com regras bem definidas, muito diferente dos "treinamentos" que Evander fazia periodicamente com Lucine Durandal. A sargento, diga-se de passagem, parecia ser a favorita na competição daquele ano.

Existiam diversas outras competições similares no Império, mas o Torneio de Egas era famoso porque permitia apenas a participação de oficiais considerados novatos, ou seja, que tivessem se alistado a menos de cinco anos.

Ao saber das intenções de Evander, os amigos olharam para ele como se tivesse enlouquecido.

— Você quer participar do Torneio de Egas?! – Indra exclamou, incrédula.

— Por que o espanto? Você também poderia participar.

— Qualquer um de nós poderia participar – disse Karoi. – Mas isso não quer dizer que faríamos isso. Fala sério, tomar uma surra na frente de um milhão de pessoas não deve ser nada divertido.

— Ah, cala a boca! – Ferim deu um soco no ombro do parceiro. – Nem tem tanta gente assim na cidade!

Karoi olhou para ele.

— Vem gente da província inteira para ver esse torneio, seu bocó.

— Évan – disse Indra –, eu posso até ter afinidade com a vorpal, mas esse torneio é para os subtenentes, todo mundo sabe disso. Os caras têm anos de experiência, nenhum de nós tem a mínima chance.

— Não sei não – comentou Karoi. – Esse ano eu acho que a sargento Durandal fatura o prêmio, fácil. Évan, você pode ser bom, mas não tem a mínima chance contra ela.

Evander fez um gesto de pouco caso.

De qualquer forma, eu vou lá ver o que eu consigo. Além disso, quem nunca sonhou em acertar alguns golpes bem dados num sargento?

— Espero que se lembre disso quando *você* for um sargento – gracejou Ferim, fazendo os outros rirem.

— Nossa, Évan – disse Idara. – Nunca achei que você fosse do tipo que gosta de chamar atenção.

— Que bobagem. – Ferim lançou a ela um olhar irônico. – Disso sempre tive certeza.

Evander olhou para eles com expressão magoada.

— Como podem pensar tão mal de mim?!

— Fácil – respondeu Indra. – Para que mais você iria querer entrar nessa furada se não fosse pela atenção?

— Ora, eles oferecem um bom prêmio em dinheiro, sabiam?

Os quatro olharam para ele, incrédulos, e depois caíram na risada novamente.

— Eu disse algo engraçado?

— Para que você vai querer dinheiro, Évan? – Indra disse, ainda rindo. – Você é o filho de um dos caras mais ricos da cidade.

— Nada a ver. Você não conhece o general. O único jeito de eu poder gastar com alguma coisa sem precisar fazer relatório é se eu mesmo ganhar o dinheiro.

— Olhe para a casa onde você mora e para as roupas que você veste, cara – disse Ferim. – Para que você vai querer mais dinheiro? Vai gastar com o quê?

— Que tal bebidas e mulheres?

Nova onda de risadas.

— Que foi? – Evander fingiu indignação. – Acham que eu não sei me divertir?

— Belas palavras para quem é sempre o primeiro a chegar ao quartel e o último a ir embora – disse Indra, divertida.

Evander riu também, olhando ao redor e notando a loira esparramada num dos bancos mais afastados. Tinha ambos os braços apoiados no encosto e as pernas afastadas, tomando todo o espaço disponível. Estava com a cabeça inclinada para trás e com os olhos fechados.

— Aquela não é a Landra? O que ela tem?

Landra Adamai havia sido membro da unidade Alvorada 3, junto com eles.

— É ela mesma – respondeu Karoi. – Deve estar esperando o irmão para ir para casa.

— E cadê o Crassu? Ele não é o namorado dela?

— Ele já foi embora – respondeu Indra. – Acho que eles terminaram semana passada.

— É, e ela ficou arrasada – acrescentou Idara.

— Sério? – Evander estranhou. – Achei que o Crassu fosse um cara mais esperto.

— Olha quem fala! – Karoi voltou a zombar, fazendo com que o grupo voltasse a rir.

— O cara dispensa uma gatinha como a Cerise e depois fica falando dos outros – alfinetou Ferim.

— Ah, é? – Evander olhou para os dois com expressão de desafio. – Pois olhem e aprendam.

Boquiabertos, os quatro soldados observaram Evander se aproximar da moça, sentar-se a seu lado e conversar com ela em voz baixa por algum tempo, antes de se levantarem e, juntos, dirigirem-se para a saída.

◆ ◆ ◆

Os instrutores que lecionavam aulas de história gostavam de dividir a linha do tempo em duas eras: a era moderna e a era ancestral. A transição entre as duas ocorrera alguns séculos antes e foi marcada pela descoberta e aperfeiçoamento das técnicas de manipulação de energia.

Na árdua e caótica era ancestral, as mulheres eram consideradas inferiores aos homens devido às diferenças fisiológicas que faziam com que pessoas do sexo masculino geralmente tivessem força física maior.

Na época atual, as diferenças fisiológicas continuavam existindo, mas isso influenciava muito pouco na balança do poder, pois todos, tanto homens quanto mulheres, possuíam aptidão para manipular o campo de energia mística que envolvia o mundo todo. Em maior ou menor grau, todos faziam uso de flutuações geradas pela manipulação do campo místico.

Mas muitos ainda se lembravam de forma saudosa de como as coisas eram séculos antes. Era muito romântico pensar nos cavaleiros que enfrentavam inúmeros inimigos para salvarem suas princesas. E havia também os que entravam em duelos e torneios na esperança de impressionar sua amada e conseguirem conquistar seu coração.

Apesar de toda a diferença cultural entre as duas épocas, o ato de dedicar a vitória de um duelo a uma mulher não era algo estranho. Era incomum, certamente, mas não estranho. Até mesmo algumas mulheres que participavam do torneio chegavam a dedicar a vitória a seus namorados ou maridos. Mas de qualquer modo, essa não era a cantada mais popular que um rapaz podia passar em uma garota nos dias atuais.

Por isso, quando Evander anunciou que dedicaria a Landra Adamai a vitória no Torneio de Egas, como uma prova de sua devoção a ela, acabou ficando famoso em todo o Forte como um rapaz mimado e sem noção, querendo aparecer. O fato de ele ser filho do general deixava a história ainda mais apetitosa para os fofoqueiros de plantão. Se ele já era infame antes, agora tinha se transformado em um verdadeiro pária. Nem mesmo os esforços do fã-clube informal dele fizeram muita diferença. Na verdade, a maior parte dos amigos dele achou aquela atitude uma idiotice e não fez segredo disso.

Leonel chegou a perguntar ao filho se ele realmente sabia o que estava fazendo. Evander respondeu afirmativamente, de forma tranquila, e o general não voltou a falar mais nada a respeito.

O torneio seria realizado na Arena. Tratava-se de um dos maiores orgulhos da cidade de Talas, uma enorme construção erguida há mais de 500 anos. Era composta por uma área de combate em formato elíptico, cercada por diversos andares de arquibancadas com espaço suficiente para quase cem mil pessoas.

O nome "Arena" é, na verdade, uma derivação da palavra "areia", uma referência à área de combate central da enorme construção que tinha o piso de madeira recoberto por uma camada de areia grossa. Diziam as histórias que o objetivo da areia era absorver o sangue derramado durante os combates, facilitando a limpeza do lugar. Mesmo depois do fim da era ancestral, quando a Arena deixou de ser utilizada para combates até a morte ou execuções públicas, o uso da areia sobre o piso foi mantido.

Atualmente, a construção tinha diversas finalidades, incluindo proclamações imperiais, festividades, cerimônias oficiais – diversos imperadores tinham recebido a nomeação oficial ali – além, é claro, de entretenimento para as massas, o que incluía torneios de habilidades marciais e eventos esportivos.

A Arena tinha passado por diversas reformas com o passar dos séculos, mas a arquitetura original ainda era mantida. A maioria dos sábios elogiava bastante o projeto original, alguns, inclusive, chamavam de gênio o imperador que concebera o projeto e conseguira executá-lo de forma impecável, mesmo com todas as dificuldades e os parcos recursos tecnológicos da época.

Como todos os eventos oficiais do gênero, o Torneio de Egas era aberto a visitantes de outras cidades e até mesmo de outras províncias. As arquibancadas chegavam a ficar lotadas durante as melhores lutas. Isso não ocorria com todas devido à prolongada duração do evento. Os duelos eram numerosos, e como as regras impediam que um mesmo combatente tivesse mais do que uma luta num período mínimo de quatro dias, a competição durava cerca de um mês.

Naquele ano não houve nenhum oponente capaz de derrotar Evander Nostarius ou Lucine Durandal.

Ele teve mais sorte do que ela no sorteio e pegou apenas adversários com tanta experiência quanto ele ou menos. De qualquer forma, como estava decidido a vencer a competição, tratou de dar o máximo de si. Ele não poderia usar seu bastão, pois todos os competidores eram obrigados a usar espadas longas especiais, que eram fabricadas especialmente para o torneio e que tinham um encantamento que tornava a lâmina cega. Então ele tratou de aguçar seus sentidos, concentrando-se totalmente em seu oponente, tentando antecipar cada movimento, cada respiração, cada pensamento.

Um efeito curioso daquela estratégia é que, para qualquer espectador, parecia que ambos os oponentes estavam no mesmo nível de habilidade, pois Evander passava a lutar de forma muito similar ao adversário. Como resultado, ele acabou vencendo os combates pela contagem de pontos, e quase todas as vezes, com placar apertado.

Já Lucine, além de um ou outro novato, teve três lutas bastante complicadas, enfrentando oponentes bem mais experientes do que ela. Mesmo assim, todas as suas vitórias foram por nocaute ou pela rendição do adversário.

Todo o Forte entrou em polvorosa com o anúncio da grande final do Torneio de Egas daquele ano. Seria o filho do general Nostarius contra uma das mais promissoras lutadoras que o forte já havia tido e que havia impressionado a todos nas lutas anteriores. Pessoas vieram de todo o país para assistir, e como já era tradicional, a Arena de Talas ficou quase cheia para a última luta. Evander e Lucine foram tratados como celebridades e aplaudidos com uma grande ovação ao entrarem.

Ambos se cumprimentaram, sérios e formais, conforme era esperado deles. Então foi dado o sinal para o início da luta.

Aquele combate teve pouca ou nenhuma similaridade com qualquer uma das outras vezes em que os dois haviam lutado. Assim como ela, Evander lutou de forma rápida, audaciosa, decidida e implacável. Não se preocupou apenas em se proteger, mas também foi agressivo, aproveitando cada brecha que encontrou, e quando não encontrava, ele criava uma.

Depois de mais de vinte minutos de intenso combate, que levou a multidão ao delírio, nenhum dos dois estava pronto para desistir, apesar de ambos terem sofrido alguns golpes e estarem exaustos. Mas o juiz considerou que eles já tinham lutado o suficiente e declarou o duelo encerrado.

Então, mais uma vez por critérios técnicos, Evander foi considerado o vencedor.

Ele suspirou, aliviado, enquanto a plateia ovacionava. Sorrindo, ele agradeceu à multidão, que fez uma algazarra ainda maior. O capitão Joanson aproximou-se, cumprimentando a ambos e empurrando-os na direção da escadaria que levava até a tribuna, onde o conselheiro imperial Aumirai Dantena os aguardava para a entrega dos prêmios.

Evander percebeu que Lucine tinha ficado ainda mais sisuda do que de costume, mas lembrando-se da reação dela quando a derrotara pela primeira vez, não deu muita atenção àquilo.

Dantena era um homem pequeno, quase completamente calvo e que estava muito acima de seu peso ideal. Usava uma túnica verde e branca e parecia ter se divertido muito ao assistir a luta. Mas não tanto quanto parecia se divertir fazendo discurso. De todos os conselheiros que Evander conhecia, Dantena era o único com o qual realmente simpatizava.

O conselheiro cumprimentou Evander e Lucine efusivamente e subiu na tribuna, onde começou a discursar para a multidão, entremeando fatos da história do Império com piadas inteligentes, arrancando gargalhadas da maioria dos presentes.

Depois de mais de 20 minutos, Dantena finalmente deixou o discurso de lado e entregou o prêmio a Evander: uma bolsa com moedas de prata.

O conselheiro então o empurrou para a frente da tribuna, encorajando-o a falar algumas palavras para a plateia.

— Bem... – disse ele, inseguro, sentindo-se estranho ao ouvir sua voz amplificada ecoando por toda aquela enorme construção. – Obrigado a todos pela presença… e pelo apoio moral, também, claro!

As pessoas riram.

— Antes de me inscrever para esse torneio – ele continuou –, eu prometi a uma pessoa muito especial que iria provar o quanto ela era importante para mim. Para ela, eu dedico essa vitória!

Seguiu-se uma algazarra geral. Alguns aplaudiram, outros vaiaram e muitos riram. Afinal, era de conhecimento geral que Landra Adamai tinha se recusado a comparecer ao evento.

Lucine se recusou a subir na tribuna, limitando-se a aceitar o prêmio de segundo lugar em silêncio e afastando-se dali assim que teve oportunidade.

183

Vendo-a se afastar, Evander percebeu que ela não estava apenas furiosa com ele. Ela também parecia triste e muito decepcionada consigo mesma.

Ele não teve oportunidade de conversar com ela, pois tinha uma longa fila de pessoas ansiosas para cumprimentá-lo, o que levou um bom tempo. Quando a multidão finalmente se deu por satisfeita e começou a se dispersar, Joanson aproximou-se dele.

— É uma pena que seu pai não pôde estar aqui para ver aquela luta. Acho que foi a decisão de torneio mais emocionante que eu já assisti.

— O senhor sabe onde ele está?

Joanson balançou a cabeça, pesaroso.

— Resolvendo um assunto de segurança nacional.

Tantas pessoas querendo falar com ele, pensou Evander, frustrado, *e a que ele mais queria ver naquele momento não estava ali.*

Duas semanas depois, Lucine Durandal entrou em sua sala pisando duro, após abrir a porta com violência, fazendo-a se chocar contra a parede com um estrondo. Frustrada, ela desferiu um forte chute contra o armário de madeira no qual guardava seus arquivos, fazendo com que a lateral do móvel se partisse ao meio.

— Achei que você já tinha superado essa raiva – disse o capitão Dario Joanson, do corredor.

Ela levantou a cabeça, fechando os olhos e respirando fundo.

— Desculpe, capitão.

Joanson entrou na sala e examinou a porta. Ao ver que a fechadura não apresentava danos muito sérios, ele a fechou e fez um sinal para que Lucine se sentasse.

— Qual o problema? – Dario perguntou, sentando-se diante dela.

— Eu odeio ele!

Joanson nem precisou pensar muito.

— Está falando de Evander Nostarius?

— Sim!

— Achei que tínhamos concordado que a final do torneio foi uma luta justa.

— Por isso mesmo! Eu descobri o que o cretino fez com a droga do dinheiro!

O capitão estreitou os olhos.

— É mesmo?

— Ele cavou a porcaria de um poço!

O capitão piscou, incrédulo.

— O quê?!

— Naquele assentamento, onde ele e Celtam foram atacados pela multidão descontrolada. Acabei de vir de lá. Os aldeões estão todos felizes e agradecidos a um certo oficial Armini. Graças a ele não precisam mais andar quilômetros carregando baldes de água.

— É mesmo? E por que não existiam poços por lá antes?

— Porque ninguém acreditava que tivesse água. Os sábios tinham determinado que o subsolo era seco demais e que as pessoas tinham que se mudar para outro lugar.

— Mas as pessoas são teimosas.

Ela deu de ombros.

— Ele trouxe pessoas e materiais de Mesembria, gastou todo o dinheiro com isso. No fim, conseguiram encontrar um lugar que tinha água.

— Então você está brava porque ele fez algo útil com o prêmio do torneio. Era mais fácil vê-lo como um inconsequente mimado capaz de entrar numa competição apenas para impressionar a namorada.

— Ele nunca quis impressionar ninguém — respondeu ela, segurando a cabeça com as mãos.

— É mesmo?

— Ele estava era tentando provocar ciúmes no antigo namorado dela. Um pouco depois do torneio os dois reataram e estão ambos gratos ao cabo Nostarius pela "ajuda".

— Interessante. Não é essa a história que eu ouvi.

— Ninguém mais sabe. O infeliz consegue disfarçar muito bem.

— Mas não engana a você – concluiu Joanson.

Ela levantou os olhos para ele.

— Eu não sei o que vou fazer da minha vida agora.

— Você pode começar arrumando outro trabalho.

Ela estranhou aquilo.

— Senhor?

— O que a levou ao assentamento? Não fiquei sabendo de nenhuma missão para aquelas bandas que a envolvesse.

Ela abaixou a cabeça e ficou calada.

— Você andou investigando outro oficial sem autorização e sem causa provável. Sabe que isso é uma infração grave, não sabe?

— Sim, senhor.

— Se você pedir baixa agora, ninguém precisará ficar sabendo disso.

Ela olhou para ele, uma expressão quase de desespero no rosto.

— Mas o que eu vou fazer? Eu preciso de dinheiro!

— Você é uma boa investigadora. Que tal usar isso a seu favor? Celtam recebeu hoje uma recompensa maior do que cinco meses de soldo de sargento por um caso que ele resolveu em menos de uma semana. E você é melhor do que ele.

Se fosse qualquer outra pessoa falando aquilo, Lucine pensaria que estava tentando manipulá-la, mas o capitão já dera diversas provas de que nunca usava subterfúgios. Ele simplesmente não precisava disso.

Ao ver que ela pensava um pouco, considerando a possibilidade, Joanson sorriu.

— E se você não for mais uma oficial, estará livre para investigar quem você quiser.

◆ ◆ ◆

Reuniões de cúpula era uma das pouquíssimas coisas em seu trabalho capazes de causar alguma emoção em Leonel. Infelizmente, a emoção invariavelmente era negativa. Irritação, na maioria das vezes.

— Seu filho causou uma impressão e tanto no torneio, general – comentou o governador.

Mais de um mês havia se passado desde a competição, mas aquela história ainda era uma das preferidas nas altas rodas.

— Obrigado, senhor – respondeu Leonel. – Mas o mérito é todo dele.

— Realmente, foi uma esplêndida exibição de técnica – disse o conselheiro Dantena. – Aquele garoto tem muito potencial. Na verdade, ambos os finalistas me impressionaram. Aquela garota também é genial em combate.

— Sim, mas ela deixou a divisão – respondeu Leonel. – Pediu baixa semana passada.

Houve um coro de exclamações ao redor da enorme mesa de reuniões.

— Oh, mas que tragédia! E o que a motivou a se afastar da tropa?

— Motivos particulares, que ela prefere não compartilhar conosco – respondeu Leonel, cujo nível de irritação tinha aumentado bastante com aquela baboseira toda.

A atitude de Evander, de conseguir encontrar uma forma de ajudar as pessoas daquela comunidade mesmo contra todas as expectativas, tinha acordado em Leonel um sentimento adormecido, uma vontade, uma determinação de fazer a diferença, de ajudar as pessoas a resolverem seus problemas. E aquela conversa mole entre os poderosos, que falavam como se não houvesse nenhum problema no mundo, ou, pior ainda, como se os problemas do mundo não os interessassem, estava dando nos nervos dele como nunca.

Esforçando-se para não soar muito rude, ele disse:

— Agora, senhores, se me permitem uma sugestão, por que não passamos para o primeiro item da nossa pauta?

— Mas esse assunto é deveras importante, general – insistiu o governador. – Afinal, trata-se da imagem da nossa província. Além disso, trata-se do seu filho, seu orgulho. Creio que ele precisa de uma recompensa adequada por todo o esforço que ele teve para conseguir tão gloriosa vitória.

Os demais presentes fizeram um coro de expressões de concordância. Leonel suspirou e comentou o óbvio:

— Ele já recebeu o primeiro prêmio do torneio.

Dessa vez, o coro foi de risadas.

— Ora, general, ele merece muito mais do que isso, o senhor tem que concordar comigo. Coronel Camiro, qual a sua avaliação em relação ao cabo Nostarius?

Camiro olhou para o general, apreensivo.

— Pode responder com sinceridade, coronel – disse Leonel, num tom tranquilo, esforçando-se ao máximo para controlar o temperamento. Fazia tanto tempo que não sentia tanta raiva de alguma coisa ou de alguém que aquilo não deixava de ser surpreendente. Mas o fato é que, sempre que Evander estava envolvido, sua habitual frieza simplesmente desaparecia.

— Estou com os resultados dos exames semestrais – falou Camiro, após limpar a garganta. – Como sempre, o cabo Evander Armini Nostarius se sobressaiu em todas as avaliações, ficando entre os primeiros lugares em todas as disciplinas.

Mais um coro, dessa vez de interjeições de admiração.

— Então o rapaz é um gênio – concluiu uma conselheira.

— Não exatamente – respondeu o coronel. – Ele não se sobressai, especificamente, em nenhuma disciplina.

— Mas com certeza ele se destaca em combate corpo a corpo – insistiu a mulher. – Afinal, todos nós assistimos à luta final do torneio.

Outro coro, agora de interjeições de aprovação. Um dos outros conselheiros sugeriu:

— Coronel, o senhor diria que o rapaz merece uma promoção?

— Sim, senhor – respondeu Camiro, com sinceridade.

— Mas ele ainda não tem nem 16 anos de idade – argumentou Leonel, sabendo que lutava uma batalha perdida.

— Ora, general, não seja modesto – disse o governador, com um sorriso. – Nós vivemos numa meritocracia, não vivemos? E seu filho fez por merecer. Pode ficar orgulhoso, o senhor fez um ótimo trabalho com esse garoto.

Mais um coro de aprovações.

E assim, por razões meramente políticas, Evander Armini Nostarius se tornou um sargento do Exército de Verídia.

♦ ♦ ♦

Evander tinha voltado a visitar o assentamento diversas vezes, tanto para vistoriar a construção e a utilização do poço quanto para sondar o lugar e saber de possíveis ocorrências fora do comum por lá. Felizmente, as coisas pareciam ter voltado ao normal. As pessoas que haviam se descontrolado e atacado o pelotão de Evander estavam bem e tinham retomado suas vidas. Muitas delas tinham decidido, finalmente, abandonar aquele lugar e se arriscar a viver em outros assentamentos, e as que tinham permanecido ali haviam voltado à sua antiga rotina como se nada tivesse acontecido.

Ele não podia culpá-los, afinal, essa gente já tinha passado por tantas situações estranhas e perigosas em suas vidas que havia muito pouca coisa capaz de surpreendê-los.

A Guarda Imperial havia enviado uma notificação ao assentamento, assegurando a todos que as causas do incidente tinham sido encontradas e devidamente neutralizadas, e que o caso nunca mais voltaria a se repetir. No entanto a nota não dava mais explicações, e como o povo também não se deu ao trabalho de exigir mais detalhes, o assunto acabou ficando por isso mesmo.

— Não entendo – comentou Ferim, olhando para as cabanas de palha que pareciam prestes a desabar. – Por que essas pessoas não vão embora daqui? Abriram um assentamento novo em Lemoran que tem muito mais condições do que este.

— As pessoas são sentimentais – respondeu Idara, olhando para o horizonte, onde o sol começava a se pôr, lançando raios alaranjados pelo céu.

— Acho que a maioria deles precisou lutar muito para chegar até aqui – disse Evander. – E não gostam da ideia de trocar o certo pelo duvidoso.

— Lugar estranho para um passeio, hein, sargento?

Os três se viraram na direção da voz e se espantaram ao verem o capitão Joanson caminhando calmamente pelo terreno enlameado, resultado de uma chuva recente, enquanto se aproximava deles.

— Tentamos variar um pouco de vez em quando, senhor – respondeu Evander, fazendo Ferim e Idara rirem. Nenhum deles estava de uniforme nem em serviço, por isso, não havia muita razão para formalidades, mesmo assim os três saudaram o capitão com o tradicional gesto de continência.

— Espero que vocês estejam tomando a precaução de nunca andarem por aí sozinhos.

— Sim, senhor – responderam os três.

Joanson olhou para uma construção nova à distância, onde dois soldados uniformizados ajudavam uma senhora idosa a encher um balde de água por meio de um mecanismo de bombeamento manual.

— Aquele poço parece ter facilitado bastante a vida das pessoas por aqui – comentou o capitão. – Fiquei sabendo que vocês ajudaram na construção dele.

— A inclinação do terreno e a composição rochosa fazem com que a água da chuva não penetre muito no solo – comentou Evander, assentindo. – Mesmo tendo lama espalhada por aí quase o tempo todo, não é fácil conseguir construir um negócio desses.

— Eu que o diga – disse Ferim. – Ainda estou cheio de calos.

— Ah, já está achando mais desculpinhas para sua incompetência? – Idara perguntou, lançando um olhar irônico para o colega.

Na verdade, conseguir encontrar sábios dispostos a vir até o local fora a parte mais complicada. Evander só tivera sucesso depois que conversou com o dono de uma grande ferraria em Linarea. O homem ficou tão interessado na soma em dinheiro que lhe foi oferecida que acionou seus contatos no país todo e deu um jeito de fazer com que o projeto se tornasse realidade. O custo foi absurdo, mas valeu a pena.

— Quantos oficiais se envolveram nesse projeto, sargento? – Dario quis saber.

— Apenas o nosso pelotão, senhor. Em nosso tempo de folga.

— E preferiram não comentar isso com ninguém?

— Achamos que não havia razão para isso.

— E vocês dois? – Joanson perguntou a Ferim e Idara. – Concordaram com essa decisão do sargento?

— Sim, senhor – responderam ambos.

O capitão olhou para Evander.

— Sua unidade parece ter um senso de lealdade e tanto, sargento.

— É uma boa equipe, senhor.

— Consta nos relatórios que vocês todos têm intenção de se juntar à Tropa de Operações Especiais.

— Sim, senhor.

Joanson olhou mais uma vez para o poço, que ficava numa construção sem paredes, com um teto de telhas de barro sustentado por quatro grossos pilares de madeira. Pessoas pareciam chegar ali a todo o momento com baldes.

— Estou pensando em começar a treinar uma nova equipe para a Tropa de Operações Especiais. Antes de mais nada, quero avisar que todo o treinamento que vocês fizeram até hoje vai parecer coisa de criança perto do que essa equipe terá que passar. Agentes de operações especiais precisam estar preparados para fazer o impossível. – Joanson encarou Evander. – Os membros de seu pelotão atendem aos requisitos mínimos, sargento, e se aceitarem, podem fazer parte dessa equipe.

Evander e os dois soldados trocaram olhares com expressões entusiasmadas. Aquela era a grande chance pela qual estiveram esperando há anos.

— Vocês não terão mais oportunidade de fazer coisas como aquilo – Joanson apontou para o poço. – Serão 10 semanas em campo, sem dias de folga, sem cama confortável e sem visitar familiares ou namorados. Também não haverá privilégios por patente, lá todos serão tratados como simples soldados. É quase certo que nem todos conseguirão chegar até o fim do treinamento. – O capitão voltou a encarar Evander. – Notifique o resto do seu pelotão, sargento, e obtenha a autorização por escrito dos familiares para todos os que ainda não tiverem atingido a maioridade. E não se esqueça de que isso também inclui você. Os que estiverem dentro, encontrem-me no pátio 2 às 6 horas depois de amanhã.

◆ ◆ ◆

Conseguir a permissão do general para integrar a nova equipe do capitão foi bem mais simples do que Evander tinha antecipado. Leonel assinou o documento sem pensar duas vezes. Mas depois disso, ele dirigiu um olhar cheio de preocupação ao filho.

— Isso não vai ser fácil.

Evander sorriu.

— Estou preparado.

— Será bem mais complicado do que você está imaginando – disse Leonel, levantando-se e indo até seu casaco, de cujo bolso ele retirou um objeto metálico do bolso. – Preciso que você use isto aqui.

— O que é isso?

Leonel estendeu a mão.

— Seu braço direito.

Evander olhou para o objeto que o pai segurava. Parecia um fio de metal bem grosso. Curioso, ele estendeu a mão.

— É o protótipo de um aparato que passará a integrar o equipamento padrão da nossa divisão nos próximos meses.

O fio de metal se mostrou bastante flexível, pois Leonel conseguiu facilmente enrolá-lo no braço dele, dando três voltas completas. Em seguida, o pai o segurou pelos ombros.

— Como se sente?

Evander olhou para ele, mas a imagem que viu não era mais o rosto daquele que aprendera a amar e a respeitar desde a mais tenra idade. Ele piscou várias vezes, mas a estranha imagem persistia. Ele sacudiu a cabeça e olhou ao redor. O ambiente familiar de sua própria casa tinha desaparecido, como se a maioria das cores tivesse sido de repente apagada, restando apenas um ambiente triste e sem vida. Então levou a mão ao rosto, apreensivo.

— Meus olhos...

— Qual o problema?

— Não estou mais conseguindo ver direito, está tudo estranho... O que... o que essa coisa está fazendo comigo?

— Calma. Respire fundo e se acalme. Está me ouvindo? Eu estou aqui com você. Venha, sente-se aqui – Leonel o levou até a poltrona e o fez sentar-se nela.

— O que é esse negócio?

— Chamamos de "algema". Uma de suas funções dele é a supressão do fluxo de cognação. Ele está anulando a sua aura energética.

— Minha... – Evander abriu os olhos e olhou para o lugar de onde a voz de seu pai estava vindo. – O senhor achou uma forma de anular...?

— É um projeto antigo da Guarda Imperial. Finalmente, conseguimos refiná-lo ao ponto de tornar viável sua fabricação. Será usado para quando precisarmos fazer a apreensão de pessoas com habilidades especiais.

Evander estreitou os olhos, encarando a imagem à sua frente. Agora que o susto inicial tinha passado, ele conseguia perceber uma certa semelhança do que via com a lembrança que tinha do rosto do pai. Grande parte das coisas parecia estar no lugar, apesar das cores estarem todas erradas, mas o movimento da boca e dos olhos era exatamente igual ao que se lembrava.

Ele soltou uma exclamação em voz baixa.

— Pela Fênix!

— Está melhor?

— Não. Está tudo diferente. Mais escuro. – Ele olhou ao redor. – E tem um monte de coisas faltando. Onde está sua espada?

Leonel ergueu a sobrancelha.

— Minha espada? Está aqui comigo.

— Não consigo mais vê-la.

Desprendendo a bainha da cintura, Leonel levantou a arma.

— Aqui está ela, está vendo?

— Sim, mas antes ela tinha uma emanação, uma aura, sei lá. Eu conseguia ver de longe.

— Entendo. Você deve ter uma sensibilidade ótica para padrões energéticos e a algema anulou isso. O que está vendo agora deve ser apenas o mundo físico.

— Isso é... Puxa! Nem sei o que dizer... É tão estranho...

— Tente se acostumar. Você usará a algema durante todo o treinamento.

— Mas por quê?

— Primeiro, para não correr o risco de desmaiar. Terão vários outros soldados participando e o ritmo é intenso. Como sua aura tende a afetar todos a sua volta, isso seria extremamente desgastante. Em segundo lugar, para que você possa se machucar e sentir dor como todo mundo, e assim, aprender a evitá-la de forma eficiente.

Evander continuava olhando para as paredes da casa, particularmente para uma pintura na parede, que retratava a falecida capitã Ada Gamaliel em seu uniforme, com um sorriso matreiro no rosto enquanto calçava na mão direita uma luva que tinha pequenas garras de metal saindo do punho. Ele sempre gostara daquele quadro, mas agora que as paredes ao redor pareciam ter perdido uma boa parcela de seu brilho, a pintura tinha ganhado um destaque maior.

— Compreendo – disse ele, finalmente, olhando para o próprio pulso. – Como se tira essa coisa?

— A algema foi projetada para imobilizar os braços do prisioneiro ao amarrar-lhe os pulsos, por isso, quem estiver preso não deve ser capaz de se libertar. Mas este modelo não tem essa característica. Você pode removê-lo quando quiser.

Evander tentou desenrolar o fio de metal e se surpreendeu com a flexibilidade do material, que saiu sem problemas. Imediatamente, os olhos dele foram bombardeados por luzes de todos os tipos e ele teve que fechá-los e aguardar um pouco antes de conseguir abri-los de novo. Então ele voltou a enxergar tudo como antes, mas agora, diversos detalhes lhe pareciam mais brilhantes e... deslocados, como se estivessem fora do lugar.

Leonel apenas estudou o filho em silêncio, enquanto Evander pegava a bainha com a espada das mãos dele.

— É uma aura tênue, serena, como se fossem ondas no oceano.

— É mesmo? Isso é bom.

Evander olhou para o pai.

— Por quê?

— Porque a emanação que você percebe é apenas a do selo da espada. Se o que está selado aí emitisse alguma energia que pudesse ser captada, isso poderia ser bastante… problemático.

Evander tratou de devolver logo a espada ao pai.

— O que, raios, está selado aí?

Seu pai sorriu, levantando-se e afixando novamente a bainha à cintura.

— Isso é conversa para outra ocasião.

Aproximando-se dele, Leonel tocou o distintivo de sargento, afixado no peito do seu uniforme.

— Boa sorte no treinamento. Lembre-se de manter a guarda o tempo todo, não se descuide. E continue fazendo por merecer.

Evander sorriu.

— Sim, senhor!

E foi assim que Evander se meteu no que ele passaria a se referir nos próximos anos como "a maior enrascada de sua vida".

Capítulo 11:
Missão

O capitão não estava brincando quando disse que aquele treinamento seria difícil. Os soldados foram levados a todos os seus limites: físico, mental, emocional e espiritual. Os dias se estendiam sem fim, enquanto as tarefas que lhes eram dadas ficavam cada vez mais difíceis, até chegar ao ponto em que todos já haviam perdido completamente a noção do tempo.

O capitão Joanson havia escalado dois pelotões para aquele treinamento: o de Evander e o de Indra Solim. Como todos estavam juntos desde o começo, tinham laços de amizade e camaradagem. Quando o cansaço e a tensão pareciam insuportáveis, eram apenas esses laços que os faziam continuar, esforçando-se mais pelos outros do que por si mesmos.

Eles não eram prisioneiros no campo de treinamento, muito pelo contrário. Os instrutores faziam questão de lembrá-los quase o tempo todo que, para o sofrimento acabar, bastava irem até o centro do acampamento, onde havia uma marreta e uma bigorna, e esmagarem o pequeno emblema de cerâmica que cada um deles recebera no primeiro dia. Quem fizesse isso poderia voltar para casa.

Logo na primeira semana, todos os soldados decidiram fazer um pacto silencioso: ou todos chegariam juntos até o final ou todos desistiriam juntos. Mas a rotina de treinamento era brutal. As semanas foram passando, infindáveis, até que começou a ficar claro que diversos deles tinham chegado ao limite e seria perigoso continuar.

Então, numa certa manhã, o capitão Joanson e os demais instrutores observaram, surpresos, enquanto os soldados se dirigiram em fila na direção da bigorna.

Sendo o último da fila, Evander teve bastante tempo para amaldiçoar a algema em seu punho e a decisão estúpida que tivera de participar daquilo. Aquela desistência acabaria com a moral e a autoconfiança dos soldados, levaria bastante tempo para se recuperarem. Quando chegou a sua vez, foi com uma imensa sensação de fracasso que ele golpeou o pequeno pedaço de cerâmica com toda a força que lhe restava.

No entanto, ao invés de fazerem gozações com eles, como Evander esperava, os instrutores e todos os outros oficiais que trabalharam no acampamento, que haviam se reunido ali fora, deram-lhe uma salva de palmas.

O sol já estava se pondo quando Dario Joanson entrou na sala do general, no prédio principal do Forte. Leonel levantou-se para recebê-lo, com as formalidades de praxe seguidas por um forte aperto de mãos.

— Pelos relatórios, parece que o treinamento foi um sucesso, capitão.

— Depende do ponto de vista, senhor — respondeu Joanson, sentando-se.

— É mesmo? - Leonel perguntou, acomodando-se atrás de sua mesa.

— Esse grupo será uma aquisição valiosa para a Força de Operações Especiais. Ainda são novatos, mas apresentam o nível certo de determinação e senso de trabalho em equipe. Também são um grupo bastante heterogêneo, o que significa que não precisaremos separá-los. É um ótimo time.

— Mas eles não chegaram até o final do treinamento.

— Não, senhor. Desistiram faltando dois dias. Mas de qualquer forma, todos cumpriram o limite mínimo de tempo para serem aceitos no batalhão. Vários deles poderiam ter aguentado mais tempo e entrado na tropa com honras, mas os demais... bem, nem mesmo habilidades de cura estavam mais tendo efeito neles.

— Impressionante terem aguentado até esse ponto.

— Mais impressionante ainda foi a forma como todos eles decidiram desistir juntos. Foi uma demonstração e tanto de união.

— Certo, capitão. E quais são as más notícias?

— O senhor já esteve com Evander?

— Sim, eu o levei para casa. Parece estar feliz, apesar da exaustão. Está dormindo, e acho que não vai se levantar em menos de um dia.

Joanson suspirou.

— Não obtivemos nenhum progresso com ele, senhor. Absolutamente nenhum.

Leonel cruzou as mãos sobre a mesa, pensativo, mas permaneceu em silêncio.

— A intenção era tirá-lo da zona de conforto, ver como ele reagia num ambiente hostil, forçar alguma reação dele, para ver se ele manifestava algum tipo novo de flutuação. Mas não conseguimos nada.

— E você está certo de que ele tem o potencial para isso.

— Sem dúvida. Os sensitivos captaram intensas ondas vindo dele o tempo todo, mesmo com a algema no braço dele.

— Ele a tirou alguma vez?

— Não, senhor. Ele deve ter pensado nisso diversas vezes, mas acreditamos que a presença dos outros soldados o impediu.

— É mesmo?

— Sim. Ele deixou os poderes dele totalmente de lado para ficar no mesmo nível que os demais. E essa eu considero a nossa maior falha. Se ele estivesse sozinho ou com soldados com o mesmo grau de habilidade dele, poderia ter se saído muito melhor.

— Com a ameaça que estamos enfrentando, não posso enviá-lo para longe, Dario.

— Concordo, senhor.

— E como sugere que lidemos com o caso dele agora? Se o mantivermos com essa equipe, ele pode continuar se reprimindo.

— Sim, eu sugiro escalá-lo para missões solo sempre que possível. Pelo menos até conseguirmos montar uma equipe adequada.

— Entendido - disse Leonel, suspirando.

— Falando em missões, senhor, quais foram os progressos da investigação nesses meses em que estive fora?

Leonel reclinou-se na cadeira, com expressão desgostosa.

— Você não perdeu muita coisa. Luma Toniato continua se recusando a responder nossas mensagens e Narode não está tendo muito sucesso em encontrar pistas sem a ajuda dela. Já cogitamos até mesmo uma nova visita ao Mundo dos Deuses.

Joanson arregalou os olhos.

— Espero, sinceramente, que não precisemos chegar a esse ponto, senhor.

O sol não tinha nascido ainda quando Evander parou à porta aberta do gabinete, percebendo que o general olhava pela janela com as mãos atrás das costas, o que geralmente indicava que ele estava pensativo ou preocupado.

Hesitante, perguntou:

— O senhor mandou me chamar?

— Sim - respondeu Leonel, virando-se e apontando para uma cadeira em frente à escrivaninha.

Enquanto Evander se acomodava, o general se adiantou e fechou a porta, antes de caminhar até sua mesa. No entanto, ao invés de dar a volta e se acomodar na majestosa cadeira, ele apenas apoiou-se na madeira e cruzou os braços, encarando o filho.

Vários meses tinham se passado desde sua admissão na Tropa de Operações Especiais e ele havia cumprido diversas missões desde então, a maioria delas sozinho. Ele repassou mentalmente a última delas, tentando descobrir se fizera alguma besteira que justificasse o fato de ter sido convocado ao gabinete do general no Forte. Leonel nunca o chamava ali por motivos particulares.

Como de costume, o general foi direto ao ponto.

— Uma força rebelde de considerável poder militar está atacando cidades ao norte de Lemoran. – Essas palavras foram ditas num tom de voz muito sério. – O nível de destruição é alarmante. Todos os pelotões de operações especiais disponíveis estão sendo enviados para lá.

Evander arregalou os olhos, perplexo. Não sabia o que esperar, mas com certeza não era aquilo.

— Céus! Mas o que pretendem ganhar com isso?

— Não sabemos. Ainda não conseguimos estabelecer contato.

— E quanto ao meu pelotão? Não recebi nenhuma convocação.

— Seu pelotão partiu há alguns minutos. Você não irá com eles dessa vez.

— O quê?! Mas por quê?

— O capitão Joanson tem outra missão para você.

— Entendo. Permissão para falar francamente, senhor?

— Naturalmente. Você não precisa de formalidades comigo quando estivermos sozinhos.

— Desculpe, força do hábito, eu acho. Mas o senhor não costuma me passar detalhes de missões pessoalmente, dessa forma.

— E nem deveria, pois isso é trabalho de seus superiores diretos.

— Então, por que me chamou aqui?

Leonel suspirou.

— A situação é um tanto delicada. Precisamos de alguém de confiança para resolver um problema. Eu nunca precisei fazer isso antes porque você sempre agiu de maneira exemplar, mas dessa vez eu quero pedir para que dê o seu melhor. Isso realmente é muito importante.

Então por que, raios, não encontra alguém melhor do que eu para fazer o que quer que tenha que ser feito?

No entanto Evander sabia que dar vazão àquele pensamento rebelde não ajudaria em nada, independente do fato de que pareciam estar pedindo demais de um simples sargento que mal tinha completado 16 anos de idade. Se bem que, ele tinha que admitir, aquele não era, exatamente, o problema ali. Afinal, ele era um membro da Tropa de Operações Especiais, não era? A verdade é que não estava preparado para ver o pai falar daquela forma, como se cumprir essa missão fosse uma espécie de favor pessoal a ele. Aquilo lhe enchia de sentimentos contraditórios.

Era melhor respirar fundo e tentar pensar de maneira lógica.

— Sim, senhor – respondeu, finalmente.

◆ ◆ ◆

O sol já começava a brilhar, lançando seus raios sobre o pátio de treinamento lá fora, quando Leonel recebeu uma notícia, no mínimo, intrigante.

— Narode foi capturado?!

A expressão de seriedade e urgência do professor Romera podia ser claramente percebida na imagem semitransparente gerada pelo artefato de comunicação.

— É o que diz a nota que recebemos. Eles exigem falar com a Guarda Imperial ou a vida do coronel não valerá nada. – O professor fez uma pausa, respirando fundo, claramente tentando se acalmar. – Precisamos de você aqui. Gaia está passando por um... mau momento.

— Estamos a caminho.

Leonel desativou o artefato e olhou para Dario Joanson.

— O que acha disso?

— Conveniente. – A expressão do capitão era de puro ceticismo.

— Você desconfia mesmo dele.

— As evidências estão se acumulando, senhor, não podemos ignorá-las.

— Independente de Narode estar envolvido ou não, precisamos resolver isso. Temos que partir imediatamente. E quanto a Evander?

— Já está a caminho.

Leonel fechou os olhos por um momento, a expressão tensa.

— Sei que essa decisão foi difícil para o senhor, mas foi uma escolha sábia.

— Ele nem chegou à maioridade ainda. Deveríamos estar fornecendo treinamento adequado a ele, não o colocando na frente de combate.

— Todo o treinamento do mundo de nada serve sem experiência em campo, general. O senhor mesmo me ensinou isso.

— Essa é uma situação muito séria.

— Concordo. E é por isso que estamos enviando o melhor oficial disponível.

O general abaixou a cabeça e suspirou.

— Sei que é difícil, senhor – disse o capitão. – Mas Evander precisa aprender a se virar sozinho. Não poderemos estar perto dele o tempo todo. Situações inesperadas ocorrem. Raios, o fato de eu estar ocupando uma posição na Guarda Imperial é uma prova disso.

Leonel levantou a cabeça e franziu o cenho ao perceber um leve tom de autopiedade na voz do capitão.

— Você fez por merecer sua posição, Dario. Ninguém o vê como um mero substituto. O destino de Ada Gamaliel foi uma fatalidade, só isso.

— Fico feliz que pense assim, general, mas sabe que nem todos os outros concordam com o senhor. De qualquer forma, sabe como dizem: a única certeza dos vivos é a morte. Fatalidade ou não, o fato é que um dia não estaremos mais por aqui. Seu filho não poderá ser protegido para sempre.

◆ ◆ ◆

Muitos consideram Lemoran como um lugar paradisíaco, com suas vastas e impressionantes florestas. Sob a influência da Irmandade da Terra, as pessoas aprenderam a conviver com a natureza ao invés de, simplesmente, sair derrubando todas as árvores que pudessem para fazer plantações ou criar gado. Existiam várias cidades consideravelmente bem povoadas na província, mas elas eram construídas em regiões estratégicas, em planícies estéreis ou vales desertos, locais onde o solo não era rico o suficiente ou o clima não era muito adequado para o desenvolvimento das grandes matas. Um ditado comum por ali era *kaynta waxaa iska leh dhulka, ma ninkii – A floresta pertence à terra e não ao homem.*

As principais atividades econômicas na região eram a caça e a pesca, uma vez que a província também era cortada por grandes rios. Técnicas milenares, aliadas às bênçãos do Espírito da Terra, tornavam aquelas atividades extremamente eficientes, ao mesmo tempo em que interferiam o mínimo possível com o meio ambiente.

O maior rio da região era chamado Kici, que significava "ascensão". Às margens dele ficava a capital e principal cidade da província, cujo nome original era *Quduusnimada*, palavra que podia ser traduzida como "santidade". Com o tempo, no entanto, as pessoas abreviaram informalmente o nome do local para Dusnim.

Curiosamente, a construção de Dusnim não fora motivada por sua proximidade ao rio e posição estratégica dentro da província. O que levara milhares de pessoas a morarem naquele local foi o *Meesha Quduuska ah ee Peace* – o Santuário da Paz.

A Irmandade da Terra possuía diversos santuários, mas aquele era o maior e mais conhecido deles, pois era onde vivia o sacerdote-mestre da irmandade. Se bem que, naqueles dias, o termo correto era "sacerdotisa-mestra", desde que a mundialmente famosa, respeitada e reverenciada irmã Gaia Istani assumir o posto.

O santuário existia naquela região há várias centenas de anos, tendo sido construído bem longe de qualquer traço de civilização, segundo os desígnios do Grande Espírito. Com o passar do tempo, no entanto, pessoas começaram a migrar para a região e a construir casas nas redondezas, e assim nasceu a cidade de Dusnim, que se transformou em um grande aglomerado urbano, abrigando em seu coração o templo religioso mais importante da província – e provavelmente de todo o país.

Evander aprendera tudo aquilo na academia, ainda na infância. Também lera alguns livros sobre a região, levado pela curiosidade. Mas aquela era a primeira vez que podia ver pessoalmente o local, respirar aquele ar e pisar naquele chão. Um chão bastante disputado, aliás, pelo menos naquela estrada por onde ele andava. Diversas pessoas caminhavam por ali, quase todas carregando grandes trouxas, geralmente na cabeça. Parecia que ninguém usava animais para transportar cargas naquela região.

O clima ali era úmido, mas a temperatura estava agradável. *Pelo menos para quem isso faz alguma diferença*, pensava ele, tentando corrigir a posição do elmo que usava sem deixar cair a enorme trouxa de roupa suja que carregava no ombro direito.

Considerando a natureza das habilidades dele, usar elmos ou armaduras era quase tão irrelevante quanto vestir roupas mais leves ou mais pesadas por causa de mudanças de temperatura, mas ele gostava da aparência daquele capacete em especial. Ele lhe cobria os cabelos e o deixava com uma aparência mais respeitável, parecendo ser dois, talvez até três anos mais velho. Com aquilo, ele tinha esperanças de não ser reconhecido, uma vez que sua reputação não tinha melhorado nem um pouco nos últimos meses. O fato de sua turma ter desistido antes do término do treinamento e mesmo assim terem sido aceitos na Tropa de Operações Especiais deu ainda mais munição para os fofoqueiros. Assim, antes de partir nessa missão, ele decidira tentar mudar um pouco o visual e pegou emprestado alguns equipamentos e um uniforme velho que havia encontrado no depósito do Forte. A velha espada que trazia na cintura não parecia muito confiável para ser usada numa batalha de verdade, mas não deixava de dar um toque de respeitabilidade à sua aparência.

Uma velha senhora de pele enrugada e cara de poucos amigos – a verdadeira dona da trouxa de roupas que ele carregava – vinha logo atrás dele. Em certo momento, um homem de meia-idade, com um grande bigode, veio na direção deles e começou a conversar com ela, usando o dialeto local.

Era curioso como as pessoas podiam facilmente perceber que ele não era um nativo da região. Apesar de muitos habitantes dali também terem pele branca, ninguém pensava duas vezes antes de lançar a ele aqueles olhares do tipo "quem é você e o que quer aqui".

Assim que entraram na cidade, o homem e a velha senhora começavam a falar sobre ele, acreditando que ele não entendia o que estavam dizendo. Ele tratou de entregar a trouxa ao homem e assegurar aos dois, no idioma deles, que estava tudo bem e que eles não lhe deviam nada pela ajuda. Em seguida, desejou-lhes um bom dia e afastou-se, enquanto os dois lhe lançavam olhares abobalhados.

Tinha sido uma manhã cansativa e infrutífera, e ele estava com fome. O "passeio" que havia feito pelos arredores da cidade o deixara tão intrigado quanto preocupado, e precisava de alimento e um pouco de sossego para raciocinar e tentar entender direito o que estava acontecendo.

Caminhou durante algum tempo pelas ruas movimentadas, onde as pessoas puxavam carroças com as mãos ao invés de atrelar cavalos ou bois a elas. Então parou ao avistar uma estalagem. Ou, pelo menos, era isso que dizia a placa diante de uma velha construção de madeira, se o seu enferrujado conhecimento do antigo dialeto Lemoriano estivesse correto. A maior parte da província havia adotado a língua de Verídia havia mais de um século, bem antes da unificação, mas, aparentemente, antigos costumes eram difíceis de serem abandonados.

Entrando no estabelecimento, que estava vazio, provavelmente por ainda ser cedo demais para o almoço, ele se sentou diante de uma mesa rústica de madeira e pediu comida ao estalajadeiro. O homem, diga-se de passagem, também havia aderido ao que parecia ser a moda do lugar e usava um grande bigode.

Enquanto esperava seu pedido ficar pronto, ele observou a movimentação da rua por uma das grandes janelas do lugar, que eram mantidas abertas, deixando entrar a brisa, e concluiu que aquela cidade era bastante agradável. As pessoas pareciam alegres e cordiais. Exceto com estrangeiros como ele, aparentemente. Nesse caso, ficavam desconfiadas e algumas até mesmo apreensivas.

A comida chegou e ele provou uma garfada antes de elogiar efusivamente o trabalho do cozinheiro. O estalajadeiro bigodudo fez apenas um gesto afirmativo com a cabeça e retomou seus afazeres, como se as palavras dele não significassem nada.

Desconfiadas, apreensivas e desconcertantes, pensou ele, pensando se aquele fato teria algo a ver com o problema que o levara até ali.

Depois de alguns minutos, um rapaz entrou pela porta e lançou um olhar para todos os lados, parecendo se surpreender ao ver que tinha um cliente ali. Evander o encarou por um momento, mas o outro rapidamente desviou o olhar e se aproximou do estalajadeiro, iniciando uma conversa com ele. Aparentemente, estava tentando vender alguma coisa, mas ele falava muito baixo e muito rápido, então não dava para captar mais do que uma palavra ou outra. O estalajadeiro não pareceu nada interessado e o dispensou. Então o rapaz se virou para sair, mas não antes de Evander perceber que ele tinha sorrateiramente se apropriado de algo que não lhe pertencia.

— Ei, você! – Evander gritou, levantando-se e mostrando sua insígnia. – Exército Imperial! Preciso falar com você!

Mais do que depressa, o ladrão virou-se e saiu em disparada pela porta. Evander se preparou para sair em perseguição quando sentiu o peso da espada na cintura. Concluindo que aquilo só iria atrasá-lo, ele desprendeu a bainha do cinto e a colocou sobre a mesa, ao lado da refeição inacabada.

— Qual o problema? – O estalajadeiro parecia não estar entendendo nada.

— Não está sentindo falta de nada? Ele roubou suas moedas.

Enquanto o homem colocava a mão no bolso e percebia, perplexo, que sua bolsa de dinheiro realmente tinha desaparecido, Evander saía em disparada pela porta.

Então teve início uma perseguição alucinada pelas ruas da cidade. Depois de quase dez minutos de corrida desenfreada, o rapaz cometeu o erro de olhar para trás. Tendo previsto aquele movimento, Evander levou uma das mãos à sua frente, canalizando sua aura energética para emitir, através da palma, um forte raio de luz que atingiu diretamente os olhos do outro, atordoando-o e fazendo-o chocar-se com uma barraca de frutas e verduras, causando um pequeno desastre e espalhando maçãs e cenouras para todos os lados.

Os transeuntes que assistiam à cena também foram afetados pelo clarão e ficaram vários segundos sem conseguirem fazer nada além de piscar e esfregar os olhos, alguns deles vociferando praguejamentos bastante criativos.

Evander congratulou-se por estar conseguindo controlar melhor aquela nova habilidade, descoberta por acaso durante uma missão poucas semanas antes. Fez, no entanto, uma anotação mental para tentar diminuir um pouco a intensidade da luz da próxima vez.

— Juro que se eu tiver uma indigestão, vou prestar queixa contra você – disse ele ao ladrão, que ainda estava atordoado demais para conseguir se levantar no meio daquela bagunça.

Evander o fez deitar-se de bruços, tirando uma algema do bolso e o imobilizando com facilidade. Ao ver as pessoas olharem para ele com desconfiança, mostrou sua insígnia para todo mundo, pedindo desculpas pelo transtorno.

Depois de tirar algumas moedas do bolso e entregá-las ao furioso dono da barraca, ele fez com que o ladrão se levantasse e saiu puxando-o pelo braço.

Ao chegarem à estalagem, Evander não se surpreendeu ao ver dois soldados conversando com o proprietário. O estalajadeiro imediatamente apontou para o bandido, chamando-o de diversos nomes que Evander nunca tinha ouvido antes. Será que todos os habitantes daquele lugar gostavam de praguejar tanto daquela forma?

Depois de devolver o dinheiro ao homem, Evander empurrou o falsário para os soldados, que imediatamente o agarraram por ambos os braços. Ao verem a insígnia que ele mostrou, os soldados assentiram e agradeceram, antes de virarem e saírem, levando o prisioneiro, sem fazer nenhuma pergunta.

Evander os observou por um momento, franzindo o cenho, até que outro rapaz que estava por perto se aproximou, com um sorriso amigável. Não devia ter mais do que dezoito anos, tinha olhos verdes expressivos e curiosos e trajava roupas simples, nas cores verde e marrom, típica dos religiosos da região. Era um dos poucos indivíduos do sexo masculino que não usava bigode por ali.

— Obrigado pela ajuda – disse ele, estendendo a mão, que Evander apertou, retribuindo o sorriso educadamente e notando que as pessoas ao redor lançavam olhares respeitosos na direção de ambos. Aquele garoto, obviamente, era bem mais do que aparentava.

— Só mais um dia de trabalho – respondeu Evander.

— Idan Cariati. – O rapaz apresentou-se. – Sou um aprendiz da Irmandade da Terra.

— Sargento Armini, Operações Especiais – disse Evander, sem conseguir esconder o orgulho. Mesmo depois de tantos meses, ele ainda não havia se acostumado direito ao fato de ter chegado tão longe na carreira, ainda mais em tão pouco tempo. – Venho da Província Central.

O sorriso de Idan se alargou.

— Nesse caso, seja bem-vindo a Dusnim, sargento.

— Obrigado – respondeu Evander, virando-se para o proprietário da estalagem.

O homem tinha acabado de contar as moedas e, concluindo que não faltava nenhuma, agradeceu-lhe efusivamente com gestos e mesuras. Antes que ele pudesse voltar para dentro do estabelecimento, no entanto, Evander adiantou-se e o segurou pelo ombro, fazendo-o parar. Então procurou por algumas moedas no bolso e entregou-as a ele, que ficou olhando, do dinheiro para Evander, confuso.

Evander apontou para a janela aberta, na direção da mesa que ocupara antes.

— Pelo meu almoço.

O homem fez menção de devolver o dinheiro, mas Evander sorriu e negou, sacudindo a cabeça. Pôs então a mão direita aberta sobre o coração enquanto se curvava numa mesura similar à que o homem tinha feito para ele. Naquela região, esse gesto significava algo como "Estou em dívida para com você". Ou pelo menos era isso que esperava que significasse. Já fazia tanto tempo desde que lera aqueles livros sobre a cultura de Lemoran que não tinha certeza se não estava embaralhando as coisas.

De qualquer forma, o gesto surtiu o efeito esperado. O homem sorriu e fez uma nova reverência, guardando o dinheiro e voltando para dentro da estalagem.

— Me disseram que isso aqui é seu – disse Idan, estendendo a velha bainha com a espada que ele havia deixado para trás ao sair correndo.

— Ah, sim, obrigado.

Evander pegou a arma e voltou a prendê-la na cintura.

— Você parece conhecer bastante a nossa cultura para alguém que veio de tão longe – comentou Idan, enquanto os curiosos que observavam a cena começavam a se dispersar, retomando seus afazeres.

— Não tanto quanto eu gostaria – respondeu Evander, com sinceridade. – A propósito, Idan, o pessoal da Irmandade, até onde eu sei, é bastante modesto. Por isso eu presumo que, apesar de você se apresentar como "aprendiz", a sua posição deve ser importante por aqui, não?

— Claro que sim, afinal, servir ao meu mestre e ao meu povo é uma grande honra.

Evander sorriu novamente.

— Não conheço seu mestre, mas com a parte de "ser uma honra servir ao povo" eu concordo plenamente.

Idan encarou Evander por algum tempo com expressão de surpresa e curiosidade. Por fim, disse:

— Os soldados dizem que nas outras províncias do Império a religião e o governo são coisas distintas. Por aqui, as coisas não são assim. Apesar de a Irmandade reconhecer a autoridade do Exército e do imperador, as pessoas daqui nos veem como seus principais guardiões. E nós levamos essa responsabilidade a sério.

Evander assentiu e olhou mais uma vez aos arredores.

— Imagino que seja por isso que nem os soldados e nem o estalajadeiro vieram me fazer perguntas, não é? Eles deixaram a tarefa de pegar meu depoimento para você.

Idan deu de ombros.

— O fato de você ter um distintivo já respondeu a maioria das perguntas. O proprietário disse que o ladrão tinha as mãos tão rápidas que ele não percebeu o roubo, mesmo encarando o sujeito durante todo o tempo. Como você notou?

— Não sei direito – respondeu Evander, com sinceridade. – Acho que podemos chamar de instinto. Não tinha muita certeza de que tinha algo de errado, pelo menos não até o cara sair correndo. Quando decidi chamar a atenção dele, eu pensei comigo mesmo: "Vamos ver no que dá. O máximo que pode acontecer é eu passar vergonha".

Ambos riram.

— E por que deixou sua espada para trás?

— Porque, provavelmente, eu iria cair se tentasse correr com esse negócio pendurado na cintura.

Idan inclinou a cabeça, curioso.

— O Exército não tem uma regra em relação a nunca sair por aí desarmado enquanto estiver em serviço?

Evander deu um sorriso torto enquanto, mentalmente, dava um tapa na própria testa.

— Pois é, não é?

— Se não se sente confortável carregando a espada, por que não usa algum outro tipo de arma?

— Excelente pergunta. Sabe aqueles dias em que você se indaga que raios há de errado com você? Acho que hoje está sendo um dia desses para mim.

Idan riu de novo.

— Entendo.

Evander tratou de mudar de assunto.

— A propósito, grande parte da segurança aqui é feita por monges e paladinos, não? Aqueles dois que estavam aqui foram os únicos soldados que eu vi até agora.

— Pode-se dizer que sim – respondeu Idan, vago. – Você se importaria de esclarecer qual é o motivo de sua presença aqui, sargento Armini?

— Eu gostaria, mas, na verdade, não tenho muita certeza. Só sei que eu devo me apresentar ao tenente Kalius.

— Entendo. Você veio sozinho?

— Sim. – Evander percebeu a expressão desapontada do rapaz ao ouvir aquilo. – Por quê? Está esperando mais alguém?

— Sim, estamos precisando de assistência com um determinado problema. – Idan voltou a sorrir. – Mas não se preocupe com isso. Venha, eu o levarei até o encarregado.

Leonel Nostarius estreitou os olhos, encarando a mulher à sua frente, enquanto ela pressionava a ponta arredondada do cetro contra seu pescoço.

— O que... há com você... Gaia?

Sua voz saía com dificuldade, devido à pressão que ela fazia contra sua traqueia.

Dario Joanson e Lutamar Romera fizeram menção de se aproximar, mas Leonel levantou um punho, sinalizando para que mantivessem distância.

— É por sua causa que meus filhos estão morrendo!

As lágrimas escorriam, abundantes, pelo rosto da sumo-sacerdotisa.

— Então... me diga... o que eu fiz de errado.

Ela ficou olhando para ele por um longo tempo, enquanto a raiva ia se esvaindo aos poucos, dando lugar ao desespero.

— Eu não sei! – Gaia exclamou, finalmente soltando a arma, que caiu no chão com um baque surdo, permitindo que Leonel voltasse a respirar direito. – Eu não entendo! Como você pode ser assim quando tudo está desmoronando ao redor?!

Ele se adiantou e a agarrou, puxando-a contra si. Ela começou a se debater, mas então parou de resistir e o abraçou com força, caindo em um pranto convulsivo.

Leonel não podia culpá-la. Afinal, antes de ser uma líder religiosa, ela era um ser humano e tinha sentimentos como qualquer pessoa. E alguém estava brincando com os sentimentos dela, da mesma forma como fazia com os de milhares de lemorianos – os súditos de Gaia, aos quais ela se referia como seus filhos.

Então, apesar de ser algo bastante atípico dele, não conseguiu evitar o desejo de apertar o pescoço do infeliz.

Capítulo 12:
Recursos

Mais tarde, Evander se viu, ao lado de Idan, numa reunião entre diversos monges da Irmandade da Terra. Alguns soldados do Império, em uniformes surrados, também acompanhavam a conversa, sentados em um canto.

— Essa é a situação, sargento Armini – disse Meliar, o monge que presidia a reunião.

Tratava-se de um homem de meia-idade, de cabelos e bigode grisalhos, trajando um manto longo que, anos antes, deveria ter sido marrom ou vermelho, mas que se encontrava tão desbotado que não dava para ter certeza.

— Há alguns meses – continuou ele –, pessoas começaram a desaparecer misteriosamente. A princípio, pensamos se tratar de algum animal selvagem, mas logo começaram a aparecer depoimentos de pessoas desaparecendo dentro da cidade, às vezes em plena luz do dia. As ocorrências se intensificaram e hoje temos um total de mais de 50 desaparecidos. O tenente Kalius tomou para si a responsabilidade de investigar o problema. Ontem de manhã, ele reportou ter encontrado uma pista e saiu com alguns soldados para checar. Não tivemos mais notícias de nenhum deles desde então.

— Estamos com pouco pessoal disponível – disse outro monge, chamado Jael, que Idan havia apresentado como sendo o mestre dele.

Jael era bem mais baixo que a média dos homens da região, tinha cabelos negros e encaracolados, que iam até abaixo dos ombros. Também apresentava uma barba e bigode tão cerrados que faziam Evander imaginar se ele os escovava frequentemente para mantê-los limpos. Usava um traje bem similar ao de Meliar, só que ainda mais desbotado, se é que aquilo era possível.

— Grande parte de nossos monges e soldados estão mobilizados para conter a rebelião ao norte – continuou Jael. – Deve ter ciência desse fato, não, sargento?

— Sim, senhor.

— Solicitamos auxílio ao Forte, mas eles também estão com falta de pessoal. Mesmo assim se comprometeram a nos enviar um dos peritos de Operações Especiais, um rapaz chamado Evander Nostarius, que por acaso é o filho do grande general Leonel Nostarius.

Nesse momento, um grunhido desgostoso vindo do canto da sala chamou a atenção de todos. Evander se voltou para ver a origem do som e notou uma oficial de uniforme, recostada à parede, com expressão contrariada no rosto.

No início da casa dos vinte, ela tinha cabelos pretos curtos e olhos de um tom tão claro de azul que chegavam a se aproximar do prateado. No momento, no entanto, aqueles olhos estavam tão estreitados que mais pareciam pequenas fendas no rosto delicado.

— Por favor, cabo – disse Meliar, levantando uma mão.

— Qual o problema? – Evander perguntou a ela, intrigado.

— Evander Nostarius é um moleque mimado e preguiçoso – respondeu a moça. – Todo mundo conhece as histórias sobre ele. Só conseguiu chegar onde está na tropa graças à influência do pai. O tenente Kalius é um grande homem, mas aparentemente o Forte não o considera importante o suficiente para mandar um oficial de verdade para ajudá-lo.

— Entendo – disse Evander, com sinceridade. Ele concordava plenamente que um oficial mais experiente seria muito mais indicado do que ele para investigar aquele problema. – Concordo que o sargento Nostarius é um tanto... infame.

— E o pior – continuou a mulher – é que o infeliz nem mesmo deu as caras por aqui!

— Pondo esses fatos de lado – o monge Meliar voltou a falar –, estamos precisando de toda a ajuda possível no momento, sargento Armini. O oficial Nostarius ainda não se apresentou, mas não podemos mais esperar por ele.

— Não sei se eu sou a pessoa mais indicada para ajudá-lo, senhor, mas com certeza estou à sua disposição. De qualquer forma, apesar de desejar muito voltar para casa, ainda tenho um relatório para fazer ao tenente Kalius sobre outro assunto. E para isso, preciso encontrá-lo.

— Você também é do grupo de Operações Especiais, além disso, se saiu muito bem capturando aquele infrator – ponderou Meliar. – Suas habilidades parecem ser um tanto incomuns.

Evander sacudiu a cabeça, sério.

— Aquilo foi um golpe de sorte.

— Voltando ao assunto em questão – disse Jael –, Idan é o responsável pela investigação desse problema. Essa tarefa foi concedida a ele como um teste final para suas habilidades e assim se tornar oficialmente um Paladino da Terra. E ele decidiu confiar em você e pedir a sua ajuda.

Evander olhou para Idan, surpreso. O rapaz fez um gesto afirmativo com a cabeça.

— Por favor, sargento.

◆ ◆ ◆

Então, é essa tropa que tenho que liderar, pensou Evander, lançando um olhar crítico para o grupo composto por Idan, a oficial de cabelos curtos que não suportava ouvir o nome Nostarius e três outros soldados. Com exceção do paladino, os outros não pareciam ter muita experiência.

Os soldados pareciam gente boa. O mais jovem se chamava Reinar e era cheio de energia, parecendo se mover o tempo todo. O mais alto se chamava Lotero e era calmo e comedido, parecendo ser do tipo que gostava de estudar. O mais musculoso se chamava Udine e era bem-apessoado, tendo olhos azuis e um rosto simpático. Provavelmente, dava-se muito bem com as mulheres. Mas não com a cabo, que lançava olhares frios a ele, quando pensava que ninguém estava olhando. O nome dela era Eriana Baracubi. Estava no Exército havia cinco anos e era alérgica ao pólen das aglaias, árvores aparentemente bastante comuns na região. Tudo isso, Evander havia descoberto apenas ouvindo a conversa descontraída dos soldados, enquanto se dirigiam aos limites da cidade.

— Baracubi? Que nome... peculiar – disse Evander.

— Vem da palavra *barwaaqoobi*, que quer dizer...

— Florescer – completou ele. – Sabia que isso me soava familiar. Mas é irônico, não? Quero dizer, uma pessoa que não se dá bem com flores ter um nome desses...

Ela sorriu e balançou a cabeça.

— Infelizmente, tem muitas coisas na vida que a gente não pode escolher. A propósito, você conhece o sargento Nostarius pessoalmente?

— Sim. Mas não somos exatamente amigos.

— E não sabe onde ele está?

— Supondo que eu soubesse - respondeu ele, com cuidado –, não sei se seria adequado comentar sobre isso.

— É, eu sei. Desculpe. Essa situação toda está mexendo com meus nervos.

Evander olhou para a estrada à frente deles. A cidade ia ficando para trás e ele se via novamente numa estrada movimentada, cheia de pessoas carregando variados tipos de carga nas costas. A floresta se erguia, majestosa, de ambos os lados do caminho.

— Uau, essas matas daqui são realmente impressionantes.

— Sim - respondeu Idan, observando os arredores. – Como minha mãe sempre diz, essa é a nossa herança. Tentamos preservá-la para que a próxima geração possa desfrutar dela tanto quanto nós.

— Certo, vamos parar um pouco por aqui – disse Evander. – Se nenhum de vocês tiver objeção, eu gostaria de saber do que vocês são capazes.

Nos minutos seguintes, Evander fez diversas perguntas aos soldados, tentando conhecer as habilidades e pontos fortes de cada um. Aquela tarefa foi facilitada pelo fato de ele conseguir "ler" com facilidade aquelas pessoas. Ele ainda não gostava de usar aquela habilidade, mas para a segurança de si próprio, bem como a deles, precisava conhecê-los. Assim, usou sua empatia para fazer com que todos se sentissem confortáveis com ele e conversassem abertamente sobre o treinamento e a experiência que tinham.

Idan assistia a tudo em silêncio, recostado em um tronco, parecendo fascinado pelo que via. Em certo momento, ele perguntou:

— Não vai querer me interrogar também, sargento?

Evander olhou para ele com um meio sorriso.

— Tecnicamente, acho que você é o chefe aqui. Minha patente é superior à desse pessoal, mas confesso que não sei direito o que fazer com você.

O sorriso de Idan se alargou.

— Me parece um tanto óbvio que você tem muito mais treinamento e experiência que eu – admitiu o rapaz. – Se vamos trabalhar como uma equipe, sugiro que nos tratemos a todos como iguais.

— Por mim, sem problemas.

Vinte minutos depois eles retomaram o caminho, num clima descontraído e agradável. Evander sabia que ainda tinha um longo caminho para que aquela equipe se transformasse realmente em um bom time, como a unidade dele, mas era evidente que estavam todos bem mais confortáveis uns com os outros. E aquilo era muito importante, pois durante uma batalha de vida ou morte, a confiança em seus aliados era fundamental.

E considerando o que ele andara descobrindo, era bem provável que aquela missão se tornasse perigosa muito em breve.

— É por aqui – disse Eriana, apontando para uma quase indistinguível trilha entre as árvores à direita. – Esse é o caminho onde a unidade do tenente foi avistada pela última vez.

Idan tomou a frente, embrenhando-se pelo mato, sendo seguido de perto pelos outros. Em dado momento, Evander se dirigiu a ele em voz baixa de forma que os demais não pudessem ouvir.

— Apenas por curiosidade: qual o problema com aquele monge chamado Meliar?

Idan olhou para ele, surpreso.

— Como assim?

— Algum ente querido dele está na lista de desaparecidos ou algo assim? Ele parece muito preocupado com esse caso.

— Todos nós estamos preocupados.

Evander estudou a expressão curiosa de Idan por algum tempo e assentiu.

— Certo. Tem razão, foi uma pergunta idiota.

Intrigado, Idan encarou Evander por um momento, mas não disse nada. Estavam agora entrando em um estreito vale, com menos de três metros de largura. De ambos os lados se erguiam rochas muito altas e corroídas pela erosão de muitos séculos de chuva e vento. O chão rochoso não permitia que mais do que uma vegetação rasteira crescesse.

Alguma coisa não estava certa, Evander pensava, enquanto olhava ao redor, desconfiado. Eriana percebeu e olhou para ele com expressão irônica.

— Qual o problema, sargento? Se está com medo de morrer soterrado, pode relaxar. Este vale está aqui há centenas de anos.

— Por que, exatamente, uma patrulha viria por este caminho?

— É a forma mais rápida para se chegar à sessão norte. Lá é onde os caçadores encontram os melhores bisões selvagens – respondeu ela.

O estreito vale terminava de repente, as formações rochosas sendo substituídas pelo que parecia ser uma parede de árvores de ambos os lados da trilha. Os troncos ficavam muito próximos uns dos outros e as copas se fundiam, os ramos se embaralhando a ponto de ser muito difícil dizer a qual tronco pertencia cada galho. A trilha prosseguia à frente deles, mas era sinuosa, de forma que não dava para ver muito longe.

De repente, todos eles pararam, alertas, ao ouvir o barulho de passos. Algo vinha correndo na direção deles. E parecia não vir sozinho.

— Recuar! – Evander ordenou, em um sussurro. – Vamos voltar até a entrada do vale! Depressa!

A julgar pelo barulho e pela vibração que sentia no chão, Evander tinha certeza de que se tratava de encrenca, e das grandes. Não sabia quanto daquela certeza era instinto e o quanto era causado por suas habilidades místicas, mas no momento isso não importava. Não havia espaço suficiente para lutar ali.

Conforme corriam pelo vale, o barulho atrás deles aumentava. Agora era possível ouvir vozes exaltadas, grunhidos e o que pareciam ser gritos de guerra. Que raios seria aquilo? Uma horda de bárbaros?

As expressões de Eriana e dos soldados, enquanto corriam, eram de pura perplexidade.

— Suponho que ninguém tenha alguma ideia do que possa ser aquilo.

— Nunca vi nada assim – respondeu Idan, ofegante. – O que vamos fazer?

Eles saíam do vale e voltavam para a floresta mais alta, e a horda parecia estar cada vez mais perto.

— Para a floresta! Vamos sair da trilha!

Evander se embrenhou pela mata, seguido pelos demais. Mas a vegetação era muito fechada e cheia de cipós, o que dificultava demais o progresso. Em certo ponto, ele percebeu que seria inviável prosseguir e fez sinal para que todos ficassem juntos, a ponto de Idan poder utilizar um dos diversos pergaminhos da Irmandade que ele levava consigo, gerando um campo de ocultamento e mesclando a imagem deles com a da vegetação.

Não levou muito tempo para os "bárbaros" aparecerem, e eram bastante numerosos, parecendo haver várias dezenas deles. Alguns seguiram em frente pela trilha, mas muitos começaram a se embrenhar pela floresta.

Quando um deles entrou em seu campo de visão, Evander percebeu a razão da preocupação de seu pai com aquela missão.

Não se tratava de um "bárbaro", mas de um aldeão comum. Tinha roupas rasgadas e carregava uma foice, que usava para abrir caminho pela vegetação. Mas o que mais preocupava Evander era o brilho nos olhos dele. O mesmo que vira nos olhos dos aldeões que haviam atacado sua unidade naquele assentamento, tantos meses antes.

O homem passou por eles sem vê-los e prosseguiu, cortando os cipós com a foice enquanto adentrava pela mata, sempre olhando ao redor, obviamente procurando alguma coisa, ou alguém.

Logo, outro homem apareceu, depois uma mulher, e logo a seguir um jovem com uniforme de soldado.

Uma característica interessante daquele tipo de campo de ocultamento é que ele só funcionava para quem não tivesse consciência dele. As pessoas protegidas pelo campo podiam ver claramente umas às outras, e isso permitiu que Evander notasse a reação de Eriana ao ver o rapaz. Ela arregalou os olhos e cobriu a boca com a mão, o que o fez concluir que aquele garoto, provavelmente, era um dos membros desaparecidos da unidade dela.

Então era isso que estava acontecendo com as pessoas por ali.

Evander viu que Idan lhe fazia um gesto, tipicamente militar, para indicar que o efeito do pergaminho não duraria muito tempo. Como aqueles... sonâmbulos não davam sinal de que iriam embora tão cedo, teriam que fazer alguma coisa. Ele apontou para Reinar, que parecia ser o mais ágil entre eles, e fez alguns gestos rápidos. O rapaz assentiu e começou a se afastar com cuidado por entre as árvores, aproveitando que o cara da foice estava de costas para ele. Para os outros, Evander fez um gesto enfático, passando o dedo indicador por baixo do próprio pescoço, o que fez com que todos arregalassem os olhos.

Sem hesitar, Evander desembainhou a espada e aproximou-se do homem com a foice, golpeando-o no pescoço, com força suficiente para separar a cabeça dele do resto do corpo. No entanto, como sempre, a aura de proteção impediu que a lâmina penetrasse e o homem caiu, desmaiado.

O efeito do encanto de ocultamento imediatamente foi quebrado e o restante dos "bárbaros" que estavam próximos se voltaram na direção deles, soltando gemidos abafados e partindo para o ataque. Aproveitando a confusão, Reinar se embrenhou pela floresta, afastando-se o mais rápido que conseguia, em busca de ajuda.

Seguindo o exemplo de Evander, Idan partiu para cima de um dos homens, desarmando-o e depois o derrubando com facilidade, desferindo golpes em pontos vitais com seus punhos.

— Ataquem para matar! – Evander gritou enquanto lutava. – Meu escudo vai impedir que morram, mas temos que derrubar todos antes que o efeito acabe!

Na verdade, *ele* é quem iria ficar acabado com tudo aquilo, mas não tinha tempo para explicar o funcionamento de seus poderes naquele momento.

Iniciou-se, então, uma batalha feroz. Depois de derrubar os primeiros adversários, eles conseguiram voltar para a trilha, onde tinham mais espaço para manobrar, mas se viram cercados por dezenas de inimigos. Evander realmente precisou dar tudo o que tinha para conseguir impor certa estratégia na forma como seus aliados lutavam, mantendo-os juntos e protegendo as costas uns dos outros. E tudo isso enquanto ele próprio tinha que liquidar sua cota de oponentes.

Uma surpresa para ele, durante o combate, foi o aprendiz de paladino. Ao contrário dos soldados, Idan parecia não se abalar nem um pouco com a desvantagem numérica e com a agressividade dos oponentes. A técnica dele era impressionante, decidindo os embates sempre com o mínimo de esforço possível, mantendo o semblante calmo e concentrado.

Infelizmente, apesar de Idan se mostrar um aliado excepcional, o mesmo não podia ser dito dos soldados. A cabo Eriana se destacava entre eles e parecia ter certo potencial, mas sua técnica deixava muito a desejar. Além disso, muitos dos sonâmbulos tinham treinamento militar, o que tornou aquela batalha muito, mas muito mais complicada do que a do assentamento.

A velha espada que Evander usava acabou se partindo e ele teve que jogá-la fora e sacar seu bastão. Aquilo facilitou um pouco as coisas, pois com ele tinha muito mais mobilidade e alcance. De qualquer forma, todos acabaram recebendo muitos golpes e o embate se prolongou demais, até que Evander não conseguiu mais se manter de pé e caiu de joelhos, respirando pesadamente.

— Tudo bem aí, sargento? – Udine perguntou.

— São muitos. Não consigo… lutar e proteger… ao mesmo tempo…

Eriana e Idan também estavam esgotados quando derrubaram mais um oponente e olharam para frente, esperando serem atacados pelos próximos…

quando perceberam que já estavam todos caídos. Um pouco à frente deles, uma figura alta e encapuzada usava uma pesada maça para desferir um último golpe, fazendo com que sua oponente perdesse os sentidos e desabasse sobre outros corpos caídos por ali.

Então o capuz foi erguido, revelando um rosto masculino de expressão dura e marcado por várias cicatrizes.

— Tudo bem com vocês?

— Acho que sim – respondeu Idan ao olhar para trás e ver que Evander tentava se levantar, com dificuldade. – Obrigado pela ajuda, Sinde. Ficamos em débito com você.

O tal Sinde também estava visivelmente cansado, parecendo ter lutado por um bom tempo.

— Vocês fizeram um trabalho impressionante por aqui. – Ele olhou para o grande número de pessoas desmaiadas no chão. – E sem nenhuma vítima fatal pelo que posso ver. Como isso é possível?

— Escudo místico – respondeu Evander, finalmente conseguindo se equilibrar em pé.

Sinde olhou para ele, curioso.

— Isso parece ser incrivelmente poderoso. Como funciona?

— Gostaria muito de poder responder a essa pergunta, mas, infelizmente, não faço ideia.

Na verdade, Evander conhecia bem todos os fenômenos físicos que formavam a aura de proteção. Tinha uma boa ideia de como eles surgiam e de como influenciavam e eram influenciados pelo ambiente. Mas, por mais que tivesse estudado nos últimos anos, a *origem* daqueles fenômenos continuava sendo um mistério para ele.

Sinde adiantou-se para cumprimentá-lo.

— Sinde Ulines.

— Sargento Armini – respondeu Evander, apertando-lhe a mão.

Sinde cumprimentou Eriana e os outros soldados com um gesto de cabeça. Aparentemente, todos ali o conheciam, pois o saudaram de volta com o máximo de entusiasmo que o cansaço e a falta de fôlego permitiam.

— Sinde é um caçador que vive na floresta – explicou Idan. – Costuma ajudar outros caçadores e coletores que vêm por esses lados.

— Percebi mesmo que tinha alguma confusão acontecendo ali na frente – disse Evander –, mas as coisas estavam um pouco complicadas por aqui, então não consegui chegar até você.

Sinde olhou novamente para as pessoas desmaiadas.

— Realmente, eu nunca tinha visto nada como isso. Eles apareceram de repente e eu achei estranho, então resolvi vir atrás para ver se iriam causar problemas. Eu nem sonharia em peitar uma briga dessas sozinho, mas como vocês os escoraram aqui, eu resolvi dar uma mão. Não que vocês parecessem precisar de uma.

Nesse momento, um alvoroço chamou a atenção de todos, que se viraram para ver uma multidão correndo na direção deles, entre monges, soldados, curandeiros e diversos outros. Reinar vinha correndo na frente de todo mundo, gritando "Sargento!" com um grande sorriso no rosto.

O fato de a ajuda já ter chegado era um sinal claro de que tinham ficado lutando por tempo demais, pensou Evander, sentindo-se esgotado.

Não demorou para as pessoas desacordadas começarem a ser reconhecidas. Com serenidade, Idan organizou a pequena multidão, de forma a cuidarem daquelas pessoas, tomando a precaução de manterem todos imobilizados para evitar problemas quando recuperassem os sentidos.

Enquanto isso, Evander e os demais sentaram-se à sombra para um merecido descanso.

— Oficiais das Tropas Especiais realmente são impressionantes – disse Lotero. - Você foi incrível, sargento!

— Não me sinto nada "incrível" no momento – reclamou Evander, alongando o ombro com uma careta e fazendo com que todos rissem.

— Ele tem razão – concordou Eriana. - Você parecia estar em todos os lugares ao mesmo tempo. Só não entendi por que estava usando aquela espada velha, tendo uma arma mística bem mais poderosa com você.

— Ah, sei lá. Espadas impõem mais respeito – disse ele, com uma careta zombeteira, fazendo com que todos voltassem a rir.

— Estou contente de você estar aqui – comentou ela. - Duvido que o sargento Nostarius fosse ser de alguma ajuda aqui.

Levado pelo cansaço e pelo absurdo da situação, Evander acabou cuspindo o gole de água que estava tomando e caiu na risada. Os demais acabaram rindo também, apesar de que, por razões bem diferentes.

— Você odeia mesmo esse cara, hein? – Evander perguntou, depois de se recuperar das gargalhadas.

— Não ligue para ela – falou Udine, rindo. - Na verdade, ela é apaixonada pelo filho do general desde que assistiu à final do último torneio de Egas.

Eriana ficou vermelha e negou com veemência, mas a reação dela serviu apenas para atiçar os outros soldados que, implacáveis, continuaram lançando provocações bem-humoradas, transformando o episódio numa hilária troca de farpas. Até mesmo Sinde Ulines entrou na brincadeira, apimentando ainda mais a discussão. No final, todos acabaram rindo até os músculos do abdômen começarem a protestar. Não passou despercebido a Evander o fato de o caçador se dar muito bem com todos eles, parecendo conhecê-los há bastante tempo.

Em certo momento, a curiosidade levou Evander a falar com Eriana.

— Você assistiu mesmo à final do torneio?

Ela deu de ombros.

— Eu fui para tentar aprender alguma coisa, mas não tive muito sucesso nisso.

Ele decidiu que a próxima pergunta teria que ser feita com cuidado.

— Então você chegou a conhecer o sargento de perto?

— Sim. Quero dizer, não! Eu vi a luta das arquibancadas.

— Mas garanto que ficou louquinha para chegar junto – alfinetou um dos soldados.

— Ah, me poupe! Para que eu ia querer me aproximar do cara? Conheço muito bem aquele tipo!

Conhece tão bem que não é capaz de reconhecê-lo quando está bem na sua frente, pensou Evander. E, aparentemente, ninguém ali sabia seu nome completo também, senão já teriam somado dois mais dois. Ele não conseguia decidir se estava contente ou frustrado com aquilo.

Deixando esses pensamentos de lado, ele se virou para o caçador.

— Ei, Sinde, você disse que viu de onde essas pessoas descontroladas vieram, não é?

— Sim.

— Pode nos levar até lá depois?

O outro pareceu apreensivo por um instante, mas assentiu, com um sorriso.

— Sim, claro. Quando você quiser.

Nesse momento, Idan se aproximou deles, não conseguindo esconder o próprio cansaço.

— Os curandeiros não sabem o que essa gente tem. Sabe dizer quanto tempo vão ficar desmaiados?

— Depende de como e de quantas vezes foram atingidos – respondeu Evander. – Golpes mais violentos levam mais tempo, mas creio que a maioria deve começar a acordar depois de um dia ou dois.

— Quando recobrarem os sentidos vai ser uma enorme confusão, a menos que consigamos dissipar o encanto que foi lançado sobre eles.

Evander suspirou.

— Não queria perder tempo, mas acho que é melhor voltarmos para a cidade para comer algo e descansar um pouco, antes de voltar para investigar essa trilha. – Ele olhou para Sinde. – Nos acompanha?

— Sem problemas – respondeu o caçador.

— Estamos avisando as pessoas para evitarem esta região – disse Idan. – Mas quanto antes resolvermos isso, melhor.

Na manhã seguinte, Leonel observava a movimentação dos rebeldes através de uma luneta.

— O que acha? – Lutamar Romera perguntou.

— Eles vão atacar.

— Será que aquele papo de "negociar uma trégua" é um engodo? – Dario Joanson quis saber.

— É só um estratagema para ganhar tempo – respondeu Leonel.

— Nesse caso, vamos dar cabo da líder deles e acabar com isso – esbravejou Luma Toniato, aproximando-se, com cara de poucos amigos.

O único motivo para a general Toniato ter se dado ao trabalho de se juntar a eles era saber que Demétrio Narode havia sido capturado pelos rebeldes. Apesar de o coronel ter brincado com os sentimentos dela saindo com as duas mulheres da Guarda Imperial ao mesmo tempo, ela ainda parecia se importar com ele o suficiente para estar ali.

Leonel baixou a luneta e se virou para ela, ponderando se, naquele estado de espírito, ela estava mais ajudando que atrapalhando.

— Conseguiu triangular as emanações do artefato de controle da mente?

— Já descobri onde ele *não* está – respondeu Luma. – As emanações vêm do nordeste, bem longe de onde estão os rebeldes.

— E o que vamos fazer? – Lutamar perguntou. – Aguardamos aqui para lutar ao lado de nossas tropas ou saímos numa missão incerta para procurar algo que não sabemos exatamente onde está?

Leonel cerrou os dentes e voltou a analisar as linhas inimigas, imaginando qual seria a linha de ação com maior probabilidade de salvar vidas.

Evander, Idan e os soldados acompanharam Sinde pela floresta, seguindo os rastros deixados pelas pessoas descontroladas na tarde anterior. Não era uma trilha difícil de seguir. Havia pedaços de tecido rasgado e manchas de sangue quase por toda parte. Aparentemente, as pessoas tinham se ferido nos galhos e espinhos, mas não tinham se importado e continuaram andando mesmo assim.

— Ninguém deveria andar por aqui – comentou Idan. – Essa parte da floresta é fechada por ordem da irmandade, pois muitos animais vêm para essa região para procriar.

— Área proibida, hein? – Evander pensou em voz alta. – Por que isso não me surpreende? E quanto a você, Sinde? Anda muito por aqui?

O caçador balançou a cabeça.

— Não. Conheço esse lugar tanto quanto vocês.

Subiram por uma encosta íngreme e caminharam alguns minutos ao lado de um enorme despenhadeiro.

— Será que algum deles caiu aqui? – Eriana perguntou, espichando o pescoço para dar uma olhada para baixo.

O barranco tinha mais de 50 metros de altura e havia um rio de aspecto perigoso lá embaixo. A água parecia correr com uma velocidade muito grande por entre as pedras.

— Ei, Idan – disse Evander de repente –, há quanto tempo esta área é proibida para pessoas?

— Desde bem antes de eu nascer. Por quê?

— Porque tem uma ponte ali na frente. E tenho a impressão de que ela é bem mais nova que você.

— Sacrilégio! – Idan exclamou, olhando naquela direção e avistando a construção, que realmente não parecia nem um pouco velha.

Era uma ponte rudimentar, de mais de 30 metros de comprimento, constituída por tábuas de madeira amarradas por grossas cordas, que eram sustentadas por grandes troncos de madeira fincados no chão de ambos os lados do penhasco. Havia um corrimão de cordas de cada lado, com nós a cada três ou quatro metros, em que pedaços mais finos de corda prendiam o corrimão às bases de sustentação das tábuas.

— Se alguém aí tem medo de altura é melhor voltar para casa agora – disse Evander, olhando ao redor. – O caminho daqui para frente é acidentado demais, e a menos que nossos amigos tenham vindo voando – ele apontou para a ponte –, devem ter passado por lá.

Tomando a dianteira, ele se aproximou com cuidado. Havia pegadas no chão por toda parte e as tábuas da ponte apresentavam marcas de terra e poeira. A construção parecia ainda mais nova vista de perto. Aquilo deveria estar ali há bem pouco tempo, alguns meses, no máximo. E devia ter custado uma fortuna para ser construída, o que descartava a possibilidade de aquilo ter sido feito por algum simples caçador clandestino.

Ele experimentou as cordas e as primeiras tábuas e, ao perceber que eram firmes, fez um gesto de cabeça para os demais, antes de se adiantar e começar a caminhar sobre as tábuas.

— Como aquelas pessoas descontroladas conseguiriam passar por uma ponte estreita como esta? – Idan perguntou.

— Acho mais provável que tenham mesmo vindo voando – respondeu Evander, movendo o corpo e mostrando o quanto a ponte podia balançar.

— Será que estamos no caminho errado? – Sinde ponderou, enquanto subia na ponte atrás dele.

— Não sei. Mas meu palpite é que encontraremos algumas respostas do outro lado.

Os outros os seguiram, caminhando devagar. A ponte balançava bastante, mas era muito resistente. As cordas e as tábuas eram grossas o suficiente para oferecer um bom nível de segurança. Apesar de parecer uma construção improvisada, era muito bem-feita.

Já tinham ultrapassado a metade da ponte quando Eriana, que vinha na retaguarda, gritou com alguém, chamou a atenção de todos.

— Ei! Quem é você? O que está fazendo?

Todos se viraram e viram que havia uma pessoa perto dos troncos que sustentavam a ponte, no caminho por onde eles tinham vindo.

Era um homem de meia-idade, usando um manto colorido e que estava com ambas as mãos levantadas acima da cabeça.

— Cuidado! – Sinde gritou, empurrando os outros para o lado enquanto passava por eles, correndo na direção do homem misterioso.

— Não! – Evander exclamou, adivinhando instintivamente o que ia acontecer, mas já era tarde demais.

O homem misterioso abaixou um dos braços na direção de Sinde e uma súbita e fortíssima lufada de vento o lançou para trás com violência. Impotente, Evander apenas assistiu enquanto o corpo do caçador voava por sobre as cordas da ponte, sendo arremessado por sobre o abismo a uma velocidade impressionante. Ele acabou caindo em meio a um denso agrupamento de arbustos do outro lado.

— Pulem da ponte! – Evander ordenou. Os outros olharam para ele, perplexos. – Agora! – insistiu ele, saltando por sobre o corrimão.

Mais tarde, Idan, Eriana e os demais não saberiam direito por que tinham obedecido ao sargento Armini. Lutar contra um feiticeiro parecia uma alternativa muito melhor do que cair daquela altura e se arrebentar nas pedras lá embaixo. Mas algo na entonação de voz dele transmitia segurança, como se ele soubesse muito bem o que estava fazendo, mesmo mandando todos pularem para o que parecia ser a morte certa. Por alguma razão, naquele momento, seguir aquele rapaz parecia ser a atitude mais adequada.

O homem do manto colorido abaixou o outro braço, levando um instante para se recuperar da surpresa ao ver seus alvos pulando da ponte por vontade própria. Então se aproximou da borda do despenhadeiro, invocando uma nova lufada de vento na direção deles, atingindo Idan e Evander em cheio.

Cinquenta metros não é uma queda muito longa. Em queda livre, normalmente leva-se pouco menos de quatro segundos para chegar até o chão. A lufada de vento, no entanto, tornou as coisas um pouco mais complicadas do que isso, lançando os dois na direção da parede de pedras do penhasco com grande violência. O choque causou um grande estrondo, que estremeceu a parede rochosa e provocou um pequeno deslizamento. Assim, os dois caíram na água, seguidos por toneladas de pedras e poeira.

Os demais, que estavam um pouco mais afastados, não receberam toda a força da lufada de vento e continuaram sua trajetória na direção da água. Eriana se chocou violentamente contra uma grande pedra no meio do rio antes de cair na água e ser levada pela correnteza. Os outros três soldados, apesar de não terem sofrido impacto tão violento quanto o dela, tiveram destino semelhante.

Ainda no mesmo lugar, no alto do precipício, o homem de manto colorido observou a cena por algum tempo, antes de virar-se na direção da ponte e levantar uma das mãos, invocando uma esfera de fogo que voou de sua mão e explodiu ao atingir as tábuas, rompendo as cordas e fazendo pedaços de madeira queimada voarem para todas as direções. Separadas, as duas metades da ponte despencaram e ficaram penduradas dos dois lados do penhasco.

Com um último olhar para as águas turbulentas do rio lá embaixo, o homem virou-se e desapareceu nas sombras.

♦ ♦ ♦

Levado pela forte correnteza, Evander levou bastante tempo até conseguir se agarrar a um velho tronco de madeira preso entre as pedras, ao mesmo tempo em que segurava Idan pelo braço.

Aquela tinha sido por muito pouco. Ele havia invocado a concha de proteção por instinto, um décimo de segundo antes do impacto contra as rochas. A concha transferiu toda a energia cinética do impacto para a parede do penhasco, fazendo com que eles parassem de repente como se nunca tivessem estado a uma velocidade de mais de 250 quilômetros por hora. Então, sem saber direito como, ele conseguiu agarrar o braço de Idan e lançar a ambos para longe do desabamento com um impulso preciso dos pés contra a parede de rochas.

Idan respirava pesadamente quando finalmente conseguiu subir em uma das grandes pedras que existiam naquele ponto, desafiando a força das águas. Olhou então para o local da queda deles, centenas de metros atrás. O penhasco não mais existia no lugar onde eles estavam, as paredes rochosas tinham dado lugar a uma densa floresta em ambas as margens. Voltou-se, então, para Evander.

— Como sobrevivemos?!

— Ainda não acabou – respondeu Evander, escalando outra rocha e olhando ao redor, preocupado. – Cadê os outros? Ali!

Ele saiu pulando por sobre as pedras, até mergulhar de novo no rio, um pouco mais adiante.

Idan tratou de saltar de uma rocha para a outra até chegar à margem. Correu, então, pelo estreito caminho de pedras que havia entre a vegetação e a água, enquanto observava Evander resgatar o corpo inerte de Eriana, que havia ficado preso. Ele teve um pouco de dificuldade para soltá-la dos ramos de uma velha árvore que, aparentemente, havia caído na água havia vários anos, mas se recusava a morrer, com parte das raízes ainda firmemente cravada no solo pedregoso da margem.

Como o terreno ali era bem menos acidentado, o rio era bem mais profundo e a correnteza era um pouco menor, o que permitiu que Evander nadasse com relativa segurança, enquanto carregava a moça consigo.

— Ela não parece estar machucada – estranhou Idan.

— Escudo de proteção – respondeu Evander depois de finalmente conseguir sair da água e entregá-la a Idan. – Infelizmente, isso não protege contra afogamento.

— Eu cuido dela.

Evander assentiu e desceu pela margem, procurando sinais dos outros.

Idan deitou Eriana de bruços e pressionou fortemente diversos pontos nas costas dela. Então, um súbito espasmo tomou o corpo da moça. Estremecendo, ela começou a tossir e expelir água pela boca. Levou vários minutos até que a tosse passasse e ela voltasse a respirar normalmente, mas não chegou a recobrar totalmente a consciência, voltando a desmaiar.

— Eriana? Eriana! – Idan exclamou, sacudindo-a pelos ombros.

— Ela está bem – respondeu Evander, que vinha voltando. – Só está esgotada. Provavelmente vai dormir até amanhã.

— E os outros? – Idan perguntou.

Evander apontou para a outra margem do rio, onde um dos soldados estava em pé acenando para eles, enquanto os outros dois estavam sentados no chão ao lado dele, aparentemente tentando recuperar o fôlego.

— Gostei dessa técnica de "desafogamento" – disse Evander.

— Treinamento da irmandade – respondeu Idan, dando de ombros. - Envolve canalização da energia da terra através dos pontos vitais.

— Impressionante.

— Não tanto quanto proteger seis pessoas de uma queda daquelas.

Evander olhou ao redor mais uma vez e levou a mão ao estômago, respirando fundo algumas vezes.

— Normalmente eu faria uma piadinha agora, mas estou cansado demais para pensar em algo engraçado – disse Evander, fazendo Idan rir. – Escute – Evander ficou sério –, os outros também não me parecem muito bem. Consegue levar Eriana até o outro lado? De lá não deve ser muito difícil retornar para a trilha que leva à cidade.

— Sim, claro. Mas o que você pretende fazer?

— Vou procurar nosso amigo Sinde.

Duas horas depois, Sinde Ulines olhava ao seu redor, estarrecido.

— Cadê? Onde, raios, aquilo foi parar?!

Tomou um susto ao ouvir uma voz irônica atrás dele.

— Procurando alguma coisa, amigo?

Sinde agarrou seu machado de batalha antes de virar-se na direção do recém-chegado. Então arregalou os olhos ao reconhecer o sargento Armini, aproximando-se dele com toda a tranquilidade, apesar dos trajes praticamente cobertos de poeira e lama.

— Você?!

— Que foi? Esperava outra pessoa? Se for o caso, me desculpe, mas acho que vai ter que se contentar comigo mesmo.

— Como... quero dizer, onde estão os outros? Conseguiram escapar também?

— Voltaram para a cidade. Fico feliz de ver que você está bem. Pela violência do golpe que levou, eu tinha poucas esperanças de te encontrar inteiro.

— Tive sorte, eu acho.

— Sim, com certeza – disse Evander, sorrindo enquanto cruzava os braços. – Você conhecia aquele cara, não conhecia? Partiu para cima dele feito louco quando o viu.

Sinde suspirou, mantendo o machado em punho.

— Vi algumas vezes. Costuma causar problemas.

— Certo – disse Evander, analisando-o cuidadosamente por alguns instantes, antes de descruzar os braços e levar a mão à pequena bolsa que carregava à cintura e tirar seu bastão de dentro. – Foi ele quem mandou você nos levar até aquela ponte, não foi?

Sinde ficou em silêncio, estreitando os olhos e segurando o machado com mais força.

— Ontem você não estava por perto por acaso, não é? Foi você quem mandou os descontrolados para cima de nós. E quando viu que estávamos pondo todos para dormir, resolveu aparecer com a intenção de tirar a gente do caminho.

Então o homem sorriu. Um sorriso perigoso.

— Você parece saber de tudo, sargento. Já que me acha capaz de fazer algo assim, por que veio atrás de mim sozinho?

— Na verdade, eu queria descobrir para que serviam algumas coisinhas que encontrei logo que cheguei nessa floresta ontem.

Sinde arregalou os olhos ao compreender.

— Foi você! Você pegou!

— Achado não é roubado.

— Onde está?

— Por que eu deveria contar?

— Me diga!

— Me obrigue.

Com um gritou gutural, Sinde levantou o machado e atacou. Evander expandiu o bastão e aparou o golpe do machado com tanta eficiência que foi como se a arma do adversário tivesse se chocado contra uma parede sólida.

Sinde deu um passo para trás, surpreso.

— Escute – disse Evander. – Não estou a fim de te carregar na volta para a cidade, então que tal você fazer uma gentileza para nós dois e largar essa arma? Vamos lá, por favor?

Seu adversário, como ele esperava, voltou a atacar novamente, completamente enfurecido. Evander percebeu então que não tinha sido totalmente sincero naquele comentário. Aquele cara não faria nenhum favor para ele se rendendo. No momento estava louco para descontar sua frustração em alguém e aquele pau mandado seria tão bom para esse fim quanto qualquer outro.

Capítulo 13:

Mérito

A despeito dos esforços da Guarda Imperial, a batalha não pôde ser evitada. Os rebeldes avançaram e entraram em confronto direto com os soldados, iniciando um conflito sangrento.

— Não! – Gaia gritou, levando a mão à boca e caindo de joelhos ao ver a movimentação de ambos os grupos, ao longe.

— Filhos da mãe! – Erineu Nevana exclamou. – Temos que fazer alguma coisa!

— Vamos, Gaia. – Lutamar segurou a sacerdotisa pelo braço e a ajudou a se levantar. – A única coisa que podemos fazer pelo seu povo agora é neutralizar o artefato e libertar todo mundo do controle mental.

— Conseguiu um sinal? – Leonel perguntou a Luma.

— Não, e nem vou conseguir, se você não calar essa boca e me deixar em paz – esbravejou ela, mexendo nervosamente num dispositivo que produzia brilhos multicoloridos no ar logo acima das mãos dela.

Leonel suspirou. Aquela equipe nunca esteve tão fora de sintonia antes. Gaia, Erineu e Galvam estavam com os nervos à flor da pele, enquanto Luma estava furiosa com tudo e todos.

Então o grito de Dario Joanson, à distância, chamou a atenção deles.

— Por aqui!

— Vamos – ordenou Leonel aos outros, num tom que não admitia recusa. O resto da equipe o seguiu até o começo da trilha que o capitão indicava. – O que encontrou?

— Marcas de cascos.

— E daí? – Galvam Lemara perguntou, cético. – Tem rastros de cavalos para todos os lados neste lugar.

— Mas, ao contrário das montarias normais dos lemorianos, os cavalos que passaram por aqui usam ferradura – replicou o capitão.

Leonel olhou para as marcas no chão e estreitou os olhos.

— E são de um modelo militar.

— Estou captando algo nessa direção – disse Luma, analisando as luzes do dispositivo. – Tem alguma coisa consumindo muita energia a poucos quilômetros daqui.

— Encontramos – concluiu Leonel. – Preparem-se, pois tudo indica que estarão esperando por nós.

♦ ♦ ♦

Depois de assegurar-se de que Eriana e os outros soldados estavam recebendo os devidos cuidados, Idan andou pelas ruas da cidade, dirigindo-se ao santuário. Já estava chegando ao seu destino quando uma figura desanimada sentada em um dos bancos de madeira da praça lhe chamou a atenção.

— Sargento!

Evander olhou na direção dele, com um sorriso cansado.

— Ei, Idan! Sinto muito, amigo, prometo que nunca mais vou pedir para alguém carregar sozinho outra pessoa por tantos quilômetros.

— Ora, a Eriana nem é tão pesada assim.

— Fico feliz em saber. Infelizmente, seu amigo Sinde é outra história. – Ele se endireitou no banco e fez uma careta. – Ai, minhas costas!

— Você o encontrou! Ele está bem?

— Tanto quanto possível. Os soldados estão cuidando dele.

— Que bom. Mas você parece exausto. Está ferido? Precisa de um curandeiro?

— Não – respondeu Evander, dispensando a ideia com um gesto de mão. – Nada que algumas cervejas não resolvam.

— Sacrilégio! Consumir esse tipo de bebida não é bom para você, sabia?

— Pode até ser, mas isso não invalida meu comentário anterior.

Idan riu.

— Escute – disse Evander, sério –, não conheço muito bem a hierarquia de vocês, mas tem um monge a quem o seu mestre responde, não tem? Alguém que eu ainda não tenha conhecido?

— Ah, você deve estar se referindo ao ministro. Por quê?

— Alguma chance de conversarmos com ele? Eu tenho uma teoria sobre a identidade do homem do manto colorido.

— É mesmo? – Idan perguntou, espantado. – Posso tentar conseguir uma audiência.

♦ ♦ ♦

Com as informações que tinha arrancado de Sinde Ulines, Evander se preparou psicologicamente para o que ele imaginou que seria o clímax daquela missão. Talvez tivesse sido contaminado pelo idealismo de Idan, mas o fato é que estava tão certo de que aquele seria um momento glorioso, em que teria a chance de triunfar sobre o malfeitor e fazer justiça, que a sequência de acontecimentos posteriores acabou lhe trazendo certa decepção.

Eles conseguiram uma audiência com o tal ministro, da qual participaram Idan, Jael, Meliar e alguns outros figurões. Assim como ele imaginava, o tal ministro e o homem do manto colorido eram a mesma pessoa. Ou melhor, o homem do manto colorido estava se fazendo passar pelo ministro, utilizando um encanto ilusório para mudar sua aparência, coisa que Evander conseguiu perceber facilmente, graças às suas habilidades visuais.

Também como ele previra, assim que revelou que podia ver através daquele disfarce e que havia encontrado e desativado diversos dispositivos místicos nas redondezas da cidade, o homem começou a atacar.

Jael e os outros monges foram as primeiras vítimas do vilão, sendo atingidos pelas costas. Evander usou seus poderes para defletir os ataques seguintes, o que, previsivelmente, acabou causando grandes estragos ao prédio onde estavam.

Ainda conforme ele havia antecipado, o ministro ordenou ao monge Meliar que atacasse também, se quisesse ver a família dele viva de novo. No entanto, ao ver que Evander tinha boas chances de vitória, ainda mais com a ajuda de Idan, Meliar decidiu se unir a eles e, assim, puseram um fim àquele embate em tempo recorde.

Ao ser imobilizado por uma *algema*, a aparência ilusória do vilão foi revelada para todos. Um *encanto da verdade* fez com que ele revelasse onde estava o resto das pessoas desaparecidas e o que ele estava fazendo com elas.

Mais uma incursão na floresta e eles conseguiram encontrar o cativeiro onde estavam os prisioneiros, cujas energias místicas estavam sendo drenadas para alimentar um certo artefato. Inclusive, os dispositivos que Evander havia desativado antes eram partes de uma espécie de transmissor, capaz de enviar a energia coletada para um receptor que ficava em algum lugar ao norte. Graças aos céus, aquelas coisas precisavam ficar próximas a grandes fluxos de energia, como os gerados pela ponte de vento de Dusnim, para poderem funcionar, caso contrário, ele nunca as teria encontrado.

Evander destruiu o artefato e as pessoas que tinham sido controladas foram todas libertadas, inclusive o tenente Kalius. Missão cumprida. Fim. E tudo tinha acontecido tão rápido e de forma tão previsível que, para ele, acabou sendo um anticlímax. Infelizmente, o fato de os acontecimentos terem se desenrolado de forma previsível não significava que os resultados tinham sido todos agradáveis.

Ele acabou recebendo muitos agradecimentos por seus "atos heroicos", mas, no fundo, não se sentia em nada como um herói. Principalmente por saber que diversas pessoas tinham perdido a vida, tendo suas energias completamente drenadas por aquele artefato. Incluindo o verdadeiro ministro e toda a família do monge Meliar.

$$\blacklozenge \blacklozenge \blacklozenge$$

A grossa porta de madeira caiu no chão, partida em vários pedaços, ao ser atingida pela violentíssima investida de Galvam Lemara, usando seu escudo especial como aríete. Mas devido aos ferimentos e ao cansaço, o gigante precisou de vários segundos para se recuperar do esforço. Ainda ofegante, ele se endireitou e olhou para dentro da câmara. E estacou, empalidecendo.

— Aqui!

Leonel e Lutamar correram até lá e constataram se tratar de uma velha câmara de tortura. A maior que eles já tinham visto em suas vidas. Havia mais de uma dezena de pessoas ali, presas às mais horrendas e cruéis máquinas já concebidas pela mente humana. Algumas daquelas pobres almas, inclusive, já tinham sucumbido ao sofrimento e aos ferimentos, tendo deixado o mundo dos vivos há algum tempo. Gemidos de dor e desespero podiam ser ouvidos de toda parte.

— Sempre que acredito já ter visto o pior da humanidade, algo assim acontece para me mostrar o quanto estava enganado –comentou o professor, cobrindo a boca e o nariz com a manga da túnica para tentar se proteger do forte e desagradável odor.

Leonel observou friamente a cena diante de si e concluiu que várias daquelas vidas poderiam ser salvas se eles se apressassem.

— Veja se Gaia conseguiu estabilizar os outros. Vamos precisar dela aqui.

— Certo – respondeu Lutamar, afastando-se, apressado.

Entrando na câmara, Leonel se dirigiu até onde estava Galvam.

— Vocês... demoraram... – reclamou Demétrio Narode, enquanto o gigante cortava as amarras que o prendiam.

O coronel estava coberto de cortes e hematomas da cabeça aos pés.

— E você parece ter se envolvido com as pessoas erradas – respondeu Leonel, concluindo que o estado de Narode era bem melhor que o da maioria dos outros prisioneiros. – De novo.

— Sinto... muito...

— Tente não falar – disse Galvam, pegando o coronel no colo e se dirigindo à porta. – Já vamos tirar você daqui.

Metodicamente, Leonel libertou os prisioneiros que ainda estavam vivos, com a ajuda dos membros da Guarda Imperial que ainda eram capazes de se manter em pé. Acabaram montando uma espécie de enfermaria improvisada em outra câmara, onde Gaia Istani usava suas últimas forças para tentar ajudar aquelas pessoas. Tiveram que colocar a maioria delas para dormir através de encantamentos místicos, devido à intensidade da dor que sentiam.

Sem ter mais nada o que fazer por ali, Leonel se dirigiu à outra sala, onde estavam os seus companheiros feridos. Luma Toniato e Erineu Nevana permaneciam inconscientes, deitados sobre peles, no chão. Dario Joanson já tinha acordado, apesar de que ainda parecia incapaz de mover a maior parte de seu corpo. Lutamar Romera estava sentado ao lado dele, com expressão de dor e cansaço. Demétrio Narode estava deitado em um canto, parecendo ter sucumbido ao sono depois de ter sido medicado. Galvam Lemara estava sentado próximo ao coronel, bebendo avidamente do cantil especial de Erineu, que todos sabiam conter o mais forte rum já fabricado no Império.

— Vá com calma, Galvam – disse Leonel.

O grandalhão olhou para ele, contrariado, mas não retrucou. Deixando o cantil de lado, levantou-se e resmungou algo sobre montar guarda do lado de fora até que os reforços chegassem.

— Parece que essa foi por muito pouco, general – comentou Dario.

— Realmente. Aquela mulher tinha contramedidas para cada um de nós.

— Não passava de uma maluca sádica – respondeu Lutamar. – Depois que os homens que dominava perdiam a utilidade, ela os torturava até a morte. Céus! – Ele levou a mão ao rosto e respirou fundo, tentando tirar a imagem da câmara de tortura de sua mente.

— Mas o plano dela era perfeito – disse Leonel. – Primeiro, controlou a mente de Narode e extraiu dele informações sobre nós. Depois o usou para criar… distúrbios entre a equipe. Então nos esperou aqui, para nos eliminar a todos de uma vez, o que alimentaria ainda mais o ego dela.

— Mas ela não imaginava que o suprimento de energia que usava pudesse ser comprometido – comentou Dario.

Lutamar fez uma careta.

— Ainda não sei como me sentir em relação ao fato de minha vida ter sido salva por um garoto.

— Se quiser agradecer a alguém, agradeça ao general – disse Dario. – A ideia foi dele. Não foi uma decisão fácil, mas foi a mais acertada, uma vez que havia ilusionismo envolvido.

— De qualquer forma, eu não imaginava que a situação pudesse chegar a esse ponto – respondeu Leonel, olhando, preocupado, para os feios hematomas no rosto de Narode.

— Acho que eu devo muitas desculpas a você, Leonel – disse Lutamar, humilde. – Você realmente estava certo o tempo todo. Essa mulher vinha nos manipulando há anos. Ela conseguiu me fazer duvidar de você... e do seu filho.

— Desculpas não são necessárias. Tudo isso ainda está longe de terminar. A terrorista pode estar morta, mas o criador de todos esses artefatos que ela usava, o homem que a treinou, ainda está à solta.

— Donovan... – resmungou Demétrio, movendo-se, agoniado, parecendo estar tendo um pesadelo. – Eu vou... acabar com você... nem que seja... a última coisa que eu faça...

◆ ◆ ◆

— Você é Evander Nostarius – afirmou Idan.

Evander sorriu.

— Isso parecia tão óbvio para mim, que eu não entendia como nenhum de vocês tinha percebido.

— Eu só desconfiei devido à forma como o tenente tratou você quando acordou. Esse seu jeito... profissional, acho que não era o que nenhum de nós esperava.

— Há! Enganei vocês direitinho!

Ambos riram.

— Acredito que agora vá querer contar para Eriana e para os outros?

Evander parou de rir e balançou a cabeça.

— Não, acho que isso não é necessário.

— Mas por quê? Eles realmente acreditam que você seja um... – ele pensou um pouco, tentando encontrar a palavra adequada, mas, por fim, acabou desistindo. – Bom, eles têm uma visão um pouco negativa de você.

Evander voltou a rir.

— Eles se divertem tanto me alfinetando. Eu é que não vou acabar com a festa deles.

— Mas isso é injusto.

— Estou acostumado. E não vou querer limpar a minha barra criando constrangimento para os outros no processo. Na verdade, nunca foi minha intenção mentir sobre minha identidade, eu só não queria ser reconhecido até reportar ao tenente. Mas aí o tenente estava desaparecido e Eriana veio dizendo tudo aquilo, então acabei mantendo a farsa para não criar mais confusão. A situação já estava complicada o suficiente.

— Entendo.

— Como está Meliar?

— Arrasado, coitado. Além de perder toda a família foi excomungado da Ordem.

— Isso era necessário? Afinal, ele foi chantageado. Ameaçaram matar os filhos se ele não ajudasse os criminosos.

— A posição que ele ocupava na ordem exigia dedicação total, acima de qualquer outra coisa. Como não foi capaz de cumprir esse requisito, ele se mostrou indigno.

— Certo. E pensar que os pobres garotos foram mortos de qualquer jeito.

— E quanto a você? – Idan perguntou. – Já está voltando para casa?

— Sim, preciso reportar ao capitão. A Guarda Imperial pode ter conseguido conter a rebelião, mas pelo tom da mensagem que ele mandou, ainda tem muito trabalho a ser feito. Você vai ficar bem, não é? Quero dizer, agora você é oficialmente um paladino e tudo mais.

— Sim, graças a você. E pensar que tivemos a honra de ajudar a sacerdotisa-mestra e o resto da Guarda Imperial. – O paladino parecia radiante. – Ah, outra coisa: você nunca explicou sobre esse seu escudo de proteção.

Evander deu de ombros.

— Não tenho muito a dizer.

— Como não? É uma habilidade fantástica! Meu mestre e os outros foram atingidos por um ataque devastador. A sala toda foi pelos ares, mas ninguém sofreu nenhum ferimento.

— Não é como se eu tivesse protegido eles de propósito. É só uma flutuação passiva, que afeta todos ao meu redor, distorcendo as leis físicas.

Na verdade, Evander sabia que não era bem assim. Nenhuma lei da física era, necessariamente, quebrada. Ele conhecia os mecanismos que formavam a base daquela aura de proteção e sabia que eram ondas energéticas previsíveis e até mensuráveis. A única coisa que permanecia sem explicação era o fato de serem geradas numa frequência energética estranha, que nenhum ser humano deveria ser capaz de manipular.

— Bom, você a utiliza para proteger pessoas, então existe mérito nisso.

— Eu tenho dois colegas nas Tropas Especiais que não possuem nenhuma habilidade mística e, mesmo assim, já salvaram muitas vidas nas missões que participamos. Nisso, sim, há mérito. Eu acredito que lutar para proteger os outros pode ter seu mérito, mas apenas naquilo que a pessoa tenha algum controle. Por exemplo, minha concha de proteção eu consegui desenvolver e aperfeiçoar com treinamento e esforço. Já essa aura protetora está fora de qualquer possibilidade de domínio da minha parte.

— Você é uma pessoa inspiradora.

Evander olhou para ele, franzindo o cenho.

— Como é que é?!

Idan riu de novo.

— Estou falando sério. Se não fosse pelo hábito de consumir bebidas alcoólicas, você cumpriria todos os requisitos para ser um paladino da terra.

Foi a vez de Evander rir.

— Acredite, eu não sou, exatamente, uma pessoa pura de coração.

— Pois fique sabendo que isso é a primeira coisa que um paladino precisa admitir.

— Sério?!

— A pureza é algo que precisa ser buscado continuamente, durante toda a vida. É necessário admitir que você não é perfeito e trabalhar para corrigir suas falhas e, assim, encontrar a iluminação.

— Ora, até que isso não soa tão ruim.

— Eu te disse, você leva jeito. Já pensou no que deseja fazer no futuro? Sempre teremos uma vaga para você por aqui, caso esteja interessado.

Evander sorriu e balançou a cabeça, descartando a ideia. Mas então se deu conta de que aquela realmente era uma boa pergunta: o que ele desejava fazer no futuro?

Levou alguns dias para que o capitão Dario Joanson estivesse disponível para recebê-lo. Evander entrou no gabinete e estacou, surpreso, ao olhar para ele.

— O senhor está bem?

Joanson levantou o olhar, espantado, tanto com a preocupação do garoto quanto com o súbito tom informal, o que não era típico dele.

— Sim. Por quê?

— O senhor parece… – como dizer aquilo sem parecer um intrometido? – Sei lá, estar sentindo dor, ou algo assim.

O capitão sorriu e fez um gesto na direção da cadeira. Obedecendo, Evander fechou a porta e sentou-se diante da mesa de carvalho.

— Essa sua habilidade empática realmente é impressionante. Você é a primeira pessoa que conseguiu perceber que eu tenho um ferimento.

— Espero que não seja nada sério.

— Não se preocupe. Eu não teria voltado à ativa se fosse algo preocupante. Mas, mudando de assunto, eu recebi o relatório do tenente Kalius. Parece que você ganhou um fã. – Joanson olhou para ele com um erguer de sobrancelha, divertido.

— Bom – respondeu Evander, com um dar de ombros –, se eu fosse resgatado de uma prisão subterrânea claustrofóbica pelo conselheiro Lierte, eu provavelmente beijaria os pés dele. Mas isso não quer dizer que eu iria passar a considerar os discursos dele menos tediosos.

O capitão soltou uma risada.

Evander deu uma espiadela pela janela da pequena sala entulhada de papéis, caixas e pastas e avistou formas indistintas no céu ao longe. Uma enorme saudade abateu-se sobre ele de repente. Saudade de uma época mais feliz e que provavelmente não mais voltaria.

— Você fez um ótimo trabalho lá – disse Joanson, após um breve silêncio.

Evander voltou-se para ele.

— Posso fazer uma pergunta, capitão?

— Claro.

— Por que me escalou para essa missão?

— Porque você era a melhor escolha – respondeu Joanson, sem hesitar.

— Não acha que alguém com mais experiência poderia ter solucionado aquilo mais rápido e com menos… fatalidades?

— Quer dizer, alguém como o seu pai?

— Não! Bem... quero dizer...

— Você resolveu o problema, Nostarius, da forma como achamos que faria. Foi por isso que escolhemos você. Deveria estar orgulhoso.

— Pessoas morreram. Não sei se posso me orgulhar de algo assim.

— Nosso trabalho não é nenhum mar de rosas. Muitas vezes precisamos escolher entre o ruim e o trágico. Isso faz parte do pacote. E outra coisa: não importa o quanto se esforce, sempre existirá uma forma melhor de se fazer algo, uma em que você não conseguiu pensar no momento. Se afundar em arrependimentos é inútil.

— Sim, senhor – respondeu Evander, com um suspiro.

— Você fez um ótimo trabalho. Isso é um fato.

— Obrigado, senhor.

— Bom. Agora, tome – Joanson estendeu-lhe uma credencial. – A partir de agora você está proibido de se apresentar como "sargento Armini".

Evander pegou a credencial, surpreso.

— Subtenente?

— Melhor do que "sargento", não?

Costumava haver uma pequena cerimônia quando um oficial recebia uma promoção, mas entre membros das Tropas de Operações Especiais, esse tipo de coisa era um pouco mais informal, até mesmo pelo fato de os operativos precisarem chamar o mínimo de atenção para si próprios devido à natureza sigilosa de muitas das missões em que eram enviados.

— Claro, senhor, mas isso é... inesperado. Obrigado.

— Não me agradeça. Você causou uma boa impressão no tenente e nas pessoas de Lemoran. Dessa vez eu não precisei mexer nenhum pauzinho: eles mesmos apertaram todos os botões para a sua promoção.

Evander sorriu.

— São boas pessoas.

Joanson reclinou-se em sua cadeira e cruzou as mãos sobre o peito, encarando Evander por um momento.

— Agora que você já ouviu as boas notícias é hora de receber as não tão boas assim.

— Senhor? – Evander olhou para o capitão, surpreso.

— Ocorreram alguns boatos em sua ausência. Estão dizendo por aí que você está sendo favorecido devido à sua ascendência e que agora que foi transferido para o meu comando direto, você passa os dias no completo ócio. – O capitão torceu os lábios, com expressão irônica. – Parece que esses dias em que você esteve em missão foram interpretados como férias remuneradas em alguma praia imaginária.

Evander sorriu.

— Não é muito diferente do que eu já esperava.

— Tem alguma coisa estranha no tom excessivamente maldoso desses comentários. Mas não se preocupe, vou ordenar uma investigação a respeito.

— Não! Não precisa se incomodar com isso, senhor.

Joanson se endireitou na cadeira, surpreso.

— Como é? Prefere que deixemos as pessoas espalharem mentiras a seu respeito?

— Deixe as pessoas pensarem o que quiserem, capitão, eu não me importo – disse Evander, com um sorriso.

— Deixando de lado o fato de esses comentários afetarem a mim e à guarnição toda de forma negativa, isso vai tornar sua vida bastante complicada.

Evander ampliou o sorriso.

— Isso vai deixar as coisas mais interessantes.

Joanson franziu o cenho, lançando um olhar de repreensão ao subordinado. Evander deu de ombros.

— Má fama tem suas vantagens. Conseguir contatos, por exemplo.

— Você não se importa mesmo? Como consegue encarar a situação dessa forma? Com a promoção para subtenente isso vai piorar.

Evander suspirou.

— Sabe, capitão, certa vez, quando eu era criança, minha mãe queria ter um coche. Sabe, aquelas carruagens de passeio? Pois é. Ela dizia que achava muito romântico passear num coche pelos campos. Era o sonho dela desde menina.

Joanson se recostou na cadeira novamente, ouvindo com atenção. Ele se lembrava bem das feições suaves e do espírito romântico de Aurea Armini, durante os poucos anos em que haviam servido juntos na Guarda Imperial.

— Um dia, ela comentou isso durante o jantar. Meu pai começou a argumentar com ela em relação a prós e contras daquela ideia. Ficaram debatendo aquilo por mais de uma semana. Ele insistiu tanto que minha mãe acabou desistindo da ideia e nunca mais tocou naquele assunto de novo. Eu... eu não quero ser assim.

— Assim, como?

— Sei lá... Manipulador, insensível. Prefiro que as pessoas pensem o que quiserem de mim. Cada um tem direito a ter suas próprias opiniões.

— Isso não está fazendo muito sentido, Nostarius. Pelo que você contou, seus pais entraram num acordo sobre o assunto do coche. Sua mãe por acaso ficou triste com a decisão?

— Minha mãe nunca demonstrava tristeza ou raiva na minha frente. Era sempre calma e tranquila.

— Sim, ela era assim o tempo todo – concordou Joanson. – Gaia e Luma costumavam dizer que ela era a alma da Guarda Imperial. Sabia ser rápida e mortal quando necessário, mas era serena e diplomática na maior parte do tempo.

— Sim. Mas o senhor também conhece o general. Ele consegue convencer as pessoas do que quiser.

Joanson riu.

— Você fala como se ele fosse uma espécie de vendedor de cavalos.

— Mas é verdade. Eu não quero ser assim, capitão. Se as pessoas tiverem que pensar bem de mim, quero que pensem assim por si mesmas.

— Você ainda está preocupado com a forma como rompeu o namoro com a filha do coronel?

— Não! Não é isso. Quero dizer, não é *só isso*.

— Sei. – Joanson franziu o cenho. – Escute, você não acha que está exagerando um pouco? Essa história do coche não parece ser algo tão sério quanto você está dando a entender.

— Foi apenas um exemplo, capitão. Meu pai fazia isso o tempo todo, com minha mãe, comigo, com todo mundo – respondeu Evander, num tom exaltado bastante atípico dele.

Dario Joanson era experiente o bastante para saber quando tinha atingido um nervo. Há muito tempo ele tinha vontade de fazer algumas perguntas pessoais ao jovem Nostarius, mas isso teria que esperar. Pela forma como o garoto se levantara e se recostara à janela, olhando a paisagem sem vê-la, com o corpo visivelmente tenso, era óbvio que ele não estava preparado para esse tipo de conversa.

— Se isso é mesmo o que você quer, vou deixar de lado a ideia da investigação.

— Obrigado, capitão. – Evander voltou-se para ele, com uma expressão de alívio. – Tenho outro pedido a fazer, se não se importa.

— Sim? – Joanson voltou a se recostar à cadeira.

— Quero entrar para os Cavaleiros Alados.

O capitão não ficou nada surpreso. Apenas inclinou a cabeça para o lado e perguntou:

— Não está satisfeito com sua posição nas Operações Especiais?

— Estou, senhor, mas eu andei pensando sobre o que eu gostaria de ser no futuro e, bem, eu sempre quis voar.

— Você está ciente que o meu programa de treinamento é praticamente uma brincadeira de criança quando comparado ao deles?

— Sim, senhor.

— E que você terá que ficar confinado na guarnição a maior parte do tempo, sendo liberado para passar um final de semana em casa apenas uma vez a cada quatro semanas?

— Sim, senhor.

— Apenas pessoas excepcionais conseguem entrar para a tropa na sua idade, Nostarius. Mesmo muitos garotos que treinam desde os dez anos não conseguem essa façanha.

— Eu gostaria de tentar, senhor.

Joanson suspirou.

— Seu pai nunca permitiu que você fizesse o treinamento e o teste antes, não foi? Por que acha que ele permitiria agora?

— Esse é o meu pedido, capitão. Eu gostaria que o senhor falasse com ele.

Joanson piscou, completamente surpreso. Evander era sempre tão independente, sempre querendo resolver tudo do jeito dele, que aquele pedido soava estranho.

235

— Certo. Vamos supor que eu consiga convencer o general. Seu primeiro passo será o teste físico e depois a prova teórica. Você precisará ter condicionamento nos músculos certos e muita flexibilidade. E isso leva meses para se adquirir.

— Eu faço os exercícios desde que tinha sete anos, capitão.

Joanson olhou para ele, intrigado.

— É mesmo?

Evander deu de ombros.

— Minha mãe também queria fazer esse teste e enquanto ela se preparava, me ensinou os movimentos. Meu pai não gostou muito, mas disse que enquanto eu permanecesse no chão ele não iria se opor.

— E você continuou treinando mesmo depois que ela...

— Sim.

— Certo, resta então o problema da prova teórica. Vou dar uma olhada nas suas últimas avaliações. Se eu vir algo de promissor eu vou conversar com o general.

A expressão de Evander se iluminou.

— Obrigado, capitão. Permissão para me retirar – disse ele, prestando continência.

— Dispensado.

Evander deu meia volta e se dirigiu para a porta.

— Nostarius?

— Sim, senhor? – Evander respondeu, virando a cabeça, quando estava com a mão a meio caminho da maçaneta.

— Isso não é da minha conta, mas sobre aquele assunto do coche, por acaso já conversou com seu pai a respeito?

Evander baixou o olhar.

— Não senhor.

— Talvez exista uma explicação e a situação toda seja bem mais simples do que você imagina.

— Com todo respeito, senhor, não creio que isso iria mudar o quadro geral das coisas.

— Você é inteligente e muito maduro para sua idade, garoto. Sabe que quando tem emoções envolvidas o nosso julgamento é muito prejudicado. – Joanson fez uma pausa, observando as reações de Evander por um momento. – Fale com ele. Um detalhe esclarecido pode até não fazer diferença no quadro geral das coisas como você disse, mas pode fazer com que você se sinta muito melhor.

— Vou tentar, senhor – respondeu Evander, com voz hesitante.

— Nostarius, você não tem culpa por ser filho de seu pai. Também não há como mudar ou fugir desse fato. A única coisa que eu posso te dizer é que não se pode julgar as pessoas pelas cartas que recebem, mas sim pelo uso que fazem delas durante a partida.

Capítulo 14:
Esplendor

Agora Evander tinha sua própria mesa. Mesmo tendo assumido posição de comando de unidade há bastante tempo, ele sempre foi, essencialmente, um agente de campo, e nunca tivera que mexer muito com papelada, como Lucine Durandal fazia quando ainda era sargento. Como membro da Tropa de Operações Especiais, o trabalho burocrático que ele tinha que fazer era consideravelmente reduzido em comparação ao de outros oficiais, por isso, dentro daquela enorme sala cheia de escrivaninhas por todos os lados, a dele era a mais limpa e organizada.

Acabava de voltar do refeitório após o almoço quando encontrou Indra Solim sentada de pernas cruzadas numa cadeira em frente à mesa dele.

— E aí, como vai a vida de subtenente?

Ela estava bastante atraente num traje que, apesar de não ser exatamente um uniforme, exalava classe e autoridade. A roupa parecia gritar para quem quisesse ouvir: "Sou de Operações Especiais, não se meta comigo".

— Bastante atarefada – ele sorriu, sentando-se atrás da escrivaninha sem conseguir esconder um certo orgulho por sua nova patente.

— É, estou vendo. Cheio das "missões especiais".

Ele riu.

— Eu bem que gostaria que essas missões não fizessem parte do pacote.

— Mentiroso! Você adora a notoriedade, confesse!

— Estão falando muito de mim por aí?

— Apenas o de sempre, que você é o queridinho do papai e está recebendo missões escolhidas a dedo, de forma que consiga ter logo a próxima promoção.

Evander suspirou, desanimado. No começo até achava divertido aquele falatório totalmente infundado sobre ele, mas aquilo já estava cansando. Por mais que se esforçasse, parecia que não havia como se livrar daquele estigma.

O sorriso de Indra diminuiu.

— Que é isso, Évan? Nem esquente, esse povo só não tem nada o que falar, então inventam. Sempre foi assim.

— Eu sei. Acho que estou um pouco cansado, essa última missão foi barra. – Infelizmente, ele não estava autorizado a comentar com ninguém sobre o ocorrido em Dusnim, então não podia falar nada além daquilo.

Indra, que sabia muito bem como as coisas funcionavam, não fez perguntas. Ao invés disso, mudou de assunto.

— Ih, então, isto aqui vai ser um problema.

— "Isto" o quê?

Ela pegou no bolso um pequeno rolo de papel amarrado com uma fita vermelha e passou para ele.

— Memorando para você. E tem cara de ser outra… "missão especial".

— O que é isso? Está trabalhando de mensageira agora?

Ela piscou para ele, maliciosa.

— Apenas para você. Me procure quando voltar, quero ouvir todos os detalhes.

— Mas aí você já está assumindo que eu *vá* voltar – ele levantou a sobrancelha, enquanto pegava a missiva.

Ela riu.

— É melhor que volte, senão iremos todos atrás de você e o traremos amarrado, da maneira mais vergonhosa possível.

— Bom saber que vocês chegariam a tal extremo para me humilhar…

Ela descruzou as pernas e se inclinou para frente, falando baixinho, em tom conspiratório, apesar de não ter mais ninguém por perto:

— E aí? Já sabe quando vai nos deixar? Seu pai aprovou sua transferência?

— Ainda não – Evander respondeu no mesmo tom. – Ele não recusou terminantemente, como das outras vezes, mas me pediu para aguardar um tempo enquanto ele "resolve algumas coisas". – Ele fez um gesto levantando as mãos, para dar ênfase às últimas palavras.

— Ótima notícia, não é?

— Será uma boa notícia quando ele autorizar.

— Mas se ele não recusou, significa que está pensando no assunto.

— Talvez – ele deu de ombros, brincando com o papel sobre a mesa.

Ainda não sabia direito como interpretar a reação do pai a seu pedido. Leonel tinha parecido mais intrigado do que preocupado, como se a transferência de Evander para a tropa alada fosse uma espécie de opção estratégica que nunca tivesse considerado até aquele momento.

— Mas se eu realmente for para lá – continuou ele –, quero que você mantenha o pessoal na linha. E avise a todo mundo que, se começarem a vacilar, eu vou voltar com reforços, para chutar o traseiro deles da forma mais humilhante que eu puder.

— Falou o comandante que nunca precisou nem mesmo erguer a voz para nenhum de nós.

— A intenção é que continue assim.

— Estamos todos torcendo por você, Évan. Vamos sentir saudades quando partir, mas sabemos que, se tem alguém capaz de entrar na tropa mais casca grossa do Império, esse alguém é você.

— A tropa aérea não é exatamente "casca grossa" – disse ele, rindo. – É um trabalho que exige mais estratégia do que força bruta.

— Mas impõe respeito, e é isso o que conta – ela piscou para ele e se levantou, fazendo um gesto de continência com uma expressão brincalhona no rosto. – Não se esqueça de me deixar por dentro das novidades.

— Até mais – respondeu ele, sorrindo e retribuindo o gesto. – E vá se preparando que quando receber a autorização vou querer sair para comemorar. E vai ser uma festa *daquelas*.

— Pode deixar.

Ele a observou por um momento, enquanto ela se afastava, rindo. Depois suspirou e voltou a atenção para o que tinha diante dele. Desenrolando o papel, ele leu as ordens e não conseguiu evitar certa decepção. Reunir uma pequena equipe de soldados comuns para capturar um ladrão? Depois da missão de Lemoran, aquilo parecia tão... trivial.

Mas ordens eram ordens.

— Eu realmente sinto muito, amigos – disse Demétrio Narode, parecendo profundamente envergonhado. – Sinto muito, mesmo.

— Não se preocupe, Narode – respondeu o professor. – Sabemos que não foi sua culpa.

— Ainda não entendo – reclamou a general Toniato. – Como pôde ser manipulado por aquela infeliz?

O coronel passou a mão pela cabeça, mais uma vez.

— Anos atrás eu estava investigando pessoas ligadas a Donovan. Descobri que ela era uma espécie de "seguidora" dele e decidi sondar para ver se podia ser uma ameaça. Nunca me ocorreu que ela poderia saber quem eu era e muito menos que tivesse poderes de controle mental. Admito que fui descuidado.

— Você passou *anos* sendo marionete dela – acusou Luma.

— Sim – ele admitiu, suspirando. – Sinto muito.

— Mas não é por isso que estamos aqui – disse Leonel. – Você acha que a terrorista não estava trabalhando sozinha.

— Sim, ela não estava. Ela sabia muito bem como usar aqueles artefatos, mas não tinha conhecimento nem experiência suficiente para criar nenhum deles. Havia um benfeitor, alguém que a estava ajudando com dinheiro e recursos.

Eu acho que o plano de dominação de Lemoran também não foi ideia dela, originalmente.

Felizmente, depois da morte da terrorista, todas as pessoas que tinham sido controladas voltaram ao normal e a "rebelião" havia acabado. Infelizmente, não havia como trazer de volta aqueles que tinham perdido a vida na batalha.

— Você acha que Donovan está vivo – concluiu o arqueiro Erineu Nevana, estreitando os olhos enquanto encarava Narode.

O coronel sacudiu a cabeça.

— Não, eu não "acho". Não mais. Agora, eu tenho certeza. – Ele olhou para Leonel, com expressão de preocupação. – Também sei que ele possui seguidores infiltrados no governo e no Exército.

Parece que havia apenas três soldados disponíveis: um ruivo cabeça quente chamado Rinate, um camarada forte um pouco acima do peso chamado Doram e um loiro magricela chamado Santane. Felizmente, eram todos bons de briga, especialmente Santane.

Evander os convocou para acompanhá-lo e os quatro tomaram a ponte de vento para a cidade de Linarea, um dos grandes centros comerciais da Província Central, localizada em uma região bastante acidentada, cheia de altos e baixos.

Segundo informações que obtivera na cidade, o homem que perseguia, supostamente, tinha tomado o caminho do Monte Efígeo, um morro alto, com mais de 400 metros de altitude em seu pico. Tratava-se de um dos pontos mais famosos do Império, devido às grandes estátuas que lá existiam, como se fossem guardiões vigiando a cidade à distância. Eram três, todas representando cavaleiros alados e suas montarias, o grande orgulho do Exército Imperial. As três gigantescas águias imperiais olhavam cada uma para uma direção, estando em diferentes estágios de decolagem, enquanto os cavaleiros que as montavam seguravam espadas apontadas para frente, como se ordenando um ataque.

Além do aspecto turístico, o Monte Efígeo não tinha muitos outros atrativos para a população. Tratava-se de um local ermo, composto, em sua maioria, por rocha sólida, com muito pouca vegetação e com caminhos estreitos e perigosos.

— É ele – disse Evander, ao identificar o homem que procuravam aos pés do morro.

Ele tinha uma cicatriz na testa e carregava um grande saco nas costas. Estava acompanhado por diversos soldados.

— Parece que a guarda de Linarea nos fez um favor e o capturou para nós – comentou Rinate.

— Tem algo estranho. Fiquem alertas.

Evander apressou o passo na direção do pequeno grupo. Ao notarem a aproximação do subtenente, os soldados que acompanhavam o homem da cicatriz deram o alerta, quatro deles sacando as armas e assumindo posição de combate, enquanto os demais começaram a correr na direção do morro.

Os soldados que acompanhavam Evander também sacaram suas armas, mas o subtenente fez um sinal para que ficassem parados e tratou de se apresentar.

— Subtenente Evander, de Talas. Aquele homem é acusado de se apropriar de um artefato roubado. Tenho ordens para levá-lo sob custódia!

O comandante do outro grupo não quis saber de conversa e ordenou que os outros atacassem.

— Mas que droga! Defendam-se! – Evander disse, sacando seu bastão e engajando-se em um complicado combate corporal.

Levaram vários minutos para conseguirem derrotar os atacantes que, graças à aura de proteção de Evander, caíram inconscientes, sem nenhum ferimento físico.

— São todos membros da guarnição de Linarea – constatou ele ao ver as credenciais que os atacantes carregavam.

— Por que, raios, nos atacaram? – Santane perguntou.

— Tem algo errado com eles, pareciam fora de si – respondeu Evander, suspirando, desanimado. Mais um caso de controle mental? Não tinha como ser coincidência. – Acho que aquele cara tem algum tipo de poder sobre eles. Rinate, reporte à guarnição da cidade, avise para ficarem em alerta. Doram, imobilize nossos amigos aqui e aguarde Rinate voltar com reforços. Santane, você vem comigo!

— Sim, senhor – responderam os soldados.

— Vamos pegar esse flautista louco, pessoal – disse Evander, citando um popular personagem de histórias infantis, que tinha habilidade de hipnotizar pessoas com sua música. – E enfiar a flauta dele onde o sol não bate.

Ele tinha plena consciência de estar indo para algum tipo de armadilha. Mas aquilo, ao invés de deixá-lo apreensivo, estava fazendo-o ficar muito irritado. Quem quer que fosse que estivesse armando para cima dele, iria descobrir que ele não seria tirado de circulação tão fácil.

◆ ◆ ◆

Dario Joanson tomou um susto quando a porta de seu gabinete foi escancarada de repente. Mas a surpresa foi maior ainda ao olhar para o rosto do homem que o encarava sob o batente, com expressão carrancuda.

— General? – Dario se levantou, desajeitado, prestando continência.

— Onde está Evander? – Leonel perguntou, sem rodeios.

— Ele deveria estar na sala dos oficiais.

— Me reportaram que ele reuniu uma equipe e partiu no começo da tarde. Designou alguma missão para ele?

— Não, senhor.

Leonel suspirou, subitamente percebendo o quanto estava alterado. Assuntos que envolviam Evander tinham a tendência de tirá-lo do sério. Tentando se controlar, ele entrou no gabinete e fechou a porta com cuidado, antes de sentar-se na cadeira diante da mesa do capitão.

— Me desculpe. Eu não deveria me dirigir a nenhum de meus oficiais de forma tão... intempestiva. Ainda mais a você.

Dario lembrou-se da afirmação de Narode, de que possivelmente havia traidores infiltrados no Exército.

— Perfeitamente compreensível, senhor – respondeu, sentando-se também. – Se puder me contar exatamente o que ouviu e de quem, irei agora mesmo descobrir o que está acontecendo.

◆ ◆ ◆

A perseguição morro acima foi demorada, cansativa e complicada. O monte era muito alto, as trilhas eram estreitas e os soldados hipnotizados tentaram emboscá-los diversas vezes. Ao derrotar uma moça facilmente com alguns golpes de bastão, Evander concluiu que o treinamento dos soldados de Linarea não podia ser tão ruim daquele jeito.

— Esses caras parecem chapados – comentou Santane.

Evander assentiu. O que quer que estivesse controlando aquelas pessoas, parecia tirar-lhes muito da agilidade e da perícia em combate. Se aquilo era mesmo controle mental, era bastante diferente daquele usado em Lemoran.

Ele olhou para cima. O fim de tarde estava se aproximando, o que indicava que aquela perseguição já durava quase três horas.

— Estamos quase no topo.

— Ainda bem – disse Santane, apoiando-se na parede rochosa e tomando um gole de seu cantil. – Minhas pernas estão começando a doer. Quantos deles deve ter sobrado?

— Se contei direito, dois. Vamos pegá-los. quero ir logo para casa e secar uma caneca bem grande de cerveja.

Infelizmente, as coisas não foram tão simples. Após mais alguns minutos de perseguição, conseguiram alcançar e derrotar os dois últimos soldados, mas o ladrão, vendo-se encurralado no topo da montanha, fez alguma coisa com o artefato roubado, que passou a emitir faíscas e a lançar raios em todas as direções.

Uma descarga elétrica atingiu em cheio o pescoço de uma das enormes esculturas lá em cima, decapitando a estátua, cuja cabeça foi lançada no precipício, em direção à cidade lá embaixo.

Evander puxou Santane com ele para trás de algumas pedras em busca de refúgio, mas ao perceber que o chão começava a tremer, concluiu que a situação estava ficando insustentável.

— Cai fora daqui – ordenou. – Aquele doido vai derrubar a montanha inteira! Retirada!

Santane não pensou duas vezes e saiu correndo. No entanto parou ao perceber que Evander não o acompanhava, ao invés disso, estava saindo do abrigo atrás da pedra e voltando ao topo do morro, de onde os raios continuavam saindo, para todos os lados.

Sem saber o que fazer, o soldado decidiu voltar para ver o que o subtenente iria fazer.

Uma das coisas que Evander tinha aprendido em todos aqueles livros é que a energia mística é composta por fluxos contínuos e estáveis. Nada é aleatório no que diz respeito a flutuações energéticas e aqueles raios não eram exceção. Aquelas descargas elétricas eram claramente flutuações místicas, pois se moviam em uma velocidade que os olhos eram capazes de acompanhar. Não eram nem um pouco como raios de verdade. Mas o efeito que tinham ao se chocar com as rochas era igualmente perigoso, pois provocavam buracos, rachaduras e lançavam pedaços de pedra e poeira para todos os lados.

O ladrão estava em pé ao lado do artefato, com uma expressão de pânico no rosto, enquanto os raios passavam ao redor dele indo para todas as direções, sem nunca o acertar.

Evander estudou o padrão dos raios por um momento e pôs-se em ação. Prevendo o padrão em que as descargas se sucediam, ele correu, saltou, rolou pelo chão, levantou-se e correu de novo, como uma espécie de dança mortal. Os raios caíam ao redor dele sem clemência, mas ele continuou avançando até que depois de um último salto ele se viu cara a cara com o ladrão, que apenas olhava para ele, totalmente perplexo e sem reação. Foi facilmente nocauteado com um soco no queixo.

Santane, que observava tudo à distância, não conseguiu se impedir de ficar de queixo caído com a demonstração de agilidade do subtenente.

Com o ladrão inconsciente, o artefato imediatamente parou com as emissões elétricas. Como Evander tinha aprendido nos livros, aparatos como aquele eram apenas geradores de fluxo passivos, que só podiam ser mantidos em funcionamento com o uso de um fluxo ativo, como os que existem em qualquer ser vivo.

Evander suspirou, aliviado, e se aproximou do homem, ajoelhando-se ao lado dele. Depois de virá-lo de costas, puxou-lhe as mãos para trás enquanto tirava uma algema do bolso. Então percebeu que havia algo na mão esquerda do ladrão.

Curioso, afastou os dedos do homem, revelando uma espécie de medalhão, com uma forma em relevo. Ele não teve chance de identificar o desenho, pois o objeto foi subitamente envolvido por um brilho intenso antes de se desintegrar, mandando tudo pelos ares, numa violentíssima explosão.

Leonel e Dario acabavam de chegar em Linarea através da ponte de vento, acompanhados por alguns oficiais, e se surpreenderam ao avistarem a sumo-sacerdotisa da terra.

— Gaia? – Leonel aproximou-se dela, depois de fazer um sinal para que os oficiais aguardassem um momento. – O que faz aqui?

— Olá, Leonel – respondeu ela, com expressão preocupada. – Recebi um augúrio do Grande Espírito. Foi-me revelado que minha presença neste local poderá ser de grande importância.

— Algum detalhe, em específico?

Ela sacudiu a cabeça.

Leonel pensou um pouco e estreitou os olhos.

— Quando foi a última vez em que o Espírito da Terra se comunicou diretamente com você dessa forma?

Um arrepio percorreu o corpo da sacerdotisa.

— Dezesseis anos atrás. No dia do desastre de Atalia.

— General! – Joanson chamou a atenção deles. – Tem alguma coisa acontecendo no topo daquele morro.

Leonel e Gaia olharam para o Monte Efígeo, que se destacava no horizonte à distância.

— Pela Graça! – Gaia exclamou, quando um súbito clarão de luz surgiu.

Abismados, os oficiais observaram enquanto uma forma familiar surgia no céu, logo acima do morro. Uma manifestação bastante rara, mas inequívoca daquela que era considerada a principal divindade do Império.

— Major! – Leonel chamou um dos oficiais. – Você está no comando. Acione o protocolo Brahan. Os demais, venham comigo. Vamos!

Sem perder tempo, o major correu até dois guardas que estavam ali perto, distribuindo ordens apressadas.

— O senhor acha que o subtenente está lá? — Dario perguntou, esforçando-se para acompanhar as passadas largas do general.

— Quando as duas Grandes Entidades decidem se envolver diretamente em uma mesma situação – respondeu Leonel, sem diminuir o ritmo –, conjecturas são inúteis, tudo pode acontecer. Estejam preparados para qualquer coisa.

Não havia nada a fazer além de lançar uma prece silenciosa para que Evander não estivesse envolvido.

— Que a Mãe Terra tenha piedade! – Gaia disse, lançando mais um olhar para a cena no topo do morro enquanto se apressava para acompanhar os outros.

Evander sentiu sua consciência se esvair. Aquela era uma sensação que havia se tornado familiar, pois já a tinha experimentado várias vezes. Sempre que sua aura de proteção absorvia dano em excesso, sua energia espiritual era completamente drenada e ele não podia fazer nada além de cair nos braços da inconsciência. Daquela vez, no entanto, algo diferente aconteceu. Uma fração de segundo antes de perder os sentidos, ele foi bruscamente puxado de volta para a luz.

Com um sobressalto, ele abriu os olhos e viu que estava envolto em chamas. Seu corpo todo estava quente, muito quente, mas estranhamente não sentia dor. O que o percorria da cabeça aos pés era uma sensação gloriosa e revigorante.

Uma voz logo acima dele chamou sua atenção.

— Segure minhas mãos!

Só então ele percebeu que flutuava no ar. Olhando para cima, ele viu uma mulher, ou pelo menos ele achava que era uma, completamente envolvida em labaredas de fogo, estendendo as mãos flamejantes para ele.

Era uma visão... esplêndida.

Sem pensar muito no que estava fazendo, ele ergueu os próprios braços e segurou firme nos antebraços dela, enquanto ela fazia o mesmo com os dele. Então ela bateu com força as enormes asas de fogo que tinha nas costas e os levou para cima.

Ele percebeu vagamente que as chamas que o envolviam iam se dispersando. Uma breve olhada para baixo lhe permitiu ver que o topo do morro onde estava antes ruía, num enorme desmoronamento.

— Que raios?!

— Você está vivo!

Olhando para cima, ele percebeu que a mulher tinha uma expressão meio abobalhada, como se não acreditasse no que estava vendo. As chamas ao redor do corpo dela também haviam se dispersado, restando apenas as enormes e majestosas asas, que pareciam brotar de algum lugar das costas dela.

Então ele viu que não se tratava de uma "mulher", mas de uma moça, que, inclusive, devia ser mais jovem do que ele. Tinha longos cabelos ruivos, que esvoaçavam ao sabor do vento e que não se queimavam ao entrar em contato com as obviamente místicas chamas que formavam suas asas.

Ela tentava manobrar para voltar à trilha que circundava o morro, mas não estava tendo muito sucesso em lutar contra o vento que soprava ali em cima, enquanto o peso dele, que parecia bem mais do que ela podia aguentar, fazia com que perdessem altitude aos poucos.

Parecendo muito frustrada, ela fez uma manobra estranha, inclinando o corpo de leve e batendo as asas com toda a força. Aquilo foi suficiente para vencer a força do vento, fazendo com que voltassem a se aproximar do morro, no entanto, fez também com que perdessem ainda mais altitude, descendo vários metros até que ela conseguisse voltar a estabilizar o voo.

— Cuidado! – Evander exclamou, ao perceber que se dirigiam em grande velocidade na direção de uma enorme rocha. A moça olhou para frente e percebeu que estavam indo rápido demais para se desviar.

— *Doorka wajiga*!

Evander notou vagamente o xingamento lemoriano que ela exclamou, enquanto acionava sua concha de proteção que, graças aos céus, não precisava de componentes gestuais para ser invocada. O fluxo de energia surgiu diante deles e pressionou violentamente a rocha, absorvendo todo o impacto e o direcionando para a montanha, fazendo com que a rocha se rachasse e uma depressão circular se formasse, enquanto poeira e fragmentos de pedra eram arremessados para os lados.

O efeito da concha de proteção podia ser altamente desorientador para pessoas que o experimentavam pela primeira vez. Principalmente numa situação daquela, em que estavam voando em grande velocidade e, subitamente, viram-se parados no ar. Era como se, de repente, fossem tirados de uma realidade e jogados em outra, sem dar tempo aos sentidos de perceberem o que estava acontecendo.

Sob aquele efeito, a moça entrou em pânico e bateu as asas com força, afastando-os do morro rápido demais. Então foram novamente pegos pelos fortes ventos e começaram a se afastar cada vez mais.

Evander viu que ela estava ofegante. Aparentemente, aquilo estava sendo demais para ela.

— Moça, você não vai conseguir se manter no ar desse jeito!

— *Saqafka jaban* – xingou ela, novamente. – Se conseguir fazer melhor do que eu, fique à vontade, tá bom? Eu nunca fiz isso antes!

Pela misericórdia!

— Não consegue voltar para o morro?

— Se... não pode ajudar... não atrapalha – reclamou ela, sem fôlego. – Não está vendo que... eu estou tentando?

Evander se agarrou mais firme ao pulso dela quando percebeu que a moça parecia estar próxima de perder os sentidos. Ele olhou para a floresta, centenas de metros abaixo deles, e fez uma prece silenciosa para que, se tivesse alguém lá embaixo, que conseguisse se afastar a tempo.

Então as asas de fogo que os mantinham no ar começaram a se desvanecer e eles caíram. Evander puxou a moça para si e a abraçou pela cintura, para evitar que as fortes correntes de ar os separassem, enquanto conjurava novamente a concha de proteção. Felizmente, ele tinha praticado o suficiente aquele encantamento para conseguir realizá-lo sem precisar de mais do que um segundo de preparação.

Poucos segundos depois, o vale foi sacudido pelo barulho do impacto. Pássaros voaram para todos os lados e uma nuvem de poeira cobriu a pequena clareira onde eles caíram. As energias místicas os protegeram de serem esmagados, mas também potencializaram o impacto da queda, abrindo uma pequena cratera circular no solo coberto por folhas, galhos secos e vegetação rasteira, agora completamente esmagada.

O impacto foi completamente absorvido, mas isso não evitou que ambos acabassem caindo um por cima do outro, devido à posição em que estavam quando atingiram o solo. Rapidamente, ele saiu de cima dela e levantou o tronco, olhou ao redor por um momento, antes de voltar a olhar para baixo. A moça abriu os olhos por um momento, mas logo voltou a fechá-los. Felizmente, não estava ferida, mas parecia esgotada.

A ruiva tinha um corpo bem definido, coberto por roupas grossas que pareciam velhas e bastante remendadas. Levava uma bolsa presa na cintura e exalava cheiro de suor e de cavalo.

Mas o que mais chamava a atenção nela era o rosto, marcado pelo que parecia ser uma tatuagem de um pássaro de asas abertas. O desenho parecia ser feito com uma espécie de tinta dourada e cobria a maior parte do nariz e da bochecha direita, chegando até o pescoço. O tom dourado claro era difícil de ver à distância ou em ambientes com muita luz, o que explicava porque ele não tinha percebido aquilo antes.

Vendo que a respiração dela se normalizava aos poucos enquanto parecia dormir tranquilamente, ele a deixou ali e levantou-se. Olhou para as próprias mãos por um momento, ainda surpreso por se sentir tão bem quando, poucos instantes antes, tinha estado em meio a uma explosão tão grande.

Ele olhou na direção do morro, mas não conseguia avistá-lo direito dali por causa da vegetação. Com agilidade, escalou uma das árvores próximas e viu, incrédulo, que o deslizamento tinha sido contido no meio do caminho morro abaixo, pelo que parecia ser uma rede composta por raízes, galhos e folhas. Uma quantidade enorme de vegetação parecia ter crescido a partir do paredão rochoso, o que tinha segurado as pedras, salvando pessoas que moravam lá embaixo de terem suas casas soterradas.

Um ponto dourado podia ser avistado no céu, movendo-se de forma bastante familiar, o que fez com que Evander soltasse um suspiro aliviado. Aparentemente, a ajuda tinha chegado.

Fazia muito tempo que ele não ouvia mais falar do Avatar, e a única vez que ele tinha visto pessoalmente o maior herói de Verídia havia sido na infância, mas aquelas cores e o padrão de movimento eram inconfundíveis. Seus sonhos infantis de se tornar um grande herói nunca tinham realmente morrido dentro dele, e o fato de avistar aquela pequena fonte de luz dourada sobrevoando a cidade acabou lhe colocando um sorriso bobo no rosto.

Um movimento vindo da clareira lhe chamou a atenção e ele pulou para o chão, aproximando-se da moça, que naquele momento estava se levantando com dificuldade.

— Hei! Tudo bem aí?

— *Qallooac*!

Ele riu ao ouvir o palavrão que ela resmungou.

— Moça, acho que você precisa dar um jeito nesse seu vocabulário. Você está bem?

— Tirando as dores pelo corpo todo, acho que sim – ela respondeu com uma careta.

— Você me deu um belo susto lá em cima.

— Preferia que eu te deixasse cair de lá?

Ele intensificou o sorriso e apontou para o chão.

— Como pôde ver, eu sei uma ou duas coisas sobre aterrissagens.

— Oh! *Aragti*! Nós caímos?!

— Sim, mas nada que eu não conseguisse dar um jeito – ele estendeu a mão direita para ela. – Prazer em conhecê-la. Eu sou o subtenente Evander.

Ela apertou a mão dele, parecendo bastante abalada com aquela pequena aventura.

— Valena. E duvido muito que essas "coisas que você sabe sobre aterrissagens" servissem para alguma coisa com você inconsciente.

— Bem observado – respondeu ele, sorrindo. – Devo supor que foram esses... poderes seus que restauraram minha energia?

Ela deu de ombros.

— É o que parece.

Ela não parecia muito à vontade para conversar sobre aquele assunto.

— Você tem um bonito nome, Valena – comentou ele, tentando deixá-la à vontade. – Essa tatuagem no seu rosto é recente?

— Tatuagem? Que tatuagem? – Ela arregalou os olhos ao levar à mão à face e sentir a diferença na textura da pele marcada pelo desenho. – *Koofiyada qoyan*! Que droga é essa?!

Evander fez uma careta ao ouvir aquela expressão, que tinha um significado particularmente desagradável. Ele chegou a abrir a boca para responder, mas sentiu uma presença e voltou-se, levantando a cabeça. Então olhou, incrédulo, enquanto o artefato roubado, misteriosamente intacto, bem como o ladrão inconsciente, desciam flutuando lentamente até o chão diante deles.

Ao voltar a olhar para cima, ele se descobriu olhando diretamente para a enorme e dourada figura do Avatar.

Todos sabiam que o Avatar não era, exatamente, uma pessoa. Era uma espécie de espírito, um ser de energia que, aparentemente, existia apenas para ajudar pessoas em perigo. Vendo-o de tão perto pela primeira vez, Evander percebeu que as diversas descrições que já tinha lido e ouvido não lhe faziam justiça.

Era uma figura bem grande e parecia uma enorme armadura vazia, exceto pelo campo de energia se movendo por dentro e ao redor dela, uma energia tão intensa que dava a impressão de poder ser tocada. Nada além daquele brilho dourado ligava os braços, pernas e o elmo ao tronco da armadura. Não havia olhos por trás da viseira do elmo, pelo menos não que pudessem ser avistados, mas de alguma forma Evander conseguiu notar que o Avatar olhava para ele por um instante, antes de desviar a atenção para Valena.

A moça, por sua vez, apenas encarava a figura dourada de olhos arregalados, tão surpresa e sem reação quanto Evander.

Então o Avatar fez um gesto de assentimento e levantou o braço, projetando-se para cima numa velocidade impressionante até desaparecer por entre as nuvens.

— *Culvert*! – Valena exclamou. A garota parecia ter um repertório infindável de praguejamentos do antigo idioma de Lemoran. Aquele, ele não conhecia, mas fazia uma ideia do que podia significar. – Por que ele olhou para mim daquele jeito?

Ele suspirou.

— Acho que você não se olhou no espelho recentemente, não é?

— Como é?!

— Me fala uma coisa, como foi que você ganhou esses poderes de fogo e foi parar lá em cima?

Ela coçou a cabeça e pensou um pouco.

— Eu não sei direito. Estava subindo o morro para entregar uma mensagem quando comecei a me sentir estranha, queimando por dentro, sei lá. Eu não lembro muito bem o que aconteceu depois. Acho que eu ouvi uma explosão e vi você caindo, então fui atrás para tentar te pegar.

— Acho que eu devo parabenizar você, alteza.

— "Alteza"? Que *dagaal* é essa?

Ele voltou a rir.

— Você é de Lemoran, por acaso? Não acho que o pessoal daqui esteja muito familiarizado com esse seu… linguajar.

Ele achava que provavelmente até mesmo os Lemorianos estranhariam aquilo. E ficariam horrorizados com aquela boca suja.

Ela franziu o cenho.

— Vá cuidar de sua vida, seu *waa mid aan macquul ahayn*!

— Ei! Pega leve, pega leve – ele levantou as mãos, ainda rindo. - Eu acho que sei o que é essa tatuagem no seu rosto. Você recebeu a marca da Fênix.

O coronel Viriel Camiro desceu do cavalo ao chegar ao topo do Monte Efígeo e admirou, por um momento, as estátuas que haviam restado ali em cima. Uma delas tinha sido decapitada e outra tinha sido completamente destruída pela explosão que tinha feito com que boa parte do topo do morro desabasse. Era uma pena. Aquelas estátuas realmente eram obras de arte, tendo séculos de história, e não seria nada fácil consertar os danos.

O capitão Dario Joanson e alguns outros altos oficiais que estavam por ali saudaram o coronel, respeitosamente. Camiro retribuiu com uma continência e adiantou-se, caminhando na direção do general, que estava perigosamente perto da borda onde o deslizamento ocorreu, olhando para baixo.

— Não acha que seria melhor se afastar um pouco daí, general?

Leonel virou-se e deu alguns passos na direção dele.

— Obrigado por vir até aqui, coronel.

— Confesso que subir por essa trilha foi uma experiência... interessante. Como está seu filho?

— Ele está bem. E, aparentemente, muito satisfeito por ter encontrado o Avatar e a futura imperatriz num mesmo dia.

Camiro sorriu.

— É bom ser jovem, não? Para eles, tudo é uma grande aventura.

Leonel assentiu discretamente para Dario, que chamou a atenção dos outros oficiais e os levou para inspecionar uma das estátuas de perto.

— Como vai sua filha, coronel?

Viriel Camiro foi tomado de surpresa. Nunca fora muito próximo de Leonel Nostarius, e essa era a primeira vez que o general lhe fazia uma pergunta pessoal.

— Está muito bem, senhor, obrigado.

— Espero que não se importe de eu perguntar, coronel, mas meu filho... bem... eu soube que ele rompeu o namoro com sua filha anos atrás.

— Sim, isso é verdade – respondeu Camiro, com cuidado.

— Pode responder de maneira franca, coronel. Não estou tomando partido de ninguém, apesar de eu ser parte interessada. Mas, de qualquer forma, gostaria de saber se o senhor ou sua filha ainda guardam algum ressentimento.

O coronel não conseguiu evitar de ficar sem ação por um momento, encarando o general, praticamente, boquiaberto.

— Claro que não, senhor! – Camiro afirmou, depois de conseguir se recuperar da surpresa. – Devo confessar que, no começo, eu considerei seu filho como um mulherengo sem vergonha... quero dizer... desculpe, eu não quis...

— Está tudo bem, coronel. – Leonel levantou uma mão e sacudiu a cabeça. – Como eu disse, pode falar francamente.

— Obrigado. O que eu posso dizer é que no começo eu tive algumas dúvidas em relação à conduta do seu filho. Mas, exceto por aquela cena lamentável que ele protagonizou ao receber o prêmio do Torneio de Egas, dedicando a vitória a uma moça que no final não estava interessada, nunca mais fiquei sabendo de nenhum envolvimento amoroso dele.

— E quanto à sua filha?

Camiro deu de ombros.

— O rompimento foi feito de forma amigável. Ela afirma que eles não combinavam e que tinha sido melhor terminar as coisas naquele momento. Ela acredita que eles não demorariam muito a começar a brigar, devido a algumas diferenças na visão de mundo que tinham.

— O senhor tem conhecimento dos rumores sobre Evander, no Forte?

— Sim, senhor. São totalmente infundados, na minha opinião. E na da minha filha também.

Leonel encarou Camiro nos olhos por alguns segundos e então, suspirou, com certo alívio.

— Muito bem, coronel. Agradeço muito pela franqueza.

— Seria muita impertinência da minha parte questionar o motivo dessas perguntas, general?

— De forma alguma. – Leonel voltou a assentir para Dario, que se aproximou deles, com os outros oficiais logo atrás. – Pode explicar ao coronel o que descobriu, capitão?

— Sim, senhor. Há dois dias, o subtenente Nostarius recebeu uma ordem por escrito para capturar um criminoso que havia roubado um poderoso artefato e fugido para Linarea. Ele localizou e perseguiu o suspeito até aqui em cima e chegou a nocautear o homem, antes de ele acionar um artefato explosivo, que derrubou metade deste lugar. Acredito que o senhor esteja ciente do que aconteceu depois disso.

— Sim, capitão. - Camiro sorriu. - Inclusive, correm boatos por aí que o subtenente conseguiu se esquivar de diversas descargas elétricas para chegar até o criminoso e derrubá-lo. Os métodos de treinamento que o senhor usa parecem ser incrivelmente eficientes.

Dario e os oficiais riram. Leonel apenas levantou a cabeça e contemplou uma das estátuas, tentando manter uma expressão neutra, sem querer se intrometer. Por mais impaciente que estivesse, sabia muito bem que aquele tipo de descontração era crucial para manter os oficiais unidos e confiantes. Ainda mais naquele momento.

— De qualquer forma – continuou Camiro –, o fato de ele ter feito isso só comprova que o senhor realmente escolheu o homem certo para a missão, capitão.

— Na verdade – disse Dario Joanson –, esse é exatamente o motivo pelo qual o chamamos aqui, coronel. Eu não dei essa missão a ele.

— É mesmo? Então quem assinou a ordem?

— Aparentemente, ninguém.

Camiro arregalou os olhos.

— Mas como?

— Não sabemos. O subtenente Nostarius nos entregou o documento. Está redigido segundo as especificações do Forte, datada e assinada. Mas a assinatura não é de nenhum dos nossos oficiais.

Viriel Camiro olhou para Leonel com expressão acusadora.

— O senhor não pode achar que *eu* tenha algo a ver com isso!

— Não, coronel, não acho – respondeu o general, com tranquilidade. – Mas eu fiz essa pergunta a todos os meus oficiais de confiança. Não seria justo com eles se não perguntasse ao senhor também.

Camiro relaxou e assentiu.

— Claro, senhor. Desculpe, ele é seu filho, o senhor tem todo o direito de se preocupar. Não, eu não tinha conhecimento de nada disso.

— Nesse caso, ele é um oficial antes de ser meu filho. E um oficial foi mandado numa missão extremamente perigosa, sem nenhuma explicação.

— Desculpe a insolência, mas… já foi descartada a possibilidade de… bem… do próprio subtenente ter falsificado a ordem?

— Sim, coronel – respondeu Dario. – Temos algumas testemunhas. O documento veio de uma mesa à qual o subtenente não tinha acesso.

— Essa situação é preocupante. Tem algo que eu possa fazer para ajudar, general?

— Na verdade, coronel, vou precisar que assuma a direção do Forte durante algum tempo. O imperador ficou muito feliz ao conhecer a garota que recebeu a marca da Fênix e designou à Guarda Imperial a tarefa de realizar o treinamento de combate dela.

— Mas essa é uma grande honra! Meus parabéns, general! E a você também, capitão!

Leonel apenas assentiu enquanto Dario agradeceu, satisfeito.

— Por isso precisaremos nos afastar por um período – concluiu o general. – Gostaria que o senhor gerenciasse as coisas nesse meio tempo.

Camiro assentiu.

— Fico honrado com a oferta, senhor, e aceito com prazer. Mas e quanto ao coronel Narode?

— Ainda está se recuperando, depois de tudo o que sofreu em Lemoran. Vai ficar de licença por mais um mês ou dois.

— Entendo. A propósito, general, uma coisa me deixou curioso sobre os fatos ocorridos nesta montanha. O que, exatamente, a garota estava fazendo aqui? Digo, antes de ela receber a marca da Fênix?

Leonel olhou para Dario.

— Aparentemente – respondeu o capitão –, foi um daqueles casos de "estar no lugar errado na hora errada". Certo casal costumava ter encontros, digamos assim, aqui em cima. No dia do incidente, a mulher não pôde vir e contratou Valena Delafortuna, que trabalhava como mensageira em Aurora, para trazer uma carta até o homem.

— Então esse sujeito estava aqui no momento do incidente?

— Sim. Escondido atrás de uma dessas estátuas. Teve sorte de escapar ileso.

Camiro soltou uma risada.

— Espero que isso o tenha ensinado a procurar locais menos perigosos para seus encontros românticos.

— Tenho minhas dúvidas quanto a isso – respondeu Dario, rindo também.

— "Delafortuna" é um sobrenome peculiar, não?

— Não é um nome de família – disse Leonel. – Ela foi abandonada ainda bebê às portas de um orfanato em Aurora. "Delafortuna" era o nome do lugar. É uma expressão antiga que significa "boa sorte".

— Ela realmente parece ser afortunada – comentou Dario.

O coronel deu uma espiada para baixo, avistando as movimentadas ruas da cidade de Linarea à distância.

— Sei que o Avatar apareceu por aqui e parou o deslizamento, mas a cidade chegou a sofrer algum dano?

— Algumas casas e pessoas foram atingidas por pedras que voaram daqui de cima enquanto o subtenente lutava com o criminoso – respondeu o capitão. – As coisas poderiam ter sido piores se Evander não tivesse avisado a guarda da cidade para ficar em alerta.

Ou se Gaia Istani não estivesse por ali, pensou Leonel, já que muitos dos ferimentos tinham sido bastante graves.

— O rapaz parece mesmo ser bastante competente – comentou o coronel. – Qual será nosso plano de ação para impedir que ele volte a receber outra dessas... ordens indevidas?

— Diminuir o número de oficiais que possam dar ordens a ele – respondeu Leonel.

— O senhor quer dizer... uma promoção?

— Preciso que estude a ficha dele, coronel – disse o general. – E me dê sua opinião sincera em relação à aptidão dele ou não para aspirante. Infelizmente, eu não consigo ser completamente racional e prático quando meu filho está envolvido.

O coronel não esperava ouvir uma confissão como aquela. Após se recuperar da surpresa, um sorriso compreensivo se formou em seu rosto.

— Preciso de uma avaliação idônea – continuou Leonel –, principalmente devido ao fato de que pouquíssimos oficiais até hoje ascenderam a essa patente antes de atingir a maioridade. Ainda tem o problema de ele ter sido promovido a subtenente há menos de duas semanas.

— Pode contar comigo, general. A propósito, o imperador não quis conversar com o subtenente? Devido a ele ter encontrado a garota, quero dizer?

— Na verdade, não. Afinal, foi a garota quem o encontrou e salvou a vida dele. – O fato de Evander também ter salvado a vida de Valena estava sendo mantido em sigilo.

Depois que o coronel e os outros oficiais se afastaram, Dario olhou para Leonel, sério.

— Acredita nele?

— Sim. Ele foi sincero.

O capitão assentiu.

— Apenas promover Evander não vai resolver o problema.

— Eu sei – disse Leonel. – Talvez o mais sensato seja mesmo conceder a transferência que ele está pedindo.

— Olhe pelo lado bom – disse Dario, esticando o pescoço para olhar para a cidade lá embaixo. – Ser capaz de sobreviver a uma queda dessa altura é uma habilidade perfeita para um cavaleiro alado.

Leonel estreitou os olhos.

— Devo lembrar a você, capitão, que de todos os cavaleiros alados que sofreram quedas durante alguma missão até hoje, nove em cada dez estavam mortos muito antes de chegarem ao chão.

Capítulo 15:
Fama

Previsivelmente, as pessoas começaram a comentar e os acontecimentos no monte Efígeo se espalharam rapidamente por todo o Império. Mais uma vez, o Avatar tinha aparecido para salvar pessoas de um desastre.

Dezenas de versões diferentes da história se espalharam, uma mais maluca do que a outra. O Avatar era sempre o herói, Valena aparecia às vezes como vilã e às vezes como heroína, o ladrão muitas vezes retratado como inocente, ou até mesmo como o herói da história, e Evander era sempre visto ou como incompetente ou como o maior vilão.

Ele se divertiu, particularmente, com as histórias em que Valena, o Avatar e o ladrão precisaram se unir para derrotá-lo.

Diferentemente dele, o Avatar sempre seria visto como o grande herói. Mesmo levemente contrariado, Evander concluiu que podia conviver com aquilo, pois pelo que ele viu naquele dia, a fama do Avatar era merecida.

Deixando a infâmia de Evander de lado, se as opiniões eram quase unânimes em relação ao Avatar, com Valena havia muita divergência. As pessoas viam com apreensão o surgimento de alguém com a marca da Fênix, pois isso tradicionalmente indicava que a época de transição estava chegando e que o reinado do atual imperador estava chegando ao fim. Os mais conservadores se sentiam apreensivos, enquanto os mais liberais aguardavam ansiosamente pelas mudanças que só uma pessoa mais jovem e com uma visão de mundo diferente e mais moderna poderia fazer.

Valena foi levada, com todas as honras, para Aurora, a capital do Império, para ter uma audiência imediata com o imperador Sileno Caraman. O imperador fez um discurso especial, que foi escrito e impresso em milhares de rolos de papel que, por sua vez, foram distribuídos por todo o país.

No discurso, Caraman admitia que sua sucessora havia sido escolhida pela Grande Fênix, assim como ele próprio o havia sido, tantos anos antes. Ele elogiou muito Valena Delafortuna, dizendo que ela era uma pessoa inteligente, alegre e determinada, exatamente o tipo de governante que o país precisava. Ele também parabenizava a todos e afirmou que se sentia em paz, pois tinha certeza de que o Império ficaria em boas mãos quando o dia dele chegasse.

Se aquilo era possível, a reputação de Evander no Exército voltou a piorar. Alguns começaram a falar em abrir investigação sobre o ocorrido em Linarea, mas, oficialmente, não havia meios de fazer isso, pois todas as alegações de Evander eram corroboradas por diversas testemunhas. Infelizmente, isso não parecia ser suficiente para convencer a todos.

No entanto o pequeno grupo de simpatizantes de Evander, liderado por Indra Solim, começou a fazer barulho, tentando desmentir os boatos mentirosos. Aquilo, do ponto de vista dos altos oficiais, não estava ajudando em absolutamente nada, pois acabava apenas gerando uma polarização dentro da tropa, mas Evander estava grato pelo carinho, de qualquer forma.

Ele tomou o último gole de sua cerveja e levantou-se.

— Hora de ir.

Seus amigos se levantaram e se aproximaram.

— Boa sorte, Évan – disse Indra, dando-lhe um abraço afetuoso.

Ele levantou a sobrancelha.

— Sorte? Quem precisa de sorte?

— Mostra para eles, subtenente – disse Karoi.

— É isso aí, você vai tirar de letra – comentou Ferim.

Era até mesmo estranho ter tanta gente à sua volta daquela forma, fora de um pátio de treinamento ou de uma situação de combate. Ao saber que ele faria uma avaliação de conhecimentos gerais, requisito para uma possível transferência para a Tropa Alada, Indra Solim decidiu organizar uma festa de "boa sorte", reunindo todos os amigos e conhecidos que não estivessem em missão ou em dever de guarda. E, com aquilo, reuniu um número impressionante de oficiais.

Ele teve até mesmo um pouco de dificuldade para conseguir sair do refeitório, com o que parecia uma infinidade de gente se adiantando para abraçá-lo ou apertar-lhe a mão.

Apesar de não estar particularmente preocupado com a avaliação em si, ele realmente esperava que os amigos estivessem certos e que aquela transferência se concretizasse sem nenhum tipo de problema. Ultimamente, as coisas andavam imprevisíveis demais para o gosto dele.

◆ ◆ ◆

Às vezes, parecia que Evander Armini Nostarius tinha se tornado o centro da vida de Dario Joanson. Definitivamente, isso não era o que ele esperava quando recebeu a ordem, mais de um ano atrás, de ficar de olho no garoto. De alguma forma, o rapaz parecia estar sempre metido em algum tipo de confusão, como se o universo todo conspirasse contra ele. Parecia até o roteiro de um romance ruim.

Dario entrou em sua sala e não se surpreendeu ao ver Leonel Nostarius e Viriel Camiro esperando por ele.

— Disse que queria falar conosco, capitão? – Leonel perguntou.

— Sim, senhor.

Joanson deu uma olhada para fora antes de fechar a porta.

O general e o coronel sentaram-se nas cadeiras para visitantes. Leonel fez um gesto para que Joanson se sentasse atrás da mesa. O capitão agradeceu com um sorriso. Aquilo era uma das coisas que ele mais gostava naqueles homens: eles eram práticos. Não davam à hierarquia militar um mínimo de importância a mais do que ela realmente deveria ter.

— Como vai a futura imperatriz? – Joanson perguntou, sentando-se e retirando uma pilha de papéis de uma das gavetas.

— É um projeto a longo prazo – respondeu Leonel. – Creio que você iria gostar dela, capitão. Tem potencial, mas precisa lapidar um pouco a arrogância e a agressividade.

— Achei que você iria ser transferido para Aurora também, capitão – comentou o coronel. – Afinal, a Guarda Imperial inteira foi convocada para trabalhar no treinamento da moça, não foi?

— Confesso que não seria ruim trocar um pouco de ares, coronel – disse Joanson, com um sorriso. – Mas estou no meio de um trabalho importante no momento.

— Sei – disse Camiro, olhando para Leonel com expressão irônica. – O general mandou você ficar de olho em mim para garantir que eu não deixasse as coisas de pernas para o ar na ausência dele, certo?

— Mais ou menos – respondeu Joanson, rindo.

O general, como de costume, apenas cruzou os braços, acompanhando a brincadeira sem expressar reação.

— Certo, capitão, o que tem para nós? – Leonel perguntou, ao ver que ele já tinha encontrado o material que procurava na gaveta.

O capitão passou-lhe uma folha. Leonel reconheceu o documento que ele mesmo havia analisado dias antes e o repassou ao coronel.

— Esta é a ordem que levou o subtenente Nostarius até Linarea? – Camiro perguntou.

— Sim, senhor. Perceba que é uma ordem bastante específica. Específica até demais, em minha opinião. Reunir um pelotão e partir para Linarea, à procura de um ladrão. Na ordem consta até mesmo uma descrição precisa da aparência física do homem, bem como do objeto roubado.

— E qual o problema com isso?

— O item em questão foi dado como roubado cinco horas *depois* que essa ordem foi emitida. Não há nenhum registro no Forte, nenhuma denúncia arquivada que justificaria a emissão dessa ordem. O quartel general de Linarea ficou sabendo do roubo apenas quando a equipe do subtenente Nostarius chegou à cidade e reportou a eles.

— Ou seja, alguém queria mandar o subtenente para lá por alguma razão.

— Sim – disse Leonel por entre os dentes. – Para se livrar dele. E quanto ao criminoso?

— O homem e os soldados que o ajudaram sofreram dos mesmos sintomas das pessoas de Lemoran. Sabem tudo o que fizeram e têm consciência de terem agido sob o domínio de alguém, mas não se lembram de absolutamente nada sobre essa pessoa. Quem lançou o encanto foi cuidadoso o suficiente para incluir algum tipo de bloqueio, de forma a preservar a própria identidade, quando o efeito acabasse.

— Narode passou por isso também? – Camiro perguntou.

— Sim – respondeu Leonel. – Mas ele não foi pego exatamente de surpresa, então ele se lembra da conversa que teve com a mulher antes de ela lançar o feitiço sobre ele.

— Há quanto tempo o homem estava sendo controlado? – Camiro quis saber.

— Um mês, talvez um pouco mais.

— Poderia ter sido ela a responsável? Um mês atrás ela ainda estava viva.

— É uma possibilidade, mas não temos como ter certeza – respondeu o capitão. – Sabemos que os soldados que ajudaram o homem foram vítimas de um encantamento diferente, mais fraco e temporário, lançado por um medalhão que ele carregava. Estamos tentando rastrear a origem dele, mas, aparentemente, chegamos num impasse.

Dario levou uma mão ao queixo e olhou para cima, pensativo, por um instante.

— Mas eu estive pensando – continuou ele. – Tem algumas coisas que não se encaixam, como a presença da sumo-sacerdotisa da terra e o surgimento de Valena Delafortuna. Por que as duas grandes entidades iriam querer se envolver nesse incidente? Quero dizer, pessoas poderiam morrer ali, mas já tivemos diversos desastres naturais antes e nem a Grande Fênix e nem o Espírito da Terra se envolveram abertamente dessa forma. Outra coisa que não entendo é, se as duas entidades já estavam em ação, por que o Avatar apareceu por lá também? Ou o inverso, se o Avatar iria resolver o problema, por que as entidades precisariam intervir?

— Gaia Istani também tem dúvidas em relação à sua presença em Linarea – disse Leonel. – Ela acha que talvez tenha sido enviada para lá como uma espécie de medida preventiva, como se pudesse haver um grande perigo em potencial que foi contido de alguma forma.

Camiro encarou Leonel.

— General, teria alguma razão para seu filho ser considerado importante o suficiente para as entidades se preocuparem em preservar a vida dele? Ou, pior, para que as entidades considerem a ele como algum tipo de ameaça?

Leonel Nostarius fechou os olhos e sentiu aquelas palavras como um golpe físico. O tremor que percorreu o corpo dele foi perceptível.

— Coronel – disse Dario –, com todo o respeito, mas...

— Tudo bem, capitão – disse Leonel, abrindo os olhos. – Isso tinha que ser dito. Não podemos ignorar a possibilidade. Mas Evander já passou por situações de extremo risco diversas vezes e nada de... incomum aconteceu. Me parece mais provável que as ações dele tenham, de alguma forma, ajudado a conter esse tal perigo em potencial.

— O ponto fora da curva, a fala que não estava no script – comentou Joanson, assentindo, pensativo.

Camiro olhou para o capitão com uma expressão que parecia um enorme ponto de interrogação.

— Como no caso de Lemoran – tentou explicar Joanson.

— Entendo aonde quer chegar – disse Leonel. – Quem forjou essa ordem é metódico, meticuloso. Mas pode ter subestimado Evander. Não conseguiu prever as ações dele.

— E talvez não tenha sido a primeira vez.

— O que quer dizer que essa... pessoa pode tentar algo ainda mais perigoso na próxima – concluiu Camiro. – O rapaz sabe que pode estar correndo perigo?

— Sim senhor – respondeu Joanson. – Acredito que depois de ter sido atacado três vezes por pessoas sofrendo controle mental, não teria como não desconfiar, ainda mais sendo alguém tão perceptivo.

— Ele fez a avaliação para ingresso na tropa dos Cavaleiros Alados? – Leonel quis saber.

— Sim, senhor – disse o capitão, passando outro papel para o general. – Hoje de manhã.

— E como ele se saiu? – Camiro perguntou.

— Atingiu uma pontuação muito maior do que o necessário. Os avaliadores ficaram bastante impressionados.

Camiro olhou para Leonel, que lia avidamente o relatório sobre a avaliação.

— Seu garoto não para de me surpreender, general.

Leonel terminou de ler o documento e soltou um suspiro antes de levantar os olhos para Camiro, mal conseguindo controlar a própria ansiedade. Aquele descontrole sobre os próprios sentimentos lhe era tão estranho que estava tendo dificuldades para lidar com ele.

— Já tem um parecer em relação à promoção, coronel?

— Segundo os dados dos nossos arquivos, ele não tem mérito suficiente nem mesmo para a patente que já tem.

— O quê?! – Leonel e Dario perguntaram, ao mesmo tempo.

— Essa também foi a minha reação inicial. Então decidi analisar a papelada um pouco mais a fundo e conversar com algumas pessoas. E encontramos diversos erros e inconsistências nos registros. Os encarregados estão refazendo tudo neste momento. As falhas são sutis e, sozinhas, não teriam muita relevância, mas todas elas juntas pintam um quadro bastante preocupante e inverídico sobre o subtenente. Inclusive, esses registros, da forma como estavam, corroboravam muitos dos rumores que correm por aí.

— O que significa que corrigir isso agora vai deixar as pessoas ainda mais desconfiadas de que estou dando privilégios a ele – concluiu Leonel.

— Devo deixar tudo como estava? – Camiro perguntou, aparentemente insatisfeito consigo mesmo por não ter pensado naquilo.

— Não se preocupe com isso, coronel. Apenas assegure-se de que os registros não contenham nada além de dados verídicos.

— Alguém realmente está muito interessado em prejudicar o garoto – comentou Dario.

— Precisa de quanto tempo para terminar sua análise, coronel? – Leonel perguntou, apreensivo.

— Já tenho dados mais que suficientes para dar meu parecer. Em minha opinião, ele tem muito mais mérito do que o necessário para compensar a pouca idade.

Leonel soltou um suspiro de alívio.

— Vamos tirá-lo daqui.

— Mas o que impediria que essa pessoa misteriosa continuasse prejudicando-o, mesmo em outra unidade? – Camiro perguntou.

— Os Cavaleiros Alados são a minha tropa – respondeu Leonel. – São extremamente leais e têm muitos recursos.

— Ou seja, o senhor tem um plano – concluiu o capitão, com um sorriso.

♦ ♦ ♦

Viriel Camiro andou pelo corredor até as portas abertas do anfiteatro e se surpreendeu ao ver que o local estava repleto de pessoas. Evander Nostarius estava sentado em uma das cadeiras da primeira fila, cercado por seus amigos. Todos ficaram em silêncio e se levantaram, prestando continência ao perceberem a chegada do coronel.

Camiro respondeu à saudação e fez um gesto para que todos se sentassem. Os soldados mal tiveram tempo de se acomodar e já tiveram que se levantar outra vez, prestando continência com expressões ainda mais sérias do que antes.

O coronel olhou para trás, nada surpreso ao ver o general Leonel Nostarius entrando no recinto, seguido por diversos outros oficiais, incluindo o capitão Joanson e o tenente Kalius.

Com sua característica atitude prática e isenta de afetação, o general saudou a plateia e pediu que todos se sentassem, afirmando que hoje estava ali como pai e não como general e que o comandante do espetáculo naquele dia era o coronel Camiro.

Promoções de baixos oficiais não eram cerimônias exatamente formais e não costumavam reunir mais do que alguns poucos espectadores. Mas no caso de Evander, seus amigos e conhecidos resolveram todos comparecer, incluindo grande parte dos soldados que já tinham servido sob o comando dele.

O próprio Evander ficou bastante surpreso ao ver toda aquela gente no pequeno auditório, mas não podia estar mais satisfeito ao ver tantos amigos e pessoas de bem ali. O que mais lhe deu satisfação, no entanto, foi a presença do general. Por mais que tentasse superar isso, no fundo ele ainda estava magoado pela ausência do pai em diversos momentos importantes de sua vida, como no Torneio de Egas, e tinha baixas expectativas em relação ao interesse que Leonel poderia ter em sua vida. Naquele momento tinha algo estranho ocorrendo e o general estava preocupado com ele, mas quando esse perigo passasse, o que aconteceria?

Não foi uma cerimônia longa ou de muito apelo emocional. O coronel apenas fez um discurso rápido, no qual reiterou que o subtenente Nostarius estava sendo promovido à patente de aspirante por méritos próprios e que, a partir de então, iria servir sob a direção do capitão Renedo, da tropa dos Cavaleiros Alados.

Grande parte da plateia ainda não sabia sobre a transferência e houve muitos murmúrios, alguns ficando felizes por Evander e outros lamentando saber que ele iria deixar o Forte.

Após ganhar sua nova credencial, Evander recebeu um abraço de seu pai e os cumprimentos dos oficiais, logo depois se perdendo na confusão da plateia, que o cercou.

O capitão Renedo observava aquela movimentação toda com misto de fascínio e estranheza.

— Mal posso esperar para começar a trabalhar com esse aspirante – disse ele ao capitão Joanson. – Parece ser uma pessoa interessante.

Joanson riu.

— Isso, com certeza ele é, mas também pode ser uma grande fonte de confusão.

Renedo sorriu.

— Terei isso em mente.

Indra Solim tinha organizado uma grande festa na casa de um dos amigos dela. Após as palavras finais do coronel, ela fez questão de intimar a todos os presentes para comparecerem. E, assim, Evander passou uma das noites mais divertidas de sua vida, comemorando ao lado dos amigos.

◆ ◆ ◆

Evander sentiu um calafrio ao subir o Monte da Névoa pela primeira vez. As lembranças dos acontecimentos no Monte Efígeo ainda eram recentes e ele tinha certeza de que nunca mais olharia para uma montanha da mesma forma que antes. Mas agora as coisas eram diferentes, ele estava ali buscando a realização de um sonho e não numa missão atrás de algum aloprado.

Não havia neblina no local, o que o deixou um pouco frustrado. Afinal, por que alguém batizaria de "Monte da Névoa" um lugar que não tinha névoa alguma? De qualquer forma, ali era muito bonito. Aqueles não eram montes tão imponentes como os das Montanhas Rochosas e nem tão altos quanto os picos da Sidéria, mesmo assim ofereciam uma paisagem e tanto.

O quartel general dos Cavaleiros Alados não lembrava em nada o Forte. Era composto, praticamente, por acampamentos nos picos daquela cadeia de montanhas.

Evander se lembrava de uma vez, na infância, em que seu pai havia lhe explicado que não importava o quão alto você subisse, a linha do horizonte estaria sempre no mesmo nível dos seus olhos. Esse fato era o maior problema para os poucos teóricos que tentavam defender a ideia de que o mundo tinha formato esférico.

Apesar de ter lido muito sobre o assunto, Evander nunca tivera uma oportunidade tão boa para confirmar aquela história. Os dias que ele passou no topo daquela montanha na Sidéria não contavam, uma vez que a nevasca quase constante diminuía o campo de visão a apenas uns poucos metros. E mesmo que seu "passeio" pelo monte Efígeo tivesse sido por lazer, o monte da Névoa era muito, muito mais alto.

Olhando dali de cima, ele se sentia mais próximo das nuvens do que do solo lá embaixo. Se olhasse diretamente para frente, na direção do horizonte, parecia que o solo e as nuvens iam se aproximando cada vez mais à distância, até se fundirem numa linha prateada.

Outra diferença com o monte Efígeo era que ali a vegetação crescia abundantemente por toda parte. O solo não era muito profundo e existiam diversas clareiras ocasionais, onde a terra era tão rochosa que nada conseguia crescer. Mas, de qualquer forma, o local era muito aprazível. Ele concluiu que não teria problemas em morar por ali.

Existiam até mesmo pequenos córregos, que nasciam quase no topo das montanhas e desciam pela encosta em seus leitos rochosos, ocasionalmente formando belas cachoeiras.

O acampamento para o qual Evander fora designado ficava próximo a um desses riachos e era constituído basicamente por barracas e tendas feitas em sua maioria com pele de bisão. O capitão Renedo havia explicado que o local era inadequado para construção de casas devido a uma pequena instabilidade geológica. As montanhas não eram estruturas estáticas, elas estavam em constante mudança, com as grandes formações rochosas subterrâneas se movendo lentamente de um lado para o outro. Por causa disso, o local era acometido ocasionalmente por pequenos tremores, quase imperceptíveis, mas que impediam que abrigos mais pesados do que barracas permanecessem em pé por muito tempo.

O primeiro contato de Evander com uma águia imperial depois de tanto tempo lhe causou uma sensação de "volta ao lar". Todos aqueles anos de treinamento com sua mãe, e depois sozinho, mostraram seus frutos e ele soube, de maneira quase instintiva, como lidar com aqueles belos animais.

Ele passou com louvor nos exames e testes obrigatórios para ingresso na tropa, apesar de aquilo ter sido uma experiência estranha, uma vez que os demais candidatos eram todos adolescentes com não mais de 12 anos de idade, que olhavam para ele como se fosse algum tipo de aberração.

Quando teve permissão para realizar o primeiro voo, com um animal especialmente treinado para lidar com novatos, ele sentiu o vento no rosto, extasiado, e olhou para o chão lá embaixo, concluindo que tinha nascido para aquilo.

◆ ◆ ◆

— General, tenho um pedido a fazer – disse Dario Joanson, com tom formal.

— Prossiga, capitão – respondeu Leonel, lançando-lhe um olhar intrigado.

— Gostaria de autorização para organizar uma tropa especial.

Leonel levantou uma sobrancelha.

— Nós *já temos* uma tropa de operações especiais.

— Estava pensando em uma nova divisão de operações especiais, senhor. Uma que tivesse um pouco mais de autonomia e flexibilidade.

— Com qual finalidade?

— Seria uma unidade investigativa para situações como a do Monte Efígeo.

— Entendo. Isso é sugestão de Luma?

Luma Toniato havia mudado radicalmente de comportamento depois de quase ter morrido em Lemoran. Com muita humildade, ela havia pedido desculpas a todos por ter se deixado manipular por Narode e ter se comportado de maneira tão vergonhosa e infantil, como ela mesma colocou. Ela passou a investigar a conspiração de Donovan com um vigor e um entusiasmo que raras vezes demonstrara antes, e já tinha feito algumas descobertas muito intrigantes.

— Sim, senhor.

— E você quer Evander nesse time?

— Não, senhor.

Leonel franziu o cenho, surpreso.

— É mesmo? E por que não?

— Com todo o respeito, senhor, seu filho é popular demais. Eu preciso de soldados bem treinados, mas anônimos, que possam agir na surdina, se necessário.

— Se Luma estiver certa, essa tropa estaria sujeita àquele nosso… *problema.*

— Sim, senhor. Mas isso faz parte do meu plano.

— Certo. E já tem alguém em mente para compor essa tropa?

— Sim, senhor.

— Tudo bem, capitão. Se é o que deseja, irei anunciar a formação da segunda divisão da Tropa de Operações Especiais na próxima reunião de oficiais. No entanto, teremos que, primeiro, encontrar um substituto para as funções de instrutor que você exerce atualmente.

— Obrigado, general.

◆ ◆ ◆

Evander estava progredindo de forma assombrosa no treinamento da Tropa Alada. Em menos de dois meses já conseguia efetuar algumas manobras que, às vezes, até os veteranos tinham dificuldade.

Com sua natural sociabilidade, havia conseguido fazer diversos amigos entre os membros da tropa, mas também, como não podia deixar de ser, despertou a inveja e a raiva de vários oficiais, que não gostaram nada de ver aquele novato tendo privilégios que a maioria deles levou vários anos para conseguir.

O capitão Renedo era muito severo em relação a boatos e comentários maldosos naquela tropa, por isso as pessoas, por mais descontentes que estivessem, evitavam falar abertamente sobre o assunto. Mas Evander conseguia perceber a animosidade sem que nada precisasse ser dito. Ele se esforçava para tratar a todos com respeito, tentando desfazer qualquer má impressão que tivessem dele, mas aquela tropa era numerosa e fragmentada, o que tornava muito difícil conhecer e conversar com todos.

E, claro, havia certos tipos de pessoa que não mudavam de opinião de maneira alguma. De certa forma, era um alívio saber que ele não podia manipular qualquer um a pensar como ele quisesse, mas bem que gostaria de ter descoberto aquilo de uma forma menos frustrante.

Apesar de estar fazendo algo que gostava muito, aquela situação fazia com que se sentisse inadequado, uma sensação desagradável na qual ele viveu muitos anos em sua própria casa e que, por isso mesmo, odiava intensamente.

Por isso, ele ficou feliz quando teve seu primeiro fim de semana prolongado de folga. Cinco dias longe das águias, mas também longe daqueles invejosos cabeças-duras.

Para sua surpresa, o general em pessoa estava esperando por ele na ponte de vento de Talas.

— Bem-vindo – disse Leonel, com um cumprimento formal, antes de estender os braços para receber o filho num abraço hesitante.

O bom e velho general de sempre, pensou Evander, retribuindo o abraço e sentindo-se em casa.

— Os relatórios dizem que você progrediu muito – comentou Leonel, afastando-se para olhar para ele. – Está gostando?

— Com certeza – Evander sorriu. – Depois de tanta tranquilidade e ar puro, é até esquisito estar de novo nessa cidade barulhenta.

— Já que tocou nesse assunto – disse Leonel, guiando o filho até uma carruagem que os aguardava no canto da praça –, estava pensando se você não estaria disposto a passar alguns dias numa cidade diferente. Haverá uma solenidade em Aurora. Gostaria de viajar para a capital comigo?

— E por que não? – Evander respondeu, alegre.

◆ ◆ ◆

A capital estava muito mais animada do que das outras vezes em que ele estivera por lá. Muita coisa excitante estava acontecendo nos bastidores do

Império ultimamente e visitantes de todas as províncias tinham ido para aquela solenidade, loucos para se iterarem dos detalhes.

A primeira surpresa de Evander ao chegar a Aurora foi o reencontro com seu amigo de infância Argus.

— Olha só, se não é meu velho amigo *Débil Audaz* – disse ele, citando um daqueles apelidos idiotas que inventara na infância, enquanto o envolvia num abraço apertado.

— Ei, vá com calma, campeão! – Evander disse, afastando-se. – Esmagar as pessoas desse jeito não é uma boa forma de fazer amizades, sabia? – Olhou Argus dos pés à cabeça e fez uma expressão zombeteira de espanto. – Céus! Quem é você e o que fez com meu amigo?!

— Gostou, não é? – Argus flexionou o braço direito, exibindo um impressionante bíceps.

Ele estava vários centímetros mais alto do que Evander se lembrava. Também estava ainda mais moreno, provavelmente devido à prolongada exposição ao sol, e estava usando os cabelos muito curtos, o que combinava bastante com o rosto dele. Na verdade, tudo no amigo parecia ter crescido. Os braços e o pescoço expostos pela túnica sem mangas exibiam sinais de um condicionamento físico espetacular.

— Você está parecendo um armário, cara! O que andam dando para você comer?

— Você, por outro lado, continua o mesmo magrelo de sempre. Anda comendo o quê? Alpiste? Ninguém te avisou para deixar isso para os passarinhos? Sei que você sempre quis brincar com eles, mas não exagere.

— Águias são carnívoras, sabia? A minha, inclusive, provavelmente ficaria com "água no bico" ao ver toda essa carne exposta por sua roupa.

Após cumprimentar Argus com sua costumeira atitude formal, o general se dirigiu à ala principal do palácio imperial, deixando os dois amigos sozinhos para conversarem à vontade numa das salas de visitantes.

O local era luxuoso, com paredes cobertas de tapeçarias e mobiliado com mesas e cadeiras confortáveis. Pareceria até um bar, se não fossem pelos guardas uniformizados e fortemente armados em pé, ao lado de todas as saídas. Evander, inclusive, reconheceu alguns deles e os saudou com uma continência zombeteira, ao que foi prontamente respondido com cumprimentos similares.

Tendo ficado longe um do outro por tantos anos, ele e Argus ficaram bastante tempo conversando e rindo, até que o assunto começou a girar em torno do evento do dia seguinte.

— Cara, eu estava doido para conversar com você sobre isso. – Argus se levantou, fazendo um gesto para Evander segui-lo. – Venha comigo.

— Para onde? – Evander perguntou, levantando-se também.

— Se eu te contar você não vai acreditar. Preciso te mostrar isso!

Os guardas pareciam conhecer Argus e abriam caminho assim que ele se aproximava. Inclusive, Evander percebeu que alguns deles vestiam roupas estranhas e carregavam espadas em formatos curiosos.

— Qual é a desse pessoal esquisito? No que você está querendo me meter?

— Fica frio – respondeu Argus, fazendo mistério.

Os dois atravessaram várias salas e corredores até chegarem a um bem cuidado jardim. Em um banco de pedra, sob a sombra de um velho carvalho, havia uma moça lendo o que parecia ser um velho pergaminho.

Argus fez um gesto de "Olha só para isso" na direção dela. Evander então a analisou dos pés à cabeça e concluiu se tratar de um belo exemplar do sexo feminino.

Ela vestia roupas curiosas, leves e quase transparentes, num tom suave de rosa. Tinha os longos e volumosos cabelos negros presos com várias tiras de tecido também cor-de-rosa. Os cílios pareciam escuros demais, obviamente realçados por um tipo de pintura. O rosto exibia uma expressão de suavidade e concentração, e ela mexia de leve os lábios carnudos enquanto continuava sua leitura, ainda não tendo percebido a presença deles.

Evander olhou para Argus, boquiaberto.

Mesmo já tendo se encontrado com o imperador em pessoa algumas vezes, ele sempre considerava os assuntos da capital como pertencendo a outro mundo, bem distante da realidade dele. Nunca imaginara que acabaria esbarrando daquela forma em algo que, obviamente, tratava-se de um assunto de estado.

Há pouco mais de um século, portais para outros mundos tinham começado a se abrir espontaneamente em vários pontos do Império. Essas ocorrências eram relativamente raras, mas eram marcantes devido ao pequeno caos que sempre se instalava por causa delas.

A maioria dos visitantes que atravessavam esses portais eram criaturas agressivas e perigosas, que muitas vezes precisavam ser "convencidas" a voltar para casa por meio de meios violentos. Fazia décadas, no entanto, desde a última vez em que se teve notícia de uma invasão de monstros dessa forma.

Mas existiam outros mundos habitados por humanos. Alguns deles hostis e outros nem tanto. Há menos de 30 anos o Império vem tendo contatos regulares com o povo de um lugar conhecido como *Chalandri*. Leonel mantinha uma prateleira na biblioteca de casa repleta de livros, que eram compilações de informações recolhidas durante esses encontros. Evander havia lido e relido aqueles volumes diversas vezes.

Chalandri era um enorme deserto, pontuado vez ou outra por pequenos oásis que resistem de forma precária ao avanço das areias. Os habitantes de lá possuíam vastos conhecimentos em relação ao campo energético e o utilizavam para preservar suas casas de serem recobertas pelo deserto.

Leonel havia comentado que, nos últimos anos, os chalandrinos desenvolveram uma forma de romper a barreira entre os mundos e fizeram diversas incursões ao Império, enviando emissários para negociar algo com o imperador Sileno Caraman. E o grande evento desse final de semana na capital seria a apresentação formal da princesa de Chalandri, chamada Joara Lafir, à recentemente indicada sucessora ao trono imperial, Valena Delafortuna.

Evander não teve dificuldade nenhuma para adivinhar a identidade da moça que olhava para ele com aqueles olhos negros curiosos e com aquele sorriso sereno, que revelava pequenas covinhas no rosto, mesmo antes de Argus fazer as apresentações.

— Joara, esse aqui é o meu amigo cabeça-dura Evander Nostarius.

Evander olhou da princesa para Argus e depois para a princesa novamente.

— Devo dizer que é um prazer conhecê-la, princesa, apesar de eu não fazer a menor ideia de qual seria a forma adequada de me dirigir a você... – Ele se interrompeu, de repente. – Espere, você fala minha língua, não fala?

Argus deu um tapa na nuca de Evander. Joara soltou um riso divertido, suave e cristalino.

— Sim, Evander, eu falo sua língua – respondeu ela de forma clara, apesar de apresentar um adorável sotaque. – E não se preocupe, sou apenas uma visitante aqui, não espero ser tratada de forma especial por ninguém.

— Isso é um alívio, porque eu, sinceramente, sou um desastre em etiqueta social – admitiu Evander.

— Eu também – ela olhou para Argus com um sorriso. – Acho que todos somos, não é?

Evander olhou para o amigo, franzindo o cenho.

— O que você andou dizendo a ela, seu brutamontes?

— Ei – respondeu Argus, levantando as mãos –, calma lá! Não vá tirando conclusões desse jeito, seu mané!

Joara voltou a rir e os três passaram algumas horas agradáveis conversando sobre tudo e nada.

Quando Evander questionou sobre como os dois haviam se conhecido, ambos sorriram com cumplicidade um para o outro.

— Pode deixar que um dia ainda vou te contar essa história – respondeu Argus, misterioso. – Mas por enquanto é segredo.

Em certo momento, Evander perguntou a Joara qual a necessidade de uma cerimônia para conhecer a futura imperatriz.

— Por que você simplesmente não vai lá, se apresenta a Valena e acaba logo com isso? Ela é uma moça simples e sem cerimônia tanto quanto você.

— Quem vê, pensa que você é o maioral com a mulherada – alfinetou Argus. – Você conversou com a moça *uma única* vez e apenas para agradecer por ela ter salvado o seu traseiro. Não tem moral para ficar comentando sobre a hipotética falta de cerimônia dela.

Joara riu, antes de se voltar para Evander.

— Você parece ter simpatizado com ela.

— Eu acho que você vai gostar dela. É uma garota simples e prática. – Ele se lembrou do linguajar que Valena gostava de usar e não conseguiu evitar um sorriso. – E tem algumas características… interessantes.

— Esse papo não está me cheirando muito bem – disse Argus, levantando a sobrancelha.

— Bom saber disso – disse Joara, com seu sorriso de covinhas. – Inclusive, conversar diretamente com ela era exatamente o que eu tinha em mente quando vim para cá. Mas parece ser uma questão diplomática. Tanto meu pai quanto o imperador acham que precisa ser um acontecimento formal, para que nossos povos sintam que estamos fazendo progressos.

Para Evander estava muito clara a razão da óbvia fascinação do amigo pela princesa. Ela tinha grande senso de humor e gostava de fazer provocações bem-humoradas, mas ao mesmo tempo tinha um grande senso de responsabilidade e honra. Os dois eram perfeitos um para o outro.

♦ ♦ ♦

O tão aguardado evento ocorreu na manhã do dia seguinte, na sacada do palácio imperial, diante de uma enorme multidão de pessoas.

Valena Delafortuna e Joara Lafir se cumprimentaram e seguiram o protocolo formal, com elogios e votos de paz e prosperidade. A seguir, cada uma delas fez um pequeno discurso. Ambas eram excelentes oradoras, apesar das óbvias diferenças de personalidade entre elas. Valena era mais agressiva e determinada, enquanto Joara era mais serena e confiante. De qualquer forma, ambas conseguiram levar a multidão ao delírio. Não havia dúvidas de que a aliança entre Verídia e Chalandri seria próspera e duradoura.

Para surpresa de todos, incluindo Argus, Joara anunciou que permaneceria no Império por um período indeterminado. Ela pretendia estudar a fundo a cultura do país e para isso iria viver como os jovens de Verídia viviam: estudando e treinando.

Evander parabenizou Argus quando a princesa anunciou que iria para a universidade de Aldera, a mesma academia onde Argus estudava. Foi divertido ver o amigo ficar praticamente sem palavras, coisa que era extremamente raro de acontecer.

O imperador Caraman não quis fazer um discurso prolongado, uma vez que as "meninas", como ele se referiu a Valena e Joara, já tinham dito todo o necessário. De forma muito carinhosa, ele agradeceu a presença da princesa de Chalandri e pediu para que ela e Valena permanecessem sempre idealistas e determinadas, e que trouxessem paz e prosperidade a ambos os reinos.

Depois da cerimônia ocorreram várias festividades, incluindo demonstrações de habilidades marciais na praça de eventos de Aurora. O ponto alto da festa foi quando Valena decidiu se juntar à apresentação, exibindo os frutos do treinamento recebido de Leonel Nostarius e de outros membros da Guarda Imperial. A multidão ovacionou quando ela assumiu a forma da Fênix, sendo envolvida pelas chamas multicoloridas, e sobrevoou a praça por alguns minutos.

Evander concluiu que as habilidades de voo dela tinham melhorado radicalmente. Ela parecia estar controlando os poderes muito bem agora, praticamente como se tivesse nascido com eles.

Ele se surpreendeu, no entanto, quando o capitão Dario Joanson se posicionou no centro da praça e chamou a atenção de todos.

— Meus amigos – disse Joanson, a voz amplificada diversas vezes graças aos efeitos da *pedra de orador* que ele segurava –, eu gostaria de chamar aqui o aspirante Evander Armini Nostarius.

— O que você aprontou dessa vez? – Argus perguntou, olhando para ele com surpresa.

— Não faço a menor ideia – respondeu Evander. – Mas acho que já vamos descobrir.

Quando ele se juntou ao capitão no centro da praça, Valena lhe lançou um olhar intrigado. Aparentemente, ela também não sabia o que estava acontecendo. Joanson o cumprimentou e pediu que ele ficasse ali enquanto pegava novamente a pedra de orador.

— Como muitos de vocês devem saber, o aspirante Nostarius foi campeão do torneio de Egas há pouco mais de um ano, e é um respeitado especialista em instâncias defensivas de combate. Ele também tem um histórico bastante interessante em lutas contra mulheres, não é mesmo, aspirante? – A multidão riu, divertida, bem como Evander, ao se lembrar de seus embates contra Lucine

Durandal e Indra Solim. – Então, para finalizar a demonstração de habilidades marciais de hoje, eu gostaria de lançar um desafio à nossa futura imperatriz.

Uma nova ovação teve início quando Valena se aproximou, colocando-se diante de Evander.

— O que me diz, alteza? – Joanson falou. – Ultrapassar as defesas do aspirante Nostarius seria a forma perfeita de demonstrar os resultados do seu treinamento com a Guarda Imperial. Luta amistosa, um contra um, que tal?

Exclamações excitadas partiram da multidão, um enorme clima de expectativa se espalhou rapidamente pela praça.

Valena apenas sorriu e sacou sua espada. Evander lançou a Joanson um olhar de "Que raios está acontecendo aqui?", mas acabou por sacar seu bastão também.

Dario Joanson não era um homem dado a atos impulsivos, Evander sabia disso muito bem. Desafios como aquele não faziam o feitio ele, a menos que o homem tivesse outros planos, o que se confirmou quando o capitão sustentou o olhar dele por um breve instante, com uma expressão que Evander interpretou como um "desculpe por estar te metendo nessa".

Então ele assentiu, relaxando, e se preparou para o embate.

Aquela foi uma luta bastante complicada. O treinamento de espadachim do general Nostarius combinado com os poderes de ampliação de força e velocidade que Valena ganhou com a marca da Fênix era uma combinação mortal. Evander não conseguiu sair da defensiva um único instante sequer. Os ataques mais poderosos ele anulou com a concha de proteção, o restante ele bloqueou ou se esquivou como pôde, utilizando seu treinamento e seus instintos.

Apesar de o próprio Evander não se dar conta disso, aquele embate acabou se tornando uma demonstração impressionante de força, habilidade e técnica. Valena não tinha a experiência dele, mas era muito mais forte e rápida. E a multidão vibrava a cada movimento.

O professor Romera se adiantou e pôs a mão no ombro do filho.

— Seu amigo se tornou um lutador e tanto, não?

Argus, que assistia à luta praticamente boquiaberto, não teve como negar.

— É, acho que ele aprendeu uma ou duas coisas. Imagino que já consiga sobreviver a uma disputa comigo.

Lutamar riu e voltou a observar os combatentes com interesse.

A batalha continuava, cada vez mais acirrada. Valena estava nitidamente frustrada por não conseguir passar pelas defesas de Evander, e quanto mais irritada, mais incisivos seus golpes se tornavam. Ele concluiu que, se não tivesse tanta gente ao redor deles, ela já estaria provavelmente disparando bolas de fogo ou algo parecido na direção dele. Não era possível que, tendo tantos poderes baseados em fogo ela não pudesse fazer algo assim, ainda mais tendo recebido treinamento do professor Romera.

Depois de 15 minutos de um intenso combate, Evander finalmente sentiu suas energias se esgotando. Curiosamente, a paciência de Valena Delafortuna acabou antes. Lançando a espada no chão num acesso de raiva, ela dirigiu um olhar cortante a Evander e lhe apontou o dedo.

— Que *wasaarada*... é essa? – Ela falava com dificuldade por causa da respiração ofegante. – Vai ficar aí... pulando para lá e para cá até quando? Está... fazendo isso... para me humilhar? Se é assim... eu desisto!

A multidão praticamente enlouqueceu. Entre gritos e assobios, o barulho foi infernal. Evander chegou a tentar abrir a boca para responder, mas descobriu que não tinha mais nenhuma energia, nem mesmo para aquilo. A única coisa que conseguiu fazer foi olhar, incrédulo, enquanto o chão de repente subia na direção dele. Então fechou os olhos e não viu mais nada.

— Os resultados de seu treinamento são impressionantes, general – disse Dario. – A garota conseguiu lutar, praticamente, de igual para igual com alguém que teve treinamento militar a vida inteira.

— A força, agilidade e resistência dela foram amplificadas muito acima do normal pela marca da Fênix. Mas sua técnica ainda é muito ineficaz. Ela tem um longo caminho pela frente.

— De qualquer forma, foi bom ela enfrentar alguém da própria idade capaz de resistir a seus ataques. Vai ajudar a diminuir um pouco aquela arrogância. Como está Evander?

— Cansado. Vai dormir por algum tempo.

— Eu diria que ele também tem um longo caminho pela frente. Podia ter aproveitado diversas brechas.

— Sim. Talvez eu tenha me descuidado um pouco do treinamento dele desde que Donovan reapareceu.

— Eu tenho algumas ideias. Posso conversar com o capitão Renedo a respeito, se o senhor autorizar.

Leonel assentiu, logo depois soltando um suspiro.

— Acha que a luta durou tempo suficiente?

— Não sei, mas espero que sim, pois era a única coisa que podíamos fazer sem levantar muitas suspeitas.

— E quanto ao pessoal de Chalandri?

— Segundo Luma, a possibilidade de estarem envolvidos é muito remota. E parece que Evander fez amizade com a princesa. Ele e o filho do professor passaram várias horas na companhia dela.

— Ótimo. Mas estou preocupado com Valena. Mesmo que a aura mística de Evander realmente a proteja do controle mental, como aparentemente faz conosco, eles ainda podem tentar se livrar dela por outros meios.

Dario abria a boca para responder quando o coronel Camiro abriu a porta bruscamente.

— O que houve, coronel? – Leonel perguntou, levantando-se.

— É o imperador, general. Ele... O imperador acaba de falecer.

Capítulo 16:
Fronteiras

Evander acordou apenas no dia seguinte, ainda se sentindo bastante exaurido, como costumava acontecer quando gastava energia demais. Levou dias para se recuperar totalmente.

Mesmo depois de ouvir tantos insultos bem-humorados de Argus, a simpatia da princesa Joara, do imperador e dos membros da Guarda Imperial, bem como um desejo de melhoras bastante insincero de Valena, ele só voltou a realmente se sentir melhor depois de retornar ao acampamento da tropa alada.

Aquela experiência havia sido estranha e confusa demais, algo que ele preferia deixar para trás e prosseguir com sua vida. Passar vergonha na frente de centenas, talvez milhares de pessoas não era exatamente um problema para ele, pois estava acostumado a lidar com gente. Mas encarar a sucessora do trono em um mano a mano sem absolutamente nenhum sentido, não conseguir acertar um único golpe nela, deixar a garota fula da vida e *depois* desmaiar na frente de milhares de pessoas era demais até para ele. Seu desejo era esquecer tudo daquilo, fingir que nunca tinha acontecido.

Percebeu que aquele plano não seria tão simples quando, dias depois, viu o capitão Joanson caminhando na direção dele com o capitão Renedo logo atrás.

— Aspirante Nostarius – Joanson o saudou, com uma continência.

— Capitão – respondeu Evander da mesma forma, lutando para que o desânimo não transparecesse em sua voz.

— À vontade. Estive conversando com o capitão Renedo e ele concordou comigo em alguns pontos.

— É mesmo, senhor?

— Sim. Seu desempenho na luta contra Valena foi pífio.

Evander suspirou, desanimado, sem saber como responder.

— Você poderia ter decidido aquela luta em dois minutos.

Espantado, ele encarou Joanson de olhos arregalados.

— O quê...? Como...?

— Você está se acomodando, Nostarius. Isso é péssimo para alguém que ainda tem tanto a aprender. Quando foi a última vez que aperfeiçoou um movimento novo?

Evander abriu a boca para responder, mas parou, de repente. Ele nunca havia negligenciado seu treinamento, mas agora que o capitão tinha chamado atenção para aquele fato, percebeu que fazia bastante tempo que não tentava mais ir além de seus limites. Teriam as últimas missões o deixado confiante demais? Nunca imaginara a si próprio se tornando presunçoso, mas tinha que admitir que talvez não estivesse mesmo se dedicando com todo o afinco que podia.

— Aqui, aspirante – disse o capitão Renedo, estendendo dois pequenos bastões de madeira a Evander. – Você já teve treinamento em luta com dois desses, não teve?

— Sim, senhor.

— Você já se concentrou bastante em se defender, Nostarius – disse Joanson, cruzando os braços. – Quero ver como você se sai no ataque.

— Mas... usando *isto*? – Evander perguntou, levantando os bastões. – Eu não tenho muita afinidade com esse tipo de arma. Além disso, eu tenho o meu bastão especial que...

— Nostarius – disse Renedo, em tom de reprimenda. – Você já tem experiência suficiente para saber que não é a arma que faz o guerreiro. Quando sua espada não lhe serve mais, o homem sábio se livra dela e procura uma mais adequada.

Evander arregalou os olhos. A ideia de "se livrar" do bastão de sua mãe, que era uma das coisas mais sagradas do mundo para ele, o deixava horrorizado.

A morte do imperador causou muita turbulência na capital e nos altos escalões do Império, mas aquilo teve pouca ou nenhuma influência na rotina de Evander. Totalmente absorvido pelo treinamento, ele não viu mais o capitão Joanson ou outros oficiais do Forte além de seu pai nos meses seguintes. Na verdade, ele perdeu o contato quase que totalmente com a maioria de seus amigos. Os raros e curtos períodos de folga que ele tinha não davam para fazer muita coisa, e às vezes ele estava tão cansado que não conseguia pensar em fazer nada além de ficar deitado, lendo, dando uma folga aos seus músculos doloridos.

Quando ele conseguia aparecer em Talas, Indra recrutava os membros do fã-clube para saírem e se divertirem. As visitas dele se tornaram um acontecimento social por lá. Mas, mesmo assim, ele sentia que aos poucos estava se afastando cada vez mais deles também. Em cada visita, conhecia novos membros do grupo e ao mesmo tempo descobria que alguns velhos amigos tinham partido.

Em compensação, fez diversas novas amizades entre os membros de sua nova tropa. Aqueles soldados eram desconfiados e difíceis de se aproximar, mas com a convivência, as barreiras iam aos poucos caindo.

A tropa alada havia se tornado sua vida. Com a emoção de finalmente ter ganhado asas – apesar de ainda não poder voar tanto quanto gostaria – e com tantas coisas novas a aprender, o tempo foi passando num ritmo rápido e alucinante.

O general aparecia por ali regularmente. Afinal, Leonel Nostarius fora o comandante de toda aquela unidade por muitos anos, desde que era capitão. A maioria dos oficiais gostava muito dele e ainda o considerava "parte do time", apesar de Leonel não ter disponibilidade para fazer mais nada pela tropa além de visitas ocasionais.

Evander aproveitava aquelas visitas para passar algum tempo com o pai e os dois conversavam bastante sobre águias, manobras aéreas e as pessoas da unidade. Às vezes, discutiam até mesmo sobre física e o conhecimento teórico sobre fluxos energéticos, conhecimento esse que tornava possível a existência daquela tropa.

Leonel gostava daquele assunto. Com certa surpresa, Evander descobriu que a paixão do general por aquela profissão era grande, muito maior que a dele próprio. Nunca tinha sentido uma proximidade tão grande com o pai antes.

Outro fato interessante é que Leonel parecia estar mais leve, como se um peso tivesse sido tirado de seus ombros. A princípio, Evander pensara que a causa disso fosse o fato de ele ter se mudado para longe e não estar mais sendo o maior alvo de rumores e comentários maliciosos do Império. Mas logo se deu conta de que aquilo não explicava as visitas frequentes do general, uma ou duas vezes por semana, e a disposição em conversar e passar parte do tempo livre com filho. Ainda mais com todos os problemas que o Império estava tendo.

O falecimento inesperado do imperador causou muita repercussão em todas as províncias. O sentimento geral era de incerteza, afinal, Valena não tinha completado ainda a idade de 17 anos e não poderia assumir o trono antes disso. Havia muita divergência entre os governadores das províncias e os generais do Exército sobre o assunto. O Conselho Imperial tentava dialogar com todos, tentando organizar um governo provisório, mas havia muitas questões políticas e administrativas a serem resolvidas antes disso se tornar viável. Alguns poucos falavam até mesmo na total dissolução do Império.

Evander sabia que seu pai estava passando por momentos difíceis.

— Achei que o senhor fosse passar mais tempo na capital, tentando organizar as coisas – disse ele ao pai, em certa ocasião.

— Não tenho muito mais o que fazer por lá – Leonel respondeu, com expressão de desagrado. – O cenário político se transformou numa disputa confusa de vontades e egos feridos.

— Será que vamos conseguir nos aguentar até Valena atingir a maioridade?

— Talvez, mas duvido que os problemas acabem quando ela assumir o trono. Na verdade, é bem possível que isso até mesmo piore tudo.

— E como ficam nossas tropas no meio dessa bagunça?

— Sem uma organização central está complicado manter alianças e acordos de comércio.

— Ao menos o senhor tem amigos influentes em todo lugar.

Leonel suspirou.

— Não tantos quanto eu gostaria, mas com certeza Lutamar, Luma, Erineu, Gaia e Galvam estão fazendo verdadeiros milagres nesse sentido. Não teríamos mais como manter o abastecimento de itens básicos nas academias e hospitais se não fosse por eles.

Evander conhecia bem as histórias sobre aquelas pessoas, que junto com Dario Joanson e o general formavam a Guarda Imperial.

— E vocês ainda têm que se preocupar com o treinamento de Valena.

— Isso não é um problema tão sério. Temos uma agenda de revezamento.

— E quanto ao capitão Joanson? Odeio admitir, mas até que sinto um pouco a falta dele.

— Ele agora está comandando a segunda divisão da tropa de operações especiais.

— Uau! Isso parece importante.

— Bastante – disse Leonel, com um olhar distante e impotente, que mostrava o nível de estresse pelo qual o pai estava passando.

— Pai?

— Sim? – Leonel voltou a olhar para ele.

— Por que nunca me deixou entrar para a tropa alada antes?

O general encarou o filho por um longo momento antes de responder.

— Não era a hora certa.

— Isso é o que o senhor sempre disse.

— Mas é a verdade.

— Por que o senhor acha que *agora* é a hora certa?

— Porque agora eu sei que se você cair, irá sobreviver e se levantar para poder voar de novo.

Evander sustentou o olhar do pai por um tempo. Dava para perceber a sinceridade na linguagem corporal do general, mas, de alguma forma, ele tinha certeza de que aquela afirmação tinha outro significado, algo mais profundo e muito mais importante.

Ele se sentira constrangido e inibido na presença do pai por muitos anos. Mesmo que agora o general estivesse bem mais acessível do que antes, ainda não era fácil fazer certas perguntas. Por isso, ele decidiu não argumentar e deixar aquela discussão para outra oportunidade.

O importante é que agora o pai estava participando de sua vida mais do que nunca. Leonel fazia questão de acompanhar todos os progressos de Evander na tropa e sempre dava um ou outro conselho ou orientação útil.

— E como vai o treinamento especial de combate?

Evander soltou um gemido desgostoso.

— Nem me lembre. O capitão Renedo consegue ser mais exigente do que o capitão Joanson.

— Teve progressos?

— Quem me dera. Duvido que eu algum dia consiga derrotar Valena com aqueles dois pedaços de pau. Menos ainda em *dois minutos*.

Leonel deu um de seus raros sorrisos.

— Eu não teria tanta certeza disso.

— O quê? O senhor também com essa história?! – Evander reclamou, fingindo indignação.

— Quer que eu lhe mostre um movimento interessante?

Os outros oficiais da tropa olharam com interesse para os dois enquanto Leonel lhe explicava algumas coisas sobre equilíbrio, concentração e controle de energia com os bastões de madeira.

Diferente do que acontecia em Talas, ali, aquela cena não causava inveja ou fofocas. Talvez isso se devesse ao fato de Evander ter tido que provar seu valor regularmente desde o primeiro dia. Afinal, ter alta patente ou ser filho do general não dava a ninguém afinidade com uma montaria alada. E muito menos o preparo físico e a destreza necessária para conseguir se manter em cima da sela durante um voo.

◆ ◆ ◆

— Fixem bem essas selas – disse o capitão Renedo para a meia dúzia de cavaleiros que se preparava para montar. – Esse vai ser um teste de resistência e tanto para vocês, novatos, e podem ter certeza de que qualquer detalhe esquecido agora irá fazer muita diferença daqui a algumas horas.

Evander tratou de conferir novamente os arreios e amarras da sela sobre sua águia, que, bem treinada, apenas aguardava deitada no chão, silenciosa, observando o nascer do sol.

Estavam no topo de uma das montanhas e, ali de cima, era possível olhar ao longe e observar uma quantidade infindável de florestas e plantações, que se estendiam incansavelmente até se confundirem com as nuvens na linha do horizonte.

A pequena unidade de cavaleiros alados estava se preparando para um voo bastante longo, uma espécie de iniciação para os novatos. Como a maioria esmagadora dos cavaleiros alados entrava para a tropa com 12 anos de idade ou menos, Evander era, de longe, o mais velho entre eles.

O capitão olhou para ele.

— Pronto para conhecer o paredão?

— Com certeza, senhor. – Evander sorriu, dando graças aos céus por Renedo não ter o costume de chamá-lo pelo sobrenome, como Joanson. Mesmo tendo diminuído consideravelmente a distância emocional com o pai nos últimos meses, sua implicância instintiva com o nome "Nostarius" ainda estava longe de ser vencida.

"Paredão" era o nome dado para uma enorme e, praticamente, intransponível encosta de gelo, que demarcava a fronteira com a parte norte do continente, uma terra gelada e inóspita, de temperaturas tão baixas que nada conseguia sobreviver lá.

O mais intimidador, no entanto, não era o destino deles, mas a distância que iriam percorrer. Teriam que cruzar metade do continente. Segundo o capitão Renedo, a distância era estimada em cerca de três mil quilômetros. Se voassem constantemente em velocidade máxima sem parar, seriam necessárias cerca de 20 horas de viagem para cobrir essa distância. Mas, como tanto os animais quanto os cavaleiros precisavam parar para descansar, aquela pequena aventura teria uma duração de mais de uma semana, contando as viagens de ida e volta.

Evander calçou as pesadas luvas de viagem e prendeu os cabelos atrás da cabeça, colocando, em seguida, o controverso elmo negro da tropa. Tratava-se de uma peça peculiar, feita de uma liga de metal bastante leve, de cor predominantemente preta e coberto com entalhes decorativos. O buraco dos olhos era coberto por um tipo especial de vidro escuro, que permitia um nível razoável de visão, ao mesmo tempo em que protegia os olhos das fortes correntes de ar que ocorriam quando a águia alcançava altas velocidades. De alguma forma, o elmo bloqueava também boa parte do barulho causado pelo vento. Apesar de Evander ter lido muito sobre o assunto, nunca compreendeu totalmente como esse mecanismo funcionava.

Moveu os braços e as pernas, tentando se acostumar com o traje. Apesar de bastante funcional, aquele uniforme estava longe de ser confortável.

— Então vamos nessa, novatos! – Renedo disse, subindo em sua própria montaria. – Quero chegar lá a tempo de fazer uma surpresa a um velho amigo, por isso, nada de moleza!

Evander se aproximou da águia, que continuava aguardando pacientemente. Com um ágil movimento, ele se ajeitou na sela, afirmou os pés nos estribos e se segurou no par de chifres presos à parte frontal do aparato de couro. Então fechou os olhos e esvaziou a mente, sentindo aos poucos a forte aura de energia emanada pelo pássaro envolvê-lo. Seguindo o roteiro aprendido desde a infância, ele mergulhou naquele mar dourado, quente e pulsante, tentando se juntar, mesclar-se a ele. Com a prática adquirida, todo esse processo levou menos de um segundo, então ele voltou a abrir os olhos novamente e a águia se pôs de pé, levantou as gigantescas asas e deu um salto, levantando voo com impressionante facilidade para um animal daquele tamanho.

Voar daquela forma era uma experiência quase indescritível. O cavaleiro precisava entrar numa espécie de elo mental com o animal, o que afetava os sentidos de maneira intensa. A pessoa passava a compartilhar parte da visão e audição do animal e era complicado identificar quais sinais vinham dos próprios sentidos e quais vinham da águia. Todo o voo era feito numa espécie de transe, uma sensação que podia ser aterrorizante para alguns, excitante para outros ou, em certos casos, extremamente prazerosa, podendo vir a se tornar viciante. O que, inclusive, era considerado um problema grave, podendo causar o imediato desligamento da tropa, por medida de segurança.

A equipe viajava em formação "V", assim como os patos selvagens. O capitão ia na dianteira e quando precisava passar orientações ocasionais aos demais, simplesmente enviava um comando mental para a própria montaria, que emitia um piar agudo facilmente entendido pelos outros animais do grupo.

Após atingirem a velocidade de cruzeiro, o animal podia voar sozinho, sem nenhuma intervenção do cavaleiro, então Evander desviou sua atenção para a paisagem abaixo deles, apreciando a sensação de estar tão alto, tão distante do chão a ponto de mal conseguir distinguir as pessoas, casas e plantações, apesar de sua excelente visão.

Passaram por vilas, florestas, montanhas, vales e rios. Voaram sobre grandes plantações de trigo e cevada e depois por campos irrigados de arroz que, vistos de cima, pareciam espelhos refletindo a luz do sol.

Sobrevoavam agora a fronteira entre as grandes nações que faziam parte do Império. A província central já estava ficando para trás, com as florestas de Lemoran à direita e as pastagens de Mesembria à esquerda. Um pouco mais à frente ele sabia que Mesembria daria lugar à região acidentada das Montanhas Rochosas. E eles continuariam sobrevoando a fronteira de Lemoran até o paredão, mesmo quando a região montanhosa das Rochosas também tivesse ficado para trás, dando lugar à paisagem desolada e estéril de Atalia.

Evander lembrou-se dos diversos fatos históricos ensinados nas academias, tantas histórias de batalhas que haviam ocorrido naquelas regiões. Ele estava muito grato por ter nascido numa época relativamente tranquila. Apesar do alto nível de criminalidade no Império, as grandes guerras, que haviam causado milhões de mortes, agora eram apenas lembranças desagradáveis do passado.

Após cerca de três horas de viagem, um pio longo e agudo da águia do capitão avisou a todos que estava na hora de fazerem a primeira parada. Renedo iniciou uma manobra circular de descida, no que foi acompanhado pelos demais cavaleiros. Por estar na ponta esquerda da formação, Evander foi o último a iniciar a descida, seguindo a trajetória da águia à sua frente a uma distância segura.

Depois de duas voltas em espiral descendente diminuindo cada vez mais a velocidade, finalmente pousaram numa elevação de terreno próxima a uma construção fortificada. Aquele era o primeiro de diversos postos avançados do Exército onde parariam em busca de descanso e alimentação.

Na verdade, um dos objetivos daquelas longas viagens era visitar os postos avançados da fronteira e enviar um relatório ao Conselho Imperial sobre o que andava acontecendo por lá. O clima imprevisível e a baixa densidade energética daquela remota imensidão montanhosa tornavam inviável a criação ou manutenção de pontes de vento, o que fazia da tropa alada a principal ligação das pessoas que viviam ali com o resto do mundo.

Após desmontar, Evander tratou de imitar os demais cavaleiros, removendo a sela da águia e informando-a, com um assobio, que estava livre. O pássaro imediatamente retornou ao seu tamanho normal e levantou voo, indo na direção da floresta em busca de alimento. Evander então procurou nos bolsos da sela por uma pequena armação de metal, o "poleiro", como era chamado. Encaixando as peças de metal nos suportes especiais da sela, ele montou o poleiro rapidamente e seguiu os demais para dentro do pequeno posto, deixando a sela ali, sabendo que o animal voltaria assim que tivesse se alimentado.

Um dos soldados do posto se apressou para dar-lhes as boas vindas e permaneceu por ali, junto às selas, montando guarda.

Após um almoço um tanto intragável, em que tiveram que se abster de tomar bebidas fermentadas, como cerveja, por estarem em viagem, os cavaleiros voltaram para suas montarias, que já estavam todas aguardando em seus respectivos poleiros.

Evander agradeceu ao guarda e tratou de iniciar os preparativos para a nova decolagem, lançando olhares ocasionais para o céu, que parecia estar escurecendo à distância.

— Tudo pronto, Evander? – Renedo perguntou.

— Sim, senhor. Mas acho que vamos nos molhar um pouco se continuarmos nessa direção. – Ele olhou para os outros soldados, com expressão irônica. – Não que alguns de nós não estejam mesmo precisando de um bom banho.

Os soldados riram, divertidos, assim como o capitão.

— Um pouco de água não vai fazer mal para ninguém. Apressem-se! Quero chegar ao próximo posto antes de escurecer. Odeio voar à noite.

Assim, a tropa voltou para o ar e seguiu na direção das nuvens carregadas, que despejavam seu conteúdo sobre as colinas. Não era nada nem próximo de uma tempestade, era apenas uma chuva calma, apesar de bastante volumosa.

Quando se aproximaram das nuvens carregadas a ponto de ficar claro que não haveria como contorná-las sem fazer uma longa volta, atrasando demais a viagem, o capitão deu um comando e segurou firme nas guias da sela, fazendo a montaria subir. O restante da tropa o seguiu e, após subirem por algum tempo, o sol forte do meio dia brilhou sobre eles quando finalmente furaram a barreira de nuvens, passando a voar por sobre aquele belo e infindável tapete branco e fofo, que se estendia em todas as direções até o horizonte.

Nuvens de chuva podiam ser muito grandes, às vezes tendo vários quilômetros de altura, mas, felizmente, não era esse o caso daquelas ali. Era curioso, inclusive, como tanta água podia cair delas. Mas o fato, como Evander sabia, era que, nesse mundo, o processo de precipitação dependia mais de flutuações do campo energético do que das nuvens propriamente ditas. Não era como se toda a água que caía durante uma chuva estivesse originalmente dentro da nuvem.

Voar a altitudes tão grandes como aquela não era um problema para os pássaros, mas era um dos grandes desafios para os cavaleiros. Era o chamado "mal da montanha", que causava vários sintomas, incluindo cansaço, fraqueza muscular, vertigem, náusea, dor de cabeça e, às vezes, até mesmo sangramento ocular. Em alguns casos também fazia com que a pessoa entrasse em um incomum estado de euforia. As pessoas tinham graus variados de resistência ao mal da montanha. Muitas eram, praticamente, imunes, enquanto outras podiam permanecer em altitude elevada por longos períodos sem o mal se manifestar. Mas algumas eram bastante suscetíveis, de forma que permanecer ali em cima por muito tempo poderia ser fatal.

Um dos pré-requisitos para se tornar um cavaleiro alado é ter uma boa resistência a mudanças de altitude, e uma parte do treinamento consiste em exercícios de respiração para esse tipo de situação. Encantamentos místicos também eram utilizados naquele uniforme especial para diminuir bastante os efeitos do problema, mas, de qualquer forma, era necessário bastante treinamento e disciplina para se manter lá em cima. Nem mesmo cavaleiros novatos, como os daquele grupo, eram poupados de voos ocasionais em grande altitude.

Aquilo era parte do treinamento padrão e provavelmente era essa a razão de Renedo os ter feito subir até ali.

A aura de proteção de Evander dava a ele resistência contra várias coisas, mas, como ele já tinha descoberto, os efeitos da altitude não era uma delas. Então ele tratou de pôr em prática os exercícios de respiração para evitar passar mal.

Menos de uma hora se passou antes que as nuvens de chuva fossem deixadas para trás e eles pudessem descer a uma altitude confortável novamente. Ou melhor, que passou a ser confortável depois que os ouvidos deles se acostumaram com o aumento da pressão atmosférica.

Estavam todos exaustos, incluindo Evander, quando finalmente chegaram ao posto seguinte, onde passariam a noite. Mesmo assim, havia uma palpável alegria no clima de camaradagem entre eles. Era óbvio que todos amavam voar. Aquela era uma tropa e tanto e Evander estava feliz por fazer parte dela.

Na manhã do terceiro dia, a paisagem à esquerda deles mudou radicalmente quando o terreno acidentado das Montanhas Rochosas finalmente deu lugar a um terreno desolado, coberto por uma névoa de cor arroxeada. Era Atalia, a chamada "província da morte".

Para evitar os efeitos da neblina venenosa, os cavaleiros mudaram de direção a fim de se afastar alguns quilômetros da fronteira. Mas mesmo de longe o cenário ainda era assustador, apesar de pouco mais do que copas de árvores mortas pudessem ser avistadas através da névoa.

No final da manhã do quarto dia, finalmente avistaram o paredão, ao longe, o que trouxe a Evander um grande senso de realização por ter conseguido chegar até ali.

◆ ◆ ◆

— General, temos um problema – informou a coronel Dinares.

Leonel Nostarius soltou um suspiro desanimado e guardou os papéis que estava lendo em uma pequena pasta. Problemas era o que não parecia faltar em nenhum canto do Império naquele momento.

— Pois não, coronel – disse ele, cruzando os braços e olhando para ela.

Solara Dinares era uma mulher corpulenta, cheia de músculos e de personalidade. Usava os cabelos castanhos curtos, de forma que quem a via de costas podia facilmente confundi-la com um homem. Esse engano, no entanto, não ocorria de forma nenhuma se o observador a estivesse vendo de perfil, uma vez que o impressionante volume do busto não deixava dúvidas.

Ela não era, necessariamente, uma mulher bonita ou atraente, mas sua competência em administração militar era algo fora de qualquer questionamento.

Era consenso que a primeira divisão do Exército podia muito bem se virar sem Narode ou Camiro, ou até mesmo sem o general, mas sem Dinares as coisas ficariam muito difíceis.

— Recebemos um pedido de ajuda do general Talvar – disse ela. – Parece que ele recebeu alguns relatórios de ataques de monstros ao norte de Ebora.

— Que tipo de monstros?

— Criaturas que as pessoas nunca tinham visto antes. Os relatos sobre a natureza das criaturas são bastante divergentes, mas foram confirmadas diversas fatalidades.

— Mais caos para complementar uma situação já absurdamente insana – disse Leonel, pensativo.

Dinares piscou, confusa.

— Como, senhor?

— Esqueça. O que Talvar alegou dessa vez? Que não tem pessoal especializado para lidar com essa ocorrência?

A coronel olhou para as próprias mãos.

— Exatamente, senhor.

Leonel balançou a cabeça.

— Típico. Contate o major Iguiam e veja qual o contingente disponível da Tropa de Operações Especiais para ser mandado para lá imediatamente.

O paredão estava bastante próximo, provavelmente a menos de 10 quilômetros de distância, quando o capitão deu o sinal para descerem. Evander deu uma última olhada para aquela absurdamente alta e imponente encosta branca que parecia se estender infinitamente para ambos os lados, mudando de cor e tornando-se rosada ao adentrar o território dominado pela névoa da morte. Parecia que nem mesmo a névoa era capaz de atravessar aquele paredão. Era possível perceber que o tom rosado ia diminuindo até acabar completamente na parte superior da encosta.

Era uma visão impressionante e...

Ei! O que é aquilo?

Evander se segurou mais firme na sela e mandou um sinal mental para sua montaria, que imediatamente emitiu uma sequência curta de pios. A resposta da montaria do capitão veio logo a seguir, com um som similar. *Vá averiguar e retorne o mais rápido possível.*

Sem pensar duas vezes, Evander comandou a montaria a sair da formação e a se dirigir para o topo de um monte um pouco adiante. Parte da neve que o cobria apresentava um tom levemente rosado, indicando que o local se encontrava perigosamente próximo da fronteira com Atalia.

Conforme se aproximava, ficava cada vez mais evidente uma movimentação no morro. Como ele pensara antes, tratava-se mesmo de uma batalha. Uma mulher sozinha lutando contra vários animais grandes, do tamanho de ursos.

◆ ◆ ◆

Lucine Durandal concluía que estava tendo um de seus piores dias. Primeiro, parte de sua unidade havia desaparecido. Depois, ela havia se separado dos outros e agora aqueles estranhos animais tinham surgido do nada e não pareciam dispostos a ir embora, apesar de ela já ter matado alguns deles. Além disso, aquele equipamento de inverno que precisava usar ali lhe dava nos nervos. Ela odiava o peso extra daquele casaco e mais ainda aqueles óculos de proteção contra a luminosidade, que não eram nada mais do que pedaços de osso com pequenas fendas horizontais, que diminuíam em muito seu campo de visão e seus reflexos. Isso sem falar daquelas botas de neve, pesadas e desconfortáveis.

De repente, algo no céu chamou a atenção das criaturas, que se esqueceram dela por um instante enquanto levantavam a cabeça para observar.

Ao olhar naquela direção, Lucine estreitou os olhos ao perceber que se tratava de um dos cavaleiros alados do Império, efetuando um imprudente voo rasante na direção dela. Mal teve tempo de dar dois passos para trás quando a águia gigante passou por ali a poucos metros do chão, parecendo derrubar algo que caiu com um estrondo bem no meio dos monstros, lançando neve para todos os lados.

Por um momento ela ficou tão perplexa quanto aqueles macacos supercrescidos ao ver um homem se levantando e saindo de dentro do pequeno buraco, livrando-se do elmo e luvas que usava e subitamente materializando um bastão de combate em sua mão direita.

— Precisa de uma ajudinha? – Evander Nostarius perguntou, lançando-lhe um breve sorriso.

Lucine avançou na direção dos monstros, parecendo irritada.

— Que droga você está fazendo aqui?

— Ah, estou só de passagem, sabe como é – disse ele, aparando os golpes dos monstros, que após se recuperarem da surpresa decidiram atacá-lo com força total, de forma selvagem e descontrolada.

Após dez minutos de uma batalha complicada devido à baixa mobilidade conferida pelo terreno em parte fofo e em parte escorregadio, conseguiram nocautear a última das criaturas.

Após alguns momentos os monstros pareceram derreter, desaparecendo em meio à neve.

— Mas que raio…? – Evander se surpreendeu.

— Voltaram para o lugar de onde vieram.

— Como assim?

— Provavelmente foram tirados de seu mundo natal e trazidos para cá por meio de flutuações energéticas.

— Uau! Você já encontrou bichos como esses antes?

— Mais do que o suficiente.

Evander abaixou-se para recolher o equipamento que tinha descartado.

— E o que está fazendo sozinha neste fim de mundo?

— Não estou sozinha.

Ele abriu a boca para argumentar, quando um movimento à direita deles lhe chamou a atenção.

— Aspirante Nostarius! Há quanto tempo! – Dario Joanson aproximava-se deles, seguido de perto por uma oficial, ambos usando grossos casacos com capuz de pele e óculos similares aos de Lucine e sapatos especiais para neve. – O fato de você atrair confusão não é novidade, mas não sabia que também era capaz de *ser atraído* por ela.

— Bom vê-lo de novo, capitão – disse Evander com um sorriso, enquanto prestava continência.

Obviamente, Joanson havia se metido em algumas batalhas também, pois assim como Lucine apresentava várias marcas e arranhões em várias partes de seu traje.

O capitão dirigiu-se a Lucine.

— Desculpe a demora. Tivemos que nos livrar de algumas criaturas inconvenientes no caminho.

— Parece que tem muitas delas por aqui – respondeu ela, embainhando a espada.

— Lugarzinho animado o senhor encontrou para tirar férias, hein, capitão? – Evander comentou.

Joanson sorriu e apontou a oficial ao lado dele, que olhava para o aspirante com curiosidade.

— Aspirante Nostarius, esta é a sargento Jena Seinate.

A moça sorriu e o cumprimentou com uma continência à qual ele respondeu da mesma forma. Ela era bem mais baixa que ele e tinha um rosto interessante, ou pelo menos era a impressão que ele tinha, uma vez que os óculos e o capuz permitiam ver muito pouco.

— Não está com frio, aspirante? – Jena perguntou.

— Digamos que eu tenho sangue quente – respondeu ele, com uma piscadela.

— O chão por aqui é traiçoeiro, Nostarius, e você está sem equipamento adequado – disse Joanson. – Melhor ter cuidado.

— Estou bem, senhor. Já estive em lugares como esse antes, posso me virar – respondeu ele, lembrando-se dos infindáveis dias em que passara no topo daquela montanha na Sidéria. Felizmente, o frio e a luminosidade do sol refletida na neve não o incomodavam e seus sentidos eram eficazes o suficiente para conseguir evitar boa parte das armadilhas naturais do terreno.

— Então, Renedo resolveu trazer vocês para cá – concluiu Joanson. – Onde está ele?

— No posto, aguardando que eu retorne, imagino.

Evander olhou para cima e viu que sua águia estava sobrevoando a região, em círculos. Ele deu um assobio para chamar o animal, que após uma hábil manobra, pousou sobre o chão coberto de neve um pouco à frente deles.

— Precisa de ajuda por aqui, capitão? – Evander perguntou, após verificar se estava tudo bem com a montaria.

— Para falar a verdade, nós…

Joanson não teve oportunidade de terminar a frase. Subitamente, com um grito de "cuidado!", Evander se projetou na direção de Jena e a empurrou para o lado, fazendo-a cair em um monte de neve, enquanto expandia o bastão e realizava uma série de movimentos de ataque, parecendo combater um oponente invisível.

— Mas o quê? – Lucine disse, desembainhando novamente a espada.

Joanson também sacou a própria arma, colocando-se entre Evander e Jena. Alarmada, a sargento tratou de se colocar em pé o mais rápido possível.

Após poucos instantes, todos viram o oponente invisível ser derrubado, o que formou um pequeno buraco na neve fofa. Evander se ajoelhou diante da depressão do solo e examinou o lugar por algum tempo antes de se voltar para o capitão.

— Sumiu, assim como os macacos das neves. Sabe de onde essas coisas estão vindo, senhor?

— Creio que sim – disse Joanson, olhando ao redor. – Batedores invisíveis, hein? Isso explica muita coisa. E acho que isso responde sua pergunta anterior, Nostarius. Vamos precisar de você, sim.

Evander assentiu e virou-se na direção da águia, batendo palmas e dando um assobio. O animal emitiu um rápido pio e levantou-se, abrindo as asas. De repente, ele pareceu se dissolver no ar, como se fosse poeira levada pelo vento, deixando para trás apenas a pesada sela, que caiu na neve com um baque surdo.

Na verdade, o animal tinha apenas voltado ao seu tamanho normal e alçado voo, indo na direção do local onde sabia que as outras águias da unidade estavam.

— Então, agora pode enxergar coisas invisíveis? – Lucine perguntou, erguendo a sobrancelha.

Ele deu de ombros.

— Não exatamente. É mais como um tipo de detecção mística. Não capto uma imagem precisa, só um borrão multicolorido e semitransparente.

— Sabe dizer que tipo de criatura era essa?

— Eu diria que era um humano normal, se não tivesse se transformado em pó assim que caiu no chão. Parecia só um maluco carregando um tipo de cajado, que sumiu junto com ele.

— Então foi isso o que aconteceu com os outros – concluiu Jena. – Foram capturados por um inimigo invisível!

— Provavelmente – concordou Joanson, analisando a neve. – Esse cara não era apenas invisível. Também não deixava rastros. – Ele virou-se para Evander. – De que direção ele veio?

— Não sei dizer de onde ele veio, mas vi para onde o amigo dele foi. Fugiu assim que me viu derrubar o colega.

◆ ◆ ◆

Um dos jovens cavaleiros se dirigiu a Renedo.

— Ei, capitão, cadê o Evander?

Usando a mão em concha para proteger os olhos da luminosidade, o capitão olhava para o céu, preocupado. Uma nevasca estava para cair a qualquer momento. Então avistou a águia de Evander se aproximando.

— Essa não!

Sem hesitar, ele correu até a própria montaria enquanto gritava ordens.

— Vá ao posto e peça para reunirem um grupo de busca. Ele foi para aquela montanha.

O soldado olhou na direção apontada e assentiu.

— E quanto a nós, senhor?

— Cuidem das montarias e fiquem aqui. Não quero as águias no ar caso comece a nevar.

E nem vocês, pensou Renedo consigo mesmo. Apesar de serem bons garotos, ainda não passavam de adolescentes, sem experiência em campo.

— Sim, senhor – respondeu o soldado, saindo em disparada.

Preocupado, o capitão checou o próprio equipamento antes de fazer a águia decolar.

Pelo visto, o filho do general tinha atraído problemas novamente.

Capítulo 17:
Certezas

Evander liderou os outros até uma encosta onde havia uma abertura na montanha, uma espécie de caverna com formato peculiar, arredondado demais, parecendo artificial. O túnel seguia em frente a perder de vista, tornando-se cada vez mais escuro.

— Esse lugar é muito suspeito – Lucine falou, livrando-se do casaco e dos pesados calçados para neve, sob os quais ela usava um par de botas convencional.

— As paredes são lisas – comentou Jena, após tirar os óculos e parte de seus agasalhos. – Não parecem naturais.

A sargento era jovem, não tanto quanto Evander, mas com certeza não deveria ter passado ainda dos dezoito. Seu rosto tinha um formato levemente achatado e olhos puxados, o que indicava uma ascendência oriental. Talvez fosse nativa de Halias. Tinha olhos negros, assim como os cabelos, que usava curtos, na altura dos ombros. Sua aparência sugeria uma pessoa tímida, delicada.

— Fiquem atentos – ordenou o capitão, organizando os próprios equipamentos em uma pilha no chão e pegando algumas pedras de luz contínua, dando uma para Jena e outra para Lucine. – Isso pode ser uma armadilha. Jena, o artefato está próximo?

— Sim, senhor – respondeu ela, após pegar um pequeno cristal do bolso e encostá-lo na pedra de luz contínua. – Acredito que ele esteja mais adiante neste túnel.

— Então é por isso que vocês estão aqui? – Evander perguntou, adiantando-se alguns passos e ativando sua habilidade de *ignição* para fazer brilhar a ponta do dedo indicador, usando a luz para examinar os arredores. – Vieram procurar alguma coisa?

— Sim, Nostarius, mas nossa prioridade agora é encontrar o resto da nossa unidade. A propósito, andou treinando a *ignição*, conforme orientei?

— Sim, senhor. – Evander deu um sorriso, satisfeito. – Se eu gritar "luz" é melhor vocês protegerem os olhos.

— Certo – aprovou o capitão. – Agora, vá na frente e fique preparado para encrenca.

Evander assentiu e avançou pelo túnel, com o bastão em uma mão enquanto iluminava o caminho adiante com a outra. Aquela caverna, se era mesmo artificial, deveria ter consumido uma boa quantidade de energia para ser criada. A passagem era enorme e parecia espiralar montanha abaixo.

Lucine seguia logo atrás dele, olhando-o com expressão desaprovadora. Ele gostava da ex-sargento. Ela era determinada, astuta e implacável, além de extremamente competente como soldado. Ele não sabia que ela estava trabalhando para o capitão depois de ter pedido baixa, mas aquilo não o surpreendia, pois Joanson não era nenhum idiota e sabia reconhecer um bom talento.

No entanto aquela animosidade gratuita que ela estava demonstrando estava lhe dando nos nervos. Em determinado momento, ele se cansou daquilo e se virou para ela, sussurrando:

— Ei! Eu não tenho intenção de tomar o lugar de ninguém aqui, está bem? Pode, por favor, parar de me olhar como se quisesse que eu caísse num buraco?

— Cale a boca e continue – respondeu ela, no mesmo tom.

Ele balançou a cabeça, frustrado, e voltou a seguir em frente. Ela também era muito focada em seus objetivos, o que era uma qualidade extremamente importante em trabalhos como aquele. Por isso, ele não se surpreendeu com aquela reação, mas ao menos agora ela sabia que aqueles olhares o incomodavam. Se ele realmente estivesse certo em relação a ela, provavelmente ela passaria a se policiar contra aquilo, mesmo de má vontade.

Percebendo um movimento logo à frente, ele parou abruptamente.

— Luz! – Evander gritou, fazendo um gesto como se arremessasse algo para o teto.

De repente, um intenso clarão preencheu o lugar, cegando momentaneamente as três pessoas que se preparavam para emboscá-los. Joanson abaixou-se, encostando dois dedos na fronte e mantendo os olhos firmemente fechados. Quando Lucine e Jena voltaram a abrir os olhos, Evander confrontava quatro homens de baixa estatura, que carregavam cajados de madeira e levavam as mãos aos olhos, ainda atordoados.

A luz tinha diminuído consideravelmente, mas um círculo no teto da caverna continuava a brilhar intensamente, o que tornava o ambiente quase tão claro quanto o dia.

Evander se surpreendeu ao ver a imagem dos homens deixar de ser um borrão e se tornar clara e nítida, concluindo que o capitão Joanson tinha algo a ver com o fato deles terem deixado de ser invisíveis.

Não havia razão para tentar dialogar. Mesmo sem enxergar direito, os homenzinhos não hesitaram em atacar, desferindo choques elétricos com seus bastões. Nunca as táticas evasivas e de neutralização de ataques energéticos de Evander se mostraram tão úteis. A luta ficou muito mais fácil, no entanto, quando Lucine se juntou a ele.

Em certo momento um dos adversários correu na direção de Jena e do capitão. Como Joanson ainda estava mantendo a concentração, a sargento usou a própria espada para repelir o ataque dele, de forma bastante desajeitada. O homem fez uma nova investida, fazendo com que ela perdesse o equilíbrio. Sabendo que não teria mais como se defender, ela fechou os olhos aguardando pelo golpe… que nunca veio. Ao voltar a abrir os olhos, ela viu o oponente caído e Lucine a olhando com expressão irritada enquanto embainhava a própria arma.

Vendo que o último dos adversários se transformava em pó, Evander olhou para Lucine e percebeu a careta dela enquanto segurava o braço direito.

— O que houve?

— Ácido, eu acho. Está queimando – respondeu ela, rasgando a manga da túnica.

— Se fosse isso teria corroído a roupa – disse ele, aproximando-se e observando o tom esverdeado da pele. – Mas que droga! Minha aura devia ter defletido isso!

— Você não é onipotente, Nostarius – disse Joanson, aproximando-se. – Sua aura pode defletir ataques físicos, o que explica porque o tecido não foi afetado. Mas a contaminação dessa substância tem natureza mística.

— E o que faremos?

— Estou bem – protestou Lucine. – É só um arranhão.

— Não, não é – contrapôs Jena, observando o ferimento com olhos arregalados. – Isso aí é uma contaminação bariótica de segunda classe.

Os outros três olharam para ela, com diferentes graus de surpresa.

— Quero dizer – disse ela, um tanto intimidada –, uma energia estranha está tentando se fundir com seu fluxo natural, o que está gerando uma disfunção inercial. – Os olhares de surpresa deram lugar a expressões de perplexidade. – Ah! Eu não sei explicar isso em termos leigos, está bem? Ela precisa ver um curandeiro assim que possível.

— Você sabe mesmo do que está falando? – Lucine questionou, cética.

— Claro que sim! – Jena exclamou, indignada. – Estudei isso minha vida inteira.

— Então quanto tempo eu tenho?

— Quê? – Jena perguntou, confusa. – Para quê?

Lucine bufou.

— Para chegar até um curandeiro, sua tapada!

— Ah, não. Não acho que seja nada tão urgente, desde que você permaneça completamente imóvel.

294

Lucine olhou para ela com expressão furiosa, claramente muito insatisfeita com a sugestão, mas antes que pudesse abrir a boca, Joanson fez um sinal para que ela ficasse em silêncio.

— Jena – disse ele, em tom conciliador. – E se imobilizássemos apenas o braço, isso não seria suficiente?

— Não! Qualquer alteração na pulsação vai fazer com que o contaminante comece a se espalhar.

— Mas quanto tempo levaria para isso causar algum problema irreversível?

— Não sei… – Jena pensou um pouco. – Considerando a área atingida, talvez umas dez ou doze horas. Mas isso em condições normais. O frio é um sério agravante, e nessa temperatura…

— Certo, Lucine – disse o capitão. – Mantenha esse braço imóvel e fique perto do aspirante. A aura de proteção dele vai te proteger do frio.

A expressão de contrariedade da ex-sargento era tão intensa que chegava a ser hilária.

Tentando controlar-se para não sorrir, Evander pegou uma bandagem especial que levava em um dos bolsos para emergências e improvisou uma tala, que ofereceu para Lucine.

Ela lançou-lhe mais um olhar furioso.

— Está rindo do quê, *aspirante*?

— Eu não disse nada. Aqui, deixe-me ajudar…

— Não preciso da sua ajuda!

Ela arrancou-lhe a tala improvisada das mãos e a passou pelo pescoço, enfiando nela o braço contaminado e trincando os dentes devido à dor.

— Pronto. Estão satisfeitos? Podemos ir agora?

O capitão levantou a sobrancelha.

— Lucine, francamente, você não pode se comportar dessa forma e esperar que as pessoas não riam de você.

Ela suspirou e olhou para o braço machucado, tentando se controlar.

— Desculpe, capitão.

Evander examinou as feições dela por um instante e concluiu que ela estava muito mais preocupada do que queria deixar transparecer. A dor devia ser muito intensa. Precisavam encontrar os soldados desaparecidos e sair dali o quanto antes.

Lucine virou-se para Jena:

— Ah, e se eu fosse você, evitaria usar essa sua espada até aprender a lidar melhor com ela.

— Ei! – Jena protestou. – Eu sei me defender, está bem?

— Jena – disse o capitão –, Lucine tem razão. Além disso, você não está aqui para lutar. Sua função é localizar e manipular o artefato, se necessário. Daqui para frente, fique atrás de mim.

— Sim, senhor – respondeu ela, de má vontade, lançando um olhar irritado para as costas de Lucine, que já se afastava ao lado do aspirante.

Após Evander contar a terceira volta na descida em espiral, chegaram a uma grande câmara, onde o teto era sustentado por diversas colunas com formato arredondado, que pareciam ter sido esculpidas, como se o lugar todo tivesse sido escavado na rocha. Diferente do túnel onde tinham estado até então, aquela câmara estava iluminada por diversas pedras de luz contínua espalhadas pela parede e pelas colunas.

— Mas o que é isso? – Lucine indagou, olhando, perplexa, para a coleção improvável de objetos contidos naquele lugar, espalhados pelo chão e paredes.

Parecia haver de tudo ali. Móveis quebrados, pedras de cristal de rocha, velhas armaduras, selas de cavalaria, animais empalhados, uma antiga harpa, um velho espantalho, além de diversos outros objetos aparentemente sem relação uns com os outros, sem contar as diversas arcas e baús espalhados por todos os lados.

— Fiquem atentos – recomendou Evander, percebendo diversas fendas nas paredes a intervalos irregulares. – Tem algo errado aqui.

Jena pegou novamente o cristal em seu bolso e caminhou pela câmara, olhando para o objeto com atenção.

— O artefato deve estar por perto. As leituras estão intensas e...

— Cuidado! – Evander gritou, correndo para se posicionar entre ela e uma das fendas, de onde saía outro daqueles gorilas das neves.

Enquanto ele aparava os ataques que o monstro fazia com as garras, diversos outros macacos saíram da fenda, acabando por cercá-los em um canto. Não havia escapatória, a menos que se enfiassem por uma pequena abertura que tinha na parede atrás deles. Levantando os olhos, ele percebeu que Lucine e o capitão encaravam outra leva de macacos, liderados por uma espécie de minotauro.

Vendo que não teria como proteger a sargento sozinho contra tantos oponentes, Evander apontou para a abertura.

— Jena, veja se tem saída por ali!

— Sim, senhor!

Ela largou no chão a mochila que carregava e embrenhou-se pela estreita passagem.

Aquele buraco era do tamanho certo para Jena, mas pequeno demais para Evander. Além disso, ele não podia se afastar muito de Lucine para que ela não perdesse os efeitos da aura de proteção, então o jeito era encarar sozinho aqueles monstrengos.

296

Foi uma batalha complicada, que levou um bom tempo e lhe custou muita energia.

Mas eu dei conta, pensou ele, com orgulho, quando finalmente acabou.

Quando o último monstro se desmaterializou, ele voltou na direção do buraco.

— Jena, caminho livre!

Sem esperar pela resposta, ele se adiantou com a intenção de juntar-se a Lucine e Joanson. Nesse momento, no entanto, o minotauro desferiu um poderoso golpe no chão, o que fez a caverna toda tremer e algumas colunas se racharem.

Por um momento, o monstro pareceu tão surpreso quanto os humanos e teve dificuldade para se manter em pé, enquanto o lugar tornava-se cada vez mais instável.

Então, uma enorme rachadura se formou, com o chão se abrindo de um lado para o outro da câmara, enquanto partes do teto e das paredes desabavam. Em poucos segundos, a rachadura no chão ficou grande demais para saltar, deixando Evander isolado naquele canto.

Recuperando o equilíbrio com impressionante facilidade, o capitão Joanson desferiu um golpe diagonal fulminante com a espada. Graças à aura de Evander, o golpe não chegou a penetrar no monstro, mas o lançou para trás, fazendo com que caísse no buraco que ele mesmo havia aberto, querendo ou não.

Evander encarou Joanson por um momento, surpreso com a força do ataque, mas então se lembrou de que aquele homem fazia parte da mais poderosa equipe especial do Império. Como para enfatizar ainda mais aquele fato, o capitão levou dois dedos à fronte e se concentrou novamente. Em alguns segundos, os tremores pararam e a caverna voltou a ficar estável.

Lucine deu o golpe final no último monstro das neves que ainda estava em pé, não parecendo ter muitos problemas em lutar apenas com o braço esquerdo. Então ela virou-se para Evander.

— Cadê a sargento metida a sabe-tudo?

Ele olhou ao redor, preocupado. Quanto tempo havia se passado desde que Jena tinha se enfiado por aquela abertura? Quinze minutos? Vinte?

Então um movimento à sua esquerda lhe chamou a atenção e ele viu a sargento reaparecendo através de outra fenda na parede.

— Estou aqui – disse ela, esbaforida.

— Mas o que é aquilo? – Evander perguntou, apontando para a pequena bola de metal que flutuava no ar, atrás dela.

— Você encontrou o artefato – concluiu o capitão.

Ela olhou para o objeto, apreensiva.

— Creio que sim, senhor.

Evander aproximou-se, observando aquela esfera metálica com atenção. O objeto era recoberto por diversos tipos de gravuras em relevo e girava no ar, parecendo mudar a direção e a velocidade de rotação de forma aleatória.

— Tenha cuidado – disse a sargento. – Não tenho certeza se isso está totalmente sob meu controle.

— O que ele faz?

— Manipula energia mística.

Ele riu.

— Quase qualquer coisa manipula energia mística hoje em dia. Isso aí tem algum poder especial? – Ele apontou para a enorme rachadura no chão. – Como nos tirar daqui, por exemplo?

— Bom – respondeu ela –, a energia geotermal ainda está bastante ativa no local, então, se eu conseguir canalizar um pouco dela para o fluxo certo, talvez seja possível.

Enquanto ela falava, o artefato foi flutuando pelo ar até se posicionar sobre o abismo em que a rachadura havia se transformado.

— Vamos tentar isso – disse Jena, apontando para o artefato com o dedo indicador.

Boquiaberto, Evander observou enquanto o objeto começou a emitir raios azuis de energia que atingiram ambos os lados da rachadura. O chão voltou a tremer e aos poucos a rachadura foi se fechando, como se nunca tivesse existido, apesar do fato de muitas pedras, escombros e até mesmo alguns monstros terem caído nela minutos antes.

— Uau! Isso foi... surpreendente!

Com um sorriso preocupado, ela correu até o canto da caverna onde tinha deixado sua mochila.

— Impressionante – disse Joanson, aproximando-se. – Teve trabalho para encontrá-lo?

— Bom, eu tive que lutar contra um homenzinho estranho. Mas ele desistiu e fugiu quando o artefato se ligou a mim.

— "Se ligou a você"? – Evander estranhou.

— Sim. Essa esfera é um objeto energeticamente ativo, movido por uma flutuação semi-independente.

— É uma espécie de simbionte – esclareceu Joanson. – Liga-se a um hospedeiro para alimentar-se de seu fluxo energético.

— Isso não me parece muito bom – concluiu Evander, levantando uma sobrancelha.

— E não é – respondeu Jena, olhando para a mochila em suas mãos. – Eu estava sem o meu equipamento, então não tive como evitar. Sinto muito, capitão.

Joanson sacudiu a cabeça.

— Você está bem?

Ela deu de ombros.

— Consigo sentir a ligação com o objeto, como se fosse algo me envolvendo, mas nada além disso.

— De qualquer forma, temos que sair logo daqui e procurar ajuda para você.

— Então – disse Evander –, essa coisa te permite usar os poderes dela, mas em troca drena sua energia, é isso?

— É um pouco mais complexo do que isso – ela olhou para o artefato, preocupada. – Mas, essencialmente, sim.

— Alguém energizou o artefato – concluiu Joanson. – Ele deveria estar completamente inerte depois de ter ficado isolado por tantos séculos.

— Então foi por isso que escavaram essa caverna – concluiu Evander. – Para encontrar essa coisa.

— Sim, mas eu diria que esses túneis levaram anos para serem criados – respondeu o capitão. – Alguém teve um trabalho e tanto para pôr as mãos nesse negócio.

— Capitão! – Lucine chamou, abaixada em um dos cantos da câmara. – Encontrei alguma coisa. Tem algo atrás desta parede.

Joanson aproximou-se e percebeu que havia um espaço por baixo da rocha. Ele estudou a parede por um momento, antes de virar-se para Jena.

— Sentiu algum efeito colateral quando usou o poder do artefato antes?

— Não, senhor.

— Então veja se consegue abrir isso. Creio que um efeito similar ao que fechou a fenda pode resolver.

— Vou tentar – disse a sargento, apontando para a parede.

O artefato se adiantou e começou novamente a emitir os raios azulados. A parede de pedra tremeu por alguns instantes, antes de se dividir de alto a baixo, as duas metades começando a se afastar.

Atrás daquela parede, no entanto, havia outra, e depois, mais uma. Jena foi avançando, junto com o artefato, enquanto abria caminho, até que, quando a última barreira se abriu, um novo tremor percorreu a caverna toda, tomando a todos de surpresa e fazendo com que perdessem o equilíbrio.

Evander e Lucine acabaram caindo sentados. Depois que o tremor passou, ele lançou um olhar divertido a ela, mas, para variar, não foi retribuído.

— Cuidado! – Joanson exclamou, apontando para a passagem que o artefato tinha aberto. – É um tipo de gás!

A sargento estava se levantando, cobrindo a boca com a mão. Ela havia caído dentro de uma câmara grande, cheia de um gás azulado, que agora começava a sair pela abertura.

— Jena! Saia daí!

Antes que a moça pudesse fazer qualquer coisa, no entanto, o artefato encostou no peito dela e pareceu se derreter, começando a envolvê-la. Em poucos segundos, a forma prateada havia coberto todo o corpo da moça, fazendo com que parecesse uma espécie de estátua de metal.

O capitão gritou, preocupado:

— Jena! Você está bem? Pode me ouvir?

— Estou bem – respondeu ela, olhando para as próprias mãos, parecendo surpresa por conseguir falar. A forma prateada formava um tipo de máscara sobre sua boca e nariz, mas não lhe tolhia os movimentos. – Afastem-se, acho que isso é gás sonífero. De alguma forma o artefato está me protegendo dele.

— Aquela coisa se transformou em uma armadura? – Lucine perguntou, incrédula.

— É um dos antigos artefatos míticos – respondeu Joanson. – Não sabemos ao certo todas as capacidades que ele tem. Inclusive, todos acreditavam que fosse apenas uma lenda, mas, como estamos vendo, ele é bem real.

— Os outros estão aqui dentro – disse Jena. – Estão dormindo, mas parecem bem. Afastem-se, vou tentar tirá-los daqui.

Com um pouco de esforço, ela arrastou os cinco soldados para fora da câmara, um de cada vez.

Evander percebeu que uma das mulheres adormecidas era uma loira bastante atraente. A outra era uma ruiva, que também não era de se jogar fora. Um dos homens era esguio e tinha longos cabelos castanhos e os outros dois eram mais atarracados. Um deles era careca e particularmente corpulento, o que indicava que, ou a sargento andara treinando levantamento de peso, ou aquela armadura prateada também servia para aumentar sua força física.

— Capitão – disse ele –, por que se dariam a todo esse trabalho, não só para capturar, mas também para manter os seus soldados vivos e adormecidos aqui embaixo?

— Eu tenho uma teoria, mas não vamos nos preocupar com isso agora – respondeu o capitão, imaginando se a presença de Evander não havia frustrado, mais uma vez, um plano bastante elaborado. *O ponto fora da curva.*

Se ele próprio e Lucine também tivessem sido capturados, aquilo possivelmente se tornaria um sério problema para o resto da Guarda Imperial e, possivelmente, para o país. Mas, por ora, Evander e os outros não precisavam saber daquilo.

Depois de tirar o último soldado para fora, Jena afastou-se um pouco e o artefato separou-se dela, voltando a assumir forma esférica. Ela então voltou a apontar para a parede e o artefato fechou a abertura, o que imediatamente fez com que os resíduos de gás do lado de fora se dispersassem.

— O gás é de natureza energética – disse ela. – Podem se aproximar. Sem o contato com a fonte ele se dissolve no ar.

— Então foi aqui que vocês se esconderam – exclamou o capitão Renedo, entrando na câmara, seguido por meia dúzia de soldados.

Renedo tinha encontrado uma área especialmente vulnerável em uma das paredes e abrira um "atalho", um buraco que dava para uma parte um tanto perigosa da montanha, próxima a um penhasco que dava diretamente para a *terra da morte*. De qualquer forma, era melhor isso do que tentar voltar pelo lugar de onde tinham vindo, correndo o risco de morrerem soterrados, pois Joanson já avisara que não conseguiria segurar o teto por muito tempo e não queria exaurir a energia do artefato, o que poderia colocar a vida de Jena em risco.

Evander imaginou quanta energia seria necessária para segurar o peso de uma montanha inteira e percebeu o quão parcos seus próprios poderes pareciam em comparação com aquilo.

A neve começava a cair quando saíram do lugar e começaram a descida. Os oficiais que tinham ido com o capitão Renedo carregavam os soldados adormecidos que, pelo visto, ficariam sob o efeito do gás sonífero por mais um bom tempo.

Em determinado momento, Lucine pisou numa parte mais fofa do caminho e seu pé afundou na neve. Evander tentou se aproximar para ajudá-la, mas tudo ocorreu rápido demais. Uma grande parte do chão começou a ceder e a deslizar pela encosta, montanha abaixo, levando Lucine junto com ela.

— Misericórdia! - Renedo exclamou. – Ela caiu na névoa!

— Continuem! - Joanson ordenou, sentindo a instabilidade do chão. – Temos que sair daqui logo ou vamos cair todos!

Evander chegou até a borda e olhou para baixo. A queda não tinha sido muito grande, ainda dava para ver um relance das roupas de Lucine num platô um pouco mais abaixo, mas o lugar estava completamente tomado pela neblina. Uma súbita certeza se abateu sobre ele naquele momento: não podia deixá-la ali.

Não sabia se tinha alguma chance de sobreviver lá embaixo, mas seus instintos quase nunca o deixavam na mão.

— Nostarius, não faça isso! – Joanson gritou, ao vê-lo se preparar para pular.

Então, pela primeira vez, Evander desobedeceu a uma ordem direta e pulou no precipício.

Descendo de forma desajeitada pela encosta escorregadia, ele penetrou na nuvem púrpura, caindo ao lado de Lucine. Aquela névoa parecia penetrar em seu corpo, fazendo-o sentir-se sujo e gerando uma sensação bastante desagradável.

Ela estava consciente e respirando pesadamente. Aparentemente, havia machucado seriamente a perna na queda. Ela não conseguia se levantar e a dor parecia tão grande que quase não conseguia nem mesmo falar.

— O que… está fazendo aqui… seu estúpido?

— O que os estúpidos fazem… eu acho – respondeu ele, apoiando as mãos nos joelhos tentando recuperar as forças. A névoa dava a tudo ali um aspecto rosado. – Você parece estar confortável, mas eu odeio cor-de-rosa. Vem, acabou a moleza. Vamos cair fora daqui.

Ele ficou de cócoras ao lado dela e a ajudou a subir em suas costas, passando o braço ferido dela por sobre seu ombro. Segurando-a firmemente pelas coxas, ele se levantou e saiu carregando-a de forma desajeitada, enquanto seguia pela trilha inóspita.

Mais tarde, ele ficaria sabendo que ficou perambulando por cerca de 20 minutos até conseguir encontrar um caminho que o levasse ao outro lado da montanha, saindo da região envenenada. Definitivamente, foram os 20 minutos mais longos de sua vida até então.

Esgotado, ele foi obrigado a parar e a colocar Lucine sobre a neve branca. Ela reclamou com um resmungo, mas, apesar de ferida, parecia bem.

— Seu idiota! – A voz dela era fraca e lágrimas caíam de seus olhos. – Podia ter morrido! Por que foi atrás de mim?

Ele sentou-se no chão ao lado dela, soltando um suspiro cansado.

— Porque o capitão mandou que eu ficasse de olho em você, ora! Por que mais podia ser?

Ele olhou para cima e sentiu os flocos de neve caindo-lhe no rosto. Com as energias no fim, ele sabia que logo desmaiaria e a aura de proteção iria se desvanecer. Os dois provavelmente morreriam congelados se permanecessem ali. Mas o que fazer se ele não tinha forças para mais nenhum passo?

Então, um movimento à distância chamou a atenção dele.

— Lá estão eles! Estou vendo os dois! Estão vivos! Por aqui!

◆ ◆ ◆

— Então você topou com aquele grupo de soldados por acaso enquanto sobrevoava a montanha? – Dario perguntou, tomando um gole de sua caneca fumegante.

— Pois é – respondeu Selinor Renedo –, vocês fizeram tanto barulho lá em cima que chamaram a atenção de uma patrulha. Então me juntei a eles e foi assim que conseguimos encontrar vocês.

— Que sorte, a nossa.

— Eu sempre achei que "sorte" fosse a sua especialidade, meu amigo. Duvido que realmente precisasse de minha ajuda. As histórias sobre as vezes que escapou miraculosamente da morte parecem nunca ficar velhas. Se escrevesse um livro sobre isso faria um bom dinheiro.

Dario riu.

— Ainda contam essas velhas besteiras por aí, é?

— A mais interessante é sobre como você acabou com a *Revolta Belize*.

— Como assim? A Guarda Imperial inteira estava lá. Foram eles que derrotaram a maioria dos rebeldes. Eu quase nem cheguei a lutar.

— Mas enquanto eles lutavam você se infiltrou no palácio, evitou um exército inteiro e colocou a esposa do general frente a frente com a líder da rebelião. Isso é muito a sua cara para não ser verdade.

Joanson riu de novo.

— Bom, eu até aproveitei algumas oportunidades, mas nem foi nada tão grandioso assim.

Renedo sorriu e balançou a cabeça, enquanto tomava um gole de sua própria caneca e olhava para o fogo crepitante da enorme lareira do salão principal do posto avançado.

— Por que você decidiu vir para cá exatamente hoje? – Dario quis saber.

— Está brincando? Fazia tanto tempo que não via você que quando fiquei sabendo que estava vindo para cá, resolvi adiantar minha viagem para tentar te encontrar e bater um papo.

Joanson ficou sério ao ouvir aquilo.

— Como você sabia onde eu estava?

— Quando foi notificado de que você e seu pelotão passariam alguns dias nesta base, o comandante comentou o fato para um dos meus cavaleiros que estava por aqui. O rapaz é seu fã, assim como boa parte dos jovens.

Dario franziu o cenho, pensativo, mas se distraiu ao perceber a aproximação de um soldado muito jovem e tímido.

— Pode falar, filho.

— A descontaminação terminou, capitão. Não há nenhum sinal visível de envenenamento pela névoa em nenhum dos dois, mas eles vão precisar ficar em observação por algum tempo.

— Ótima notícia – disse Dario. – Obrigado, soldado.

O rapazinho prestou continência e se afastou.

Renedo olhou para o fogo, pensativo.

— Ei, Dario, estive pensando.

— Sim?

— Estou precisando de um tenente, sabe?

— Está se referindo a Evander?

— Sim. O garoto é cheio de recursos e sabe usá-los quando necessário. É muito raro encontrar soldados como ele. Em poucos meses já se tornou um dos melhores cavaleiros da unidade. E hoje vimos que ele consegue até mesmo sobreviver a um passeio dentro na névoa da morte. Pelo que sabemos, ninguém demonstrou uma habilidade como essa antes.

Dario tomou mais um gole de sua caneca antes de responder:

— Isso é verdade. De qualquer forma, Selinor, ele foi transferido oficialmente para a sua tropa, portanto, a prerrogativa de promovê-lo ou não agora é sua.

— Você sabia que ele poderia sobreviver lá embaixo, não sabia? Por isso não deixou nenhum de nós tentar resgatar os dois.

Dario deu de ombros.

— Apenas calculei que as chances de conseguirmos fazer isso sem que todo o chão desabasse seriam as mesmas dos dois conseguirem sobreviver sozinhos. E, se caíssemos, seríamos dezesseis pessoas perdidas na névoa ao invés de duas. Isso, é claro, se sobrevivêssemos à queda.

O soldado retornou.

— Capitão?

— Sim?

— Recebemos uma mensagem do Forte, senhor. O general Nostarius quer falar com os senhores assim que possível.

— Argh! – Renedo exclamou, fazendo uma careta. – O general vai querer minha cabeça por ter trazido o garoto para cá, não vai?

Dario sorriu.

— Espero que não tenha medo de cara feia. Ele provavelmente está uma pilha de nervos. Mas eu duvido que tome alguma decisão impensada. Ele é profissional demais para isso.

— Confesso que seria interessante ter uma chance de ver o general perder aquela costumeira fachada de insensibilidade dele. Mas, definitivamente, não queria vê-lo irritado, principalmente comigo.

♦ ♦ ♦

Evander e Lucine precisaram passar por várias sessões de descontaminação, tomando banhos com diversos tipos de ervas, algumas bem malcheirosas.

O curandeiro do posto avançado não era muito experiente, mas seguindo as instruções de Jena, ele conseguiu estabilizar a condição do braço direito de Lucine, que se recuperava a olhos vistos com o passar dos dias.

Em certo momento, ela voltou a perguntar a Evander a razão de ter descido aquele barranco atrás dela. Ele pensou um pouco e resolveu ser sincero.

– Olha, para ser bem franco, eu não me considero do tipo suicida. Se eu tivesse total certeza de que a aura me protegeria do veneno, eu teria pulado atrás de qualquer um.

— Mas você não tinha certeza.

— Não, não tinha. Tanto podia funcionar quanto… bem, você sabe. A verdade é que eu gosto de você. Não sei direito porque, mas gosto. – Ele desviou o olhar e se afastou um pouco. Não havia a menor chance de falar aquelas coisas olhando nos olhos dela. – Apesar desse seu jeitão de poucos amigos, acho que você é uma pessoa fantástica, de boa índole, determinada, corajosa e trabalhadora. Resumindo, você é uma das poucas pessoas que eu conheço para as quais "metade de certeza" já é mais do que suficiente.

O quarto ficou em um silêncio desconfortável. Ele engoliu em seco e resolveu cair fora dali.

— Agora, descanse. Quero ver você em forma de novo logo, pois, da próxima vez que nos encontrarmos, quero te desafiar para outro duelo. Nos vemos por aí.

Ele saiu do quarto, refletindo que realmente tinha sido sincero. Se pudesse escolher uma mulher por quem se apaixonar, Lucine seria a candidata ideal. Era linda, tinha um belo corpo e era cheia de garra e vitalidade, além de ter um admirável senso de justiça.

Mas aquilo não era suficiente. Se fosse para ter uma repetição daquele frustrante romance com Cerise, preferia ficar sozinho para o resto da vida.

♦ ♦ ♦

No dia seguinte, Evander e Jena chegavam à cidade de Aldera, através da ponte de vento da praça principal. Duas figuras familiares se adiantaram para recebê-los.

— E aí, *Débil Audaz*? O traseiro já parou de doer? Depois de tomar tanto tabefe de Valena, achei que nem sairia mais da cama, de tanta vergonha.

Evander riu e fez as apresentações.

— Sargento Jena Seinate, esse é meu amigo, Argus Romera. Ele vai mostrar o lugar para você.

— Prazer em conhecê-la, bela dama – disse Argus, com um floreio. – Estou às suas ordens.

Jena limitou-se a assentir, com um sorriso acanhado.

— E essa aqui – continuou Evander – é Joara Lafir, a princesa herdeira do trono de Chalandri.

— Uau! – Jena exclamou. – Você é mesmo uma princesa?

— Temo que sim – respondeu Joara com uma risada.

— Que coisa! – Evander disse, olhando para Joara. – Achei que você estaria causando a maior sensação por aqui, com um bando de curiosos no seu pé o tempo todo.

— Admito que no começo foi um pouco complicado, mas agora acho que as pessoas já se acostumaram comigo. Afinal, não sou muito diferente deles. Quero dizer, meus poderes são diferentes, mas esse tipo de diferença parece ser muito comum por aqui.

— Está perdendo até o sotaque!

— Pois é – ela riu de novo.

— Que pena, eu gostava do seu sotaque.

— Ei, ei! – Argus se intrometeu. – Ela ainda é uma princesa. Mostre respeito, meu camarada.

Jena assistia àquela conversa com expressão de espanto, enquanto o pequeno globo metálico flutuava atrás dela. Evander voltou-se para ela.

— Jena, se alguém pode ajudar você com essa coisa, é o professor Romera. Argus e Joara vão levar você até ele.

— Obrigada, aspirante.

Evander imaginava que a sargento havia passado por alguns dias bastante complicados. Ela não mostrava nenhum sinal de que a ligação com o artefato a estivesse prejudicando. A opinião de alguns alquimistas do Exército, inclusive, é que ela tinha um nível de afinidade incomum, o que, praticamente, neutralizava os efeitos colaterais da ligação simbiótica.

— Não tem de quê – respondeu ele. – Mas lembre-se do que eu disse: se essa esfera realmente for um problema, livre-se dela, mas se não for… bem, você tem muito jeito com essa coisa, talvez devesse ficar com ela. Sei que não gosta de atrair a atenção das pessoas para si, mas veja só: se Joara, sendo quem é, consegue passear pelo centro de uma cidade como essa na boa, não há razão para você não conseguir também, mesmo com essa bola de metal te acompanhando.

Jena sorriu.

— Vou pensar nisso, aspirante, obrigada.

— Ora, vejo que já estão prontos para outra – disse o capitão Joanson ao entrar no alojamento e ver os soldados de sua tropa se enfrentando no que parecia ser uma guerra de travesseiros.

Laina, Loren, Beni, Alvor e Iseo haviam passado dias desacordados. O que quer que fosse o gás usado pelos misteriosos homenzinhos da montanha, tinha um efeito bem potente. Felizmente, não parecia ter deixado nenhuma sequela.

— Como está Lucine? – Laina perguntou.

— Está ótima. Inclusive, já está arrumando as coisas dela. Melhor vocês fazerem o mesmo.

— Oba! – Loren exclamou. – Para onde vamos?

— Para Ebora. Espero que vocês tenham descansado bastante, porque temos monstros para caçar. E, aparentemente, algumas bruxas também.

Capítulo 18:
Ataque

Demétrio Narode encarou Leonel com expressão intrigada, enquanto perguntava:

— Poderia nos dizer o que, exatamente, aconteceu no Paredão, general?

Os outros quatro coronéis da Província Central olharam para Leonel, com variados graus de expectativa. Viriel Camiro tinha um olhar sério, preocupado. Solara Dinares cruzava e descruzava as pernas, impaciente. Balista Algovar tentava, sem muito sucesso, disfarçar a curiosidade. E Renai Toriane estreitava um pouco os olhos, entre preocupado e intrigado.

A aparência da coronel Algovar fazia um contraste absurdo com a de Camiro. Enquanto ele não fazia questão de esconder sua origem humilde e seus gostos simples, Algovar não poupava esforços para manter um ar de requinte e sofisticação, usando um uniforme que seguia as normas do Exército, mas que era confeccionado com tecidos da mais alta qualidade de um tom intenso de vermelho e que lhe cobria o corpo curvilíneo de forma, ao mesmo tempo, discreta e tentadora. Apenas os corantes utilizados para tingir aquelas peças deviam custar dinheiro suficiente para alimentar uma família por um ano. E aquela sofisticação toda não se resumia apenas à aparência: a personalidade dela também era um tanto afetada e orgulhosa demais, na opinião de Leonel.

Por sua vez, o coronel Toriane podia ser considerado a antítese de Narode, pelo menos no que dizia respeito à personalidade. Enquanto Demétrio era extrovertido, falante, carismático e sociável, Toriane era prático, direto, brusco e de poucos amigos. Era alto e muito magro, sendo às vezes chamado pelas costas de "galho seco". Ninguém tinha coragem, no entanto, de chamá-lo por aquele apelido em sua presença. Tinha uma inteligência afiada e um nível de proatividade impressionante, podendo ser comparado à coronel Dinares nesse quesito.

— Um dos nossos mais antigos *coletores de emissões* começou a captar uma flutuação – respondeu o general. – Pelas informações que tínhamos, a assinatura era compatível com a de um dos *artefatos míticos*. Então enviamos a segunda divisão da Tropa de Operações Especiais para lá, liderada pelo capitão Joanson. Eles conseguiram reaver a *esfera mítica*, mas tiveram forte oposição de um grupo desconhecido, que parecia ser proveniente de um mundo alternativo.

— Pelo que eu saiba, essa *esfera mítica* é um artefato amaldiçoado – comentou Algovar.

— Sim, e ela se ligou a uma de nossas oficiais. Ela está em Aldera, no momento, onde os sábios estão procurando um meio de desfazer o elo.

— E tem algo que possamos fazer para ajudar, general? – Toriane demonstrava certa impaciência, obviamente querendo descobrir qual o motivo de ter sido chamado àquela reunião.

— O artefato estava escondido nas profundezas de uma montanha, onde tinha sido soterrado havia muitos séculos – respondeu Leonel. – O interior do túnel que foi aberto por esse grupo acabou desabando, mas fizemos uma análise da entrada dele e das redondezas. Concluímos que foi um trabalho bastante… profissional. Aplicação direcionada e precisa de flutuações místicas, coisa que leva anos de treinamento para se aprender.

Narode arregalou os olhos.

— Isso quer dizer que foi algum dos nossos?

— As evidências indicam que sim.

A coronel Dinares franziu o cenho.

— Esse tipo de coisa não é da jurisdição da Guarda Imperial?

— Sim – Leonel balançou a cabeça afirmativamente, olhando para seus coronéis com atenção. – Levantamos diversas informações sobre essa ocorrência. Já sabemos quem escavou o túnel. Também estamos certos de que a ordem para a execução desse trabalho partiu de alguém de dentro desta sala.

Mais de dois meses haviam se passado desde que haviam voltado do Paredão, e o dia que Evander aguardava com ansiedade finalmente chegara. Estava completando seus 17 anos e entrando oficialmente para a maioridade legal.

A perspectiva de poder adquirir algo que fosse só seu era tentadora. Talvez uma casa, em algum lugar calmo nas montanhas. Um lugar grande e tranquilo, com um pomar e um viveiro de pássaros. Talvez pudesse até mesmo começar a treinar águias, já que se dava tão bem com elas. Poderia adquirir livros e montar sua própria biblioteca. Enfim, poderia fazer o que quisesse, as possibilidades pareciam infinitas.

Ao chegar ao acampamento da tropa, logo pela manhã, foi recebido com alegria pelos colegas, que vieram lhe parabenizar e desejar felicidades. Em seguida, foi informado pelo capitão de que haveria uma pequena formalidade mais tarde e que Evander receberia seu presente de aniversário: uma medalha de honra pelo seu desempenho durante a missão de resgate do artefato.

Aquilo não foi, exatamente, uma surpresa, afinal, ele sabia que tinha feito um bom trabalho. Claro que aquela missão havia sido concluída graças àqueles misteriosos poderes, mas ele gostava de pensar que sua dedicação ao treinamento o ajudara a saber como melhor utilizar aqueles dons.

O que realmente o surpreendeu foi a presença inesperada de boa parte de seus amigos das Tropas Especiais. Logo ao avistá-lo, Indra Solim correu para ele, agarrando-o pela cintura e o levantando do chão, girando-o no ar várias vezes, uma manobra que fez Evander e todos os presentes caírem na gargalhada.

— Ei! Que felicidade toda é essa? – Evander perguntou, entre risadas, quando seus pés voltaram a tocar o solo.

Ela fingiu indignação.

— Como assim?! Claro que estou feliz por você, seu sumido!

Foi muito bom rever todo aquele pessoal, mas a presença de outro visitante, este vindo de bem mais longe, foi uma surpresa ainda maior.

— Idan!

O paladino da terra o saudou, levantando uma das mãos.

— Ei, Evander!

— Nossa, cara, quanto tempo! Que bom ver você! Pensei em te convidar para tomar uma cerveja várias vezes, mas aí eu lembrava que você é um abstêmio...

Idan riu, enquanto trocavam um aperto de mão e trocavam tapinhas nas costas.

— Bom ver você também, meu amigo, mas a julgar por sua expressão, você está muito curioso em saber o que estou fazendo aqui, não é?

Evander riu também.

— É... essa pergunta passou pela minha cabeça.

— O capitão Kalius ficou sabendo de uma homenagem que você estava recebendo no dia de seu aniversário e me contou quando fiz uma visita a ele.

Evander não teve oportunidade para conversar por mais tempo a sós com Idan, pois dezenas de pessoas o cercaram, fazendo inúmeras perguntas. O paladino afastou-se um pouco e ficou observando a movimentação, com um sorriso sereno.

O fã-clube de Evander tinha levado muitas mochilas e pacotes com uma grande quantidade de suprimentos e puseram-se a preparar um banquete. Se o capitão Renedo se sentiu incomodado por aquela intrusão, não deixou transparecer. Ao ver toda aquela bagunça, ele simplesmente deu um dia de folga a toda a unidade para que aproveitassem a festa.

Ao meio-dia, a comida já estava pronta e as pessoas, famintas. Renedo então chamou Evander para a formalidade e a plateia formou um grande círculo ao redor dos dois.

— Por seus grandes atos de desprendimento e bravura, concedo a você essa medalha de honra, junto com meus votos de felicidade e muitos anos de vida. Parabéns, aspirante!

— Obrigado, senhor. – Evander aceitou com um sorriso a pequena medalha prateada, enquanto as pessoas ao redor explodiam em gritos e assobios.

O capitão levantou o braço e olhou ao redor, pedindo silêncio.

— E agora, para conceder uma honra bem maior a esse oficial tão querido por todos aqui, pedirei a presença de alguém bem mais adequado do que eu para essa tarefa. General, poderia se aproximar, por favor?

As pessoas acompanharam o olhar de Renedo tão surpresas que muitas levaram vários segundos antes de se lembrarem de que deviam prestar continência.

Evander piscou, aturdido, ao ver os soldados abrirem caminho para Leonel Nostarius, que parou por um momento para dirigir uma rápida saudação aos presentes antes de entrar no círculo, aproximando-se de Renedo, que o cumprimentou com um aperto de mãos.

O general não sorria, mas sua expressão parecia serena e despreocupada, ou pelo menos assim é que parecia a Evander. Então ele se deu conta de algo.

— O senhor não está com sua espada!

Leonel olhou para ele.

— Imaginei que se a trouxesse comigo seria impossível fazer uma surpresa.

Evander riu, encabulado. Era verdade que ele conseguia pressentir a presença da arma especial do general, e a ausência dela era uma surpresa e tanto, pois nunca vira o pai se separar dela. Nem uma única vez.

As pessoas ao redor não entenderam muito bem, mas acabaram rindo junto com ele. Após um momento, o general levantou o braço, o que provocou silêncio imediato.

— As regras dizem que cerimônias de premiação como esta devem ser feitas de maneira formal e grandiosa, até mesmo para mostrar ao oficial a importância que ele tem dentro dessa magnificente organização que é o Exército Imperial. Mas, neste caso, decidimos abrir uma exceção, pois entendemos que um clima um pouco mais festivo e com menos formalidade seria mais adequado, devido ao fato de hoje o oficial em questão estar atingindo a maioridade e de ter tantos amigos dispostos a viajar milhares de quilômetros para festejar com ele.

As pessoas reagiram com expressões de aprovação.

— Estou aqui hoje – continuou Leonel – para cumprir uma obrigação que me deixa honrado, assim como deixaria a qualquer alto oficial… ou pai. A honra de poder presenciar em primeira mão enquanto um oficial extremamente promissor galga mais um importante degrau em sua carreira. – Ele fez uma pequena pausa, olhando para as pessoas ao redor. – Todos vocês que estão aqui hoje foram tocados por este oficial em algum ponto e tenho certeza de que sabem reconhecer o valor dele melhor do que eu.

Aquilo pareceu inflamar a plateia como nada mais conseguiria. A onda de gritos e assobios foi ensurdecedora. Evander não conseguia fazer nada além de assistir a tudo com um sorriso abobalhado no rosto.

Leonel levantou novamente uma das mãos, mais uma vez calando a plateia, praticamente, sem esforço.

— Por isso, venho lhe entregar sua merecida recompensa. – O general tirou um pequeno objeto do bolso e o entregou a Evander, que recebeu a pequena insígnia dourada de olhos arregalados. – Parabéns, tenente Nostarius!

No rosto do pai havia algo que ele não via há muitos e muitos anos. Leonel estava sorrindo para ele, da mesma forma que fazia quando sua mãe ainda estava viva.

Evander então teve o seu primeiro momento de descontrole emocional em muitos anos. Adiantando-se para receber o apertado abraço do pai, ele caiu em lágrimas, enquanto novamente era ovacionado pelos soldados.

Horas mais tarde, Evander levou o paladino para conhecer um de seus locais favoritos no alto do monte.

— Pelo Grande Espírito! – Idan olhava ao redor, fascinado. – Essa paisagem é memorável.

— Fabuloso, não é? – Evander sentou-se sobre uma rocha e olhou para a imensidão do Império diante de seus olhos. O dia estava claro e a visibilidade estava excepcional, o que permitia enxergar muito longe, talvez a centenas de quilômetros. – Essa vista só não é melhor do que a que nós temos lá do alto.

— Impressionante. – Idan sentou-se ao lado dele. – Você parece ter percorrido um longo caminho desde que nos encontramos pela primeira vez.

— É, as coisas por aqui não foram nada monótonas.

— De sargento a tenente foi uma evolução e tanto. Parabéns mais uma vez.

— Obrigado. Mas me diga, como vão todos em Dusnim? Eriana, Reinar, Lotero, Udine, mestre Jael?

Idan sorriu.

— Você ainda se lembra do nome de todo mundo? Tem uma memória fantástica.

Evander deu de ombros.

— Não memorizo o nome de todo mundo, apenas das pessoas que considero importantes.

Idan riu.

— Não posso dizer nada por Udine, que foi transferido, mas os outros estão bem, inclusive, andaram recebendo promoção. Mestre Jael está às voltas com a cúpula da irmandade, tentando manter as coisas organizadas até que a sacerdotisa-mestra retorne de um retiro espiritual.

— Fico feliz por todos estarem bem. E quanto a você?

— Estou muito bem. Melhor impossível, na verdade. Isso, inclusive, é uma das razões de eu estar aqui.

Evander levantou uma sobrancelha.

— Veio aqui apenas para compartilhar sua alegria comigo?

— Na verdade, vim pedir para você ser padrinho do meu casamento.

Algumas semanas mais tarde, Leonel Nostarius estava sentado em seu gabinete no Forte, observando os raios do entardecer entrando pela janela. Não pela primeira vez, viu-se imaginando que tipo de encantamento era responsável por manter aquela bola de fogo lá no alto, bem como fazê-la mover-se pelo céu em períodos regulares de 24 horas.

Alguns religiosos afirmavam que o Sol era uma das manifestações do Espírito da Terra, mas Leonel já havia viajado bastante e passado por inúmeras experiências que o fizeram concluir que tudo no mundo obedecia a um conjunto de regras bem peculiar e específico. Não importava a natureza da coisa, ela sempre tinha seu comportamento regido por essas regras. E as grandes entidades, por mais poderosas que pudessem ser, não eram exceção.

Ele suspirou e fechou os olhos. Tinha começando a divagar, o que era um sinal inegável de que estava se excedendo. Precisava ir para casa e ter uma boa noite de sono.

A descoberta de que o coronel Renai Toriane era um traidor, bem como a sua trágica morte numa batalha estúpida, já que ele havia se recusado a se render enquanto ainda estivesse respirando, haviam causado grande tumulto na moral das tropas. As pessoas estavam desconfiadas e inseguras, olhando para seus companheiros imaginando quem poderia ser outro traidor.

Ao menos, Leonel tinha conseguido manter Evander bem longe daquela confusão toda, mas o trabalho para gerenciar as pessoas e manter as tropas sob controle estava exigindo muito dele.

Nesse momento, sentiu uma pequena vibração na cintura, o que o pôs imediatamente em alerta. Tirando um pequeno cristal de um dos bolsos de seu cinturão, um artefato de comunicação utilizado apenas pelos membros da Guarda

Imperial, ele se empertigou na cadeira enquanto fazia um pequeno gesto com o dedo sobre a superfície irregular da pedra, para ativá-la.

O cristal brilhou e logo o rosto de Dario Joanson surgiu diante dele. Era uma imagem tênue e um pouco borrada, mas era o melhor encantamento de comunicação já criado no Império.

— General!

— Dario! – Leonel respondeu, subitamente sentindo-se melhor ao olhar para um rosto amistoso e confiável. – Boas novas?

— Sim, senhor, encontrei a moça.

— É mesmo? – Leonel se admirou.

Então a garota ainda está viva, pensou ele.

Podia se lembrar como se fosse hoje. Primeiro, do cansaço e preocupação no rosto de Aurea Armini, quando a vira pela primeira vez, enquanto ajudava uma mulher loira a dar à luz. E depois, da expressão impotente de Gaia Istani lhe dizendo que o bebê havia sido sequestrado. Depois de tanto tempo tentando localizar a criança, parecia irreal saber que, finalmente, haviam-na encontrado. Mas será que ainda havia algo que pudessem fazer por ela, depois de 17 anos?

— E como ela é?

— Disse que se chama Sandora. Está muito abalada, embora tente não demonstrar. É jovem, bonita, atlética e inteligente. Veste roupas de ótima qualidade, mas não é esnobe. É séria, fala pouco e é misteriosa, mas parece ser gente boa.

Não era o que Leonel esperava ouvir, considerando tudo o que ela devia ter passado durante todos aqueles anos.

— Isso é inesperado. Tem certeza de que é ela mesma?

— Estou tão surpreso quanto o senhor. Ela é poderosa, apesar de não sabermos ainda a natureza de suas habilidades. É capaz de usar livremente as pontes de vento e de derrotar sozinha uma família de harpias marrons. Os aldeões não souberam dizer quantas eram ao todo, mas ela matou duas. Simplesmente quebrou-lhes o pescoço. Não havia nenhum outro ferimento além disso.

— Encrenqueira?

— Em absoluto. Aparentemente, ela lutou com os monstros para salvar algumas crianças. Foi ferida na batalha, mas preferiu se afastar a pedir ajuda.

— Compreensível, considerando as circunstâncias – ponderou Leonel, lembrando-se de que havia um grupo de malfeitores que se intitulavam "caçadores de bruxas" naquela região. Com certeza, a garota não deveria estar querendo chamar atenção.

— Ela também sabe ser bastante discreta para ouvir conversas alheias. Misturou-se às sombras e quase passou despercebida por mim.

— Uma menina cheia de recursos. – Leonel ficou pensativo por um instante. O relato do capitão dava a entender que Sandora tinha poderes especiais, assim como Evander, o que não era nenhuma surpresa, considerando que ambos haviam "nascido" pelo mesmo método. Por um momento, o general se perguntou qual seria a melhor abordagem para tratar aquele delicado assunto. – Falou com ela?

— Sim, mas apenas para confirmar minhas suspeitas. Não vi razão para confrontá-la. Pelo menos, não ainda.

— Ótimo. Mantenha isso sob o máximo sigilo, até mesmo de seus oficiais.

— Sim, senhor.

Lembrando-se da crueldade dos crimes cometidos por aquela quadrilha, Leonel cerrou os punhos. Não tinha nenhuma paciência para aquele tipo abjeto de ser humano. Eles precisavam ser detidos o quanto antes. E como a garota chamada Sandora não parecia estar correndo nenhum perigo imediato, poderiam conversar com calma com ela mais tarde.

— Quero aqueles assassinos, Dario. Todos eles.

— Pode deixar, senhor.

◆ ◆ ◆

Quando Idan o convidou para a cerimônia de casamento, não era exatamente aquilo ali que Evander tinha imaginado.

Eles se encontravam no topo de uma colina repleta de lápides. Havia milhares delas. Aparentemente, o lugar fora escolhido como cemitério durante uma das grandes guerras no passado. O local continuou a crescer com o passar dos anos e parecia uma enorme e sinistra cidade. A cidade dos mortos.

O pequeno caramanchão onde eles estavam era rústico e parecia ter sido construído há dezenas de anos. Não havia convidados. Estavam ali apenas os noivos, o mestre Jael e o sacerdote ancião que iria celebrar a cerimônia.

Ninguém, tampouco, parecia ter se incomodado muito em se vestir adequadamente para a ocasião. Idan, o mestre e o sacerdote usavam trajes comuns da irmandade e a noiva, que se chamava Savana, usava um vestido de um tom branco acinzentado feito com fios tão grossos e rústicos que pareciam raízes. Não que ela precisasse usar algo melhor que aquilo. A mulher era tão bonita e etérea que provavelmente pareceria espetacular em qualquer coisa que usasse. Ela tinha os cabelos loiros mais compridos que Evander já vira, chegando abaixo da altura dos joelhos, e tinha uma face serena e um sorriso amigável, apesar de um tanto misterioso. Parecia mais uma princesa de contos de fadas do que uma mulher de carne e osso.

Ela e Idan trocavam ocasionalmente sorrisos cúmplices, que Evander considerou altamente suspeitos. Estava parecendo que o casal tinha razões para aquela união que iam bem além de sentimentos românticos ou atração física.

Após a série de votos matrimoniais declamados na antiga língua ancestral, que Evander teve bastante trabalho para compreender por causa da fala rápida e arrastada do sacerdote, a cerimônia finalmente se encerrou. Pelo que Evander conseguiu entender, os votos tinham muito a ver com lealdade ao *Grande Espírito* e comprometimento com o bem-estar do povo, e muito pouco a ver com amor e apoio mútuo entre homem e mulher.

Bem, pensou Evander, *se o objetivo é trazer paz ao mundo, ótimo, afinal, existem pessoas que se casam por razões bem menos nobres.*

Savana era reservada e falava muito pouco, apesar de ter recebido Evander com indiscutível alegria e satisfação.

— Estou feliz por você estar aqui. Isso significa muito para Idan – disse ela, em determinado momento. – Mas se me permitisse um conselho, eu diria que você deve ser mais fiel aos seus sentimentos.

— Como assim? – Evander perguntou, surpreso.

— Suas emoções são poderosas. Reprimindo seus sentimentos, você está reprimindo também uma grande parte de si mesmo.

Ele cruzou os braços, estranhando muito aquilo.

— Desculpe, moça, com todo respeito, mas acho que não estou entendendo aonde você quer chegar.

Idan olhou para a esposa, curioso.

— Está se referindo aos poderes dele, Savana?

— Sim. A corrente de energia flui de forma irregular pelos seus pontos sinérgicos. Você deve buscar o equilíbrio para que possa usufruir de todo o seu potencial.

— Hã... certo – respondeu ele. – Digamos que eu saiba do que está falando. O que me recomendaria fazer?

— Isso você deve descobrir por si mesmo. Mas um bom ponto de partida seria se soltar um pouco mais, permitir que seus sentimentos fluam e lhe mostrem o caminho.

Conselho interessante, pensou ele, divertido. *O que será que o general diria sobre isso?*

◆ ◆ ◆

Vários meses depois, no gabinete do general, a imagem do capitão Joanson, projetada pelo pequeno cristal de comunicação, mostrava um homem tenso e cansado. Mas, apesar disso, sua voz era determinada.

— Naturalmente, pode contar comigo, general.

Leonel balançou a cabeça, negando.

Joanson havia cumprido de forma admirável a missão de capturar os baderneiros assassinos de Ebora, e tinha tornado a província mais segura, eliminando diversos monstros que aterrorizavam a região, cujas tropas locais eram lideradas por um general que parecia acreditar que aquilo não era problema dele. Sem dúvida, Dario era mais do que competente. E, por isso mesmo, não poderia ir com eles dessa vez.

— Na verdade, Dario, eu preciso de você aqui.

Joanson inclinou-se para frente, surpreso.

— Como assim? Eu devo ficar em Talas enquanto vocês…

— No momento, eu não tenho mais ninguém com quem contar. Se algo acontecer comigo, preciso saber que uma pessoa de confiança estará aqui para liderar as tropas e impedir que o Conselho aproveite esse momento de transição política para fazer alguma bobagem.

Dois de seus coronéis já haviam sido manipulados pelo inimigo. Por isso, Leonel não podia arriscar passar o controle da tropa para nenhum deles.

— E o senhor acha que…

— Essa será a batalha final, Dario – Leonel o interrompeu. Finalmente, tinham conseguido rastrear o vilão que havia manipulado secretamente diversos oficiais de todo o país durante anos e não pretendia deixá-lo escapar. – Donovan é perigoso demais para continuar à solta e resolveremos esse problema de uma vez por todas. Mas não a qualquer custo. Por isso, preciso de você aqui. Toniato e Lemara já indicaram pessoas confiáveis para assumir na ausência deles e eu preciso fazer o mesmo.

O capitão não pareceu nada satisfeito, mas assentiu depois de pensar um pouco.

— Entendo. Nesse caso fico honrado pela confiança, general. Mas bem que eu gostaria de ir com vocês para poder acertar alguns sopapos naquele maluco.

— Obrigado, capitão. Estamos partindo para Aldera imediatamente.

Joanson se sobressaltou, arregalando os olhos.

— Aldera! Donovan está em Aldera?! Mas foi para lá que nós mandamos Sandora! Ela está em perigo!

— Exato.

E não só ela, pensou Leonel. Estavam lá também Jena Seinate, portadora da *esfera mítica*, e Joara Lafir, a princesa de Chalandri. Poderia ser um verdadeiro desastre se Donovan pusesse as mãos em qualquer uma delas.

♦ ♦ ♦

Os últimos meses tinham sido os mais satisfatórios da vida de Evander. Como tenente, ele ganhou novas responsabilidades que incluíam a liderança de um pequeno batalhão de cavaleiros alados.

Muitas das missões dele eram triviais, envolvendo entrega de mensagens, transporte de carga para regiões de difícil acesso ou ajudar pessoas que se metiam em encrencas ao se aventurar pelas montanhas. Mesmo assim, era um trabalho que ele gostava muito de fazer e a equipe dele, apesar de ser composta em sua maioria por novatos, era bastante competente.

Quanto à sua vida pessoal, ele havia começado a procurar um local para construir sua própria casa. Não tinha encontrado nada satisfatório ainda, mas a busca em si já era bastante gratificante. O que não o estava agradando muito, no entanto, era o súbito distanciamento com o pai. As visitas de Leonel, que antes eram constantes, começaram a se tornar cada vez mais escassas, e o general parecia distante, preocupado, voltando a ser o pai fechado e indiferente do qual ele se ressentiu por muitos anos.

Lembrando-se do conselho de esposa de Idan sobre não reprimir as próprias emoções, ele decidiu que aquilo não podia continuar daquela forma. Da próxima vez que encontrasse o pai, eles iriam conversar.

O capitão Renedo, que discutia alguma coisa com os outros tenentes da tropa, acenou para ele assim que o viu.

— Tenente Evander! Venha cá!

— Senhores – disse ele, aproximando-se e saudando a todos com uma continência, que foi imediatamente retribuída pelos demais.

— Temos uma situação prioritária em Aurora – disse o capitão, indo direto ao ponto. – Alguma coisa aconteceu com a sucessora do imperador. A primeira divisão da Tropa de Operações Especiais está procurando por ela e solicitou apoio aéreo. Reúnam suas equipes, peguem as selas e os animais e se dirijam à ponte de vento o mais rápido possível. Quero ver todos vocês sobrevoando a capital em menos de meia hora!

Evander apressou-se a dar ordens aos seus subordinados, preocupado.

Valena era uma boa moça, e a julgar pelo que ele tinha visto até aquele momento, seria uma excelente imperatriz. Era carismática, determinada e, sendo ela própria de origem humilde, discursava usando palavras que o povo entendia.

Também parecia ser uma boa pessoa socialmente alegre, curiosa e interessada em tudo, o que compensava sua tendência à arrogância.

Aurora ficava a várias horas de viagem pelo ar, portanto, era muito mais rápido chegar lá através da ponte de vento, o que obrigava os cavaleiros a carregar as pesadas selas nas costas e a levar os pássaros em pequenas gaiolas especiais. O trajeto não era muito longo, uma vez que existia uma ponte ali mesmo na montanha, mas quinze minutos carregando um apetrecho desengonçado que pesava mais de trinta quilos morro abaixo era mais do que suficiente para muitos lamentos e reclamações dos rapazes e moças da unidade.

Meia hora mais tarde, Evander sobrevoava o palácio imperial, liderando sua equipe, enquanto se perguntava o que, raios, poderiam encontrar ali de cima. As ordens que eles tinham recebido eram um tanto vagas. Claro que podiam ficar atentos e reportar qualquer coisa que parecesse fora do comum, mas ajudaria muito se eles soubessem o que, exatamente, estavam procurando.

A vista, por outro lado, era fantástica. O palácio era grande, construído com o formato de uma estrela de sete pontas, e possuía diversas torres, que pareciam mais estruturas ornamentais do que fortificações de defesa. Existiam inúmeras sacadas e jardins em vários pontos da construção.

Usando sua visão aguçada, ele percebeu uma movimentação em um dos jardins dos fundos do palácio. Reconheceu uma forma que já tinha visto antes e sabia que era um dos poucos capazes de enxergar aquilo.

Comandando a águia a emitir um longo e estridente piado, que foi prontamente entendido pelos outros cavaleiros, ele desceu a toda velocidade para investigar. Obedecendo à ordem recebida, o mais jovem da unidade desceu para avisar a guarda do palácio enquanto os demais mantinham posição, atentos a qualquer movimentação.

No ponto mais baixo do voo rasante sobre o jardim, Evander saltou da sela, usando a concha de proteção para se proteger do impacto com o solo.

O barulho da aterrissagem dele surpreendeu o pequeno homem que corria sorrateiro pelo jardim, fazendo-o cair sentado, o pequeno cajado de madeira rolando para o lado. Evander não conseguia enxergá-lo com clareza, vendo apenas um borrão multicolorido com formato humano, o que indicava que ele estava protegido por algum tipo de campo de invisibilidade.

— Exército imperial! Parado! Você está preso!

O fulano pareceu bastante apreensivo e amedrontado, mas ao invés de ficar parado como ordenado ou tentar fugir, o que seria compreensível, ele apressou-se a se levantar, recuperar o cajado e correr na direção de Evander, tentando atingi-lo com a ponta esverdeada da arma. Era o mesmo tipo de bastão que tinha "envenenado" Lucine Durandal.

Assim como os outros homenzinhos que haviam derrotado na montanha próxima ao Paredão meses antes, esse parecia não poder falar. Não emitia nenhum som e atacava de forma desconexa e imprecisa. Não seria páreo nem para um cadete, quanto mais para um tenente do Exército treinado pelo capitão Joanson.

Após alguns golpes bem aplicados, o homem caiu no chão, desmaiado e, como Evander temia, começou a se dissolver, transformando-se numa pequena pilha de pó no meio do antes impecável gramado, que agora estava seriamente danificado.

Ele riu e olhou ao redor, balançando a cabeça, incrédulo. Atacantes invisíveis. De novo. Parecia um raio caindo duas vezes no mesmo lugar. Será que havia alguma ligação com o que havia acontecido no Paredão?

Seguindo na direção em que o homenzinho estava correndo antes de ser interceptado, ele chegou até um alto muro de pedra que tinha a figura de um leão em relevo.

As dúvidas dele em relação à presença do homenzinho ser mera coincidência foram dissipadas quando ele estendeu a mão e a viu atravessar o corpo do leão. Toda a imagem em relevo era uma ilusão. Conforme aproximava o rosto, a imagem ia ficando cada vez mais transparente, revelando um túnel que se estendia a perder de vista na direção do palácio.

Afastando-se alguns passos, ele chamou sua montaria com um assobio. A águia, que estava sobrevoando a área em círculos, logo atendeu ao chamado e pousou sobre o muro. Com gestos e assobios, ele passou instruções, que o animal obedeceu prontamente, levantando a cabeça e soltando um pio agudo e demorado.

Entendendo a mensagem, os cavaleiros alados começaram a descer, aproximando-se do local, prontos para possíveis problemas.

Obedecendo a um impulso, Evander decidiu não esperar por eles e atravessou a parede ilusória, entrando no túnel. Havia uma espécie de porta de pedra ali ao lado que podia ser arrastada para fechar a abertura. Quem quer que tenha colocado aquela passagem secreta ali, tinha feito aquilo há bastante tempo.

Seguindo pelo corredor fracamente iluminado por raios de sol que entravam por frestas na parede de pedra, ele caminhou por alguns minutos até chegar a uma câmara maior. A sensação de estar sendo observado era intensa, tanto que ele não ficou nada surpreso ao ser atacado por dois homens que estavam escondidos próximo à entrada da câmara.

Agilmente, ele se esquivou do ataque, jogando-se no chão. Em um movimento único e fluido, ele rolou o corpo, levantou-se e virou-se para encarar seus adversários, sacando seu bastão.

Esses dois lutavam muito melhor do que os homenzinhos de cajado. Pareciam soldados imperiais, competentes e bem treinados, sabiam exatamente como usar as maças e os escudos que empunhavam. Vestiam-se como camponeses, mas as botas, luvas e as armas eram novas e de boa qualidade.

Evander não teve muitas dificuldades para aparar os ataques deles, mas também não teve muitas oportunidades para contra-atacar. Tarde demais, ele percebeu que os dois o estavam encurralando a um dos cantos da câmara, e que havia um terceiro homem ali, saído de uma abertura na parede que ele não havia notado antes.

Uma sensação horrível espalhou-se por todo o seu corpo quando o terceiro agressor adiantou-se e agarrou-o pelos ombros. Teve a sensação de que o lugar todo de repente estava repleto de ondas e mais ondas de energia pulsante, atravessando cada fresta, entrando em cada poro de sua pele, enquanto uma força cinzenta, mórbida, malcheirosa, atravessava as ondas de energia e tentava chegar até ele, entrar nele, tornar-se parte dele, até que a sensação se tornou tão forte quanto uma dor física e ele gritou, o que pareceu fazer com que aquela ilusão se quebrasse em mil pedaços, como um espelho partindo ao cair ao chão.

Vários minutos tinham se passado quando seus olhos finalmente voltaram ao normal e ele conseguiu voltar a perceber o que se passava ao seu redor.

Ele estava caído no chão, os dois atacantes armados ao seu lado e a porta por onde ele entrara não existia mais, de alguma forma tendo se tornado uma parede de pedra.

Ajoelhando-se, ele levou a mão à cabeça, tentando clarear os pensamentos, e olhou para o outro lado, onde estava o terceiro atacante. E percebeu que estava olhando para um espelho.

Não, pensando bem, aquilo não era um espelho. Aquele, definitivamente, não era seu reflexo. Apesar de ter exatamente a mesma altura, cabelo e rosto que ele, o homem usava uma de suas roupas civis, bem como o sobretudo branco que ele havia adquirido recentemente e ainda não tinha usado. *Que raios?!*

O impostor olhava para as próprias mãos, parecendo frustrado. Então, de repente, com um resmungo irritado, lançou as mãos para baixo e Evander sentiu uma forte onda de energia deixar o corpo do homem e se dissipar. O estranho então voltou a assumir sua aparência anterior, com baixa estatura, queixo quadrado e expressão de poucos amigos.

Os atacantes "invisíveis" que Evander enfrentara antes tinham uma inequívoca similaridade com aquele homem.

Com um olhar furioso, o homem o encarou.

— Imprrestávell!

O homem tinha um sotaque que Evander nunca tinha ouvido antes, arrastando bastante as letras "R" e "L".

— Você é tão inútill quanto a outrra!

— Desculpa aí – disse Evander, com certa dificuldade, ainda sentindo o corpo todo dolorido.

— Livrrem-se desse incômodo, sim?

Dizendo isso, o homenzinho virou-se e desapareceu pela passagem de onde ele tinha vindo antes.

Imediatamente, Evander levantou a mão direita e concentrou toda a energia que podia para invocar um clarão luminoso. Os homens afastaram-se alguns passos, atordoados e momentaneamente cegos.

Ele então usou as últimas energias que lhe restavam para recuperar seu bastão e golpear o mais forte possível os pontos vitais dos adversários, grato pelo fato de não estarem usando armadura.

O segundo homem caía, desmaiado, no momento em que a passagem na parede por onde ele tinha chegado voltou a se abrir, e um rosto familiar aparecia.

— Nostarius! Você está bem? – Dario Joanson perguntou, entrando na câmara, seguido de perto por vários soldados, e correu até ele.

— Tanto quanto possível – respondeu Evander, caindo de joelhos, fraco demais para se manter em pé.

◆ ◆ ◆

O coronel Narode estava furioso.

— Isso é intolerável!

— Você está dispensado, coronel! – Dario Joanson falou, numa voz autoritária que Evander nunca tinha ouvido antes, e que provavelmente deixaria até mesmo o general Nostarius orgulhoso.

— Você é um mero capitão! Como ousa tentar me dar ordens?!

— No momento, eu sou um marechal, nomeado oficialmente como tal pelo general Nostarius, tendo autoridade máxima. Você sabe muito bem disso, assim como a maioria dos oficiais presentes aqui. – Joanson olhou para as dezenas de pessoas ao redor. Ninguém o contradisse. – Vá para casa, coronel. Seus serviços não são mais necessários por hoje.

Você já causou estragos demais, pensou Joanson. O coronel Telariam, das Montanhas Rochosas, havia perecido em combate juntamente com alguns de seus homens, devido a uma decisão imprudente de Narode, que os deixou lutando sozinhos contra um grupo grande de mercenários. Os bandidos acabaram por matar a todos e a sequestrar a futura imperatriz. A coronel Algovar também havia perecido, sob circunstâncias igualmente suspeitas.

Evander observava, com certo orgulho, enquanto o marechal Joanson tomava o controle da situação. Sem dúvida era um ótimo comandante.

O coronel Camiro adiantou-se e pôs a mão no ombro de Narode.

— Vamos, Demétrio, não tem mais nada que possamos fazer por aqui.

Narode bufou e olhou para Joanson mais uma vez com ódio, antes de sair andando junto com Camiro, abrindo caminho por entre os majores e tenentes.

— Sei que muitos aqui não me conhecem – disse Joanson, erguendo a voz e olhando para todos ao redor. – Mas esse é um momento crucial para o nosso país e não podemos nos dar ao luxo de lutarmos entre nós. Fomos atacados de forma vil e covarde. Inimigos se infiltraram no palácio imperial e sequestraram nossa futura imperatriz. Isso é um ultraje que não podemos permitir que permaneça impune!

Pelas expressões das pessoas, Evander percebeu que todos ali concordavam.

— Coronel Dinares, posso contar com sua colaboração para escoltar o Conselho Imperial para o Forte imediatamente?

— Sim, marechal – disse a coronel, virando-se e chamando alguns tenentes para acompanhá-la, enquanto se dirigia ao salão principal do palácio, onde o Conselho estava reunido.

— Major Eridan, eu gostaria que o senhor investigasse esses túneis e passagens secretas. Apesar de sabermos que os invasores escaparam por meio de algum encanto de teletransporte, quero ter certeza de que não teremos mais nenhuma surpresa por aqui. Fique atento a qualquer possível pista sobre o paradeiro dos sequestradores.

— Sim, marechal – disse o major, reunindo um grupo de tenentes e se afastando.

— Quanto aos demais – disse Joanson –, vamos montar um plano de ação para investigar a cidade e os arredores. – Ele voltou-se para Evander. – Exceto você, Nostarius. Você vai para casa.

— Mas já estou quase recuperado, senhor!

— Você já fez o que podia por aqui, tenente – disse o capitão Renedo. – Venha, os rapazes vão escoltar você até Talas. Vai ficar de licença até se restabelecer completamente.

— Sim, senhor – disse ele, contrariado, despedindo-se dos oficiais presentes com uma continência antes de se afastar alguns passos. Mas, então, ele virou-se de novo para Joanson. – Capitão? Quero dizer… marechal?

— Sim, tenente? Pode continuar me chamando de capitão, se quiser. Eu até prefiro. "Marechal" é só um título temporário, não uma patente.

Mesmo dizendo aquilo, Joanson não tinha parecido nem um pouco insatisfeito pelos coronéis e majores o chamarem de marechal. Evander concluiu que, provavelmente, era uma questão de hierarquia, já que "major" e "coronel" eram patentes superiores à de "capitão".

— Sobre o homem que me atacou, creio que é o mesmo que Jena enfrentou meses atrás no Paredão. Pelo menos, bate com a descrição que ela fez dele.

Joanson assentiu.

— Os dois homens que você nocauteou estão na masmorra. Assim que acordarem, teremos uma conversa com eles e esclareceremos isso. Agora, vá para casa e descanse.

— Sim, senhor.

♦ ♦ ♦

No dia seguinte, já em Talas, Joanson estava saindo de mais uma frustrante reunião burocrática. O Conselho Imperial, de alguma forma, estava convencido de que Valena havia acompanhado os sequestradores de boa vontade e de que estava aliada a eles, em algum tipo de conspiração. Estavam, inclusive, considerando a possibilidade de lançarem um decreto declarando que ela era uma traidora e imerecedora do título de imperatriz. Para isso estavam tentando utilizar uma brecha criada por uma lei assinada pelo falecido imperador. Alegavam que o retorno dela poderia causar malefícios à política e à economia do país.

Aqueles homens conseguiam reduzir qualquer situação a meras manobras políticas. Ninguém parecia se importar com o fato de a pobre garota poder estar aprisionada, nas mãos de bandidos que podiam fazer sabe-se lá o quê com ela.

E pensar que o general Nostarius tinha lidado com o Conselho diariamente por tantos meses. Como ele conseguira fazer isso sem esganar alguns daqueles idiotas era um mistério para Joanson.

— Capitão!

Joanson virou-se e viu um soldado bastante cansado prestando continência. Estava coberto de poeira e respirava com dificuldade.

— À vontade, soldado. O que houve com você?

— Desculpe, senhor. Trago uma mensagem urgente do major Iguiam.

O rapaz abriu uma bolsa que carregava no ombro e tirou um envelope com selo imperial.

Dario pegou a carta, mas continuou olhando para o soldado.

— Imagino que seja *muito* urgente mesmo. Você parece ter vindo correndo de lá até aqui.

— O portal de vento de Aldera não está disponível, capitão. Passei um dia e uma noite viajando a cavalo para poder usar o portal da cidade mais próxima e poder chegar a Talas. Então corri para cá.

Joanson teve um mau pressentimento.

— E o que houve com a Guarda Imperial? Por que eles ainda não me contataram?

— Não sabemos, senhor. Nossa unidade estava fora de Aldera, vasculhando os arredores, conforme ordens do general. Então ouvimos um barulho muito estranho vindo da cidade. Fomos lá ver e... bem...

O soldado hesitou, deixando Joanson impaciente.

— E...?

— A cidade não estava mais lá.

Capítulo 19:

Licença

Indra Solim soltou uma exclamação entusiasmada.

— Uau! Quer dizer que o capitão Joanson assumiu mesmo o lugar do general? Que demais!

Estavam sentados em um dos bancos da praça central de Talas. Evander recostou os braços e a cabeça no encosto, olhando para o céu.

— Pois é. A situação está meio tensa.

— Você sabe para onde seu pai foi?

— Não.

— Não está preocupado?

— Nem. Isso já aconteceu várias vezes. Sabe como é: missão sigilosa que envolve segurança nacional. É bem provável que eu nunca fique sabendo para onde ele foi. Logo ele volta e finge que nada aconteceu.

— Que barra.

— Pois é.

— E o capitão te deu uma bronca?

— Acho que as palavras exatas dele foram – ele engrossou a voz, tentando imitar o tom do capitão –: "Então você entrou sozinho lá porque achou que podia ser uma armadilha? Claro que era uma armadilha! Uma armadilha para *você*! E você caiu direitinho! Por pouco não ficamos com *duas* pessoas desaparecidas ao invés de uma! Às vezes não consigo entender o que passa na sua cabeça!".

— Uuuui! – Indra exclamou, com uma careta.

— Pois é.

— Mas por que alguém faria uma armadilha para você?

— Sei lá. Não consigo imaginar por que alguém se daria ao trabalho. Acho que o capitão estava só querendo me deixar assustado a ponto de não me meter numa caverna sozinho de novo.

— É, acho que isso seria bastante prudente. Por que você se meteu naquele túnel, afinal?

— Não sei direito. Tive uma impressão estranha sobre aquilo e não resisti à curiosidade, eu acho.

Indra riu.

— E depois ainda reclama quando te chamam de "esquisito".

— Ei, eu nunca reclamei disso!

— Não com palavras – retrucou ela, sorrindo.

Ele fez uma careta para ela, o que a fez rir novamente. Por um instante ficaram em silêncio, olhando para a água que jorrava da fonte no centro da praça.

— Sabe – disse ela –, o pessoal todo vai se reunir na semana que vem. Vamos fazer um acampamento na floresta.

— É mesmo?

— Por que você não aproveita e vem com a gente? Você está de licença mesmo e podia aproveitar para dar um alô para o seu antigo fã clube.

Evander tinha sido obrigado a pegar duas semanas de licença. Considerando que havia se recuperado em poucos dias do ataque que sofrera e aquilo não havia deixado sequelas, aquela folga forçada lhe parecia mais um castigo. Provavelmente, o marechal não ficara satisfeito em lhe dar apenas uma advertência.

— Interessante – respondeu ele. – Melhor do que ficar sozinho em casa, imagino. – Ele deu um sorriso brincalhão. – E os pais de vocês deixam que saiam por aí desse jeito, é?

— Évan, você era o mais novo da turma, lembra? E até você já é maior de idade agora.

— Hum... Verdade.

— Além disso, alguns dos pais vão ficar mais sossegados sabendo que tem um tenente do Exército indo com a gente.

Ele riu. A conversa não fazia o menor sentido, uma vez que se tratava de soldados treinados, a maioria membros da Tropa de Operações Especiais, que já haviam passado por situações muito mais perigosas que um passeio na floresta.

— Sabia que tinha algum interesse escuso nesse convite. Imagino que fique tudo bem, desde que não contem a eles *quem* é esse tenente.

— Misericórdia, Évan! Ainda não superou esse complexo de inferioridade?

Ele soltou uma gargalhada, no que ela o acompanhou. Por fim, ela falou, com uma expressão séria:

— Brincadeiras a parte, devo dizer que eu me sinto mais segura tendo você por perto. O mesmo vale para toda nossa antiga turma.

Ele soltou um riso rápido e voltou a recostar a cabeça no banco, olhando para as nuvens.

— Bom, já que você pediu com tanto carinho...

◆ ◆ ◆

Dario Joanson olhava para o grande número de oficiais no enorme salão de conferências do Forte, tentando ocultar as próprias emoções.

Como o palácio imperial ainda estava sob investigação devido aos acontecimentos do dia anterior, esse encontro teve que ser realizado em Talas. Os cinco principais membros do Conselho Imperial estavam presentes, bem como os recém-promovidos generais da segunda e terceira divisões do Exército.

Os antigos generais Luma Toniato e Galvam Lemara haviam desaparecido junto com o general Nostarius e o restante da Guarda Imperial no incidente de Aldera e o Conselho Imperial parecia ansioso para declarar a todos como mortos em combate.

O mais preocupante naquela história era que o coronel Telariam, segundo em comando da general Toniato, havia falecido em Aurora, enquanto lutava contra os sequestradores de Valena. E o homem de confiança do general Lemara havia perecido em combate durante um ataque à fortaleza do governador em Halias. Duas pessoas importantes morrendo no mesmo dia em ataques incomuns a fortalezas altamente protegidas.

E Dario tinha a mórbida impressão de que ele poderia ser o próximo.

O coronel Narode, a maior pedra no sapato de Joanson nos últimos dias, estava questionando a respeito do ataque ao palácio imperial.

— Que informações conseguiu obter dos prisioneiros, capitão?

Joanson se conteve para não colocar o coronel em seu devido lugar. O óbvio ódio de Narode parecia grande demais para ser provocado por mera inveja.

— Nada muito conclusivo – Dario teve que admitir. – No início, eles pareciam ansiosos em colaborar e disseram que haviam sido contratados para dar suporte ao ataque, juntamente com uma dezena de outros mercenários e um estudioso de artes místicas conhecido pelo nome de Jester. Dois dias depois, eles mudaram o discurso e passaram a afirmar que aquilo era tudo mentira, uma história que eles tinham sido instruídos a contar, e que eles não conheciam o homem que os contratara.

— Resumindo, seus homens não conseguiram extrair nenhuma informação útil desses bandidos.

— Para ser sincero, achei curiosa a história que eles disseram terem sido instruídos a contar. Esse tal Jester esteve envolvido numa tentativa de se apropriar de um poderoso artefato descoberto recentemente em Lemoran. Uma das minhas oficiais teve que travar combate diretamente com ele pela posse do item.

— Artefato esse que se mostrou uma fraude, não é, capitão?

Dario franziu o cenho.

— Como?

— Recebemos recentemente o relatório da junta de professores de Mesembria. Esse artefato no qual o senhor investiu tantas horas de trabalho não passa de uma cópia barata do item original e perdeu completamente o poder depois de alguns dias.

— Não recebi esse relatório, coronel.

— O que não me surpreende, considerando sua patente, *capitão*.

Joanson estreitou os olhos e preparou-se para fazer um ataque verbal do qual aquele idiota pretensioso nunca mais se esqueceria, mas nesse momento o conselheiro Dantena se adiantou.

— Coronel, sugiro que retornemos ao assunto em pauta.

Narode e Joanson olharam para o conselheiro e assentiram, de má vontade.

— Capitão Joanson – continuou Dantena –, o Conselho Imperial deliberou e concluiu que o país está ameaçado por uma força desconhecida e que precisamos tomar medidas imediatas para garantir o bem-estar das pessoas e do Império em si. Para isso, necessitamos de uma mão firme e determinada no comando da primeira divisão do Exército. É nosso entendimento que o coronel Demétrio Narode é o oficial mais indicado para isso, dada sua larga experiência.

Joanson não conseguiu impedir a si mesmo de ficar de queixo caído ao ouvir aquilo.

— Estamos muito gratos pelo trabalho que realizou na ausência do general Nostarius e, por causa disso, lhe oferecemos a patente oficial de coronel. Pedimos apenas para que entregue seu cargo temporário como marechal. Consideramos uma troca justa: um cargo temporário por uma patente permanente. O que me diz?

Pela Fênix, pensou ele.

— Com todo o respeito ao coronel Narode e ao Conselho Imperial, eu não creio que isso seja uma boa ideia.

Uma onda de murmúrios se elevou pelo salão. Como um simples capitão tinha a audácia de responder naquele tom a um conselheiro imperial?

— Eu não acredito nisso – disse Narode, balançando a cabeça e exibindo um sorriso zombeteiro.

— O coronel Narode tomou atitudes impulsivas e ineficazes no ataque ao palácio imperial – declarou Dario Joanson, fazendo com que a maior parte dos oficiais arregalasse os olhos, espantada pela audácia da acusação. – E não podemos nos esquecer de que ele ficou vários anos sob o controle de um dos maiores inimigos do Império, cometendo vários atos de traição.

Os conselheiros se mostraram chocados.

— Isso é um ultraje!

— Falta de respeito!

Narode olhou para Joanson.

— Cuidado, coronel, está fazendo acusações totalmente infundadas.

— Diga isso ao coronel Telariam, morto em Aurora, e às centenas que morreram no episódio da rebelião em Lemoran.

Dantena pareceu ultrajado.

— Não pode responsabilizar o coronel Narode pela rebelião! Ele foi forçado a fazer todas aquelas coisas!

Dario olhou para o conselheiro.

— E que garantias você pode me dar de que ele não esteja sendo controlado neste exato momento? – Joanson encarou Demétrio. –Por qual outra razão ele começaria a demonstrar tanta animosidade contra mim, de uma hora para outra?

Outra onda de murmúrios varreu o salão.

— Capitão! – Dantena gritou, fazendo com que o salão silenciasse novamente. – Pela autoridade do Conselho Imperial, ordeno que o senhor entregue o cargo imediatamente.

É a hora da verdade, pensou Joanson.

Segundo as leis do Império, o Conselho Imperial era apenas uma entidade legislativa, que efetuava a criação e a manutenção das leis. Na ausência do imperador, no entanto, eles estavam gozando de mais influência do que nunca, e se aproveitavam disso, de forma vil e desonesta. As informações que ele levantara indicavam um grau absurdo de corrupção entre aquelas pessoas. Não havia como prever o que aconteceria ao país se ninguém os impedisse de fazer o que lhes desse vontade.

Não havia como Joanson pará-los sozinho, mas precisava ganhar tempo até que a Guarda Imperial retornasse. Sua vida provavelmente não valeria muita coisa a partir de então, mas ele tinha que fazer isso.

Então declarou, com voz bem alta e clara:

— Com a autoridade a mim concedida pelo general Leonel Nostarius, eu me recuso a obedecer a essa ordem.

◆ ◆ ◆

Evander inspirou profundamente e olhou ao redor, sentindo-se em paz.

Isso é que é vida.

Depois dos apuros passados nos últimos meses, era muito bom tirar um tempo para relaxar, longe das confusões dos oficiais do Exército, longe das longas missões e, principalmente, longe do uniforme oficial.

Era bom andar por aí em roupas civis, para variar.

Também foi bom reencontrar-se com seus antigos amigos. Fazia muito tempo que ele não via Ianis, Karoi e Ferim, que estavam se dando muito bem nas tropas especiais, além do casal Crassu e Landra, que haviam se mudado de Talas logo após o casamento e já estavam falando em filhos.

— Mas você ainda não tem idade para ficar grávida, Landra – protestou Evander.

Ela e o marido riram.

— Évan, eu sou seis anos mais velha que você.

Ele fez uma cara exagerada de surpresa.

— Não brinca?! Você parece muito mais jovem que isso.

— Ela completou vinte e três no mês passado – disse Crassu, abraçando a esposa com carinho. – Logo, logo, deveremos ter boas notícias.

A chamada "maturidade reprodutiva" era um assunto muito estudado e documentado, fazendo parte do currículo de, praticamente, todas as academias. O desenvolvimento do aparelho reprodutor só terminava completamente por volta dos 23 anos de idade, tanto nos homens quanto nas mulheres. Antes disso, o corpo ainda não tinha maturidade suficiente para conseguir reunir as energias necessárias para gerar uma nova vida.

Muitos soldados, principalmente as mulheres, costumavam abandonar o Exército nessa idade para poderem criar os próprios filhos. Essa era uma das razões pelas quais jovens abaixo de 17 anos eram aceitos como soldados, pois poderiam servir ainda por muito tempo antes de decidirem se afastar para criar a própria família.

O fato de não poderem ter filhos, no entanto, não impedia os jovens de... *namorarem*. Na verdade, servia como um incentivo para isso, pois todos queriam chegar à idade de 23 com alguma experiência e já com o parceiro definitivo devidamente escolhido, coisa que nem todos conseguiam.

Evander nunca tinha se preocupado muito com aquilo. Claro que ele percebia que muitas das garotas que ele conhecera nos últimos anos estavam interessadas em mais do que amizade com ele, mas depois do fiasco com Cerise, ele preferia permanecer sozinho. Não que ele tivesse intenção de ficar solteiro para o resto da vida, mas sempre havia a esperança de encontrar uma mulher que não fosse tão... *entediante* como as que ele conhecia. Romanticamente falando, é claro.

— Não sei se dou meus parabéns ou meus pêsames – brincou ele. – Algumas pessoas afirmam que ter um bebê para cuidar não é lá nenhum um mar de rosas.

As pessoas riram. Evander olhou mais uma vez ao redor.

Estavam acampando em um vale extenso, numa região calma da floresta, próximo a um riacho de águas calmas e limpas. As árvores eram altas e numerosas. Olhando para o leste, podiam ver quilômetros de floresta, que se estendiam pela encosta íngreme do outro lado do riacho. A cidade de Talas ficava a cerca de duas horas de caminhada naquela direção.

Estavam todos acomodados sobre a grama, no centro do círculo de barracas que eles tinham armado na clareira.

Naquele momento, tudo o que ele queria da vida era nadar e passar o tempo com os amigos, rindo e falando bobagens. Para a própria surpresa, nem mesmo a perspectiva de ficar mais uma semana longe de sua montaria alada parecia tão ruim naquele momento.

Um dos rapazes perguntou:

— Ei! Alguém aí viu a Idara?

Idara Lamorse estava se especializando na chamada "arte da cura" e tinha se tornado uma enfermeira bastante competente.

— Ela disse que ia procurar ervas lá para cima – respondeu Indra Solim, deitada preguiçosamente sobre a grama e apontando para o norte. – Achei que alguém tinha ido com ela.

Evander se levantou.

— Preciso esticar as pernas um pouco. Vou aproveitar para dar um pulo até lá e ver se encontro ela.

◆ ◆ ◆

Evander parou para recuperar o fôlego após vencer uma região mais acidentada do terreno e olhou ao redor, mais uma vez admirando a beleza da região. Não era a primeira vez que passeava por essa floresta, mas os últimos anos tinham sido tão tumultuados que fazia muito tempo que não ia ali.

Aquela região onde estava, em particular, tinha o solo arenoso, de forma que apenas vegetação baixa e gramíneas cresciam. Era um dos locais favoritos dos caçadores, pois cervos costumavam ir pastar nas fartas moitas de capim.

Toda a paz que ele estava sentindo evaporou-se, no entanto, quando uma súbita sensação de estranheza o fez virar-se para a direita.

Ele conhecia muitas histórias sobre monstros. Já tinha, até mesmo, lutado contra alguns deles, mas, definitivamente, não estava preparado para a absurda cena diante de seus olhos.

Um enorme mosquito, que parecia ter mais de um metro de altura, voava na direção dele numa velocidade impressionante, com um enorme ferrão apontado para frente, parecendo ter toda intenção de cravá-lo nele.

Por puro instinto, ele levantou a mão e ativou a concha de proteção um milésimo de segundo antes do impacto. O monstro caiu no chão, mas se recuperou rápido e começou a bater as asas novamente.

Recuperando-se da surpresa, ele decidiu que aquele bicho parecia perigoso demais para permanecer à solta por aí. Então tratou de partir para cima dele, desferindo diversos golpes com o bastão até que o inseto caiu, inerte. Segundos depois, ele começou a se dissolver, transformando-se numa pequena pilha de pó branco.

Uma invasão. Nunca ouvira falar de insetos daquele tamanho, então era provável que algum portal dimensional tivesse se aberto nas redondezas.

Ele olhou na direção do acampamento, mas lembrou-se de que seus amigos eram todos soldados bem treinados e provavelmente conseguiriam tomar conta de si mesmos. O problema maior era Idara, que estava sozinha em algum lugar por ali. Melhor encontrá-la, e rápido.

Aquilo, no entanto, acabou se mostrando uma tarefa bastante complicada. O mosquito que ele havia derrotado tinha muitos "amigos". Dezenas deles.

Ele foi atacado diversas vezes por enxames de cinco ou seis daqueles insetos, e todos eles, por alguma razão, pareciam dispostos a atacar até a morte. Não era difícil matar aqueles mosquitos, mas a desvantagem numérica deixava a batalha bem complicada.

Entre uma luta e outra, ele seguiu as pegadas de Idara até que conseguiu encontrá-la, no alto de uma árvore. Havia uma abelha gigante, bem maior que os mosquitos, voando em círculos ao redor.

Evander colocou-se em campo aberto e chamou a atenção da abelha, que se lançou sobre ele imediatamente, colocando seu ferrão para frente, tentando atingi-lo com ele.

Depois de várias manobras de ataque e esquiva, ele conseguiu acertar um golpe eficaz na cabeça do inseto, que caiu no chão e se desmaterializou, como os outros.

Ele então ajudou a moça a descer, mas outro grupo de insetos surgiu e eles tiveram que fugir para a floresta, embrenhando-se pelas trilhas estreitas, onde os insetos não tinham espaço para manobrar.

Cerca de quarenta minutos depois eles chegaram até a estrada e encontraram o pessoal do acampamento lutando contra outro grupo de abelhas. Sem hesitar, eles se juntaram aos amigos na briga.

— Já estávamos achando que vocês tinham virado papinha de inseto – disse Ianis para Evander e Idara quando, finalmente, derrubaram o último dos monstros.

— Sem chance – respondeu Evander. – Eu sou muito indigesto.

— De onde surgiram essas coisas? – Indra indagou.

— Não são daqui, com certeza – disse Evander. – E não parecem muito felizes por não estarem em casa. Atacam qualquer coisa que se mova, sem se importar com nada.

— O que faremos? – Idara perguntou.

— Não sabemos quantas dessas coisas ainda restam por aí e não acho que andar pela mata seja seguro. Melhor voltarmos para a cidade.

— Mas estamos muito longe – reclamou Indra. – Se ficarmos em campo aberto poderemos ser atacados de novo.

— E daí? – Evander sorriu. – Foi você mesma quem teve a ideia de me convidar para um fim de semana inesquecível, não foi? Agora que estamos aqui vai deixar que alguns mosquitinhos estraguem tudo?

Assumindo a liderança de forma natural, Evander organizou as pessoas em uma formação defensiva de forma a otimizar as habilidades de cada um. Considerando que todos ali eram ou pelo menos já tinham sido soldados, não era difícil trabalhar com eles.

Qualquer unidade composta por mais de dez pessoas se tornava um desafio para um líder de campo em uma situação de combate intenso como aquela, mas passando instruções com confiança e determinação, ele não teve problemas em lidar com aquele grupo. Além das pessoas o conhecerem havia anos, a forma calma e respeitosa com que ele tratava cada um aumentava ainda mais a confiança que tinham nele.

Assim, apesar da apreensão de todos diante daquela situação inusitada, quando foram atacados novamente ninguém entrou em pânico e logo entraram no ritmo da batalha, todos ajudando a todos, e assim enfrentaram os aparentemente infindáveis enxames de insetos gigantes que surgiram.

Depois de mais de uma hora de uma caminhada atribulada, sendo constantemente atacados, eles pararam em um campo aberto e se abaixaram ao perceberem um enxame diferente dos outros, que parecia também estar a caminho da cidade. Aqueles insetos se moviam como um grupo, tanto os voadores quanto os terrestres, deslocando-se no mesmo ritmo, como se protegessem algo. O enxame se deslocava devagar pelo meio de uma extensa plantação de trigo.

— O que é aquilo? – Ferim perguntou, ao ver de relance uma forma gigantesca no meio do enxame. – É uma abelha rainha?

— É uma espécie de lagarta – Evander respondeu, estreitando os olhos para enxergar melhor.

— Temos que recuar – disse Idara.

— Não – respondeu Evander. – Temos que impedir que esse enxame chegue até a cidade.

— Mas como? – Indra quis saber.

Evander se virou de forma a que todos o ouvissem.

— Formação ponta de flecha. Ferim, você vai na dianteira. Abriremos caminho até o centro do enxame.

— Mas deve ter centenas de insetos ali! – Ferim reclamou. – Além disso, Indra é muito melhor nesse tipo de função do que eu.

Evander balançou a cabeça.

— Indra vai ficar com o prato principal do dia.

Ao ouvir aquilo, a morena franziu o cenho.

— Quer que eu enfrente sozinha um bicho de cinquenta metros de comprimento?!

— Aquela lagarta parece estar liderando o enxame. Se a derrubarmos rápido, não deveremos ter problema para cuidar do resto. Andou treinando sua técnica de *divisão*?

— Sim, mas...

— Apenas fique do meu lado e se prepare. – Ele se virou para os outros. – Quem tem habilidades de ataque à distância fique no meio da formação e se concentre em derrubar os voadores. Fechem os olhos quando eu der o sinal. Vamos!

Dezesseis pessoas contra mais de uma centena de insetos gigantes? Para a maior parte deles aquilo soava como suicídio. No entanto nenhum deles titubeou em obedecer à ordem do tenente. Como sempre, Evander parecia saber muito bem o que estava fazendo e a impressionante capacidade dele de perceber as nuances da batalha e liderar a equipe com instruções simples, precisas e eficientes, passava uma sensação de segurança que fazia com que até os mais incrédulos acreditassem que existia uma chance de vitória.

Em uma formação perfeitamente coordenada, o grupo avançou com gritos de guerra na direção do enxame.

Os insetos voadores foram os primeiros a atacar, sendo prontamente repelidos por bolas de fogo lançadas pelos soldados do centro da formação. Aproveitando a distração causada pelo barulho das explosões e pela fumaça, a tropa continuou avançando, abrindo caminho por entre formigas e besouros gigantes.

Como Evander imaginava, não foi possível manter a formação original por muito tempo, mas os soldados eram bem treinados o suficiente para lidar com o inesperado e se adaptar ao ritmo da batalha. No meio da confusão, ele e Indra avançaram até ficarem cara a cara com a lagarta gigante. Aquela criatura era ainda mais monstruosa vista de perto. Devia ter quase cinco metros de altura e olhava para eles com aqueles gigantescos olhos multifacetados.

Evander gritou:

— Agora!

Todos os soldados fecharam os olhos, assim como Indra, que segurou com força o cabo da *vorpal* e tentou se concentrar, apesar de todo o caos ao seu redor.

A lagarta avançou na direção deles, bem como diversos outros insetos das redondezas. Evander então lançou sua "bomba de luz" diretamente no olho direito da lagarta. O intenso clarão atordoou a todos os insetos num raio de 20 metros. A enorme lagarta levantou a cabeça e ficou se balançando violentamente por um longo instante, aparentemente sentindo muita dor.

Aquele era todo o tempo que Indra Solim precisava. Tendo reunido energia suficiente, ela deu um giro e arremessou a espada na direção da lagarta gigante. A arma atingiu o pescoço do animal, mas ao invés de simplesmente perfurar a pele rugosa, ela emitiu uma onda de energia que atravessou todo o corpo da criatura.

Se Indra tivesse tentado cortar a cabeça de uma lagarta de tamanho normal com uma faca, o resultado não teria sido tão perfeito. A cabeça decapitada do monstro pendeu por um instante, antes de cair para o lado. A gosma verde que parecia compor a maior parte do corpo da lagarta foi espalhada pelo ar para todos os lados, enquanto o bicho se contorcia em agonia. Evander empurrou Indra para tirá-la do caminho.

Subitamente confusos, os demais insetos pararam de atacar e começaram a se afastar. Os soldados aproveitaram para derrubar o restante das formigas e besouros, uma vez que as criaturas pareciam ter perdido completamente a capacidade de lutar. Mas não tiveram como impedir que os voadores escapassem.

Por fim, eles olharam uns para os outros, no meio daquele pequeno caos. A plantação de trigo estava arruinada. Havia pilhas de pó branco por toda parte e o cheiro no ar era horrível. As pessoas estavam todas sujas e cansadas.

— Bom trabalho! – Evander gritou, para todos.

Indra apontou para o corpo agonizante da lagarta gigante.

— Sua aura de proteção está com defeito, Évan? Achei que ela protegia tanto aliados quanto inimigos.

— Sei lá, acho que essa coisa era grande demais para ser afetada.

Depois de um tempo, o corpo da lagarta gigante, bem como toda a gosma verde que saíra dele, começaram a mudar de cor, assumindo um tom acinzentado, lentamente se desintegrando.

Ele olhou ao redor. Algum pobre fazendeiro teria um enorme prejuízo esse ano, mas pelo menos não teria o trabalho adicional de se livrar do cadáver de um monstro de sabe-se lá quantas toneladas.

◆ ◆ ◆

Cerca de uma hora mais tarde, em Talas, o capitão Renedo franzia o cenho, após ouvir o relatório de Evander.

— Então vocês chegaram até aqui sem encontrar mais nenhum inseto assassino?

— Graças à Fênix – respondeu o tenente, olhando para as barracas montadas na praça, onde curandeiros e enfermeiras tratavam dos feridos. Indra Solim estava deitada em uma das macas improvisadas, tentando recuperar as forças. – Um pouco mais de "ação" e meu pessoal precisaria ser carregado de volta para cá.

Renedo sorriu.

— "Seu pessoal", hein?

Graças à aura de proteção de Evander, ninguém tinha sido fisicamente ferido, mas os soldados receberam muitos golpes e picadas e por isso estavam todos no limite de suas energias, especialmente Indra, que tinha dado "tudo de si" quase que literalmente naquele golpe decisivo.

— É só força de expressão, senhor. Eles são meus amigos.

— Seus amigos parecem ter se saído melhor do que boa parte do resto da Tropa de Operações Especiais. Tiveram várias baixas e não conseguiram impedir que a cidade fosse invadida por algumas dessas coisas que, como pode ver, causaram uma confusão e tanto por aqui.

— E quanto à nossa tropa, senhor? – Evander perguntou, referindo-se aos demais cavaleiros alados.

Renedo balançou a cabeça.

— Das quatro unidades enviadas para cá, duas ainda estão em patrulha. O resto ou está descansando ou sendo atendido pelos curandeiros. Felizmente, não tivemos nenhuma baixa ainda.

— Tem alguma coisa estranha com o comportamento desses monstros.

Renedo riu.

— Evander, *tudo* nesses monstros é estranho, a começar pelo fato de eles existirem, seguido de perto pelo fato de estarem aqui.

— Eles atacam com tudo. É como se estivessem tentando proteger alguma coisa. Se eles são mesmo criaturas de outro mundo que vieram para cá a partir de um portal, eles não deveriam estar, sei lá, tentando explorar o lugar ao invés de procurar briga?

Renedo encarou Evander por um momento antes de responder.

— Não sabemos como é o mundo de onde vieram. Esse comportamento agressivo pode muito bem ser a natureza deles.

— Não sei, senhor. Tem algo na forma como eles se movem que...

— Nostarius!

Ambos se viraram na direção da voz autoritária, avistando o coronel Demétrio Narode, que corria, apressado, na direção deles. Evander e Renedo prestaram continência.

— Senhor!

— Bom ver que está vivo, tenente – disse o coronel, com um olhar um tanto estranho. – Ouvi dizer que você estava no meio da floresta quando o ataque começou.

— Sim, senhor.

— Como conseguiu chegar aqui?

— Ah, coronel, você sabe como são os membros da família Nostarius – respondeu Renedo. – São duros na queda.

— Está ferido? – Narode se dirigia a Evander, ignorando completamente o capitão.

— Não, senhor.

— Ainda está em condições de lutar?

— Creio que sim, senhor. Meus amigos fizeram a maior parte do trabalho.

Narode franziu o cenho.

— Como assim, tenente? Achei que você nunca fugia de uma batalha.

Renedo adiantou-se.

— Com todo respeito, coronel, mas o tenente Nostarius liderou uma equipe de dezesseis pessoas, com vários civis entre eles, e essa equipe deu conta de mais monstros do que quase toda a Tropa de Operações Especiais.

Narode estreitou os olhos. Era ele quem estivera comandando aquela tropa pessoalmente, e Renedo sabia muito bem disso.

— Conversaremos sobre isso mais tarde, capitão. Nostarius, tenho uma missão para você.

— Desculpe, senhor – disse Renedo mais uma vez. - Mas creio que o tenente merece um descanso.

— A vida de Dario Joanson pode estar correndo perigo, capitão – disse Narode, com outro olhar estranho.

Evander ficou preocupado.

— Como assim, senhor?

Narode suspirou, dramaticamente.

— Aquele idiota está liderando uma unidade da Tropa de Operações Especiais. Partiu há cerca de meia hora para a floresta, para combater os insetos e tentar fechar a passagem de onde estão saindo.

— Estamos enviando reforços, coronel?

— Claro que sim. As unidades de cavalaria de Aurora devem chegar em alguns minutos. – Narode olhou para Renedo. – Mas gostaria de enviar também alguns cavaleiros alados, se o capitão não se importar.

— Vou verificar quem está disponível. Com licença.

Renedo se afastou na direção do acampamento improvisado, não parecendo nada satisfeito com a incumbência.

Evander encarou o coronel, sério.

— O senhor está bem?

Narode lançou-lhe novamente aquele olhar estranho.

— Sim, por quê?

— O senhor parece… diferente.

— Todos nós tivemos que fazer sacrifícios hoje, tenente. Por que acha que Joanson está liderando a minha tropa ao invés de mim?

Capítulo 20:
Golpe

A floresta parecia muito diferente vista de cima. Tratava-se de uma imensidão verde, interrompida ocasionalmente por faixas coloridas de árvores em época de floração e cruzada por diversos córregos, afluentes do rio Cisne, o maior da região.

A unidade que Renedo destacou a Evander era pequena, composta por quatro outros cavaleiros. Outras unidades seriam enviadas seguindo diferentes rotas, uma precaução comum naquele tipo de circunstância.

Evander nunca tinha estado numa batalha aérea real antes, por isso, respirou fundo e tratou de acalmar os próprios nervos ao ver um grupo de insetos voadores se aproximando, com óbvia intenção de interceptá-los.

Durante uma batalha, um cavaleiro alado podia adotar uma entre duas funções: artilheiro ou ponta de lança. Os artilheiros se concentravam em efetuar ataques de longa distância, utilizando habilidades místicas, arco e flecha, armas de arremesso ou similares. Os pontas de lança se engajavam no ataque corpo a corpo, valendo-se da força e agilidade da montaria para efetuar ataques rasantes e devastadores. Também era função dos pontas de lança interceptar qualquer agressor inimigo que pudesse atacar um artilheiro. Combate aéreo era moldado em trabalho de equipe. Deixar a formação ou se esquecer de proteger as costas de um aliado por um instante que fosse poderia significar a derrota.

Desde o fim da guerra da unificação, há mais de 20 anos, não se ouvia falar de uma batalha aérea no país. No entanto o general Nostarius nunca negligenciou a tropa alada, e sempre fez questão de preparar instrutores qualificados para manter os cavaleiros treinados e prontos para qualquer situação.

Após derrotarem facilmente a primeira leva de insetos, Evander observou a alegria dos soldados que comemoravam a vitória e concluiu, não pela primeira vez, que Renedo era um excelente instrutor.

O capitão costumava dizer que Evander era um dos melhores pontas de lança que já vira, pois tinha uma percepção excepcional dos arredores e conseguia decidir rapidamente qual artilheiro precisava ser protegido ou qual oponente deveria ser atacado. Também tinha uma velocidade de manobra bem alta, o que o permitia interceptar rapidamente um oponente ou bater em retirada com mais facilidade do que a maioria dos outros cavaleiros.

O próprio Evander, no entanto, nunca acreditou realmente que fosse tão especial assim. Ele apenas tinha aprendido, com alguma competência, o que o tinham ensinado a fazer. Existiam dezenas, talvez centenas de manobras especiais para uso em combate aéreo, desenvolvidas durante os séculos de existência da tropa. Se tinham sucesso em suas missões, Evander acreditava que aquele conhecimento acumulado era o responsável.

Avançando na direção de onde os insetos vinham, a equipe de cavaleiros precisou lutar várias vezes, contra diferentes tipos de mosquitos e abelhas. Os insetos tinham uma capacidade de manobra excepcional para criaturas do seu tamanho e peso, mas não eram páreo para os cinco cavaleiros.

Em determinado momento, avistaram duas pessoas encurraladas num barranco. Eles estavam sobre um pequeno platô, lutando contra os insetos que chegavam até eles voando ou escalando o barranco, enquanto outra lagarta gigante aguardava na base, levantando a cabeça e tentando alcançar o platô, sem sucesso.

Evander instruiu os outros a cuidar dos insetos alados e em seguida fez sua águia tomar alguma distância antes de acelerar na direção da lagarta, num voo rasante em velocidade máxima. Com uma pequena prece para que a gigantesca criatura continuasse parada, ele saltou da sela e comandou a águia a desviar com um assobio.

Ativando sua concha de proteção no último segundo, ele atingiu o corpo da lagarta em cheio, próximo à região do pescoço. A força do impacto não apenas esmagou aquela parte do inseto, espalhando gosma verde para todos os lados, como literalmente dividiu o monstro ao meio. O impacto causou também um enorme estrondo e um leve tremor de terra, que pôde ser sentido por muitos quilômetros.

Separadas, ambas as partes da criatura moribunda começaram a se debater e ele teve que usar toda a sua agilidade para escapar das patas e da nojenta gosma, que se espalhava por toda parte.

Com a lagarta gigante morta, os demais insetos abandonaram o ataque e começaram a fugir do local. Os dois rapazes que estavam no barranco trataram de descer usando uma trilha lateral, evitando passar muito perto da lagarta gigante.

— Vocês estão bem?

— Sim, obrigado. Achamos que seria o nosso fim – disse um deles, enquanto o outro olhava para o que restara da lagarta, incrédulo.

— Misericórdia! Como conseguiu fazer aquilo?

Evander riu.

— Sinceramente? Não tenho ideia. – Na verdade, ele tinha planejado muito bem o golpe em si, mas conseguir acertar o alvo em cheio numa situação como aquela era muito difícil. Tinha sido um golpe de sorte e tanto. – Estão feridos?

— Nada muito sério.

— Vocês são da Tropa de Operações Especiais?

— Sim.

— Onde está o capitão Joanson?

— Deve estar mais ao norte. A tropa se dividiu em duas unidades para enfrentar os insetos.

— E cadê o resto da unidade de vocês?

Um dos soldados olhou para o chão, com expressão triste, e o outro apenas sacudiu a cabeça.

Evander franziu o cenho e estudou a região ao redor. Nesse momento, a montaria dele, que estava sobrevoando o local em círculos, emitiu um pio agudo que fez com que ele levantasse a cabeça. Quando o pio se repetiu, ele se voltou para os outros dois.

— Venham, vamos até o capitão. Já sei onde ele está.

A cerca de um quilômetro a noroeste, a floresta se interrompia abruptamente em uma cratera de mais de cinquenta metros de diâmetro.

Vendo que os cavaleiros alados continuavam às voltas com os monstros à distância, e que sua própria montaria sobrevoava a área, bem longe da confusão, Evander aproximou-se cuidadosamente da borda para investigar. As paredes do buraco eram bastante irregulares, com formato afunilado, e terminavam em um fundo rochoso relativamente plano, onde havia diversas pessoas caídas e dois homens estavam lutando.

Um dos soldados olhou para lá e exclamou:

— É o capitão!

— Fiquem aqui e tentem evitar os insetos – ordenou Evander.

— Mas o que você... – O soldado se interrompeu ao ver o tenente pular no buraco, numa descida desajeitada pela borda inclinada do barranco, meio correndo, meio escorregando.

Ele chegou ao fundo bem no momento em que o capitão Joanson era arremessado contra o barranco do lado oposto, o som de ossos quebrados anunciando que a batalha provavelmente tinha acabado para ele.

O oponente de Joanson não era humano, como Evander tinha imaginado a princípio. Tratava-se de uma criatura humanoide, mas com aspecto demoníaco, com pele negra e escamosa, chifres, garras e uma cauda. Usava roupas rústicas que pareciam ter sido arruinadas durante a batalha e parecia também ter sofrido muitos ferimentos. Estava coberto de sangue.

A situação dos soldados do capitão, espalhados pelo chão, não era nada boa. Era uma carnificina. Provavelmente, não havia nenhum sobrevivente.

O demônio olhou para ele e rosnou. Parecia cansado e respirava pesadamente, mas isso não o impediu de avançar sobre o recém-chegado como um touro enfurecido.

Usando suas habilidades de proteção e técnicas de combate defensivo, Evander conseguiu evitar ser estraçalhado pelos ataques da criatura, mas não sem ter sido agarrado e lançado de um lado para outro várias vezes.

Ele já estava quase sem forças quando conseguiu desferir uma sequência de golpes de bastão no torso e abdômen do adversário, fazendo-o recuar alguns passos e perder o equilíbrio.

Apoiando as mãos nos joelhos para tentar recobrar o fôlego, Evander percebeu que também estava sujo e coberto de sangue, apesar de não ter sofrido nenhum ferimento graças à aura de proteção. Havia sido arremessado por sobre os cadáveres dos soldados e arrastado pelo chão algumas vezes. Sua melhor roupa de passeio estava arruinada. O monstro se levantou e olhou para ele. *Não que isso seja a maior das minhas preocupações.*

Então, soltando um urro sinistro, a criatura deu-lhe as costas e saiu correndo em disparada, saltando no barranco e escalando a parede rochosa com incrível agilidade.

Evander correu até o corpo do capitão e após um rápido exame confirmou o que já sabia: tinha chegado tarde demais.

Os eventos seguintes se sucederam tão rápido que ele não teve tempo de assimilar. Num momento ele estava ajoelhado diante do corpo do capitão, inconformado pelo fato de ter demorado demais para encontrá-lo, e no instante seguinte, a cratera estava sendo invadida por um batalhão enorme de soldados, que desceram pelas paredes com o auxílio de cordas de escalada. A princípio ele ficou contente pelos reforços terem chegado, mas a primeira coisa que ouviu dos soldados foi a voz de prisão.

Sem entender o que acontecia, ele se entregou e teve as mãos e os pés imobilizados, sendo amarrado na ponta de uma corda e içado barranco acima, sem o menor cuidado. Perplexo pelo tratamento desumano e ainda mais esgotado, uma vez que a aura de proteção lhe tomara boa parte das energias que restavam para impedir que ele se ferisse gravemente durante a subida, ele não teve reação nenhuma ao ser lançado no chão, diante do coronel Narode.

— Monstro assassino! Tem algo a dizer em sua defesa?

Vendo que o prisioneiro não reagia, Narode desferiu um violento chute nas costelas dele. Então veio a escuridão.

♦ ♦ ♦

Ele foi acordado por uma voz feminina, suave e familiar.

— Vai ficar tudo bem.

Mamãe?

Abrindo os olhos, ele levou vários instantes para conseguir focalizar o rosto diante dele e sentiu uma enorme decepção ao perceber de quem se tratava.

— Idara?

— Você acordou! Como se sente?

— Moído.

— Sabe onde está?

Ele percebeu que havia uma algema firmemente enrolada em um de seus punhos. Aquilo explicava porque tinha sido tão difícil reconhecer Idara. Quase todos os seus sentidos pareciam funcionar de forma diferente quando seus poderes eram suprimidos.

Ele olhou ao redor, piscando várias vezes para tentar se adaptar à falta de cores e de nitidez. Percebeu as grades na janelinha da porta e as paredes de pedra levemente úmidas, iluminadas parcamente por um pequeno cristal de luz contínua preso à parede rochosa do teto. O lugar era claustrofóbico como uma caverna. Ele estava deitado sobre um colchão velho e malcheiroso, colocado sobre um catre rústico, e Idara estava ajoelhada no chão ao lado dele.

— Imagino que essa seja a masmorra do Forte – concluiu ele.

Ela assentiu.

— Há quanto tempo estou aqui?

— Você ficou um dia e uma noite desacordado. Lembra como veio para cá?

— Lembro da bota do coronel Narode se chocando contra minhas costelas. Por que me prenderam?

Idara baixou os olhos e suspirou.

— Estão culpando você pelo assassinado do capitão Joanson.

Evander se sentou abruptamente.

— Como é que é?!?

Ele imediatamente se arrependeu do movimento, pois uma súbita tontura o fez cair para trás novamente, com um gemido. Seu corpo inteiro doía, sentia-se como se tivesse praticado alguma atividade física intensa até a completa exaustão.

— Devagar, tenente.

Ele permaneceu parado, de olhos fechados, esperando a tontura passar.

— O que aconteceu, afinal?

— O professor Isidro conseguiu determinar o local de onde os monstros estavam vindo e a tropa do coronel foi para lá. Mas tudo o que encontraram foi um buraco com...

— Com o corpo do capitão e do resto da tropa dele – disse Evander, quando ela hesitou.

— Não exatamente.

Ele abriu os olhos e a encarou.

— Como assim?

Ela engoliu em seco.

— O coronel e os soldados viram você... atacando o capitão.

— Está brincando?

— Eles dizem que você estava transtornado, agressivo. Parecia um...

Ele estreitou os olhos.

— Monstro?

Ela olhou para as próprias mãos.

— Bem, sim. Essa é a palavra que usaram.

Movendo-se devagar para evitar que a tontura voltasse, ele se sentou e olhou para ela, muito sério.

— Idara, o que, exatamente, você está fazendo aqui?

Ela olhou para ele, confusa.

— Ora, vim para ver se você está bem.

— Você acredita no que eles estão dizendo, não é? Acha mesmo que eu seria capaz de fazer uma coisa daquelas?

Ela se levantou e se afastou alguns passos.

— Não, quero dizer... não é isso...

— Devo supor que ninguém viu o demônio, não é?

— Demônio?!

— É, aquele que saiu do buraco um minuto antes da tropa chegar.

— Ninguém falou nada sobre isso.

— E quanto aos soldados que estavam comigo? Eles tinham ficado me esperando lá em cima.

Ela estava assustada agora, tropeçando nas palavras.

— Não tinha ninguém lá. Ninguém vivo, pelo menos.

Ele estava ficando cada vez mais transtornado. Aquela moça, definitivamente, não acreditava nele. Como era possível que alguém que conhecia por tantos anos, que sempre tentara tratar com respeito, de repente pudesse pensar que ele...

345

— Saia daqui!

Ela se afastou mais um passo, chocando-se contra a porta de madeira.

— Evander...

Ele suspirou, tentando se acalmar.

— O que aconteceu com a minha águia?

Ela balançou a cabeça.

— Não sei. Ninguém me disse nada.

— E quanto ao resto dos cavaleiros alados?

— Estão todos bem, eu acho. Já devem ter voltado para as montanhas.

— E os insetos gigantes?

— Dizem que o capitão Joanson já tinha selado a passagem de onde os monstros tinham vindo antes de...

Ele soltou um suspiro frustrado.

— Onde... – Ele hesitou, não sabendo direito como fazer aquela pergunta. – Onde está o general?

Ela se moveu para o lado, empurrando a porta desajeitadamente, como se temesse pela própria vida. Então ela saiu e trancou Evander lá dentro, o estrondo da porta se fechando repercutindo pelo ambiente cavernoso.

Era melhor mesmo ela ir embora. Aquela sensação angustiante de estar sendo traído estava ficando cada vez pior. Ele suspirou e levou as mãos à cabeça, tentando absorver tudo o que estava acontecendo, mas era muito difícil.

Para sua surpresa, no entanto, o rosto de Idara voltou a aparecer, pela abertura gradeada da porta.

— Sobre seu pai... – começou ela, hesitante. – Estão dizendo que ele... deserdou você.

Arregalando os olhos, ele sentiu-se mergulhado num abismo surreal de emoções. Sentia-se como se fosse pequeno demais para o turbilhão incontrolável que estava se formando dentro dele.

O que, raios, aquela traidora ainda estava fazendo ali? Queria atormentá-lo ainda mais?

— Obrigado, Idara – disse ele, com dificuldade. – Agora vá para casa. Eu não estou me sentindo muito amigável no momento. É melhor me deixar sozinho.

◆ ◆ ◆

O depoimento de Evander não teve nenhum peso no julgamento. Afinal, era a palavra dele contra mais de cinquenta testemunhas que afirmavam categoricamente terem-no visto aplicando o golpe de misericórdia no capitão Joanson.

Ele nunca tinha se sentido muito querido no ambiente militar, pois sempre existiram aqueles benditos rumores que as pessoas espalhavam às suas costas. Mas agora a hostilidade era aberta, ninguém mais disfarçava o desprezo que sentia por ele. Se dependesse da opinião pública, ele já tinha sido condenado.

Aquilo não fazia o menor sentido. Não era uma questão apenas de não gostarem dele. Parecia que, de um minuto para outro, as pessoas começaram a odiá-lo com todas as forças.

Alguns de seus amigos, como Indra Solim, fizeram depoimentos emocionantes e apaixonados em sua defesa e até mesmo o coronel Camiro falou a seu favor. Mas as pessoas dispostas a defendê-lo eram poucas.

O general Nostarius não compareceu ao julgamento. E o coronel Narode não perdeu a oportunidade de utilizar o fato contra Evander.

— Até mesmo seu próprio pai não foi capaz de ficar ao lado dele numa ocasião como esta. E por quê? Porque a vergonha é grande demais. O general já conhecia a índole pervertida do filho. Já sabia das tendências dele em se unir aos separatistas que atacam impiedosamente nossos governantes, querendo lançar o país no caos!

Evander já sabia que as coisas seriam daquela forma e achou que estava preparado para ouvir tudo aquilo, mas descobriu que não estava. Cada palavra era como uma facada em seu coração. Ouvir aquelas coisas de Narode e de outros oficiais era muito doloroso, era como se tudo o que ele tivesse construído durante todos aqueles anos de esforço e dedicação, de repente, desmoronasse sobre ele.

O que ele estava fazendo ali, afinal?

Por fim, a coronel Dinares, escolhida para presidir aquele julgamento, bateu o martelo na mesa e ordenou:

— Que o réu se levante.

Evander se colocou em pé com certa dificuldade, devido ao fato de estar com as mãos imobilizadas para trás. Era irônico, ele pensava. Estava preso pelo mesmo tipo de algema que ele próprio utilizara para prender tantos criminosos.

— Tendo em vista todas as evidências apontadas, pelo crime de traição, tenho o dever, nada agradável, devo acrescentar, de destituir o tenente Evander Armini Nostarius de sua função e de todos os privilégios militares. A partir desse momento, ele não é mais um membro do Exército Imperial.

Uma enorme confusão tomou as galerias do recinto. Gritos de aprovação e brados de "assassino" se misturavam às exclamações indignadas dos amigos de Evander.

Ele fechou os olhos. Até aquele momento, tinha encarado todo aquele circo como uma espécie de engano. Esperava que, a qualquer momento, alguém entrasse por aquela porta e explicasse a todos que ele era inocente e que nada daquilo fazia sentido. Mas agora, tudo estava tomando uma dimensão real, *muito real*. As pessoas estavam *mesmo* acreditando naquelas acusações sem fundamento. Narode não havia nem mesmo se dado ao trabalho de explicar *por que* ele trairia seu país se aliando a um grupo desconhecido de separatistas.

Dezenas de sentimentos diferentes o tinham tomado durante aqueles dias de julgamento, mas agora, pela primeira vez, ele sentia raiva.

Lembrou-se das palavras de Savana, ditas tanto tempo antes:

Suas emoções são poderosas. Reprimindo seus sentimentos, você está reprimindo também uma grande parte de si mesmo.

A coronel Dinares bateu com o martelo sobre a mesa.

— Ordem!

Quando a multidão finalmente se acalmou, ela voltou a olhar para Evander.

— E pelo crime de assassinato premeditado do capitão Dario Joanson e de onze soldados da Tropa de Operações Especiais, eu o sentencio à pena capital!

A fúria de Evander agora atingira um nível que ele nunca experimentara antes. Com um rugido gutural, ele se debateu, de um lado para o outro, até que, de alguma forma, as algemas se romperam e ele se viu novamente livre, com centenas de rostos o encarando, perplexos.

Por um momento, ele ficou parado e fechou os olhos, sentindo seus poderes retornarem. Ao voltar a abri-los, as cores e formatos tinham voltado ao normal, o que era um alívio, mas não diminuía em absolutamente nada a raiva que sentia.

Narode se adiantou, ao ver que os guardas hesitavam.

— O que estão esperando?! Prendam-no! Não o deixem escapar!

Os guardas começaram a se aproximar dele, mas pararam novamente quando Evander olhou para eles. Todos no recinto, no momento, pareciam um tanto apalermados, como se não acreditassem no que estava acontecendo.

Evander olhou de um lado para o outro e gritou, furioso:

— Não faço ideia de que tipo de palhaçada seja essa! Por acaso é mais fácil falar mentiras sobre alguém quando ele está imobilizado e não pode se defender, é?

O salão ficou em completo silêncio.

— Eu queria falar umas verdades agora, mas querem saber? Vocês não valem a pena!

O silêncio continuou.

— Vocês querem alguém para punir? Pois então eu vou encontrar o verdadeiro culpado!

O fato de todos aqueles oficiais estarem encarando-o parecendo não entender o que estava acontecendo era muito estranho, mas ele estava furioso demais para se preocupar com isso. Virou-se e marchou para a saída, desejando que alguém tentasse impedi-lo. Estava tão cheio de fúria e indignação que se sentia prestes a explodir, e nunca a possibilidade de usar de violência contra alguém lhe pareceu tão atraente em sua vida.

Capítulo 21:
Desejos

Ebora era uma província relativamente calma, existiam poucas cidades grandes por ali. A maior parte da economia local era baseada na agricultura e pastoreio. Mesmo assim, havia muito mais florestas do que na Central. Tudo ali parecia tão rústico, tão pitoresco, que em outras circunstâncias Evander com certeza aproveitaria aquele passeio. Se conseguisse encontrar um jeito de sair da confusão em que estava, ele tinha que voltar ali.

Durante os dias em que passou na prisão, Indra Solim o havia visitado e comentado que um monstro similar ao que ele descrevera tinha sido avistado nessa região. Ele sabia que investigar essa pista seria como procurar uma agulha num palheiro, mas precisava fazer alguma coisa, tinha que se manter ocupado para não enlouquecer.

Não conseguia se esquecer da expressão apalermada das pessoas quando ele conseguiu, sabe-se lá como, libertar-se daquelas algemas. Mas sempre que pensava nisso, a fúria ameaçava retornar e ele tentava se controlar e seguir em frente, esperando que algum dia aquela última semana de sua vida viesse fazer algum sentido.

Assim, ele se aventurou pelas pequenas vilas do interior da província, tentando encontrar alguma pista do demônio assassino. Muito do que ouviu, no entanto, eram apenas rumores infundados.

Certa tarde, após um longo e infrutífero dia, ele chegou a um riacho de águas calmas e límpidas e decidiu parar para descansar. As roupas que usava provavelmente não perderiam nunca mais o cheiro de suor e poeira, por isso, após tomar um banho no riacho, ele decidiu se livrar delas.

Mexendo na grande mochila que havia pegado em casa antes de partir, viu que a única troca de roupas disponível era um de seus melhores trajes, que ele havia enfiado ali se sabe lá por quê.

Tratava-se de uma roupa de gala militar, composta por uma vestimenta reforçada, um sobretudo branco e um par de botas novo em folha. Não havia sentido em continuar carregando aquele peso nas costas enquanto vestia aquelas roupas velhas, rasgadas e suadas.

Minutos depois, olhando para o próprio reflexo na água do riacho, ele sentiu uma súbita e intensa saudade da vida que deixara para trás, a vida que haviam roubado dele.

Posicionando-se sobre uma grande pedra, ele respirou fundo e começou a fazer alguns exercícios de alongamento. O barulho da água corrente era relaxante e o ajudava a se acalmar, a ficar no controle, e ele precisava daquilo mais do que nunca. Os exercícios de alongamento evoluíram golpes marciais e logo ele sacava seu bastão e começava a realizar os familiares movimentos de *kati*, como eram chamadas as simulações de luta com esse tipo de arma.

Fazia semanas que ele não treinava, por isso estava um pouco enferrujado, mas, para a própria satisfação, conseguiu completar sem erros o kati mais complicado que ele conhecia, inclusive com os movimentos adicionais que ele próprio havia incorporado ao exercício, que eram possíveis graças à capacidade de seu bastão de se alongar ou retrair.

Foi então que ele abriu os olhos, sem saber que estava prestes a ver uma imagem que ficaria gravada em sua mente pelo resto de seus dias.

Ali, olhando para ele, estava uma jovem de tirar o fôlego. Dotada de uma pele em tom moreno claro e de uma cascata de cabelos negros, ela o encarava com um olhar penetrante, profundo, como se tentasse enxergar através dele.

O bastão lhe escapou das mãos e saiu girando pelo ar, caindo dentro do riacho, mas ele nem percebeu, ocupado que estava em olhar para ela.

Apesar da intensa fascinação que sentiu pelo rosto da moça, algo o fez desviar o olhar mais para baixo. E descobriu que, se o rosto já era de tirar o fôlego, o resto era ainda melhor. E ela estava completamente nua.

Sem conseguir se conter, ele a olhou de cima a baixo várias vezes, sentindo-se vivo, quente e desejoso depois de um longo tempo. *Um tempo longo demais.*

A moça pareceu estranhar aquilo e baixou o olhar, como se conferisse se tinha algo errado com o próprio corpo antes de voltar a olhar para ele.

Evander passou o que parecia uma eternidade tentando decidir se olhava para o rosto dela ou para o busto exposto, indeciso do que lhe parecia mais atraente, sabendo que estava fazendo papel de bobo ao ficar babando por ela daquele jeito, mas sem conseguir evitar.

Então ela sorriu. Não havia como descrever o que ele sentiu ao ver aquele sorriso. Ele fixou o olhar no rosto dela mais uma vez e pensou que poderia muito bem ficar olhando aquilo para o resto da vida.

— Você é linda!

A voz dele saiu num tom baixo e arrastado, que lhe pareceu totalmente inapropriado.

— Ora, obrigada – respondeu ela.

A moça parecia ter ficado feliz com o elogio, mas não dava para ter muita certeza. Por alguma razão, sua habilidade de empatia, que permitia perceber o estado de espírito e, às vezes, até mesmo os pensamentos e desejos das pessoas, parecia não funcionar com ela.

Então ele se lembrou de que tinha derrubado a própria arma.

— Ah, não, meu bastão!

Aproximando-se da margem, ele olhou para a extensão da pequena piscina natural, tentando imaginar onde a arma teria caído. Aproveitou a pequena pausa também para tentar desacelerar um pouco os batimentos cardíacos. Aquela moça, definitivamente, sabia como causar uma boa primeira impressão.

Ela se aproximou e perguntou:

— Por que você simplesmente não o invoca de volta?

E esse foi o início. A partir desse momento, a vida dele mudou completamente.

◆ ◆ ◆

A moça se chamava Sandora. Tinha a mesma idade que ele e era inteligente e perceptiva.

E, na verdade, ela não estava despida, eram os olhos dele que, por alguma razão, haviam decidido lhe pregar uma peça e fazê-lo passar por uma situação bastante embaraçosa até que conseguisse se acostumar com a presença dela. A partir de então, ele passou a ver os trajes grossos e escuros que ela usava, mas volta e meia ele ainda tinha vislumbres de partes estratégicas do corpo dela nos momentos mais inadequados.

E ela também lhe ensinou como invocar o bastão.

Aquele, talvez, tenha sido o segundo maior choque que ele teve naquele dia, perdendo apenas para a surpresa que tivera ao olhar para ela a primeira vez.

O bastão, que ele havia recebido da mãe tantos anos antes, não era um objeto físico. Tratava-se apenas de uma manifestação energética que Evander podia invocar e dissolver quando quisesse. Sandora, inclusive, estava convencida de que a arma era apenas uma manifestação dos poderes dele.

— Mas eu não criei isso – protestou ele em dado momento. – Não entendo o que está acontecendo, mas esse bastão não pode ser um mero construto. Lembro muito bem quando minha mãe o passou para mim, pedindo-me para cuidar bem dele.

Ela encarou-o por um tempo, pensativa.

— Sua mãe tinha as mesmas habilidades que você?

— Não! Quer dizer, não sei. Algumas, talvez.

— Isso explicaria algumas coisas – respondeu ela, simplesmente.

Evander desmaterializou e materializou novamente o bastão algumas vezes, ainda com dificuldade de acreditar que conseguia fazer aquilo. A arma lhe parecia um pouco diferente agora, apesar de sua aparência externa continuar exatamente a mesma. Sua aura mística estava mais intensa. Então se lembrou de algo que o capitão Renedo tinha dito tanto tempo atrás. *Quando a arma não serve mais, o guerreiro sábio se livra dela e procura uma mais adequada.*

Acabaram por montar o acampamento e passaram a noite fazendo companhia um para o outro.

O tempo passado com Sandora parecia ser uma surpresa atrás da outra. Ela possuía uma aura de proteção similar à dele próprio. Mas, diferente dele, ela era capaz não apenas de sentir, mas também de *ver* a emanação energética ao redor de ambos.

Além de tudo isso, também era bastante perspicaz.

— O que há de errado com seu nome?

Ele olhou para ela, confuso.

— Como?

— Seu último nome. Você não parece gostar muito dele.

Ele não tinha conseguido responder àquela pergunta. A ausência do pai durante a corte marcial e os comentários maldosos do coronel ainda lhe doíam tanto que era difícil suportar.

Concluindo que a pista que seguia sobre o assassino do capitão era fraca demais, ele acabou se oferecendo para acompanhá-la na busca pelo amigo dela, que se chamava Gram. Assim, na manhã seguinte, partiram para as montanhas.

E esse foi o início de uma jornada que levou várias semanas.

Acabaram salvando diversas pessoas de ataques de monstros e fecharam diversos portais dimensionais de onde as criaturas estavam vindo.

Sandora não tinha treinamento militar, mas apresentava uma aptidão inata para o combate. Os poderes de invocação dela eram impressionantes e conseguia manipulá-los com uma facilidade que fazia com que Evander quase se envergonhasse do pouco progresso que ele próprio tivera com os próprios poderes, mesmo com o treinamento competente do capitão Joanson.

De qualquer forma, as habilidades de ambos se completavam de forma a torná-los uma excelente equipe ao lutarem juntos. Ele nunca se sentiu tão próximo de outra pessoa em toda sua vida.

Para ele, aquelas semanas passaram rápido demais. Ao lado dela, ele sentia-se diferente, livre, solto, como jamais fora. Diferente do que acontecia com outras pessoas, ele dificilmente conseguia adivinhar o que ela estava pensando a menos que ela quisesse, mas isso, ao invés de incomodá-lo, estimulava-o, fazia-o querer saber tudo sobre ela. E, às vezes, ela o deixava perceber que o sentimento era recíproco, o que o deixava eufórico.

Os alegres dias de convívio entre eles terminaram abruptamente em certa manhã, ao serem abordados por um grupo de homens alados.

— Nós somos os guardiões – disse um deles. – Vivemos para garantir a proteção e o bem-estar das pessoas de bem. E você – ele apontou para Sandora – é a Bruxa de Aldera, culpada dos crimes de conspiração e assassinato. Você será levada agora para cumprir sua sentença. Deve vir conosco imediatamente.

Os tais guardiões não queriam conversa. Quando Evander e Sandora protestaram contra aquela ordem de prisão, eles atacaram.

Evander lutou como nunca, mas os oponentes dessa vez eram muito fortes. Sandora acabou desmaiando após ser atingida por um poderoso ataque do líder. Enquanto dois deles continuavam lutando contra Evander, os outros amarraram a inconsciente Sandora com cordas e saíram carregando-a, enquanto voavam na direção do litoral.

O desespero que sentiu ao vê-la sendo levada daquela forma foi indescritível. Naquele momento, ele simplesmente se esqueceu de quem era, entrando numa espécie de transe. Seus golpes ganharam força e velocidade avassaladoras, de forma que em poucos segundos ele derrubou um dos agressores e ainda conseguiu dar um salto impossível com a ajuda do bastão de forma a interceptar o outro, que tentava fugir voando. Evander conseguiu agarrá-lo em pleno ar e girar o corpo, usando seu peso para derrubá-lo. Inclusive, se não fosse pela aura de proteção, provavelmente teria esmagado a cabeça do homem no chão devido ao ângulo da queda.

Quando voltou a olhar para cima, os outros já estavam muito alto e muito longe para que ele pudesse fazer qualquer coisa além de gritar o nome de Sandora, em completa frustração.

Após alguns instantes, ele ouviu um gemido e olhou para trás, vendo que um dos homens alados estava acordando. Para sua surpresa, a aparência deles estava se modificando, a pele assumindo um tom mais moreno e os cabelos se tornando pretos, enquanto as asas desapareceram em pleno ar.

Ora, ora, vejam só, pensou ele, pegando uma corda de escalada que ele tinha conseguido em um dos vilarejos por onde ele e Sandora tinham passado.

O homem abria os olhos, ainda atordoado, mas imobilizou-se imediatamente, assustado, ao perceber o olhar de Evander, que se aproximava ameaçadoramente dele.

Com medo, hein, amigo? – Evander pensava consigo mesmo, agarrando o homem e amarrando firmemente as mãos dele. – *Bom para você, isso deve tornar suas próximas horas bem mais fáceis.*

Mesmo ele não tendo falado nada daquilo em voz alta, o homem pareceu entender muito bem a mensagem.

Cerca de duas horas depois, Evander concluiu que o que tinha ouvido do homem devia mesmo ser verdade, ao vir um verdadeiro esquadrão de pessoas aladas voando na direção do pequeno vale de onde Sandora tinha sido sequestrada.

Havia mais de 20 deles, e o tempo que levaram a chegar confirmava que a casa deles, ou *refúgio*, como aquele camarada tinha chamado, devia ficar não muito longe dali, na direção leste.

Ele sabia que a única coisa que encontraria se voasse uma hora naquela direção seria o mar aberto, uma vez que estavam não muito distantes da praia. O tal refúgio deles deveria ser mesmo em algum tipo de fortaleza voadora, como o outro tinha insistido.

Por um momento ele imaginou a si mesmo invadindo o lugar e quebrando tudo, chutando bem forte o traseiro daqueles arrogantes, de forma a ensinar-lhes a nunca mais mexer com ele ou Sandora, mas, então, lembrou-se do que ocorrera alguns dias antes.

Sandora havia sofrido um descontrole emocional e tinha sido tomada por uma fúria assassina, com seus trajes místicos se modificando e ganhando um formato assustador enquanto partia monstros ao meio. Literalmente.

Ele então, de repente, imaginou a si próprio tomado por aquela mesma fúria e vestindo uma roupa negra cheia de ornamentos em forma de ossos e crânios humanos, e a imagem o perturbou de tal forma que ele precisou sacudir a cabeça para se livrar da sensação incômoda.

Sim, ele sabia agora que podia se tornar bastante... versátil, quando estava emocionalmente abalado, mas como ele mesmo havia dito a Lucine meses antes, não se considerava um suicida. Era melhor pensar com cuidado em qual seria o próximo passo.

Só era difícil convencer seu coração disso. Só de imaginar o que poderiam estar fazendo com Sandora naquele momento, ele tinha vontade de gritar.

Ao longe, os seres alados já tinham soltado os dois que Evander deixara amarrados em uma árvore e aparentemente tinham feito alguma coisa para que recobrassem as energias, pois em poucos minutos todos levantavam voo e se afastavam, analisando os arredores cuidadosamente.

Quase desejou que eles detectassem a presença dele ali, no alto daquela colina, oculto pelas folhas dos arbustos. Sentia-se ávido por uma boa briga, apesar de saber muito bem que aquela seria uma péssima ideia. Mas, felizmente, os tais guardiões trataram apenas de dar o fora dali o mais rápido possível.

Mesmo que soubesse onde fica nosso refúgio, nenhum humano nunca conseguiria encontrá-lo, aquele cara tinha dito.

Veremos, pensou Evander consigo mesmo, virando-se e se embrenhando na alta vegetação da colina.

◆ ◆ ◆

Aquele lugar não era conhecido como *Montanhas Rochosas* à toa. Para todos os lados havia picos e mais picos rochosos entremeados por vales verdejantes. As montanhas em si eram nuas e escarpadas, com formas curiosas esculpidas pela erosão ao longo de milhares de anos.

Aquele era o habitat natural das águias imperiais. Inclusive, ele já tinha avistado duas delas, deslizando pelo céu, atentas ao chão lá embaixo, provavelmente em busca do que seria seu almoço.

Ele levou quatro preciosos dias para chegar até ali. Fora muito difícil conseguir encontrar o pergaminho de vento que o levou até aquela plataforma específica e ele tivera que passar por um sem número de vilas e cidades de diversas províncias até finalmente encontrar o que procurava. Também teve que se esconder das tropas do Exército, uma vez que todos pareciam estar procurando por ele. Se o pegassem, provavelmente seria enforcado.

A plataforma de vento pela qual ele viera ficava escondida em uma fenda entre duas enormes formações rochosas, um local difícil de encontrar a menos que se soubesse o que estava procurando.

Ele estivera ali apenas uma vez, logo que entrou para a tropa dos cavaleiros, quando o capitão Renedo quis mostrar aos novatos onde os pássaros eram criados e treinados.

A verdade é que existiam diversos *viveiros*, como eram chamados, espalhados por várias partes do continente, mas o treinador que vivia ali era o que o capitão mais respeitava.

Ao chegar à pequena cabana próxima a um lago espremido entre as montanhas, no entanto, quem o recebeu não foi o velho treinador, mas uma figura familiar, que Evander não via há anos.

— Meliar!

O velho monge abriu um sorriso.

— Sargento Armini!

Evander riu, lembrando-se de sua incursão a Lemoran anos antes, quando conhecera Idan e Meliar, e onde ele se apresentara com aquele nome. *Tanto tempo se passou e tantas coisas mudaram desde então*, ele pensava, enquanto cumprimentava o homem mais velho com entusiasmo.

— Fico feliz que ainda se lembre de mim depois de tanto tempo, oficial Nostarius – disse Meliar, estudando o recém-chegado com cuidado. Evander havia revelado a ele sua verdadeira identidade quando o escoltara até o Forte, a pedido do tenente Kalius.

— Eu raramente me esqueço de um rosto. Pensei em visitar você para dar os parabéns quando soube que tinha sido recrutado oficialmente pelo pessoal de estudo ambiental, mas, bem... tive alguns imprevistos.

Na verdade, considerando os boatos maldosos que existiam sobre ele, Evander temera causar problemas ao monge caso fosse visto em sua companhia.

— Mas diga-me, o que faz por aqui?

Meliar deu um sorriso triste.

— Infelizmente, ocorreram algumas mudanças recentemente e acabaram me mandando para cá.

— É muito bom revê-lo, meu amigo, mas eu estou com um problema e precisava falar com o treinador. Ele está por aí?

— Infelizmente, não, meu filho. Ele foi chamado à capital do Império, assim como a maioria dos treinadores, pelo que fiquei sabendo.

— É mesmo? Tem recebido muitas notícias da Central ultimamente?

— Não muitas. Apenas o suficiente para saber que você se meteu numa grande confusão.

Evander fez uma careta.

— Nada demais. Apenas trinta e quatro pessoas tiveram algum tipo de alucinação coletiva em que eu encarnava o papel de bicho papão.

— A vida às vezes nos prega peças, filho. Só posso dizer que, como afirma o dito popular, o que não nos mata, nos fortalece. Posso ajudá-lo de alguma forma?

Evander olhou para ele, sentindo-se culpado por estar reclamando do próprio destino, ao passo que esse homem perdera tudo.

— Preciso de uma águia e de uma sela.

Meliar assentiu e fez um gesto para que Evander o seguisse, na direção de um grupo de cabanas.

— Nunca voltou a falar com os sacerdotes da irmandade?

Meliar balançou a cabeça, com um sorriso.

— Encontrei outras coisas pelas quais vale a pena lutar – disse o ancião, analisando Evander com olhar crítico. – E pelo que posso ver, creio que você também, não é?

— Acho que sim – respondeu ele, com um sorriso triste.

Entraram em uma das cabanas que continha uma quantidade impressionante de equipamentos de falcoaria, além de várias selas e algumas armas.

— Da última vez em que estive aqui este lugar estava cheio de guardas.

— Acredito que estejamos com alguns problemas administrativos – disse Meliar, balançando a cabeça. – Pode pegar o que quiser.

— Não vai se meter em confusão por me ajudar, vai?

— Fico feliz pela preocupação, mas asseguro que ela é desnecessária.

— Certo - respondeu Evander, escolhendo uma sela similar ao modelo a que estava acostumado.

Para surpresa de Meliar, Evander pegou uma pequena bolsa que carregava à cintura e segurou a sela, que subitamente se tornou escura e borrada, e diminuiu de tamanho até se transformar em uma pequena bola de energia escura, que ele colocou dentro da bolsa.

— Fundo infinito? - Meliar perguntou, apontando para a pequena bolsa, que Evander voltava a fixar à cintura.

— Bacana, não é?

— Sim, e bastante raro também. Onde conseguiu?

— Eu mesmo fiz.

Meliar arregalou os olhos.

— É mesmo?

Evander sorriu.

— Sim. Conheci uma pessoa que me ensinou alguns truques.

Ele pensou em tudo o que aprendera no curto espaço de tempo em que estivera com Sandora, e em como sua vida parecia ter mudado radicalmente, em diversos sentidos.

Meliar assentiu e o levou para fora. Seguiram na direção do viveiro, que era uma construção alta composta basicamente por um telhado de palha sustentado por diversas colunas e cujas paredes eram feitas de barras de metal, como se fosse uma gaiola gigante. Em seu interior havia uma estrutura de madeira que se parecia com o tronco e os galhos de uma grande árvore. Sobre os galhos podiam ser vistas diversas caixas de madeira com um buraco em um dos lados. Aqueles eram os ninhos dos pássaros.

A águia imperial era uma ave de rapina que preferia fazer seus ninhos em locais pequenos e fechados, protegidos do vento. Elas também normalmente preferiam locais altos, geralmente no topo dos picos rochosos, mas, utilizando algumas técnicas de treinamento e sabendo manter um viveiro corretamente, os treinadores não tinham o menor problema em criá-las em estruturas como aquelas.

Havia uma pequena abertura entre as grades na parte superior do viveiro, grande o suficiente para um pássaro conseguir sair ou entrar voando. Esse era outro ponto importante do treinamento: os animais deviam ser criados soltos.

Obedecer às ordens dos humanos devia ser uma escolha deles, nunca uma imposição.

Nem todos os pássaros faziam essa escolha e muitos acabavam indo embora para nunca mais voltar. Esse fato, no entanto, ajudava a selecionar as melhores montarias, pois aqueles que ficavam invariavelmente se tornavam fiéis pelo resto de suas vidas.

Essa era outra coisa que Evander gostava naqueles animais.

— Creio que os ovos não deverão eclodir até a próxima primavera – disse Meliar. – Como você deve saber, os machos e as fêmeas se revezam no ninho até que isso ocorra. Pode levar um deles, mas tenha em mente que o parceiro ou parceira daquele que levar ficará em jejum até que o companheiro retorne.

Evander sabia que aqueles animais eram capazes de passar dias sem comida ou água enquanto chocavam os ovos.

— Não se preocupe, não tenho intenção de manter um casal de namorados separado por muito tempo.

Aproximando-se das barras, Evander avistou uma bonita ave de plumagem acinzentada, que naquele momento estava impermeabilizando as penas, próxima à abertura.

Usando alguns gestos e assobios, ele chamou a atenção do animal, que voou para fora e desceu suavemente, pousando no braço dele. Normalmente, seria necessário usar luvas especiais para não se machucar, mas Evander não tinha esse problema.

— Bom garoto – disse ele, tocando a lateral do pescoço do animal, que apenas ficou olhando para ele, em expectativa.

— Você leva jeito com esses bichos.

— Eu gosto deles – respondeu Evander, antes de voltar-se para o monge. – Por acaso você já ouviu falar de uma tribo de pessoas aladas, que se intitulam *os protetores*?

Meliar franziu o cenho.

— Creio ter ouvido histórias. Sempre imaginei se tratar de uma lenda.

— Eles são bem reais, posso garantir.

— Dizem que patrulham os céus e castigam malfeitores.

— Bom, no momento preciso impedir que eles castiguem uma inocente. Conhece algo sobre eles ou sobre os tais *refúgios* que eu deva saber?

— Creio que não. Nunca dei muita atenção a essas histórias, infelizmente. Sinto muito.

— Sem problemas, eu... – Evander se interrompeu ao lembrar-se de algo. – Ei! Você é um físico não?

— Gosto de pensar que sim.

— Imagine um castelo cheio de construções com vários andares, cercado por um muro circular de cerca de um quilômetro de circunferência. Quanta energia eu precisaria para fazer tudo isso flutuar no ar a mais de 500 metros de altura?

— Você quer dizer, permanentemente?

— Isso.

— Até onde meu parco conhecimento alcança, eu diria que isso não é possível. A menos que o castelo, em si, fosse um ser vivo.

— Como é?!

— Já ouviu falar da *Teoria da Ordem Universal*?

Evander pensou um pouco.

— É aquela que diz que somos todos pequenos anões vivendo sobre a cabeça de um gigante?

— De certa forma. Mas essa versão a que se refere é apenas um texto romantizado que foi criado para ser contado a crianças. A teoria real prega que todos nós fazemos parte de um ser muito maior, que tudo o que somos capazes de perceber são componentes de uma gigantesca criatura viva. Não estamos *sobre* ela, mas *fazemos parte* dela. E como você deve saber, os seres vivos são fontes naturais de fluxos energéticos. Quanto maior o animal ou a planta, maiores e mais eficientes são seus fluxos. Costuma-se dizer também que o mundo, utilizando de seu quase infinito fluxo, provoca uma flutuação constante e uniforme, que atrai tudo para ele, e isso é o que nos mantém presos ao chão, apesar da nossa constante busca por asas – Meliar apontou para a águia no braço de Evander, que olhava de um para o outro, como se acompanhasse atentamente a conversa. – Sobre a sua pergunta original, para manter algo tão grande flutuando, seria necessário um fluxo constante e absurdamente grande de energia, a ponto de criar uma flutuação que consiga neutralizar a atração exercida pelo mundo. E um fluxo tão grande só poderia ser gerado por um ser vivo igualmente grande.

— Mas como algo como um castelo poderia estar vivo? Isso é mesmo possível?

— Sim, é possível. Temos vários relatos históricos de fenômenos similares. Agora, o *como* eu não saberia responder. Essa é uma das coisas fascinantes da física. Provavelmente, nunca conseguiremos respostas a todas as perguntas. Quanto mais descobrimos, mais dúvidas surgem.

— Isso me parece frustrante.

— Apenas se você deixar que seja. A meu ver, essa é a essência da vida. Tudo está em constante movimento, em constante transformação, rumo a um objetivo incerto, mas inevitável, como se fôssemos um infinito Exército marchando em direção à batalha. A única coisa que realmente podemos fazer é tentar aprender o ritmo da marcha e seguir em frente.

♦ ♦ ♦

As águas de uma cor azul esverdeada apresentavam diversos tons de claro e escuro, formando curiosos desenhos abstratos nas proximidades da praia. Conforme a profundidade aumentava, a cor se tornava cada vez mais azul e mais escura. Evander já tinha ido ao litoral antes, mas era a primeira vez que tinha a oportunidade de ver a tudo daquele ângulo.

Naquele momento, no entanto, ele não estava interessado na praia, ou nas ondas, ou na imensidão do mar, ou no céu mais azul de que ele se lembrava já ter visto. Tudo o que conseguia pensar era em Sandora e no que poderia ter acontecido com ela enquanto ele perdia tanto tempo viajando de um lado para outro do continente atrás de uma montaria alada.

Seguindo em frente, na direção que o protetor havia lhe dito que ficava o refúgio, ele se esforçou para se concentrar, varrendo o céu com o olhar, tentando encontrar qualquer coisa estranha que pudesse lhe dar uma pista de onde ficava o quartel general daqueles seres alados.

Quarenta minutos depois, ele já estava com dor de cabeça devido ao extremo esforço. O homem tinha dito que o tal castelo era invisível e Evander tinha considerado que suas habilidades visuais poderiam encontrar o lugar mesmo assim, mas, aparentemente, estava enganado.

Massageou os olhos com uma das mãos, tentando aliviar o incômodo enquanto sentia a preocupação com Sandora aumentar. Sabia que ela era capaz de cuidar muito bem de si mesma, mas não estando inconsciente. Estava à mercê de sabe-se lá quantos daqueles protetores, que pretendiam fazer sabe-se lá o quê com ela.

Ao abrir os olhos novamente e olhar para a esquerda, percebeu algo diferente, como se houvesse uma distorção na imagem do céu e do mar.

Estreitando os olhos e se esquecendo da dor de cabeça, ele se esforçou para focalizar a imagem e logo pôde perceber a presença de algo muito grande flutuando ali. A imagem era difusa e transparente, mas dava para perceber que era algo enorme, como um castelo construído sobre uma montanha, circulado por uma espécie de barreira esférica que parecia ser o que causava a ilusão que tornava o lugar invisível para pessoas normais.

Pela primeira vez sentindo-se extremamente grato pelo fato de não ser *normal*, ele comandou a águia a mudar de direção e a subir, a ponto de poder sobrevoar o refúgio.

Após vários minutos, ele conseguiu controlar melhor a própria acuidade visual a ponto de ver com clareza o seu alvo.

Havia diversas construções de diversos tamanhos, feitas de pedras de um tom claro de cinza, eram entremeadas por jardins e ruas calçadas também com as mesmas pedras claras. Pessoas normais teriam muitos problemas em morar num local desses quando o sol estivesse alto no céu, uma vez que aquelas pedras refletiam a luz com uma intensidade tão grande quanto a neve. Ao redor de tudo isso existia um enorme muro circular, com altas torres em intervalos regulares.

Exceto pelo tom claro e brilhante das pedras, o formato das construções era familiar. Tanto as torres quanto a muralha apresentavam ameias, o que fazia com que o local parecesse menos como o lar de criaturas místicas e mais como um castelo humano normal.

Apesar de não se construírem mais castelos como aquele há centenas de anos, existiam vários na província Central que, de alguma forma, tinham sobrevivido às diversas guerras que assolaram o país no período.

Havia também patrulheiros alados sobrevoando o lugar, sempre dentro da esfera de energia. Nenhum deles parecia ter percebido a presença dele ali e, se perceberam, provavelmente não se importaram.

Por alguma razão, aquela constatação o enfureceu. Precisava dar uma lição naqueles caras, mostrar para eles que não podiam simplesmente sair por aí sequestrando pessoas a seu bel-prazer.

Mesmo que consiga encontrar o refúgio, nunca vai passar pela barreira.

Isso é o que o homem tinha dito. Mas naquele momento, Evander não se preocupava com isso. Desde que tinha "focado" a visão a ponto de conseguir enxergar bem o castelo, sentia que podia chegar até lá. Não sabia explicar a origem daquela certeza, ele simplesmente sabia. Sua mente não parecia estar funcionando normalmente, sentia-se dominado pelos sentimentos de raiva e preocupação.

Não sou do tipo suicida, ele tinha dito a Lucine. E tinha um Exército de guerreiros alados lá embaixo, enquanto ele estava sozinho. Mas ele se sentia deslocado, como se seu lugar no mundo tivesse sido roubado, e nada mais lhe importava além do fato de Sandora estar ali. Ele podia sentir a presença dela. Aquela energia sombria e acolhedora a que ele tinha se acostumado permeava o lugar. E ela precisava dele.

♦ ♦ ♦

— É um homem sozinho, montado em uma águia gigante, *sérafe* – disse um dos guerreiros sentinelas, aproximando-se de seu superior e agitando levemente as asas brancas, a ponto de ficar flutuando no ar ao lado dele.

O sérafe olhou por um momento na direção apontada pelo sentinela e estreitou os olhos.

— Avise a todos que estamos sofrendo um ataque.

— Mas é um único humano! Não conseguimos detectar mais ninguém em um raio de quilômetros!

Balançando a cabeça, o sérafe respondeu:

— Ele bate com a descrição do humano que derrotou dois dos nossos. Se for mesmo ele, pode ser uma ameaça. Deve estar sob o domínio da feiticeira que foi colocada para dormir.

— Mas ele não poderá atravessar a barreira do refúgio. Nada pode.

— Não seja ingênuo. Ele não deveria nem mesmo ser capaz de *ver* a barreira, no entanto, está olhando para cá. Avise a todos, *agora*!

Capítulo 22:
Resgate

Após dar alguns comandos para a montaria com assobios, ao que o animal respondeu com um longo piado, Evander passou a perna esquerda por sobre o pescoço do animal e deixou-se deslizar para baixo, caindo na direção da barreira.

Nos quatro segundos que levou para atingir a esfera de energia, ele sentiu uma estranha familiaridade com aquela coisa. Conforme se aproximava dela, parecia-lhe cada vez mais singular, mais cúmplice. Sentiu como se fizesse parte daquilo, ao mesmo tempo em que a barreira também parecia fazer parte dele.

Subitamente, ele viu seu próprio corpo ficar transparente e imaterial assim como o castelo lhe parecera a princípio, e ele tratou de piscar os olhos e se focar novamente, até que a impressão de si mesmo voltou ao normal. Curiosamente, no entanto, agora lhe parecia que o mundo ao redor do castelo se tornara transparente e imaterial, enquanto o castelo abaixo dele tinha se tornado nítido, palpável, *real*.

Ele não teve muito tempo para refletir sobre isso, pois em mais um segundo ele passava por duas mulheres aladas, que ficaram sem ação, olhando para ele com perplexidade, enquanto continuava em queda livre até atingir o chão, no que parecia uma praça cercada por diversas construções altas.

A concha de proteção que ele acionara no último instante tivera o efeito habitual, gerando um estrondo e fazendo um pequeno buraco no chão. No entanto boa parte do piso cedeu um pouco e largas rachaduras se formaram, o que fez com que ele concluísse que existia um túnel ou algo parecido por baixo.

Não houve conversa. Ninguém perguntou quem ele era, o que queria ou ordenou que fosse embora ou que se rendesse. Assim que se recuperaram da surpresa, os guerreiros alados simplesmente partiram para o ataque.

Evander havia aprendido diversas coisas interessantes com Sandora. Inspirado na forma como ela fazia com o chicote dela, ele descobriu que era capaz não somente de invocar seu bastão a qualquer momento, mas também de aumentar a massa da arma a ponto de conseguir usá-la como martelo ou lança, conseguindo infligir sérios danos ao oponente.

Os cinco primeiros atacantes foram derrubados em tempo recorde. Ele nunca pensara em si mesmo como um gladiador sanguinário capaz de derrotar um exército sozinho, mas naquele dia isso simplesmente não importava. Sandora estava em perigo, todo o resto se tornava secundário. Ainda bem que sua aura de proteção se encarregava de salvar a vida de seus oponentes, porque naquele momento ele não tinha certeza de que seria capaz de pegar leve.

As ondas de guerreiros alados se sucediam, atacando-o com lanças, individualmente ou em grupos. Posteriormente, ele se perguntaria por que ninguém tentava usar ataques energéticos ou armas de longa distância contra ele, mas naquele momento apenas se sentia grato por aquilo. A situação já estava bastante complicada para o lado dele, não precisava ter ainda mais aquela preocupação.

Ele percebeu três guardas mantendo posição diante das enormes portas de uma das construções. O fato de eles manterem as lanças em punho e não tentarem ajudar seus companheiros chamou a atenção de Evander, que tratou de se dirigir para lá. Aparentemente, a missão deles era impedir que ele entrasse ali, então, agora ele sabia para onde que tinha que ir.

Dezenas de outros guerreiros vinham na direção dele pelo ar enquanto corria na direção da porta. Os guardiões apontaram suas lanças para ele e aguardaram.

Confiando em seus instintos, Evander se lançou contra a porta, ignorando os soldados e as armas deles, enquanto estreitava os olhos e via a si mesmo se tornando transparente e passando através dos protetores e da porta, como se eles não existissem.

Vendo-se, subitamente, em um corredor de pedra longo e sinuoso, ele olhou para as próprias mãos, tentando entender o que tinha acabado de acontecer. Ouvindo um barulho atrás de si, ele virou-se e percebeu que tentavam abrir a porta pelo lado de fora, mas não conseguiam porque uma grande trava tinha sido colocada por dentro. Aparentemente, tinham tomado precauções para que intrusos não entrassem ali. O que só podia significar que ele estava no caminho certo.

O sérafe pousava no chão, vendo os protetores caídos sendo atendidos pelos curandeiros.

— O invasor conseguiu passar por nós e entrar na torre – disse um dos guardas.

— Quantas baixas sofremos?

— Até agora, nenhuma, sérafe – respondeu uma das curandeiras.

Ele olhou, espantado, para as dezenas de corpos estendidos no chão. Como era possível?

— *Nenhuma?*

— Não, senhor. De alguma forma ele apenas removeu a energia primordial dos nossos guerreiros. Não possuem nenhum ferimento e nem qualquer tipo de dano interno detectável. Estão apenas dormindo.

Perplexo, o sérafe encarou as portas duplas da torre principal.

— O quê, em nome do Criador, está acontecendo?

— Todos estão confusos, sérafe – disse um dos guardas. – Não sabemos o que fazer. Ele não atacou ninguém que não o atacasse primeiro. E ignorou completamente os que estivessem desarmados ou caídos.

Ele quer a feiticeira, pensou o sérafe, olhando ao redor mais uma vez e tentando lutar contra o próprio sentimento de confusão. Não sabia por que ele próprio hesitava em atacar o intruso. Sentia como se alguma coisa tivesse sido tomada dele. Algo importante, que ele não sabia o que era, mas que não tinha certeza se queria de volta. E aquilo o deixava indeciso, indócil. Olhando para os outros, ele percebeu que todos deviam estar sentindo a mesma coisa.

— É o intruso – concluiu. – Ele lançou algum encantamento sobre nós para nos enfraquecer, nos confundir. Temos que resistir. Pelo Criador, temos que detê-lo!

E, nesse momento, o castelo todo começou a tremer.

◆ ◆ ◆

Conforme descia escadas e enfrentava pequenos grupos de guardas que encontrava pelo caminho, Evander percebeu que havia muita energia fluindo ao redor dele. Não era algo palpável e óbvio, mas ele podia sentir, como se fosse a correnteza de um grande rio de águas calmas. Aquela corrente não o afetava, mas era grande, intensa.

Seria necessário um fluxo constante e absurdamente grande de energia, a ponto de criar uma flutuação que consiga neutralizar a atração exercida pelo mundo.

Será que era mesmo verdade? Poderia esse lugar todo estar vivo?

Virando um corredor, ele se viu diante de uma estátua de uma mulher alada amamentando um bebê. Ela segurava a criança contra o seio com uma mão e uma lança com a outra.

Entretanto não foi a imagem da mãe guardiã que atraiu a atenção de Evander, mas a impressão de que o enorme fluxo de energia do lugar parecia estar relacionado com aquela estátua de alguma forma.

Sem hesitar, ele materializou o bastão e tornou-o o mais sólido e pesado que conseguiu, usando-o então para atacar a estátua no ventre. Sendo feita de um material não muito resistente, como boa parte das esculturas feitas por humanos, a pedra se partiu em vários pedaços.

Ele então sentiu como se uma parte dele próprio de repente tivesse sido absorvida. Parecia que sua energia, de alguma forma, estava se unindo ao enorme fluxo no qual estava mergulhado.

Subitamente, o local todo começou a tremer e rachaduras apareceram nas pedras em diversos locais. O tremor não durou mais do que alguns segundos, mas foi o suficiente para ele perceber que podia, de alguma forma, influenciar aquele fluxo e talvez usá-lo em seu favor.

Ele já sentia as próprias energias se esgotando, não poderia lutar muito mais. Precisava encontrar uma forma de manter os protetores distraídos até que pudesse encontrar Sandora e sair dali.

A estátua, depois de quebrada, parecia ter perdido a influência sobre o fluxo principal. Alguns protetores que vinham na direção dele com intenção de atacá-lo mudaram de ideia e voltaram para o caminho de onde tinham vindo.

Ele concentrou os sentidos em busca da emanação energética de Sandora e descobriu qual era o caminho a tomar. Percebeu também que existiam outras manifestações místicas similares à daquela estátua.

Indo na direção delas, ele encontrou objetos variados com o mesmo tipo de emanação: bancos de madeira, quadros nas paredes, uma armadura de metal e até mesmo a cabeça empalhada de um cervo. Se não fosse pela presença dos guardiões, aquele lugar era igual a um castelo humano comum, com todos os objetos que os humanos gostavam de ter por perto.

Cada vez que destruía um daqueles objetos, ocorria um tremor um pouco mais intenso que o anterior. Até que, em certo ponto, ele percebeu que o castelo começava a se mover.

◆ ◆ ◆

Quando sentiu o último tremor e notou que perdiam altitude, o sérafe concluiu que aquela batalha também estava perdida.

Nenhum deles, na verdade, desejava mal ao intruso. Sabiam que ele estava apenas tentando salvar a companheira, num ato de altruísmo que, inclusive, era considerado heroico para eles.

— Esqueçam o invasor e a feiticeira. Vamos pegar os outros adormecidos e sair daqui!

Os outros se entreolharam, surpresos.

— Não vamos levar a mulher?

— Deixem-na onde está. Se tentarmos tirá-la daqui ele virá atrás de nós.

◆ ◆ ◆

Vendo que os protetores pararam de ir atrás dele, Evander decidiu deixar os outros objetos energéticos intactos. Não estava interessado em derrubar o castelo inteiro, pelo menos não antes de tirar Sandora dali.

Com certa fascinação, ele conseguiu acionar sua nova habilidade de tornar-se imaterial para atravessar algumas portas trancadas. Percebeu, no entanto, que aquilo não era algo que ele poderia fazer infinitamente, pois suas energias estavam no fim. Felizmente, ele logo chegou ao lugar que estava procurando.

Era uma sala escura, com uma única fonte de luz contínua num canto e com paredes cobertas por diversos padrões estranhos. No centro da sala, acomodado sobre cavaletes, havia uma espécie de caixão, decorado com diversos símbolos em relevo.

Sentindo a presença de Sandora, ele se adiantou e abriu a tampa.

Ela estava ali, dormindo pacificamente em seus trajes negros e com as mãos cruzadas sobre o peito. Parecia uma cena de contos de terror, de onde, invariavelmente, o vampiro pula do caixão e rasga a garganta do invasor. Mas aquilo era real e Sandora, definitivamente, não era um morto-vivo.

Não parecia ferida, mas apenas mergulhada num sono profundo. Lágrimas de alívio e apreensão lhe escorreram pela face enquanto ele a chamava e a sacudia, sem conseguir de fato acordá-la.

Ela será condenada ao sono eterno.

Isso era o que o protetor que ele capturara lhe tinha dito dias antes. Precisava tirá-la dali e procurar alguma forma de reverter aquele encanto, mas sentia-se fraco e impotente, o alívio por vê-la viva se misturando ao medo, à raiva e à apreensão.

Pegando-a nos braços com cuidado, ele mergulhou o rosto nos cabelos negros e fechou os olhos. Por um minuto ficou ali, sentindo o contato com o corpo dela, precisando daquilo mais do que o próprio ar que respirava.

Então, levantou a cabeça e recitou as palavras para a invocação do *aumento de força*, para que pudesse carregá-la com mais facilidade. Era hora de cair fora dali.

Felizmente, os corredores estavam desertos, e ele não teve problemas no caminho de volta, conseguindo destrancar todas as portas, sair da torre e chegar até o topo da muralha externa sem ser abordado.

Ao chegar à amurada, ele olhou para baixo e viu que estavam sobrevoando uma floresta, num local que não lhe era familiar. Aparentemente, o castelo tinha se deslocado muito da posição onde estava quando entrou. Também não havia nenhum sinal de sua montaria alada. Preocupado demais em chegar até Sandora, ele tinha se esquecido de dar uma ordem à águia para seguir até algum lugar específico, portanto, ela podia estar em qualquer lugar.

Sentindo uma presença, ele se voltou e olhou para cima. Um homem alado o encarava à distância, com expressão séria. Era estranho, mas aqueles caras pareciam não precisar bater as asas para permanecerem suspensos no ar.

Vendo que o protetor não parecia ter intenção de atacá-lo, Evander subiu na amurada com cuidado para não derrubar Sandora, e pulou.

◆ ◆ ◆

O sérafe ficou tão surpreso com a atitude do humano que levou vários segundos para reagir. O castelo tinha perdido muita altitude, ele nunca seria capaz de salvar aqueles dois antes que atingissem o chão, mesmo assim ele mergulhou naquela direção, apenas para assistir ao impacto da concha de proteção de Evander contra o solo arenoso.

Vendo que o humano parecia bem e saía caminhando para o norte carregando a feiticeira nos braços, o sérafe balançou a cabeça. Não sabia o que o deixava mais incrédulo: as ações daquele rapaz ou aquela súbita apatia que parecia ter se apoderado dele, assim como de todos os protetores do refúgio, deixando-os confusos e tirando completamente a vontade de protegerem seu lar contra o intruso. Se aquilo tinha sido mesmo algum tipo de encantamento que o rapaz lançara sobre eles, tinham que tomar alguma providência para se proteger daquilo no futuro, mas, por alguma razão, o sérafe não acreditava naquela possibilidade.

Ele voltou a olhar para o castelo que, depois de sobrevoar aquela península, seguiu na direção do mar aberto, perdendo cada vez mais altitude, até que, depois de alguns minutos, mergulhou entre as ondas, onde começou a afundar lentamente.

Era hora de procurar um novo lugar para morar.

◆ ◆ ◆

As semanas seguintes foram desesperadoras para Evander. Perdido numa região desconhecida e desabitada do Império sem nenhum tipo de mapa ou ponto de referência, e tendo que se proteger do perigo sempre constante de ataques de monstros, aquilo estava longe de se parecer com férias na praia.

Se estivesse sozinho, ele podia se virar, mas com Sandora desacordada e com todo o medo e preocupação que sentia por ela, aquilo estava sendo um inferno. Ele se pegou contando os dias e as horas.

O refúgio tem salas de confinamento, que emanam um efeito constante e permanente sobre os prisioneiros, o protetor tinha dito. *Ela está condenada ao sono eterno.*

369

Evander tinha imaginado que, ao tirar Sandora de lá, o encanto poderia se desfazer e ela voltaria a acordar, mas, para seu desespero, aquilo não estava acontecendo. Ela permanecia dormindo, indiferente a qualquer esforço que fizesse para acordá-la.

Ele tentou alimentá-la, sem sucesso, pois nada, nem mesmo água, parecia ser capaz de descer pela garganta dela.

Os sinais vitais eram claros: a respiração era profunda e regular, os batimentos cardíacos eram perceptíveis, apesar de parecerem suaves demais. Os braços e pernas dela também se moviam de leve às vezes, bem como os músculos do rosto. Se não fosse a preocupação que ele sentia, ele poderia muito bem ficar observando aquele rosto adormecido por horas, apreciando as mudanças de expressão. Às vezes ela parecia séria, em outras ocasiões parecia triste e, às vezes, chegava até mesmo a sorrir, mas a expressão que ele mais viu foi de aflição ou de desânimo, e isso também lhe cortava o coração.

Nunca em sua vida imaginara que ficaria tão à mercê dos sentimentos de outra pessoa. Claro que já lera e ouvira muitas histórias de romances fulminantes e sobre o que esse tipo de sentimento causava nas pessoas, mas aquilo sempre parecera totalmente fora de sua própria realidade. Por alguma razão, sempre achara que esse tipo de coisa nunca aconteceria a ele.

Sua breve experiência romântica com Cerise parecia-lhe agora totalmente inadequada e inconsequente. Se soubesse que algum dia ele chegaria a se sentir tão ligado a outra mulher, nunca teria concordado em iniciar aquele caso com a filha do coronel.

Depois do segundo dia, os movimentos de Sandora começaram a se tornar mais fortes e mais constantes, o que o encheu de esperança e lhe deu forças para continuar.

Às vezes, as palavras de Meliar vinham-lhe à mente.

A única coisa que podemos fazer é tentar aprender o ritmo da marcha e seguir em frente.

Durante os infindáveis dias em que passou perambulando por aquela região desolada, mudando de um abrigo para outro, tendo apenas que lutar ocasionalmente contra um monstro ou outro, teve tempo de sobra para pensar. Nunca tinha tido tanto tempo para si mesmo antes e aquilo era estranho para ele, apesar de não ser totalmente desagradável.

Analisando os próprios sentimentos, ele concluiu que se sentia um pouco culpado por ter abandonado a busca pelo assassino do capitão, mas, conhecendo Dario Joanson como ele conhecia, sabia quais seriam as ordens dele nessa situação. *Proteja a garota, tudo o mais pode esperar.*

Sandora havia lhe confidenciado que conhecera o capitão meses antes. Aparentemente, Joanson a havia ajudado bastante no início da conturbada jornada dela.

Acariciando o rosto adormecido, ele imaginou quais eram as chances de ela retribuir seus sentimentos. A julgar pelo comportamento dela, ele concluíra que Sandora tinha passado por situações bastante intensas antes de conhecê-lo. Esperava que não tivesse sido nada tão traumático quanto parecia, mas era difícil dizer. E quanto a ele, o que tinha a oferecer a ela? Naquele momento, nada. Enquanto não esclarecesse a verdade sobre o assassinato do capitão, ele teria que passar seus dias fugindo do Exército e dos caçadores de recompensas. E isso não era o que ele considerava uma vida digna.

Se bem que, olhando pelo ponto de vista dela, também não havia dignidade nenhuma em ser carregada para cima e para baixo pela floresta estando inconsciente. Precisava achar algum lugar para ficarem.

Mas, apesar de sua determinação, os dias foram se sucedendo sem que nenhum sinal de civilização fosse encontrado.

Felizmente, ele não tinha problemas em conseguir comida e água potável. Aquelas florestas de palmeiras podiam parecer desoladas à primeira vista, mas, na verdade, eram cheias de vida. Era isso, inclusive, que tinha atraído tantos monstros para a região. Ele evitava sair de perto de Sandora o máximo que podia, mas às vezes precisava se afastar para caçar alguns daqueles predadores, para poder se sentir seguro o suficiente para perambular por aí carregando a garota ao se mudar de um abrigo para outro.

Até que, na tarde do oitavo dia, ele finalmente encontrou uma trilha na floresta que parecia ser usada por pessoas. Foi um imenso alívio quando chegou a uma pacata vila próxima à praia.

◆ ◆ ◆

A curandeira da pequena vila não pôde fazer nada por Sandora, além de fornecer um lugar onde ambos pudessem ficar até que ela acordasse.

Foi só no quarto dia ali que ela, finalmente, abriu os olhos. Ele sabia que estava chorando enquanto chamava o nome dela, sem parar, mas não se importava com a própria imagem naquele momento. O alívio em vê-la olhando para ele novamente era grande demais.

Ele a fez levantar a cabeça e tomar um gole de água, mas ela tremia tanto que acabou se engasgando e tendo um acesso de tosse.

Depois de alguns momentos, quando conseguiu se recuperar, ela olhou ao redor.

— Onde estamos?

— Numa praia. Não sei exatamente qual, uma vez que a única coisa que eu me preocupei na hora foi em tirar você de lá e fugir para o mais longe que consegui. Mas então você não acordava. Fiquei tão preocupado...

— Quanto tempo fiquei desacordada?

Ele passou a mão pelos cabelos, sentindo-se sujo e exausto.

— Dezoito dias e cinco horas. Usaram algum encantamento para deixar você inconsciente.

Ela olhou para ele.

— Você está péssimo.

Ele se surpreendeu com a afirmação, mas não conseguia deixar de se sentir feliz por vê-la voltando a se comportar como o de costume.

— Puxa, obrigado – respondeu ele, com um sorriso.

— Você está horrível!

— Ei, não precisa exagerar...

Lágrimas começaram a rolar pelo rosto dela de repente, e o sentimento que ele teve ao ver aquilo parecia a dor de uma adaga se cravando em seu coração.

— Você está acabado! – Ela elevou o tom de voz. – Cansado! Abatido! E é tudo culpa minha!

— Ei, ei! – Ele a puxou para si, tentando acalmá-la. – Pare com isso. Vamos. Está tudo bem agora.

Mas ela continuou a falar, a voz interrompida por convulsivos soluços.

— Eu... jurei... que nunca... me perdoaria... se alguma coisa... acontecesse... a você...

— Shhh! Calma, querida. Não aconteceu nada comigo. Estou aqui, melhor do que nunca.

Aquilo era verdade. Ele nunca se sentira melhor em sua vida. Sabendo que ela estava viva e bem e que ele conseguira salvá-la daquelas... *coisas*, ele se sentia pronto para enfrentar o que quer que fosse que a vida jogasse contra ele.

Ela chorou por mais algum tempo agarrada a ele, até que, finalmente, acalmou-se e voltou a adormecer. E ele, então, depois de tanto tempo, permitiu-se baixar a guarda e descansar, caindo num sono profundo, sentado numa cadeira, ao lado da cama em que ela estava.

Nem imaginava quanto tempo tinha dormido quando abriu os olhos e percebeu que, de alguma forma, tinha ido parar na cama. Sandora dormia tranquilamente, agarrada a ele.

Evander acariciou-lhe os cabelos de leve, adorando aquele contato. O fato de ela estar ali junto a ele parecia tão certo, tão necessário, e ele não conseguiria se afastar mesmo que quisesse.

Ela abriu os olhos muito devagar e olhou para ele. Encarou-o de uma forma que nunca tinha feito antes. Aquele olhar era profundo, íntimo, convidativo, acolhedor, desesperado, tudo ao mesmo tempo. Ela nunca lhe parecera mais desejável.

Então ela se moveu e o beijou com paixão. E ele de repente soube, com uma certeza que não deixava brechas para nenhum tipo de dúvida. Ela o amava. Ela o queria tanto quanto ele a queria.

Os dias seguintes foram cheios de felicidade e de… magia. Não havia outra palavra mais adequada que essa para descrever aqueles sentimentos tão intensos, tão gloriosos e revigorantes.

Ele sentia como se ela estivesse curando sua alma. Todo o passado dele continuava existindo, mas agora ele não estava mais preso a nada daquilo. Sentia-se livre, poderoso, pronto para iniciar uma nova vida, reescrever-se, ser feliz. Com ela.

◆ ◆ ◆

Todos os sonhos de felicidade eterna, no entanto, pareceram desabar quando Idan apareceu, trazendo com ele uma criatura assustadora: um morto-vivo, um esqueleto ambulante usando uma armadura vermelha com aspecto decadente.

Evander ficou perplexo ao descobrir que aquele… aquela… *coisa* era o "amigo" que ele e Sandora estiveram procurando durante semanas. Aparentemente, havia muito sobre ela que ele ainda não conhecia. E isso se tornou uma certeza quando Idan revelou que Sandora era a chamada *bruxa de Aldera*, responsável pela destruição de uma das principais cidades do Império, e que o general Nostarius estava na cidade junto com a Guarda Imperial quando o desastre ocorreu.

Disseram que seu pai estava morto, mas ele não conseguia acreditar.

Os dias seguintes passaram como um borrão indistinto para ele. Lembrava-se de ter se separado de Sandora e se juntado a Idan e a Lucine para lutarem contra uma leva de monstros que vinha na direção da cidade. Depois, lembrava-se de ter deixado Idan e Lucine e se juntado novamente a Sandora para combater Donovan, o velho maluco que era responsável pela destruição da província de Atalia, quase 20 anos antes.

O velho fez algumas revelações bombásticas a respeito do nascimento de ambos antes de endoidar de vez, quando os protetores apareceram tentando prendê-lo.

Até mesmo o Avatar se envolveu no conflito que se seguiu, mas para Evander a única coisa que importava era Sandora, e a forma como ela o dispensara assim que o conflito acabou.

E, assim, ele se viu naquela praia, totalmente sem rumo e sem direção, quando Idan e Lucine apareceram e o carregaram de volta para o acampamento.

Parte II:

O Agora

Capítulo 23:
Despertar

Praia Grande, Província de Ebora, hoje

— Interessante – disse Idan, depois que Lucine descreveu brevemente a forma como conheceu Evander e a primeira batalha que tiveram naquele pátio privativo do Forte anos antes. – O gesto dele, de cumprimentar você depois da batalha e sair sem dizer mais nada foi respeitoso e correto, mas penso que é o que qualquer pessoa de boa índole faria. Por que isso parece tão... inesperado para você?

Ela balançou a cabeça.

— Ele tinha fama de preguiçoso, cabulador e indisciplinado. Fazia com que todos pensassem que fosse um aproveitador que só se dava bem por causa da influência do pai.

— Ele apenas deixa as pessoas pensarem o que quiserem dele – respondeu Idan, sorrindo. – Mas nessa batalha ele deixou você perceber que, na verdade, é muito mais do que isso.

— Foi uma gentileza gratuita da parte dele. Eu não espero isso de ninguém. Todos têm seus problemas para resolver e se preocupar em agradar aos outros parece tão...

— Desnecessário?

— Sim.

— De qualquer forma, essa experiência a ajudou a crescer como pessoa, não? A forma como você descreveu a si mesma nessa história que contou me parece bem diferente da maneira como você é hoje em dia. Ao invés de pensar apenas em si mesma, você se preocupa muito com seus amigos.

— Eu não tenho amigos – falou ela, brusca.

Ele olhou para ela, surpreso.

— Sim, você tem. Mesmo que não os considere assim.

— Chega de falar sobre esse assunto. É irritante.

— Como quiser. - Idan olhou para o céu onde grossas nuvens se juntavam, bloqueando o sol da manhã. – Esse seu capitão parece ter sido uma ótima influência para você. Ele foi o treinador de Evander também?

— Sim.

— Entendo. Isso ajuda a compreender um pouco mais o nosso amigo.

Lucine piscou, surpresa com algo que tinha acabado de perceber e levantou o olhar para Idan, bruscamente.

— Como foi que você me fez falar tudo isso, afinal?

Ele sorriu e levantou as mãos, como se pedisse calma a ela.

— Não fiz nada, apenas fiquei aqui sentado, ouvindo.

— Eu não falo sobre essas coisas. Nunca! Com ninguém!

— Não se preocupe. Eu considero essa conversa como absolutamente confidencial.

— Que se dane a confidencialidade! O que fez comigo para eu ficar uma hora sem conseguir fechar a boca desse jeito?!

— Peço desculpas por isso, não foi minha intenção irritar você. Como eu disse, não fiz nada, pelo menos não de propósito. Acredito que seja um efeito do treinamento que recebemos dos monges. Você deve conhecer o mantra "Ouvir mais e falar menos", não?

— Sei – respondeu ela, cética.

— É verdade. Aprendemos que, para levar a paz a outras pessoas, primeiro devemos cultivá-la dentro de nós mesmos. Para isso, é necessário saber ouvir.

— Me surpreenda.

— Hã? Como assim?

— Já vi muitos "irmãos" pregando essa baboseira da irmandade, mas que não se preocupavam eles mesmos em seguir sua doutrina.

— Entendo. Infelizmente, é verdade que existem pessoas que se utilizam da força das palavras para benefício próprio.

— E o que torna você diferente dos outros?

Ele pensou por um longo instante antes de responder devagar:

— Não posso responder a essa pergunta. Acredito que você terá que descobrir a resposta por si mesma.

Ela estreitou os olhos.

— Escute, se sua intenção é alimentar algum tipo de sentimento romântico para depois me passar uma cantada, já vou avisando que isso não irá funcionar comigo.

Ele riu.

— Imagino que sempre seja bom esclarecer certas coisas, mas você não tem com o que se preocupar, pois eu já tenho uma companheira.

— É mesmo? E onde está ela?

— Em nossa casa, na província de Lemoran.

— Há quanto tempo estão juntos?

— Há pouco mais de dois meses.

— Então são recém-casados?

— Sim.

— E o que está fazendo aqui, a meio mundo de distância dela?

— Eu já era um irmão da terra antes de nos envolvermos. Ambos sabíamos o que isso implicava. Ser um paladino envolve diversas responsabilidades.

— Certo. E qual é a natureza da sua missão aqui?

— Bom, existe certo nível de sigilo envolvido nisso e...

— Deixe-me adivinhar: mandaram você procurar pistas do paradeiro da sacerdotisa Gaia Istani.

Idan olhou para ela, boquiaberto.

— Como você...?

— O capitão Joanson me enviou para investigar o desastre de Aldera. Sabemos que os membros da Guarda Imperial conseguiram fugir do local instantes antes de a tragédia acontecer.

O semblante de Idan se iluminou.

— É mesmo? Você confirmou isso pessoalmente?

— Encontramos evidências de que eles escaparam, mas não sabemos onde, exatamente, eles estão.

— Oh. E tem alguma ideia de onde procurar?

— Acho que meu palpite é tão bom quanto o seu, não? Afinal, ambos viemos atrás de Evander. O general Nostarius é o pai dele, então talvez ele conheça alguma forma de encontrá-lo. E encontrando o general, provavelmente encontraremos o resto da Guarda também.

— Sim, essa era a minha exata linha de raciocínio. Os monges estão certos de que a sacerdotisa ainda está entre nós. Segundo eles, "o equilíbrio não foi violado". – Ele deu um sorriso amarelo. – O que quer que seja que isso signifique.

— Certo. Escute, todos os paladinos da terra têm mãos como as suas?

Idan olhou para as próprias mãos, cobertas pelas grossas luvas.

— Não. Isso foi um acidente. Quero dizer, eu não era a pessoa certa para herdar esse... essas coisas. Preciso encontrar a sacerdotisa para que ela me ajude a voltar ao normal.

— Suas mãos têm poderes muito úteis e você é bom em usá-los. Por que iria querer voltar ao normal?

Idan olhou para o mar, pensativo, por um longo tempo, antes de finalmente voltar a olhar para ela.

— Esses poderes cobram um preço que não estou disposto a pagar.

— Hummm... – resmungou ela, estudando o rosto dele atentamente.

Ele limitou-se a continuar estudando as ondas que se quebravam na praia. Nesse momento o sol saiu detrás das nuvens e ele foi obrigado a proteger os olhos com uma das mãos. Diversas emoções diferentes pareciam estar se digladiando dentro dele.

Por fim, ele voltou a olhar para ela.

— Você está disposta a continuar a missão que o capitão lhe deu? Investigar o desastre de Aldera?

— Claro que sim.

— Por quê? Quero dizer, o capitão se foi. A quem você está respondendo agora?

— Eu recebi uma missão e pretendo cumpri-la. Era o que o capitão esperava de mim quando me enviou para lá.

— Você possui um admirável senso de dever. Também é uma ótima guerreira, forte, hábil e disciplinada. Por que saiu do Exército?

— Por dinheiro.

Idan arregalou os olhos, surpreso. Depois franziu o cenho.

— Está brincando?

— Não.

Ele continuou encarando-a, curioso. Ela suspirou e disse:

— Eu podia dizer também que a culpa é de Evander, mas acho que isso seria um pouco injusto.

— É mesmo?

— Eu estava precisando de certa quantia e com o valor que recebia como soldo levaria anos para conseguir. Então me inscrevi em um torneio que pagava um alto prêmio para o vencedor. Consegui chegar até a final, mas fui derrotada.

— Por Evander?

— Sim.

— E o que aconteceu então?

— Nada. Pedi baixa e comecei a trabalhar como caçadora de recompensas. Em alguns meses consegui juntar dinheiro mais do que suficiente. Mas, então, descobri que o que eu queria comprar não estava mais à venda.

— Oh, sinto muito.

Ela deu de ombros.

— E quanto a você? Como conheceu Evander?

Ele sorriu.

— Essa é uma história interessante.

— Ei, pessoal!

Ambos se voltaram para a entrada da tenda ao ouvir a voz alegre e familiar. Idan se levantou e olhou Evander de cima a baixo.

— Você acordou!

— Que raios está fazendo fora da cama, seu idiota? – Lucine esbravejou, correndo até ele e o apoiando pelos ombros antes que caísse.

— Bom, eu estava pensando em assaltar a cantina. Mas essas estrelinhas insistem em ficar girando ao redor da minha cabeça, por alguma razão...

Lucine olhou para Idan. O paladino entendeu no mesmo instante e assentiu.

— Vou arranjar alguma comida.

— Desse jeito, vocês fazem com que me sinta um velho decrépito – reclamou Evander, enquanto Lucine o colocava de volta na cama improvisada.

— Se já é capaz de fazer piadinhas sem graça é sinal de que está melhor.

— Ei! Estou muito grato por estarem aqui. Nunca duvide disso.

Ela sustentou o olhar dele por um longo tempo, antes de fazer uma pergunta um tanto estranha.

— Você falava sério quando veio com aquela história de "metade de certeza já é suficiente"?

Evander piscou e pensou um pouco, seu rosto se iluminando quando se lembrou do que dissera a ela tanto tempo atrás, quando as posições estavam invertidas e ela é quem estava convalescente.

— Claro que sim. E o fato de você estar aqui agora apenas comprova meu argumento.

Ela balançou a cabeça, insatisfeita consigo mesma.

— Esqueça! Não sei por que toquei nesse assunto. E, para ficar bem claro, estou aqui apenas para cumprir a última missão que o capitão Joanson me confiou.

Idan retornou, trazendo uma refeição improvisada, que Evander tratou de engolir, pois estava faminto. Enquanto isso, Lucine descreveu os acontecimentos que a tinham levado até ali, incluindo a identificação e a prisão de alguns traidores dentro da tropa.

Evander sentia-se um trapo. Apenas uma coisa o motivava a tratar Lucine e Idan com cortesia ao invés de mandar a tudo e a todos às favas: aquela bendita frase de Meliar.

A única coisa que podemos fazer é tentar aprender o ritmo da marcha e seguir em frente.

Um dos piores momentos da vida dele foi ver Sandora se virar e partir. Ele sabia que não podia ser diferente. Não depois de tudo que aquele velho maluco tinha dito a eles, além da revelação súbita de fatos que ambos haviam escondido um do outro. Mas mesmo sabendo de tudo isso, ele não conseguiu evitar se sentir como se seu coração estivesse se estilhaçando em mil pedaços ao vê-la dando-lhe as costas e partindo acompanhada apenas por aquele esqueleto ambulante, que parecia ter saído diretamente de algum livro de contos de terror.

Era difícil aceitar que ela não tinha confiado nele o suficiente para lhe contar sobre Aldera. Também se recriminava por ter dito a ela tantas vezes que poderia contar a ele o que a incomodava quando estivesse pronta. Nunca tinha imaginado o quão sério poderia ser o problema dela. Uma cidade inteira destruída? Céus! E pensar que os poderes de ambos eram tão similares. Será que ele também algum dia poderia se descontrolar e causar um problema dessa magnitude?

Ele também ficava se lembrando constantemente da expressão no rosto dela quando lhe perguntou se estava fugindo de alguma coisa. Da expressão de preocupação se transformando em desconfiança quando ele lhe respondeu com indiferença, dizendo apenas que era uma "longa história" e que "algumas pessoas pareciam não gostar muito dele".

O fato é que, apesar de tudo o que tinham vivido juntos, nunca chegaram realmente a conhecer um ao outro. Quantos segredos mais ela carregaria consigo? E quantas outras coisas importantes ele também teria deixado de revelar a ela? Por que tinha feito isso, afinal?

Com tanta coisa na cabeça, era um verdadeiro milagre que estivesse conseguindo prestar atenção em Lucine.

— Então o general Nostarius e os outros membros da Guarda receberam *Honra Natis* – dizia ela. – No entanto, o major Iguiam descobriu evidências de que eles escaparam da cidade antes da tragédia.

Evander fez uma careta.

— Pelo menos o coronel Narode está sendo coerente – disse ele, fazendo uma careta irônica. – Inventou uma história sem pé nem cabeça sobre mim e agora está fazendo o mesmo com a Guarda Imperial.

Idan virou-se para Lucine.

— Talvez as pessoas que vocês prenderam não fossem traidores.

— Como assim?

— Talvez estivessem apenas seguindo ordens de um superior mal-intencionado.

— É possível – ponderou Evander.

— Isso quer dizer que, se resolvermos essa confusão, provavelmente limparemos o seu nome – concluiu Idan, olhando para o tenente.

— Seria ótimo – respondeu Evander, distraído.

— Você não parece muito feliz com a possibilidade – reclamou o paladino.

— O quê? Ah, não! Quero dizer, claro que ficaria feliz, mas no momento estou mais preocupado com o paradeiro do meu pai e dos outros.

— Nesse caso, vamos achá-los – decretou Lucine. – O general é seu pai. Onde devemos procurar primeiro?

— Não faço ideia. Mas acho que sei como descobrir.

◆ ◆ ◆

A mudança de ares foi muito boa para Evander. Depois de tantas semanas vivendo no litoral era muito bom voltar a ver outro tipo de cenário e as planícies infindáveis do oeste de Mesembria eram uma paisagem bastante agradável.

Ou pelo menos isso era o que ele dizia a si mesmo. No momento, sentia-se alheio à paisagem, bem como a tudo o mais. Era necessário um esforço consciente para poder continuar seguindo em frente.

— Ei, Idan, como vai Savana?

O paladino sorriu.

— Muito bem, obrigado.

Evander olhou para o companheiro, levantando a sobrancelha.

— É mesmo?

— Bem… – o paladino parecia hesitante. – Temos alguns probleminhas, mas imagino que isso seja normal…

Lucine interrompeu a conversa, lançando uma pergunta a Evander, enquanto olhava, desconfiada, para os extensos campos.

— Já esteve aqui antes?

— Algumas vezes. Costumavam me mandar fazer entregas nessa região quando eu era soldado.

Lucine olhou para ele de cenho franzido.

— Achei que você tinha sido designado para dever de guarda.

— Sim, mas, aparentemente, isso não livra alguém de ter que fazer qualquer coisa em que os superiores consigam pensar.

— Me parece é que você andou aprontando e conseguiu realmente irritar alguém – respondeu ela. – Isso é altamente irregular.

Ele deu de ombros, antes de voltar a olhar para frente, arregalar os olhos e levantar uma das mãos instintivamente. Obedecendo à ordem silenciosa dele, Idan e Lucine imediatamente pararam, alertas.

Com alguns gestos, ele pediu aos outros que o seguissem por uma trilha lateral.

Logo avistaram a velha fortaleza onde morava o professor Isidro, que estava sendo atacada por tropas imperiais. Os soldados tentavam arrombar o portão principal com um grande aríete.

— É o sargento Renial – sussurrou Evander

— Conheço ele – resmungou Lucine. – Preguiçoso e encrenqueiro.

— Isso não parece bom – disse ele, avaliando os dez soldados que compunham aquela tropa, antes de lançar um sorriso confiante para os companheiros. – Que tal acabarmos com a festa?

Idan e Lucine assentiram e eles entraram em ação, aproveitando-se do elemento surpresa e da aura de proteção de Evander, que permitia que eles atacassem com força total sem correrem o risco de ferirem gravemente seus oponentes. Pouco mais de cinco minutos foram necessários para darem conta dos soldados.

O paladino comemorou a vitória com um largo sorriso, que Evander retribuiu, enquanto Lucine os ignorava, continuando séria e introspectiva enquanto analisava os arredores.

— Quem treinou esses caras fez um péssimo trabalho – comentou ela.

Evander gostava do jeitão de Lucine na maior parte do tempo, mas essa faceta antissocial da moça o incomodava. Ele odiava esse costume irritante que ela tinha de se fechar em si mesma e alfinetar qualquer um que ousasse chegar muito perto, como se fosse uma espécie de ouriço humano.

— O problema é conosco, não com eles – disse ele, cruzando os braços e atraindo para si um olhar entre irritado e perplexo. – Nós fomos treinados pelo capitão Joanson, eles não.

A reação dela foi exatamente como ele previu: depois do espanto inicial, ela teve que balançar a cabeça para evitar que um sorriso se formasse. Por breves instantes, sua expressão se iluminou e ela pareceu muito mais jovem, apresentando o aspecto da idade que realmente tinha.

Idan observava a cena atentamente com um sorriso no rosto. Evander olhou para ele.

— É, mas o mesmo não se aplica a você, não. Você ainda tem muito que aprender se quiser chegar ao nosso nível.

O paladino riu, divertido, enquanto Lucine olhava ao redor, voltando a controlar os sentimentos como de costume. A morte do capitão tinha sido uma tragédia que a tinha abalado tanto quanto a Evander, e ele sabia que menções honrosas à memória de Joanson sempre a tocariam fundo.

Foi somente nesse momento que ele se deu conta – *realmente* se deu conta – de um fato importante. Lidar com Lucine, Idan ou qualquer outra pessoa sempre havia sido muito fácil para ele. As situações que ele vivera tinham sido complicadas, mas as pessoas, não. Era fácil perceber o que elas sentiam e encontrar uma forma de agradá-las.

Mas com Sandora a história era completamente diferente. Para ele, era impossível prever qualquer reação dela. Ele conseguia analisar sua linguagem corporal e reflexos em situações de combate, mas o lado pessoal, as conversas, as reações do corpo dela ao dele, tudo isso tinha sido como desbravar um território novo, um lugar onde nunca tinha estado antes.

Apesar da pouca experiência amorosa, de alguma forma ele tinha certeza de que com nenhuma outra ele poderia ter as mesmas sensações. Todas as garotas que tinham atraído a atenção dele até então eram normais, previsíveis. Mas Sandora não. Ela era intrigante, misteriosa, fascinante. Tudo nela lhe parecia perfeito, atraente e desejável. E, por alguma razão, ela demonstrara se sentir atraída por ele também, o que tornava tudo ainda mais sublime. Ele era incapaz de adivinhar o que ela pensava ou desejava. Ela era independente, tinha iniciativa e era capaz de resolver quase qualquer problema sem ajuda. E isso era o que a tornava mais desejável, aos olhos dele.

Evander se recusava a acreditar na afirmação de Donovan de que o que sentiam um pelo outro era artificial, que o velho maluco simplesmente tinha alterado os genes deles para manipular seus sentimentos. Aquilo não podia ser verdade. Aquela ligação era grande demais, intensa demais, para ser algo criado por mãos humanas.

Atordoado por essa súbita revelação, ele demorou a perceber que o professor tinha aparecido na amurada da fortaleza e o chamava.

— Nostarius, é você?

Evander olhou para cima e avistou o homem, entre as ameias. Maicar Isidro era um sábio que se especializara numa área das artes místicas conhecida como cinésia, que englobava o estudo de efeitos místicos capazes de deslocar pessoas ou objetos de um local para o outro. Muito conhecido e respeitado no Império, era o autor do modelo mais moderno de ponte de vento, utilizado em, praticamente, todas as grandes cidades do país. Era um homem pequeno e usava óculos de lentes grossas.

— Olá, professor – respondeu Evander. – Sim, sou eu.

Lucine e Idan o olhavam com expressão de preocupação, então Evander tratou de sorrir para eles, tentando tranquilizá-los, enquanto falava com o professor.

— Viemos aqui para pedir sua ajuda, mas não era exatamente uma cena como essa que estávamos esperando. – Ele apontou para o sargento e os soldados desmaiados.

— Abram o portão – ordenou o professor a alguém do lado de dentro, enquanto se virava e desaparecia de vista.

A grande estrutura de ferro e madeira, bastante danificada pelos soldados, foi aberta, e o professor reapareceu, chamando a todos para dentro.

— Esses soldados são inocentes – disse Isidro. – E eu não tinha intenção de ferir nenhum deles.

— Não se preocupe – disse Evander. – Estão apenas tirando um cochilo.

O professor assentiu e pediu para algumas das pessoas que estavam ali que amarrassem os soldados antes de levá-los para dentro.

Lucine olhou para a movimentação, desconfiada. Apesar de aquela construção ser um antigo castelo, o lugar deveria estar sendo usado apenas como um laboratório alquímico, não como uma fortaleza.

— O que está havendo aqui, professor?

— Narode – respondeu ele. – O coronel está tentando se livrar de todos que se oponham a ele e, aparentemente, eu sou o próximo da lista.

— Mas o senhor é uma das maiores autoridades em física do Exército – disse Evander, surpreso. – Por que ele desejaria se livrar do senhor?

— Exatamente por causa disso – o professor parecia irritado. – Porque sou um dos poucos que podem acabar com a farsa dele.

Evander balançou a cabeça, perplexo, tentando entender as surpreendentes revelações do professor.

— Então foi isso o que aconteceu no meu julgamento? O coronel simplesmente controlou a mente de todo mundo e os fez acreditar que eu tinha assassinado o capitão?

— Sim – respondeu Isidro, sem hesitar.

— Mas por que o engodo? – Lucine olhava para o professor, desconfiada. – Se ele é capaz de controlar a mente das pessoas, para que se dar ao trabalho de fazer tudo isso?

— Ele não pode controlar a mente de todos. Ele nunca conseguiu fazer isso com nenhum dos membros da Guarda Imperial. – O professor olhou para Evander. – E nem com você ou qualquer pessoa com quem você mantivesse contato.

Evander soltou um riso nervoso.

— Como é?! O que eu tenho a ver com essa história?

— Essa é a razão de ele ter tentado se livrar de você. Sua aura de proteção aparentemente possui o poder não apenas de protegê-lo do controle mental de Narode, mas também de prevenir que qualquer pessoa próxima seja afetada. E a julgar pelo que aconteceu no tribunal durante o seu julgamento, creio que ela também é capaz de libertar pessoas que estejam sendo controladas.

Evander recostou-se na cadeira e fechou os olhos, relembrando. As algemas usadas pelo Exército eram capazes de inibir habilidades energéticas, incluindo a aura de proteção dele. Quando se libertou das algemas – sabe-se lá como –, as pessoas começaram a se comportar de forma estranha, como se estivessem confusas após acordarem em um local estranho. O que o professor falava parecia inacreditável, no entanto, fazia sentido.

— Então foi por isso que o senhor nos deixou entrar? – Lucine falou, ainda desconfiada.

Isidro deu de ombros.

— Eu estava no julgamento. Quando o tenente se livrou das algemas e minha mente foi libertada, percebi que algo estava errado e comecei a investigar as emanações que eu captei no ambiente. A vibração energética necessária para afetar a mente das pessoas não existe no nosso mundo naturalmente, por isso não foi difícil descobrir uma anomalia mística, bem como identificar de onde vinha. Então tratei de vir para cá para procurar uma forma de neutralizar isso.

— Mas, afinal – disse Idan –, qual é o objetivo desse coronel?

— Ele sempre quis o posto de general – respondeu Isidro. – Ficou bastante contrariado quando Nostarius recebeu a promoção ao invés dele.

— Mas se o poder dele é tão grande, por que se contentaria com isso?

— Não tenho certeza. Talvez ele ambicione se livrar do Conselho Imperial e se tornar o próximo imperador. Isso explicaria a morte misteriosa de Sileno Caraman, bem como o desaparecimento de Valena Delafortuna.

— Então nosso alvo é Narode – concluiu Lucine. – Se acabarmos com ele, essa confusão toda deverá se resolver.

O professor suspirou.

— Não creio que Narode possa ser derrotado tão facilmente. Recentemente, ele se apossou de uma fonte desconhecida de energia que dá a ele um altíssimo nível de invulnerabilidade.

— E como ele conseguiu isso? – Lucine perguntou, estreitando os olhos.

— Segundo palavras dele próprio, de um mundo que estava no estágio final de colapso.

Aquilo chamou a atenção de Evander.

— Ei! Eu e Sandora estivemos num mundo assim quando estávamos fechando portais para evitar que mais monstros invadissem o Império. O único sobrevivente daquele mundo nos disse que tinha fornecido uma fonte de energia bastante poderosa para Donovan.

— Donovan era apenas outro infeliz sob o comando de Narode – revelou Isidro. – Descobri isso quando comecei a fazer uma investigação particular a respeito dos traidores presos pela segunda divisão da Tropa de Operações Especiais.

Evander e Lucine se entreolharam.

— Mas isso significa… – disse Evander – que o desastre de Aldera…

— Provavelmente foi um estratagema de Narode para se livrar da Guarda Imperial, que eram os únicos que ele considerava capazes de detê-lo – respondeu o professor.

Um silêncio tenso caiu sobre eles, até que Idan sorriu e comentou:

— O senhor tem certeza de que os membros da Guarda Imperial estão vivos?

— Tanta quanto possível. Se eles sofreram algum mal, isso aconteceu depois que escaparam de Aldera. Temos claras evidências de que saíram de lá perfeitamente bem.

O sorriso de Idan aumentou.

— Nesse caso, vamos encontrar o general e o resto da Guarda. Eles saberão como parar esse coronel.

— Tem razão – concordou Evander, depois de alguns momentos. – Professor, pode nos ajudar?

Isidro olhou para ele.

— O que tem em mente?

Evander explicou então sobre a espada do general, que emitia uma assinatura energética singular que ele conseguia perceber a até cerca de cem metros de distância.

Nas horas seguintes, por meio de muita tentativa e erro, e utilizando os equipamentos avançados do laboratório do professor, eles conseguiram reproduzir aquela frequência energética a fim de criar um rastreador místico.

Lucine havia insistido para que levassem o que precisassem e saíssem dali o mais rápido possível, pois era óbvio que mais tropas imperiais seriam enviadas para atacar o lugar. Mas como não era possível mover aqueles equipamentos sem danificá-los, o professor insistiu que a pesquisa fosse feita ali mesmo.

Idan, Lucine e Evander então trataram de se juntar aos guardas, com o objetivo de proteger a fortaleza enquanto o professor concluía o rastreamento.

◆ ◆ ◆

Durante a noite, os três se revezaram na vigília de uma das torres de guarda. Evander ficou com o primeiro turno, enquanto Idan e Lucine descansavam como podiam, acomodados sobre cobertores, em um canto.

Por um momento, Evander ficou observando os dois, imaginando o quanto era afortunado por ter aliados como eles, confiáveis e habilidosos. Durante sua carreira no Exército, ele tinha feito muitos amigos de quem gostava muito, mas, de alguma forma, o vínculo que sentia com aqueles dois era diferente, mais intenso. O que era curioso, uma vez que passara tão pouco tempo com eles, pelo menos em comparação com outros, como Indra Solim.

Lucine parecia ainda mais bonita quando adormecida. Naquele momento, ela se mexeu, durante o sono, balbuciando algo. Ele se aproximou para tentar entender melhor. Ela parecia angustiada e repetiu algumas vezes as palavras "céu negro" e "forte o suficiente".

Por um instante ele debateu consigo mesmo se deveria ou não a acordar, mas nesse momento um pequeno recipiente de vidro que ela segurava caiu e saiu rolando pelo chão de pedra.

Ele achou que ela iria acordar com o ruído, mas, no fim, Lucine apenas virou a cabeça para o outro lado e continuou profundamente adormecida. Vendo que a expressão do rosto dela tinha voltado ao normal, ele concluiu que o sonho tinha acabado. Então se abaixou e pegou o pequeno recipiente.

Curioso, ele invocou um pequeno foco de luz na ponta de seu dedo indicador e utilizou-o para iluminar o objeto. Tinha uma palavra escrita na tampa: *abelastro*.

Arregalando os olhos, Evander destampou o pequeno frasco e viu que continha o que pareciam ser biscoitos de farinha de trigo em miniatura, mas o cheiro de ervas lhe dizia que se tratava realmente de um produto medicinal.

O pó de abelastro era muito conhecido no Império. Havia sido objeto de muita controvérsia desde que suas propriedades foram descobertas séculos antes. Seu uso foi proibido por muito tempo, até o dia em que uma mulher foi proclamada imperatriz de Verídia pela primeira vez. A partir de então, o produto passou a ser utilizado livremente. Segundo alguns sábios, aquele produto era um dos principais responsáveis pela redução da criminalidade e da diminuição da pobreza no país, que até então vinha crescendo exponencialmente. E tudo isso por causa de uma única propriedade daquele pó: o seu efeito anticoncepcional.

Entre duzentos e trezentos anos atrás, as famílias eram grandes, com uma média de 10 a 15 filhos. Hoje em dia, os casais costumavam ter entre dois a quatro, o que estabilizou o crescimento desenfreado da população, além de ter ajudado bastante na luta das mulheres pela igualdade entre os sexos.

Evander olhou para Lucine com cuidado. Por que, raios, ela precisaria tomar essa coisa? Ela ainda devia estar bem abaixo da idade fértil. Estaria levando isso para outra pessoa? Não, se ela estava segurando antes de dormir, era mais provável que tivesse tomado uma dose e caído no sono logo em seguida, esquecendo-se de guardar o frasco. Mas por que faria isso?

Com cuidado, ele tratou de tampar de novo o recipiente e, com todo o cuidado, guardá-lo junto com as coisas dela.

Voltando para seu lugar, junto à janela de vigília, ele deixou o pensamento vagar. "Céu negro", hein? Talvez aquilo fosse a chave para revelar a origem de toda a raiva e desespero que Evander sentia nela. Olhando para trás agora, ele percebeu que sempre tinha notado indícios de um sentimento em ebulição dentro de Lucine, mas nunca tinha, realmente, parado para pensar naquilo.

O resto da noite foi tranquilo, mas sofreram um ataque logo nas primeiras horas da manhã.

O comandante dessa vez era um dos ex-instrutores de Evander e Lucine, o que deu à vitória deles um sabor amargo. O instrutor tinha sido convencido de que eles eram traidores assassinos que precisavam ser detidos a qualquer custo. O homem não estava sob nenhum tipo de controle mental, simplesmente estava seguindo as ordens de seus superiores, o que incluía não dar ouvidos a qualquer coisa que Evander dissesse a ele.

Logo após o embate, o professor se juntou a eles e passou um pequeno cristal com uma ponta brilhante para Evander.

— O que é isso?

— Coletor de emissões – concluiu Lucine, ao ver o objeto de perto. – Serve para rastrear uma fonte de energia.

— Exato – respondeu o professor. – Consegui detectar a frequência que o tenente me descreveu e calibrei esse cristal para reagir a ela. As pontas irão brilhar, apontando para a direção que você deve seguir.

Lucine olhou para o professor.

— O senhor acha que o general está por perto?

— Não.

— Não conseguiu determinar a posição exata dele?

O professor suspirou.

— Sim, mas vocês precisarão encontrar alguma forma alternativa de chegar até lá, já que qualquer tipo de transporte convencional é totalmente inviável.

Evander franziu o cenho.

— Como assim? Onde meu pai está?

— Na Província da Morte.

♦ ♦ ♦

Lucine gritava com Evander enquanto o seguia para o grande pátio interno da velha fortaleza.

— Você não pode estar falando sério!

— Eu tenho que fazer isso – respondeu ele, calmamente.

— Se o general foi transportado para dentro da névoa ele deve estar morto!

— Meu pai esteve no meio da névoa várias vezes. Ele saberia o que fazer.

— Sem nenhum preparo?

Evander se irritou.

— Você, por acaso, se lembra *de quem* estamos falando?

— Não acho que partir dessa forma seja a melhor atitude nesse momento, amigo – disse Idan, levemente ofegante, enquanto corria para alcançar os dois. – Talvez seja melhor pensar um pouco mais no assunto e elaborar um plano.

— Eu já tenho um plano.

— Pretende cruzar aquele lugar amaldiçoado sozinho? – Lucine esbravejava. – Você pode ter conseguido me tirar de lá uma vez, mas isso é completamente diferente! Por quanto tempo acha que essa sua habilidade será capaz de proteger você da névoa?

— Não estarei sozinho – respondeu ele, com um sorriso, antes de levantar a cabeça e soltar um assobio agudo.

Alguns segundos depois, uma águia imperial surgiu, sua gigantesca figura pousando graciosamente no centro do pátio. Evander começou a se dirigir para ela, mas Lucine o segurou pelo braço.

— Espere! De onde esse pássaro veio?

Ele parou por um instante, surpreso. Estava tão ansioso para partir que nem percebera o que tinha feito. De onde poderia ter vindo essa águia e como ele sabia que ela estava por perto?

De repente, ele lembrou-se de Sandora e do modo como ela havia mostrado para ele a verdade sobre seu bastão. De como o havia ensinado a invocá-lo e a dissipá-lo quando quisesse. Da sensação das mãos dela o tocando e da voz sussurrando em seu ouvido.

— Evander? – Idan se aproximou dele, preocupado.

Subitamente, Evander soltou um riso nervoso e balançou a cabeça.

— Não acredito nisso!

Ele levantou a mão e fechou o punho. Imediatamente, a águia gigante se dissolveu no ar, desaparecendo completamente, como se nunca tivesse existido.

— Um construto – concluiu Lucine, soltando o braço dele. – Você passou tempo demais ao lado daquela bruxa.

Evander fez outro gesto e o pássaro reapareceu. Ao olhar para aquela plumagem marrom e branca, tão bonita e tão detalhada, quase idêntica ao animal original, ele se sentiu muito bem. Confiante, destemido, capaz. E ansioso pelo que pretendia fazer a seguir.

— Não o suficiente – respondeu ele, com um sorriso enigmático. – Vocês dois, acompanhem o professor até o abrigo. Estarei de volta em alguns dias.

Isidro tinha revelado que conhecia um esconderijo, um lugar onde poderia ficar fora do radar de Narode por um bom tempo.

Mas Lucine não estava nem um pouco feliz.

— Acha que esse construto vai suportar seu peso? E mesmo que suporte, quanto tempo ele pode durar?

Evander se aproximou do pássaro e o analisou com cuidado. O construto tinha até mesmo uma sela especial, idêntica à preferida dele, que ainda devia estar em sua tenda, nas montanhas.

— Vai durar o suficiente. – Ele estava certo daquilo. Apesar de não saber, exatamente, de onde vinha aquela certeza.

Frustrada, ela levou a mão à testa e sacudiu a cabeça.

— Mas o que pretende fazer? – Idan perguntou, mais curioso do que preocupado.

Evander não respondeu. Ao invés disso, montou na sela e se despediu com um gesto, antes de comandar o animal a decolar.

— Ele vai atrás dela – concluiu Lucine.

— Quem?

Lucine lançou-lhe um olhar irônico. O paladino pensou um pouco e logo concluiu por si só.

— Ah claro, Sandora! Faz sentido. Juntos, a aura deles é mais forte. Eles sobreviveram até ao tal campo de "nada absoluto" de Donovan.

— Ele precisa é aprender a pensar com a cabeça de cima – disse Lucine, olhando para o alto com expressão reprovadora. – Tudo o que vai conseguir é acabar adoecendo de desgosto de novo. Venha, vamos sair logo daqui.

Aquela montaria mística voava muito bem. Era uma cópia exata da flutuação gerada por uma águia imperial, até nos mínimos detalhes. Evander estava muito surpreso por ser capaz de gerar construtos daquele tamanho. Sandora havia lhe ensinado a materializar seu bastão e suas roupas, e mesmo essas coisas, relativamente pequenas, ele tivera bastante dificuldade em conseguir conjurar. De qualquer forma, se ele realmente tinha aptidão para criar construtos grandes, considerando a afinidade que ele tinha com os pássaros e o quanto ele gostava de voar, não era exatamente surpreendente ele replicar a habilidade natural daquelas aves de rapina.

Voar naquele construto, no entanto, era muito diferente de voar num pássaro real. Ele tinha que comandar todos os movimentos daquele pássaro energético, já que ele não tinha mente própria. No entanto um cavaleiro alado precisava criar um elo com sua montaria, de forma que ambos compartilhavam sensações e até alguns pensamentos. Tendo passado tanto tempo sentindo o que um pássaro real sentia durante o voo, ele não teve, praticamente, dificuldade nenhuma em fazer com que o construto cruzasse os céus, levando-o na direção da vila mais próxima.

Ele sabia que não poderia chegar até Sandora voando, aquilo levaria tempo demais. Precisava de uma ponte de vento.

Infelizmente, diferente de quando ele, Idan e Lucine passaram por ali, o lugar estava cheio de soldados, provavelmente reforços que vinham para tentar capturar o professor. A vontade dele era descer bem no meio da vila e mandar a águia distrair os soldados enquanto ele usava a ponte, mas sabia que aquilo não era uma boa ideia, pois existiam formas de descobrir para onde um usuário da ponte tinha ido. Ele queria chegar a Sandora o mais rápido possível, mas não tinha a menor intenção de levar problemas até ela.

O que não passa de hipocrisia, pensava ele, enquanto seguia voando em busca de outro vilarejo. Afinal, ele próprio já representava problemas mais do que o suficiente para ela.

As pessoas lá embaixo o notaram sobrevoando a cidade, mas não deram muita atenção ao fato, uma vez que não era incomum cavaleiros aéreos passarem por ali.

Várias horas depois, ele finalmente chegava à famigerada *Floresta Amaldiçoada*. À visão daquela paisagem desoladora, era fácil entender porque Sandora dava um tom sombrio e assustador aos construtos dela. Seria impossível uma criança crescer num lugar daqueles sem ser influenciado pela atmosfera lúgubre do lugar.

Ao sair da plataforma de vento e começar a andar pela trilha, ele sentiu-se sendo observado. Olhou ao redor e não se surpreendeu ao avistar Gram, o amigo esquelético de Sandora, olhando para ele à distância por entre as árvores retorcidas.

Evander fez um gesto como cumprimento, ao que a criatura respondeu com um assentimento. Aquilo era um bom sinal. Ao menos não precisaria se meter logo de cara em uma briga com o mais novo amigo de Idan.

Mal conseguindo conter as batidas animadas do próprio coração, ele seguiu pela trilha, cada vez mais ansioso. Sandora havia feito uma breve descrição do lugar uma vez, de forma que sabia para onde tinha que ir. Só esperava que ela não o expulsasse dali antes que pudesse se explicar.

O que encontrou no final da trilha, no entanto, definitivamente não era o que esperava.

Havia ali uma cabana com paredes de pedra, e logo ao lado da porta tinha uma pequena tora da madeira, sobre a qual havia uma moça sentada, com as costas apoiadas na parede. Ela tinha os olhos fechados e a cabeça erguida, aproveitando um dos raros raios de sol que conseguiam ultrapassar a grossa barreira de nuvens. Evander não teve nenhuma dificuldade em reconhecer aqueles cabelos ruivos.

— Valena? É você?

Ela abriu os olhos e virou a cabeça para ele, soltando um suspiro desanimado.

— Ora, se não é o tenente Nostarius – disse ela, com voz fraca.

Ele se aproximou, preocupado. As roupas que ela vestia, apesar de limpas, estavam desbotadas e bastante danificadas. Não lembravam em nada os trajes imperiais que ele a tinha visto usando com tanto orgulho em Aurora. A marca da Fênix fazia um contraste ainda maior do que o usual contra a pele do rosto dela, devido à acentuada palidez. Ela se movia devagar, parecia enfraquecida. Estaria doente?

— O que aconteceu com você?

— *Eu* aconteci – disse Sandora, saindo pela porta da cabana e encarando-o com expressão de poucos amigos.

— É… – concordou Valena, debilmente. – Ela aconteceu. Poderia fazer a gentileza de bater nela para mim?

Evander percebia apenas vagamente o que Valena dizia. Estava ocupado demais encarando Sandora, que parecia ainda mais atraente do que antes, se é que isso era possível. Tinha uma expressão mais determinada, mais cortante, mais mortal. E parecia muito, muito irritada.

394

Ela o encarou de volta por alguns segundos e depois desviou o olhar, saindo apressada, passando por ele e tomando a trilha por onde ele tinha vindo.

Sem reação, ele ficou olhando de uma para a outra, confuso.

— Nem me pergunte – disse Valena, voltando a recostar a cabeça e fechar os olhos. – Já desisti de tentar entender essa *dharka*.

Se já estava conseguindo soltar seus costumeiros palavrões lemorianos, era sinal de que ela não estava tão mal quanto ele pensara a princípio.

Ele, então, tratou de dar-lhe as costas e correr na direção da trilha.

— Ei! Espere! – Evander chamou.

— Você não devia estar aqui.

De repente, ele sentiu-se muito irritado.

— Foi você mesma quem me deu a droga daquele pergaminho! – O item em questão era o que ele tinha usado para chegar até a floresta através da ponte de vento.

Ela virou-se para ele, furiosa.

— Eu sei disso!

Os dois se encararam durante algum tempo, a raiva dele se esvaindo quando percebeu o enorme tumulto emocional dentro dela. De repente ele se sentiu muito melhor. Era muito bom constatar que a presença dele continuava a afetá-la, da mesma forma que a dela o afetava.

Subitamente, ela se virou e continuou caminhando, determinada, pela trilha. Ele a seguiu em silêncio, curioso com o que ela iria fazer, mas com receio de perguntar.

Após alguns minutos, eles chegaram até a ponte de vento pela qual ele tinha passado. Sem hesitar, Sandora levantou a mão e invocou um de seus construtos em forma de esqueleto. A criatura carregava um pesado martelo de batalha com aparência decadente, todo enferrujado e rachado.

A um comando dela, o esqueleto começou a atacar a plataforma de pedra verde azulada até que ela estivesse em pedaços, completamente arruinada. Em seguida, ela fechou o próprio punho, fazendo com que o esqueleto se desmaterializasse no ar.

Evander olhou para ela, impressionado.

— Você parece mais forte do que antes.

Ela encarou-o novamente, com aquele olhar cortante.

— Emoções intensas me deixam mais forte.

— Por que destruiu a ponte?

— Não preciso mais dela. Além disso, tenho que impedir que algum infeliz decida seguir você e descubra o caminho até aqui. Agora, diga o que quer.

Capítulo 24:
Jornada

Quando voltaram para a cabana, vinte minutos depois, encontraram Valena na mesma posição em que a tinham deixado. Gram estava a alguns passos de distância, segurando um martelo com uma mão esquelética e uma talhadeira com outra, tentando tornar plano um grande pedaço de madeira.

Sandora se dirigiu a ele.

— Tenho que partir. – Ela apontou para Valena. – Cuide dela. Se eu não voltar em duas semanas ou se algo acontecer, tire ela daqui e me esqueça.

A criatura a encarou por um longo momento, antes de finalmente aquiescer.

— Eu não tenho direito a opinar? – Valena perguntou, ainda de olhos fechados.

— Enquanto não for capaz de se cuidar sozinha e de saber escolher direito quais batalhas deve lutar, não, não tem – respondeu Sandora, contornando a cabana e indo para a parte de trás.

— De qualquer forma – disse Evander a Valena –, é bom ver que você está bem.

Ela abriu um dos olhos e o encarou por um momento.

— Vá te catar, seu *culvert*!

Com isso, ela voltou a se recostar para trás com os olhos fechados.

Ele sorriu. Aparentemente, a moça tinha passado por poucas e boas durante as últimas semanas. Estava curioso para saber o que tinha acontecido com ela desde que fora sequestrada do palácio imperial, mas ela não parecia estar com humor adequado para conversar.

— Fico feliz que esteja em boas mãos.

Como resposta, ela se moveu apenas o suficiente para fazer-lhe um gesto muito pouco educado de "dane-se", o que o fez rir. Era óbvio que o maior ferimento que Sandora tinha infligido a ela tinha sido no orgulho.

— É sério. Ficamos preocupados quando você desapareceu. E Sandora pode parecer casca grossa, mas vai cuidar bem de você.

— Tudo bem, tudo bem, já entendi. Agora caia fora daqui. Pacientes em recuperação precisam de repouso e sossego.

Ele riu novamente.

— Boa sorte – ele disse a ela, antes de despedir-se de Gram com um aceno e partir atrás de Sandora.

— Você é quem vai precisar de sorte se vai mesmo passar as próximas semanas com aquela bruxa – resmungou Valena.

Sandora o aguardava sobre uma espécie de plataforma improvisada, feita com pedras esbranquiçadas, muito similares às que formavam as paredes da cabana.

Ele olhou para aquilo, desconfiado.

— O que é isso? Você criou uma plataforma de vento?

Ela deu de ombros.

— Não é difícil quando se conhece bem o processo.

— Como se qualquer um pudesse aprender a fazer isso.

— Na verdade, pode mesmo. É tudo questão de disciplina e treinamento. Para onde, exatamente, quer ir primeiro?

— Noroeste – respondeu ele, subindo na plataforma improvisada, ainda um tanto desconfiado. – O mais longe que você puder nos mandar. Consegue nos colocar em algum lugar próximo ao litoral das Montanhas Rochosas?

Sem responder, ela abaixou-se e tocou nas pedras, que imediatamente assumiram uma cor esverdeada, e em alguns segundos eles estavam cruzando o espaço, viajando milhares de quilômetros em um piscar de olhos.

Apareceram sobre uma plataforma antiga e bastante castigada pela ação dos elementos. Ficava numa elevação natural, cercada por vegetação costeira. Dando uma volta ao redor de si mesmo, Evander percebeu que estavam cercados de água por todos os lados.

— Uma ilha?

— Litoral das Rochosas – respondeu ela, apontando para um ponto à distância.

Evander olhou para lá e avistou as montanhas à distância, percebendo que não estavam muito longe do continente.

Ele se voltou para ela, sem conseguir mais conter a curiosidade.

— Por que Valena está com você?

— Ela tentou me matar – Sandora respondeu, dando de ombros.

Ele piscou, confuso.

— Espere. Está me dizendo que você derrotou ela em combate e, ao invés de ir embora, decidiu cuidar dela? Correndo o risco de ser atacada de novo?

Sandora deu de ombros novamente.

— Talvez eu tenha passado tempo demais com você.

Ele riu.

— Por alguma razão, as pessoas vivem me acusando disso também.

— Ela é apenas uma garota perdida sem ter para onde ir.

— *Garota*? – Evander levantou a sobrancelha, irônico. – Ela tem a mesma idade que você.

— Preciso deixar uma coisa bem clara – sentenciou ela, séria. – Estou aqui por causa do general. Quero ouvir da boca dele o que realmente aconteceu dezessete anos atrás. Não posso evitar sentir o que sinto por você, mas não estou interessada em começar nada. – Ela enrubesceu de leve ao dizer isso. – E nem em continuar de onde paramos.

— Mas você não entendeu? Talvez Donovan não seja o real culpado por tudo o que aconteceu com você. Achamos que ele estava obedecendo ordens de outra pessoa.

— Não estou procurando um responsável, Evander. Tudo o que eu quero é paz.

Ele respirou fundo, sentindo o cheiro de maresia misturado com o perfume dela. Comparado com outras pessoas, que ele conseguia entender facilmente, lidar com Sandora podia ser bastante frustrante.

— Você é quem manda – conformou-se ele, pegando o pequeno cristal da bolsa e analisando a posição do sol no céu. – A propósito, você não iria atrás de um templo ou algo assim?

— Santuário – corrigiu ela. – Estávamos a caminho quando fomos atacados por aquela maluca. Quando descobri quem era ela, eu achei melhor tirá-la de circulação antes que algum caçador de recompensas a encontrasse.

— Isso foi muito legal da sua parte – disse ele, verificando que o cristal indicava a direção norte-nordeste, como ele esperava. – Como descobriu esta ilha? Mora alguém aqui?

— Não sei. Encontrei este lugar por acaso, enquanto testava minha plataforma. Simplesmente tentei ir para o mais longe que pude e cheguei aqui.

Ele olhou para ela.

— Andou se transportando às cegas por aí? Isso não é um tanto quanto… – ele fez uma pausa, procurando uma palavra adequada. Não queria bancar o protetor em relação a ela, sabendo que isso a deixava furiosa – arriscado?

— Não venha com essa. Duvido muito que você tenha sido capaz de tomar atitudes totalmente racionais desde… – ela se interrompeu e balançou a cabeça, dando as costas a ele.

— É, tem razão – admitiu ele, entendendo perfeitamente o que ela queria dizer ao lembrar-se da forma como vinha se sentindo nos últimos dias. Querendo mudar de assunto, ele se adiantou alguns passos, avaliando as poucas nuvens do céu. – Temos que voar. A propósito, você tem suprimentos? Não sei quantos dias essa aventura vai levar.

— Claro que tenho, senão não teria vindo. Mas foi você quem me convidou para essa "aventura". Não deveria ser *você* a fornecer suprimentos para a viagem?

— Sim, claro – ele respondeu, sorrindo. – Mas considerando o seu apetite, eu não sei se as coisas que comprei vão durar muito tempo.

Ela suspirou. Teve uma época em que se divertiria com aquilo e riria. Mas não hoje.

— Pare com isso. E o que quer dizer com "temos que voar"?

O sorriso dele se ampliou.

— Você vai adorar isso.

◆ ◆ ◆

A primeira parte do trajeto foi tranquila e relaxante, enquanto sobrevoavam o oceano a uma boa distância da costa. No ataque alucinado de Evander ao refúgio dos protetores, ele também tinha sobrevoado um longo trecho do oceano, mas naquela ocasião ele estava abalado demais para admirar a beleza daquele cenário, como o reflexo do sol nas ondas, os pássaros voando baixo, analisando as águas em busca de alimento e a silhueta de grandes grupos de animais marinhos que às vezes chegavam bem perto da superfície. Era uma cena tão bucólica, tão pitoresca, que conseguiu fazer até mesmo Sandora sorrir.

Ela seguia tranquila, agarrada à cintura dele, apreciando o cenário. Parecia bem mais relaxada do que antes e ele se sentiu feliz consigo mesmo por ter decidido compartilhar aquela viagem com ela.

Outra razão para estar satisfeito era por ter conseguido dominar a habilidade de criar aquele construto em forma de águia gigante. Uma águia normal não era capaz de carregar mais de uma pessoa, a menos que tanto o animal quanto ambos os cavaleiros fossem muito bem treinados para isso. Seu construto, no entanto, não tinha aquele problema, afinal, era uma espécie de extensão mística dele próprio. Não era uma criatura com a qual precisava se dar ao trabalho de dar ordens.

Surpreendentemente, aquela forma gigante também não consumia muita energia, permitindo que ambos pudessem voar por muitas horas sem a necessidade de descansar. A princípio, ele tinha planejado utilizar a águia para chegar o mais longe possível antes de prosseguirem a pé pela neblina da morte, mas agora estava começando a ficar confiante de que poderiam permanecer no ar por tempo suficiente para chegarem até seu destino.

A tarde já estava próxima do fim quando chegaram a uma pequena ilha do litoral de Atalia que, se ele tinha interpretado o mapa corretamente, chamava-se Ilha das Andorinhas.

Tratava-se de um local que no passado atraíra inúmeros pescadores em busca dos abundantes cardumes que viviam na região. Quando a névoa caiu sobre a província havia pouco mais de 17 anos, os pescadores que não conseguiram fugir caíram vítimas do veneno amaldiçoado, então, não era surpresa para Evander o fato de o local estar completamente deserto.

A temperatura tinha caído bastante, mostrando o quão próximos eles se encontravam do Paredão.

Pousaram em uma clareira numa região mais elevada do terreno, observando, fascinados, a cena ao redor.

A visibilidade estava muito boa e era possível avistar até mesmo os redemoinhos e relâmpagos da tempestade perpétua ao oeste, o que delimitava a região explorável daquele oceano. Tratava-se de uma tormenta de tamanho imensurável, que tomava todo o mar, do norte ao sul do continente. Felizmente, a tempestade também era imóvel. Segundo os historiadores, aquilo estava ali há muitos séculos, provavelmente desde o início dos tempos, sem nunca avançar e nem retroceder. Era um dos grandes mistérios do mundo, juntamente com o Paredão ao norte do continente, que era outra barreira considerada intransponível.

A leste podiam avistar a costa. A névoa da morte também era visível, pintando tanto a terra quanto o ar com aquele tom púrpura tão temido no Império.

Mas ali, naquela ilha, estavam muito longe daquela ameaça. O vento calmo, a temperatura amena e a vegetação alta, mas não muito densa, davam ao lugar uma aparência paradisíaca e relaxante.

— Como se sente? – Sandora perguntou, de repente.

Ele olhou para ela, confuso.

— Hã? Como assim?

— Acha que consegue nos levar até nosso destino?

— Ah, sim, creio que sim. – Ele tirou o cristal do bolso e deu uma olhada nele. – Mas acho melhor descansarmos aqui esta noite só para garantir. A partir de agora, vai começar a parte interessante da viagem, pois teremos que ir para lá. – Ele apontou para a direção nordeste, onde era claramente visível a costa de Atalia, coberta pela neblina púrpura. – Segundo o mapa, esta ilha é o lugar habitável mais próximo do nosso destino, seja ele o que for.

Passaram o restante da tarde e o começo da noite em um silêncio tenso, enquanto montavam o acampamento e faziam a última refeição do dia. Ambos tinham saído muito feridos daquele breve relacionamento que tiveram. Evander queria esclarecer algumas coisas e talvez atenuar um pouco o clima, mas percebeu logo que ela não estava interessada em conversar. Sandora realmente pretendia mantê-lo à maior distância possível. E ele não podia fazer nada além de praguejar baixinho.

Na manhã seguinte, ele a encontrou sentada em uma pedra. Os trajes negros combinavam perfeitamente com a massa ondulada de cabelos que lhe caía solta pelas costas. Ela parecia mais uma criatura da noite do que uma mulher de carne e osso, enquanto olhava na direção do continente.

O ar estava muito úmido, o que tornava impossível ver qualquer coisa além de um horizonte que se desvanecia gradualmente em branco.

Sentindo-o se aproximar, ela perguntou:

— Qual é a sensação de estar no meio da névoa?

Subitamente, ele percebeu o quanto ela estava temerosa. A ideia de se meter no meio daquele lugar amaldiçoado, onde nada conseguia sobreviver, era tão assustadora para ela quanto para ele. Não havia garantias, nenhuma forma de escapar caso alguma coisa desse errado. Tudo o que tinham eram aqueles poderes que nenhum dos dois entendia muito bem, e dos quais não conheciam direito os limites.

Adiantando-se, ele pôs a mão sobre seu ombro.

— Não muito diferente de estar em qualquer outro lugar. Sofri muito mais com as técnicas de descontaminação do Exército depois que saímos de lá do que com o "passeio" propriamente dito.

Ela assentiu devagar antes de se levantar e virar-se para ele.

— Estou pronta.

Então, quinze minutos depois, estavam adentrando o território estéril da província da morte. Sobrevoar Atalia era como explorar as imagens caóticas de um pesadelo. Uma experiência aterrorizante, deprimente e desesperadora. Nenhum movimento, nenhum sinal de vida em parte alguma. Apenas troncos e galhos enegrecidos podiam ser vistos através da densa névoa púrpura.

Mesmo voando a mais de trezentos metros de altura, Evander podia sentir a névoa mortal os envolvendo, tentando passar pela aura energética de ambos.

Sandora o abraçou apertado pela cintura. Ele virou a cabeça para olhar para ela e percebeu, pela expressão de concentração, que ela tentava formar novamente aquele vínculo que permitira que ambos sobrevivessem ao ataque final de Donovan. Segurando a sela com apenas uma das mãos, ele usou a outra para entrelaçar os dedos com os dela. A sensação de intimidade e proximidade daquele contato era forte, intensa. Naquele momento, era impossível ignorar o elo que os unia e o quanto se importavam um com o outro.

Abaixo deles, a terra desolada passava em alta velocidade, enquanto podiam sentir a temperatura diminuindo cada vez mais.

Foi uma longa e assustadora viagem. Não havia local seguro para pousar, por isso parar para descansar estava fora de cogitação. Tinham que tentar chegar ao destino o mais rápido possível. Depois de algumas horas, as pernas e as costas de ambos doíam e eles começavam a se preocupar, sentindo suas reservas de energia num nível perigosamente baixo.

O cristal do professor Isidro continuava apontando em frente, sendo que já estavam chegando ao fim da linha. O Paredão já podia ser visto à distância. Aquilo era ruim. Se além da névoa precisassem se proteger também do frio extremo, as energias de ambos se esgotariam muito rápido.

Era curioso o fato de uma parede de gelo de centenas de metros de altura conseguir se manter firme daquela forma, sem que ocorressem avalanches. Mas olhando de onde estavam, dava para perceber que o formato da encosta era bastante irregular, com grandes e numerosas reentrâncias e saliências. Perceberam, também, que boa parte do gelo possuía um aspecto rosado, o que sugeria que nem mesmo o frio extremo representava barreira contra a névoa.

Sobrevoaram as imediações da base do paredão por alguns minutos, até que, finalmente, Evander conseguiu sentir a familiar emanação da espada de Leonel Nostarius e dirigiu um breve sorriso a Sandora. As indicações de direção do professor Isidro tinham sido excepcionais, e ele fez uma anotação mental para agradecê-lo da próxima vez que o visse.

Pousaram numa região particularmente plana e parcialmente congelada, bem em frente ao que parecia ser a entrada de uma caverna, numa elevação de gelo que se erguia gradualmente, até se fundir ao Paredão, centenas de metros adiante. A névoa cobria a tudo, mas parecia um pouco mais tênue nas proximidades da caverna.

Evander ajudou Sandora a descer antes de desmaterializar a águia. Em seguida, alongou o corpo, tentando aliviar o desconforto depois de tantas horas de viagem.

Seus sentidos lhe diziam que o frio ali era muito intenso, precisavam encontrar abrigo rápido.

Logo que entraram na caverna, foram surpreendidos por uma figura encapuzada, que apontou uma espada diretamente para o pescoço dele.

— O que querem aqui?

Evander percebeu algo de familiar naquele estranho que falava com voz arrastada.

— Estamos procurando meu pai – respondeu ele.

— E por que acha que ele estaria aqui?

Realmente, tinha algo de familiar naquela voz. Seria aquele homem algum amigo da família?

— Eu *sei* que ele está aqui – respondeu Evander, com sinceridade. – Posso sentir a presença dele.

— Nesse caso, vá em frente e o encontre – disse o estranho, embainhando a espada. – Vocês têm dez minutos.

Era o sotaque, pensou Evander. Ele conhecia aquilo de algum lugar. Mas deixaria para se preocupar com o velho mais tarde.

Depois de uma rápida troca de olhares com Sandora, eles passaram pelo homem.

A caverna era composta por uma quantidade enorme de câmaras e túneis. Depois de algumas dezenas de metros, o gelo deu lugar a rocha sólida, que parecia ter sido escavada artificialmente, da mesma forma que aqueles túneis onde tinham encontrado o artefato mítico, tantos meses antes. Cristais de luz contínua brilhavam, presos nas paredes de pedra a intervalos regulares, o que dava ao lugar um aspecto ainda mais irreal. Após descer por um túnel fortemente inclinado e fazer diversas voltas, eles perceberam que não havia nem mesmo resquícios da névoa púrpura ali dentro.

Alguém havia construído um belo e impressionante abrigo subterrâneo. E ele desconfiava que esse alguém era o estranho encapuzado, que os seguia a certa distância.

Evidências de que alguém morava ali podiam ser vistas por todos os lados. Existiam móveis de madeira, mesas, cadeiras e estantes com livros, distribuídas por diversas câmaras interligadas. Em uma delas existia uma miríade de equipamentos de forjaria. Na câmara seguinte havia uma coleção enorme de armas de diversos tipos. Evander foi atraído imediatamente para uma das espadas que, aos olhos dele, destacava-se das outras. Era a arma do general Nostarius.

Ele virou-se para o estranho, que entrava na câmara.

— O que fez com meu pai?

— Você é Jarim Ludiana – afirmou Sandora, assim que o estranho abaixou o capuz.

Evander olhou para Sandora e depois encarou atentamente o estranho.

— Ei! É verdade! Meu pai tem um retrato seu na parede da sala. Você é um *belator* de Atalia. Por isso seu sotaque me é familiar: é igual ao da minha mãe!

O homem pareceu bem menos desconfiado do que antes ao observar Evander segurando a espada do pai. Virou-se para uma determinada passagem e fez sinal para que ambos o seguissem.

Apressando-se a segui-lo, Evander perguntou a Sandora:

— Como o reconheceu?

— Dos livros. Ele é famoso. É o membro da Guarda Imperial que desapareceu depois do desastre de Atalia. Devo ter visto o retrato dele, no mínimo, uma dezena de vezes.

— Eu vi o retrato dele a minha vida inteira, mesmo assim não teria reconhecido se você não o tivesse chamado pelo nome.

Sandora não teve tempo de replicar, pois naquele momento entravam numa acolhedora sala contendo poltronas, quadros, estantes e uma grande lareira, onde pedras luminares brilhavam em um tom avermelhado, emitindo um agradável calor, como se fossem brasas em uma fogueira.

E ali, naquele ambiente tranquilo, lendo um livro diante daquela imitação energética de fogo, Evander finalmente encontrou o que procurava.

Jarim Ludiana afastou-se para um canto, enquanto dizia:

— Você tem visitas, herói. Parece que as crianças que você insistiu em salvar anos atrás vieram resgatar você.

Evander passou por Jarim e se colocou diante do general.

— Pai?!

Leonel Nostarius olhou para ele. Parecia ter envelhecido uns quinze anos, mas continuava com o mesmo porte altivo e olhar inteligente de sempre. Apenas uma estranha expressão de desolação podia ser percebida no lugar da autoconfiança e da determinação que ele tinha se acostumado a ver durante todos os anos de sua infância e juventude.

O general estava com os cabelos bem mais longos do que costumava usar, além de estarem grisalhos, quase que completamente brancos, bem como a barba, aparentemente não aparada desde seu desaparecimento, há mais de um mês.

Eles se encararam por um curto instante, mas que pareceu interminável. A expressão de Leonel foi se modificando aos poucos. Primeiro veio curiosidade, depois surpresa, então alegria. Por fim, ele soltou o livro que segurava e se levantou, correndo na direção do filho e o envolvendo em um abraço apertado.

— Evander!

Totalmente sem ação diante daquela atitude, mas muito aliviado, Evander retribuiu timidamente o abraço, até que o general se afastou e ficou encarando-o atentamente, por diversos instantes, até que balançou a cabeça e soltou um suspiro frustrado, perguntando:

— Desculpe, não consigo lembrar nada além do seu nome. Quem é você?

◆ ◆ ◆

— Tudo o que ele se lembra é o que eu contei para ele – explicou Jarim.

— Não creio nisso – objetou Sandora. – Ele se lembra do nome de Evander. Também sabe que ele era uma parte importante de sua vida.

— Creio que tenha sido algo instintivo – respondeu Leonel, olhando para Evander. – Não tive como evitar, perdoe-me se o deixei embaraçado. De qualquer forma, gostaria que pudessem me ajudar a entender como vim parar aqui.

Vendo que o filho do general estava com dificuldade para se recompor, Sandora segurou-lhe a mão com carinho, antes de olhar para Leonel.

— Você fez uma escolha consciente de abrir mão de sua energia vital e de suas memórias para tentar salvar a vida de milhares de pessoas.

Leonel suspirou mais uma vez, parecendo não gostar nada daquela resposta enquanto encarava a expressão transtornada do filho.

— Isso parece ter sido uma decisão muito egoísta da minha parte em relação à minha própria família.

Evander balançou a cabeça e limpou a garganta.

— Mamãe, se estivesse viva, estaria muito orgulhosa do senhor. E eu tenho esperanças de um dia chegar a ser corajoso o suficiente para tomar uma decisão similar, caso me depare com uma situação como essa.

Pai e filho se entreolharam por um longo tempo, antes de se aproximarem devagar um do outro. Por fim, Evander soltou a mão de Sandora e envolveu o pai em um novo abraço.

Sentindo-se desnecessária ali, ela seguiu Jarim para fora da sala, deixando pai e filho sozinhos.

— Você é a guria, não? Aquela que foi sequestrada pela maluca logo depois que nasceu?

— Como sabe disso?

— Eu nunca me esqueci de você. – Ele fez um gesto de cabeça na direção da câmara de onde tinham saído. – Se fizemos algo direito naquele dia foi tirar vocês daquela cabana antes que a névoa viesse. Eu sempre quis voltar a encontrar você algum dia, mas aquela infeliz que te levou sumiu do mapa. Apesar de todo o esforço que fiz, nunca consegui rastrear vocês.

— Por que queria tanto me encontrar?

— Para me redimir. Fui negligente, estúpido demais para ouvir a voz da razão, então, você e toda a minha terra pagaram um terrível preço pela minha incompetência. Fico mais aliviado ao ver que pelo menos você está bem. Não tínhamos ideia do que aquela maluca iria fazer com você.

— Por que fala apenas de mim? Não foram duas crianças que nasceram nesse dia?

Jarim sacudiu a cabeça.

— Não. O garoto nasceu depois. Nostarius protegeu a mãe dele e conseguiu tirar ela de lá a salvo. Mas você foi levada bem debaixo do meu nariz.

— Entendo.

— Como chegaram até aqui, afinal? Como passaram pela névoa?

Sandora deu de ombros.

— Habilidades de proteção. Frutos das experiências que fizeram conosco antes de termos nascido.

Jarim apertou os punhos.

— Aquele açougueiro desgraçado!

— Senhor Ludiana, eu gostaria de ouvir a história toda, se o senhor não se importa.

Ele a encarou por um longo tempo.

— Você consegue mesmo sobreviver no meio da névoa? Por quanto tempo?

— Não sei ao certo. Levamos muitas horas para chegar até aqui, mas sinto que minhas energias, e as de Evander também, estão no limite.

— Bom – disse ele devagar –, posso contar tudo o que eu sei sobre o seu passado, mas preciso que me ajude com uma coisa.

— Estou ouvindo.

— Eu sei como salvar Atalia. Depois de tantos anos eu finalmente consegui descobrir como fazer com que tudo volte ao normal. Só preciso ser capaz de sobreviver à névoa por uma hora, talvez duas, então poderei me redimir e descansar em paz. Finalmente.

Sandora olhou para ele, preocupada, tentando imaginar se aquilo realmente tinha algum fundo de verdade ou se os longos anos de exílio e culpa tinham roubado a sanidade do homem.

— Ajudaremos no que pudermos – respondeu ela, finalmente.

— Muito bem. Vamos voltar para junto da família feliz. Imagino que seu namorado também queira ouvir essa história.

◆ ◆ ◆

Quando voltaram a se reunir com Evander e Leonel, Jarim começou a contar sobre a missão da Guarda Imperial em Atalia, quase 18 anos antes.

Em determinado momento, para surpresa de todos, Leonel o interrompeu e assumiu a narrativa, falando sem parar. Jarim olhou para Sandora e Evander e, após um acordo tácito e silencioso, os três decidiram ficar em silêncio e ouvir.

Mas quando Leonel descreveu o momento em que havia encontrado o corpo mutilado de Ada Gamaliel, o rosto de Jarim Ludiana se fechou e ele se levantou, dirigindo-se à saída com passos duros.

Leonel ignorou a saída intempestiva do outro e continuou contando a história, com uma precisão e riqueza de detalhes impressionante. Mas o mais chocante para Evander foi a total falta de emoção com a qual ele fez todo o relato até o momento em que Aurea Armini deu à luz.

Ao final, o pai olhou para ele e disse, simplesmente:

— Sinto muito.

— Isso quer dizer que agora o senhor se lembra de tudo? Até do que houve em Aldera?

— Sim. Ter você aqui comigo, aparentemente, foi suficiente para que todas as minhas memórias retornassem.

— Então o senhor apresenta um caso severo de bloqueio emocional – concluiu Sandora.

Evander e Leonel olharam para ela, surpresos.

— Eu li alguns estudos sobre isso – disse ela. – Grandes traumas, principalmente na infância, podem fazer com que seu espírito se desassocie de seu corpo em determinadas situações. É um mecanismo de defesa, no qual a pessoa perde a capacidade de sentir alguns tipos de emoção.

— Sim – confirmou Leonel. – Você está certa. Lutamar Romera pesquisou muito sobre o assunto, tentando me ajudar.

— Agora tudo faz sentido – disse Evander, emocionado. – Por que o senhor nunca me contou?

— Você foi a única pessoa capaz de me fazer sentir alguma coisa de verdade nos últimos trinta anos. - Leonel, suspirou. – Eu tinha medo.

— Medo?

— Medo de que me rejeitasse. Que me visse como um tipo de anomalia.

Evander riu.

— E quem seria eu para acusar alguém disso? Já viu alguma uma anomalia maior do que eu?

Leonel sacudiu a cabeça.

— Não há nada de errado com vocês. São apenas espíritos itinerantes.

Sandora olhou para o general, surpresa.

— Como assim?

— Se vocês conseguiram chegar até aqui, creio que já são maduros o suficiente para conhecer toda a história. O fato é que nenhum dos bebês que Donovan tratou naquela época tinha sobrevivido à gravidez. Incluindo vocês dois.

— O quê? – Evander e Sandora exclamaram, em uníssono.

— Essa era a promessa que Donovan fazia às mães: trazer a vida de volta aos corpos dos bebês. Como vocês devem saber, o índice de abortos espontâneos é muito maior que o de nascimentos. Donovan procurava por mulheres de mais idade, com menores probabilidades de voltarem a engravidar, que tivessem sofrido um aborto, mas que ainda não tivessem expelido o feto.

— Isso é horrível! – Evander exclamou, estreitando os olhos.

Leonel deu de ombros.

— Se eu posso falar algo a respeito de Donovan é que ele não tentou enganar nenhuma delas. Simplesmente fez a proposta, deixando bem claro que a possibilidade do tratamento dele funcionar era mínima e que as mulheres estariam arriscando a própria vida no processo. Muitas delas aceitavam a proposta sem nem mesmo titubear.

— Mas claro que ele as enganou – protestou Evander. – Trazer um morto de volta à vida é impossível!

Leonel olhou para ele.

— Você está vivo, não está?

Evander empalideceu.

— Quer dizer que...?

— Eu quis dizer que Donovan não as enganou. O "tratamento" dele realmente funcionava, apesar da chance de sucesso se mostrar mínima. Mas todas as mães conheciam esse fato antes de aceitarem a proposta dele.

— E por que o senhor nos chamou de *itinerantes*? – Sandora perguntou. – O que isso quer dizer?

— Evander está correto ao dizer que não é possível trazer os mortos de volta à vida. Pelo menos até onde a nossa ciência moderna pode afirmar. Ao invés de tentar recuperar o espírito dos bebês abortados, Donovan tentava atrair outro tipo de espírito, conhecido como *itinerante*, cuja origem é incerta, mas que muitos acreditam vir de outro mundo, paralelo ao nosso. Usando diversas técnicas, ele tentava ligar o espírito *itinerante* ao corpo do bebê. Quando essa ligação se mostrava forte o suficiente, o novo espírito reabria os fluxos de energia, permitindo que o corpo se curasse e o feto voltasse à vida, apesar de não mais com seu espírito original.

Evander balançou a cabeça.

— Isso é... inacreditável!

— Mas faz sentido – comentou Sandora, o que lhe rendeu um olhar horrorizado de Evander. Então ela tentou explicar: – O que chamamos de "vida" nada mais é do que a manifestação física do nosso espírito. Essa manifestação física só é possível por causa dos fluxos de energia que apenas um espírito possui. Sem um espírito, nós não poderíamos existir, pois seríamos tão inertes quanto uma rocha. Teoricamente, nada impediria que outro espírito assumisse o corpo depois que o original o tivesse abandonado.

— Exato – concordou Leonel.

Evander trincou os dentes.

— E por que Donovan afirmou que somos irmãos?

Leonel olhou para ele, surpreso.

— Ele afirmou isso? Imagino que ele estivesse se referindo ao fato de ambos serem *itinerantes*, pois não existe a menor possibilidade de vocês dois terem qualquer laço de parentesco.

— Pois para mim pareceu que ele estava afirmando categoricamente que era ele quem tinha engravidado as nossas mães – disse Evander, com fúria na voz.

Leonel balançou a cabeça.

— Isso não é verdade, eu tenho certeza. Aurea me contou com detalhes tudo o que aconteceu, além disso, encontramos as anotações de Donovan num dos esconderijos dele anos depois, confirmando tudo o que ela tinha me dito. – Leonel olhou para Sandora, muito sério. – Sinto muito por não termos conseguido evitar o seu sequestro. Nunca deixamos de procurá-la para tentar acertar as coisas, mas infelizmente não fomos capazes de encontrá-la.

— Não foi culpa de vocês – respondeu Sandora. – Eu... eu também sinto muito.

— Pelo quê?

Ela suspirou.

— Eu fui a responsável pela destruição de Aldera.

— Isso não é verdade! – Evander protestou. – Você foi manipulada por Donovan!

— Não se preocupe, minha jovem, ninguém irá acusá-la de nada. Você foi apenas o instrumento usado por Donovan para tentar se livrar de mim e do resto da antiga Guarda Imperial.

— Aquele velho é completamente maluco – resmungou Evander.

— Sim – Leonel voltou a olhar para Sandora. – E o mais irônico é que ele estava sendo manipulado, da mesma forma que você.

Ela arregalou os olhos, surpresa.

— Como...? Quem...?

— Eu sei quem é o responsável pela loucura de Donovan – Leonel virou-se para Evander. – Bem como por todas as tentativas de assassinar você. Acho que eu sempre soube, mas nunca consegui aceitar.

— Demétrio Narode? – Evander sugeriu, após um suspiro.

— Sim. De alguma forma, aquele que eu considerava meu melhor amigo acabou se tornando a maior ameaça que o Império já teve.

Sandora apoiou o queixo nas mãos, pensativa.

— Isso ainda não está fazendo sentido. Qual era a motivação de Donovan, afinal? O que ele pretendia ao liberar a névoa sobre o Império?

— Donovan era obcecado pelo mundo dos mortos.

— Mundo dos... como é que é?! – Evander estranhou.

— Mundos, na verdade – disse Leonel. – Você conhece o que pregam alguns grupos religiosos: se você for uma boa pessoa, você tem um lugar garantido no paraíso, ao passo que se você for mau...

— Terá uma eternidade no inferno – completou Evander. – Sim, sempre ouvi muito isso.

— De alguma forma, Donovan conseguiu obter evidências de que esses dois mundos realmente existem.

— Então... – disse Sandora, perplexa – quando ele afirmou ter "resgatado" aquelas pessoas...

— Sim – respondeu Leonel. – Ele afirma que conseguiu ter acesso a portais que o permitiram invadir os mundos dos mortos. E que descobriu uma verdade chocante: que esses mundos não passam de prisões e que os espíritos que vão para lá são torturados, sendo condenados a uma eternidade de sofrimento.

Evander arregalou os olhos.

— Que história mais doida! Se isso fosse verdade, todos aqueles que se foram... Espere! Isso implicaria que a mamãe e o capitão Joanson estariam lá!

Leonel encarou Evander, surpreso.

— Dario está morto?

Mentalmente, Evander deu um tapa na própria testa.

— Sim, senhor. Desculpe, não queria contar dessa forma.

— Não se preocupe – disse Leonel balançando a cabeça. – Como aconteceu?

— Talas foi atacada por monstros. Ele liderou a tropa especial e conseguiu fechar o portal de onde as criaturas vinham, mas então foi atacado por um tipo de demônio. Quando o encontrei já era tarde demais. Cheguei a enfrentar o assassino, mas ele conseguiu fugir. Depois... – Evander se interrompeu, achando melhor aguardar um pouco antes de contar ao pai sobre tudo o que Narode fizera. – Bom, segui a pista dele até Ebora, onde conheci Sandora. Mas, então, Donovan apareceu e as coisas foram acontecendo muito rápido. E acabamos chegando até aqui.

Leonel assentiu.

— Uma morte heroica. De certa forma, não deixa de ser um consolo, afinal, ele costumava dizer que isso era o que mais queria.

A sala caiu num longo silêncio, até que Leonel decidiu retomar o assunto anterior.

— Não sei o quanto das alegações de Donovan é verdade. Mas ele estava convencido de que tanto o paraíso quanto o inferno eram simples prisões criadas por alguma entidade para extrair energia dos espíritos. E ele estava determinado a destruir aqueles mundos para poder, assim, libertar os cativos.

Pensativa, Sandora perguntou:

— Isso quer dizer que aqueles servos de Donovan eram, na realidade, prisioneiros libertados desses lugares?

— Era o que ele dizia.

— Mas por que envenenar Atalia?

— Ele achava que ceifando um número muito grande de vidas em um curto espaço de tempo, os mundos dos mortos não conseguiriam acolher a todos os espíritos e entrariam em colapso.

— Mas isso é... – começou Sandora.

— Insano – completou Evander.

Leonel assentiu.

— Sim, tudo leva a crer que ele realmente acreditava em tudo isso. Se é verdade ou não, não faz diferença. Essa crença foi o que o levou a fazer tudo o que fez.

Evander levantou-se e caminhou pela câmara, olhando sem ver para as paredes de pedra cobertas de peles. Sandora olhou para a expressão dele e viu cansaço, frustração, confusão e mágoa. A onda de emoções que o assolava parecia tão intensa que ela decidiu não fazer mais perguntas ao general.

Ela preparava-se para se levantar e sugerir que fossem descansar quando Evander se virou bruscamente e apontou um dedo acusador na direção do pai.

— Por que nunca me contou nada disso? Em todos esses anos, por que nunca me disse *nada*?!

Leonel olhou para as próprias mãos.

— Eu... estava aguardando até que estivesse pronto.

— Ah, é mesmo?! E posso saber quando seria isso?

— Evander... – disse Sandora, levantando-se e ponto uma mão no ombro dele.

Ele afastou-se do toque dela e levantou uma mão num gesto para que ela se mantivesse longe, enquanto continuava a fulminar o pai com o olhar.

— Sabe muito bem que eu sempre me senti deslocado de tudo e de todos. Sempre fui uma espécie de "estranho no ninho". E você sabia da razão o tempo todo e nunca me disse!

Leonel Nostarius estreitou os olhos.

— Eu fiz tudo o que pude para dar um lar estável a você. Um lar *normal*. Como acha que as pessoas iriam tratá-lo se soubessem que, de certa forma, você não é como elas? Quantas vezes você já viu com seus próprios olhos do que as pessoas são capazes quando estão lidando com algo que não compreendem?

— Eu tinha o direito de saber!

Leonel se levantou bruscamente. Era a primeira vez que Evander via o general expressar raiva daquela maneira.

— Eu passei dezessete anos da minha vida caçando fantasmas. Meus amigos se afastaram de mim, convencidos de que eu estava maluco, pois eu via acidentes inexplicáveis acontecendo ao meu redor o tempo todo! A única explicação que eu conseguia pensar era que aquele desequilibrado do Donovan estava de volta, tentando nos matar! Sabe quanto tempo levei para aceitar que sua mãe tinha morrido de causas naturais e não por algum veneno ou encanta-mento? E o que você queria que eu fizesse? Contasse a história da sua origem a você e corresse o risco de alguém mais ficar sabendo e aumentasse ainda mais o perigo? Sabe o que é viver o tempo todo com medo?

Evander deu alguns passos para trás, esbarrou numa poltrona forrada de peles e acabou caindo sentado nela.

— Mas... o senhor disse que não sentia nada!

— Nada em relação às outras pessoas, mas você sempre foi exceção. E eu nunca soube muito bem como lidar com isso.

Leonel voltou a se sentar, levando a mão à testa, exibindo cansaço. Naquele momento, ele parecia muito velho e frágil.

Sandora estendeu a mão para Evander.

— Venha, vamos deixar para continuar essa conversa depois.

Capítulo 25:
Retorno

Evander e Sandora encontraram Jarim Ludiana trabalhando em uma das câmaras da caverna que funcionava como forja. Pela quantidade de armas e armaduras penduradas pelas paredes do lugar, parecia que o homem havia passado a maior parte das últimas décadas trabalhando ali.

— Cadê o general?

— Precisou descansar – respondeu Evander.

— Como eu pensava. Desde que apareceu aqui, ele tem estado fraco e indisposto.

— Como ele veio parar aqui, afinal?

— Não sei. Encontrei ele inconsciente do lado de fora da caverna, há cerca de um mês. Então eu o trouxe para dentro e tentei cuidar dele da melhor forma que pude.

— Fico muito grato por isso – disse Evander.

Jarim deu de ombros, enquanto retirava uma espada da fornalha e colocava sobre a bigorna.

— Nostarius fez por merecer – comentou, antes de começar a aplicar golpes de marreta na arma incandescente.

— Tenho uma pergunta, *belator* – disse Sandora.

Jarim limitou-se a lançar a ela um breve olhar cauteloso.

— Por que a névoa não entra nesta caverna?

— Isso é trabalho do general – respondeu Jarim, sem interromper o trabalho.

Evander franziu o cenho.

— Como assim?

Ludiana colocou a marreta de lado e encarou os dois.

— Enquanto eu fugia com o rabo entre as pernas, sem conseguir pensar em nada além da morte do meu povo e da minha família, Nostarius trabalhou noite e dia, mobilizando professores, físicos, monges, tudo o que ele conseguiu pensar, e colocou todos dentro duma sala e não deixou nenhum deles sair enquanto não tivessem bolado um plano de ação para conter a névoa. O resultado é esse que você vê. Um encanto simples, poderoso e permanente, capaz de conter o gás da morte confinado nesse lugar por milhares de anos. Quando construí essa caverna, escolhi propositalmente um lugar do lado de fora da área confinada.

— Você... *construiu* esta caverna? – Sandora perguntou, olhando ao redor.

— Sim, minha especialidade é geomanipulação.

Geomanipuladores eram pessoas que se especializavam no estudo do solo e na geração de flutuações especiais que podiam moldar terra e rochas.

Evander pegou uma das armas da parede, um bastão, mas que era feito de um metal muito leve. Ele nunca tinha visto nada igual. Então encarou o belator.

— O senhor por acaso... conheceu minha mãe?

— Não, garoto. Apenas a vi de relance quando Nostarius a tirou de Atalia naquele dia.

— Em que parte de Atalia isso aconteceu? – Sandora se adiantou. – O início da contaminação, eu quero dizer.

Jarim olhou de Sandora para Evander, com expressão cansada.

— Quanto tempo mesmo vocês disseram que viajaram para chegar até aqui?

O casal se entreolhou por um momento.

— Umas cinco horas, mais ou menos – respondeu Evander.

— Vocês vivem de luz, por acaso?

— Como?

— Não comem, não dormem, não vão ao banheiro? Que droga, ficaram conversando com o general por tanto tempo que o coitado chegou a apagar de cansaço. Não deviam estar dormindo, ou comendo, ou fazendo qualquer outra coisa que pessoas normais fazem?

— Agradeceríamos se pudesse nos mostrar um lugar onde pudéssemos passar a noite – pediu Sandora.

— Deve ter sobrado um pouco de guisado na cozinha – comentou Jarim, mal-humorado.

— Obrigada, mas não é necessário – respondeu ela. – Trouxemos suprimentos, portanto, não precisa se preocupar conosco.

Evander assentiu, complementando:

— Não é nossa intenção causar transtorno.

Jarim olhou para eles por um tempo antes de apontar para um corredor lateral.

— Segunda passagem à esquerda. Vão até o final e virem à direita. Fechem a porta e tranquem, se quiserem. Ninguém irá incomodar vocês lá.

— Obrigada – disse Sandora, seguindo na direção indicada.

Evander a olhou por alguns instantes, estreitando os olhos, antes de virar-se brevemente para Jarim dizendo um "obrigado" apressado antes de sair no encalço dela.

A câmara indicada por Jarim tinha um formato retangular e era razoavelmente grande, contendo apenas uma mesa com três cadeiras, além de uma espécie de lareira bastante similar àquela do cômodo onde tinham encontrado o general, bem como uma pilha de peles num canto.

Quando Evander entrou e trancou a pesada porta de madeira, Sandora já tinha se sentado à mesa e tirava um cantil de sua bolsa, o qual ela levou aos lábios, bebendo com vontade.

Desconfiado, ele sentou-se de frente para ela e a encarou. Ela terminou de beber e tratou de pegar um embrulho de sua bolsa, que colocou sobre a mesa e desamarrou com cuidado, revelando apetitosas fatias de pão e queijo. Ela levou o alimento à boca e deu uma grande mordida, antes de suspirar e olhar para ele.

— Certo – disse ele, irritado. – Primeiro você me dá um sermão dizendo que está interessada apenas em conversar com o general e não em recomeçar nada comigo. Depois, na primeira oportunidade, dá um jeito de passar uma noite inteira sozinha comigo em um quarto. O que está acontecendo?

Ela tomou mais um gole do cantil e limpou a boca antes de soltar um profundo suspiro.

— Eu quero ouvir sua história.

— Minha... *história*?

— Sim. Agora eu já sei como tudo começou, mas quero saber mais. Como foi sua infância, as experiências que teve, onde morou, tudo. A única condição é que você não omita ou invente nada.

— *Condição*? Que raios? Como alguém pode impor uma condição enquanto exige que outra pessoa faça algo? Não sabe o que essa palavra significa, por acaso? Além disso, se está curiosa para saber sobre mim, pode ter certeza de que estou tão ou mais curioso para saber tudo sobre *você* também.

— É justo – respondeu ela, antes de dar mais uma mordida. – Você primeiro.

Evander deu um violento soco na mesa, o que fez com que ela se sobressaltasse e arregalasse os olhos.

— Não me venha com essa! Não vou permitir que você brinque comigo dessa forma! Eu fui sincero o tempo todo. Posso não ter contado tudo sobre mim no tempo em que passamos juntos, mas eu nunca menti para você. Eu nunca quis que nos separássemos, isso foi escolha *sua*. Portanto não me venha com essa história de *condição*. Quero saber que raios você está planejando com isso.

— Me desculpe – disse ela, colocando o cantil e o alimento de lado.

— Não desculpo nada se você não disser logo o que quer. Desembuche!

Pela primeira vez desde que a conheceu, ela lhe pareceu indecisa e vulnerável. Uma vontade imensa de abraçá-la e confortá-la brotou dentro dele, que teve que trincar os dentes para conseguir manter-se firme.

— O que é um espírito itinerante? – Sandora perguntou, num tom baixo, inseguro.

— Como é?

— Já tinha ouvido falar sobre isso antes?

— Lógico que não!

— Nem eu. Isso é... não que eu me lembre. Eu... eu tinha diversas teorias, sabe? Ser filha de um habitante de outro mundo ou uma descendente de um povo diferente. – Ela deu de ombros. – Mas não esperava... nada daquilo.

Evander pegou o próprio cantil e tomou um gole, sem desviar os olhos dela, aguardando.

— Estou muito grata por você ter me trazido aqui. Sinto que poderei dormir mais tranquila daqui para frente, pois consegui compreender um pouco melhor a minha origem. Mas algumas perguntas fundamentais permanecem sem resposta.

— "Quem sou eu", "de onde vim", "para onde vou", é isso?

Ela deu um sorriso hesitante.

— Basicamente, sim.

— Então, sinto desapontá-la, mas se em tantos milênios nenhum filósofo foi capaz de dar respostas a essas perguntas, por que eu seria?

Ela ajeitou uma mecha atrás da orelha, num gesto cheio de nervosismo, que não passou despercebido a ele.

— Eu sei, mas não consigo parar de pensar nisso. Eu queria ter uma ideia melhor do que eu sou e você é o único outro espírito itinerante de que tenho notícia. E sei que ocultamos muita coisa um do outro por diversas razões. Então eu... gostaria de corrigir isso.

Ele suspirou, tentando se acalmar.

— Por que simplesmente não disse isso logo, antes vir com aquele papo estranho de *condição*?

— Porque você me deixa nervosa! É isso o que queria ouvir?!

De certa forma, sim, pensou ele, sentindo a própria raiva se desvanecer.

— Muito bem – ele assentiu. – Nesse caso, vou contar tudo, dando ênfase em todos os detalhes sórdidos. Melhor se preparar.

♦ ♦ ♦

A carga emocional daquele dia tinha sido muito grande. O voo sobre Atalia, o reencontro com o general, as revelações sobre seu nascimento, sem contar o fato de estar novamente ao lado de Sandora. Evander se sentia exausto, mas incapaz de pegar no sono.

Eles haviam estendido as peles no chão e se deitado, a uma boa distância um do outro, enquanto conversavam sobre sua infância, adolescência e todas as desventuras que tinham vivido antes de se encontrarem. Depois conversaram sobre livros que tinham lido, táticas de combate, falcoaria e até mesmo culinária.

Ele normalmente não tinha o menor interesse em preparar refeições, uma vez que não via muita diferença entre um prato elaborado e um bom pedaço de carne seca. Era capaz de comer, praticamente, qualquer coisa, e suas preferências gastronômicas normalmente se resumiam a "quanto menos trabalho der para comer, melhor". Mas, por alguma razão, uma conversa sobre esse assunto com ela lhe parecia extremamente fascinante.

Ela era fascinante.

— O que você pretende fazer? – Evander perguntou, de repente. – Depois que tudo isso estiver resolvido, quero dizer. Quais são seus planos para o futuro?

Ela pensou por um instante.

— Eu preciso ajudar Gram a voltar ao normal.

— Amanhã perguntaremos ao meu pai se ele sabe de algo sobre aquela pirâmide.

Sandora assentiu.

— Também preciso saber mais sobre esses espíritos itinerantes.

— E tentar manter Valena longe de problemas – comentou ele, rindo.

Ela sorriu e balançou a cabeça.

— Valena só está abalada, o que é compreensível.

— Estou feliz por você ter decidido ajudá-la.

Ela se virou sobre as peles até ficar de frente para ele.

— Nem sei direito por que estou fazendo isso. Tudo o que eu quero é paz. Agora que o mistério do meu nascimento foi esclarecido, sinto que dei um grande passo nessa direção.

— Não é apenas paz que você deseja, é? – Evander perguntou, virando-se para ela também.

De repente estavam muito próximos, olhando-se nos olhos.

— Não – respondeu ela, devagar. – Eu pretendo estudar. Tenho que me aprimorar, me fortalecer, descobrir meus limites. E quanto a você?

Ele suspirou e levantou a mão, removendo uma mecha de cabelo que tinha caído sobre o olho dela.

— Eu sempre me senti como uma ovelha desgarrada. Gostei muito de estar no Exército e dos amigos que eu fiz, mas vejo agora que eu nunca, realmente, me senti parte daquilo. Parece que a única fase da minha vida em que estive onde realmente deveria estar foi... – ele se interrompeu, encarando-a, sério.

Ela segurou a mão dele, entrelaçando os dedos de ambos.

— Quando estivemos juntos? – Sandora sugeriu, com voz suave.

— Sim – respondeu ele, com o coração acelerado. – E se você realmente falou sério quando disse que não estava interessada em retomar de onde paramos, acho melhor virar para o outro lado e ficar bem longe de mim.

Ela fechou os olhos e soltou um suspiro, antes de voltar a encará-lo.

— Esqueça o que eu disse antes. Tudo o que estou procurando é paz. E, neste momento, a única coisa capaz de me trazer isso... é você.

Morar em uma caverna tem suas vantagens, pensava Evander na manhã seguinte, olhando para as grossas paredes de pedra, que abafavam qualquer som e podiam proporcionar privacidade, bem como um sono tranquilo. Mas ele ainda preferia ser acordado pelos pássaros e pelos raios de sol entrando pelas frestas de sua tenda, no acampamento das montanhas. Pelo menos nos raros dias em que não tinha sido obrigado a acordar horas antes do amanhecer.

Ao se reunirem aos outros, ele se sentia renovado, afiado e cheio de energia. Sandora parecia mais maravilhosa do que nunca, exibindo aquele olhar atento e determinado que ele tanto gostava. A tensão que tinha persistido entre eles durante toda a viagem até ali tinha desaparecido completamente.

Leonel conversava com Jarim de forma entusiasmada. Todos os sinais da amnésia tinham desaparecido, o general parecia alerta e bem disposto, muito diferente do homem apático que tinham encontrado no dia anterior. No entanto, ainda estava bem diferente de antes. Movia-se mais lentamente, com mais esforço, e falava mais devagar, consequências do envelhecimento acelerado que tinha sofrido.

— Como você chegou até este lugar? Quero dizer, você não é exatamente o tipo de pessoa que gosta de ficar... – Leonel pensou um pouco, procurando a palavra mais adequada – confinado.

Jarim deu de ombros.

— Aperfeiçoei um pouco minhas técnicas e consegui criar geoportais. Isso me permitiu andar por aí.

— Faz sentido. Isso explica a comida que me serviu, que não poderia ter sido cultivada numa caverna.

Após cumprimentar os dois, Evander se dirigiu ao pai.

— Tem alguma ideia de por que o senhor foi transportado justamente para cá durante a confusão de Aldera?

Leonel apontou para Jarim.

— Provavelmente, por causa dele.

— Como assim? – Sandora estranhou.

— O tipo de flutuação que utilizamos para tirar as pessoas de Aldera tem algumas características peculiares. O destino do transporte é incerto, sendo afetado intensamente pelas emoções e pensamentos da pessoa que está sendo transportada.

Jarim olhou para ele com sua costumeira expressão carrancuda.

— Vai dizer que estava com saudades de mim?

— A Guarda Imperial estava reunida em uma missão para combater Donovan, então era impossível evitar a sensação de nostalgia. Eu gostaria que estivesse lá conosco. O fato de ter nos deixado daquela forma sempre me pareceu como uma ponta solta… um problema que eu nunca consegui resolver.

Evander olhou para Sandora e depois para Leonel novamente.

— Mas se isso é verdade, por que Sandora foi parar naquela pirâmide damariana?

Leonel olhou para ela, surpreso.

— Uma pirâmide?

— Sim – ela assentiu.

— Imagino que possa existir alguma ligação entre você e esse lugar, ou então entre você e alguém que estivesse lá.

Sandora balançou a cabeça.

— A única pessoa que tinha lá era… Gram.

— Precisamos trazê-lo de volta ao normal – concluiu Evander. – Ou, pelo menos, descobrir quem ele é.

Leonel quis saber mais detalhes e Sandora acabou por fazer um relato completo de sua incursão à pirâmide e seu encontro com o esqueleto animado que ela chamava de Gram, além das revelações do protetor sobre um certo santuário.

— Conheço algumas pessoas que se interessariam em ajudar você nessa busca – disse Leonel. – Mas para isso precisamos voltar para casa.

Sandora assentiu, antes de virar-se para Jarim, determinada.

— O senhor disse que queria nossa ajuda. Do que precisa?

— Tem uma coisa que preciso que peguem para mim.

Sem maiores explicações, Jarim Ludiana os levou até uma câmara que tinha várias armaduras e vestimentas especiais penduradas nas paredes. Escolheu uma para si e mandou que Leonel também vestisse uma delas.

— Então é isso o que você usa para vagar por aí, no meio da névoa? – Leonel perguntou, lembrando-se do traje similar que ele próprio tinha usado ao sobrevoar a província, tantos anos antes.

— Vocês dois chegaram até aqui sem proteção – disse Jarim, olhando para os mais jovens. – Mas se quiserem uma, é só escolher.

Sandora estudou as peças atentamente por um momento e balançou a cabeça.

— Essas coisas têm um campo de ruptura que diminui a eficiência da minha aura energética. E da sua também – ela olhou para Evander.

— Parece um mau negócio – concluiu ele. – Acho que se for só para andar pela névoa durante algum tempo, ficaremos melhor sem isso.

Leonel e Jarim colocaram armaduras similares, compostas por uma cota de malha coberta com placas de um metal escuro, além de elmos que pareciam feitos do mesmo metal.

Seguiram então por um túnel profundo e escuro por diversos minutos, até o ponto em que ele terminava de repente, em uma parede plana, com diversos símbolos e formas geométricas estilizadas em relevo.

— Então, isso é um geoportal? – Sandora se adiantou e analisou atentamente as inscrições.

"Geoportal" era o nome dado a uma estrutura mística que possuía efeitos similares aos de uma ponte de vento, mas que utilizava um tipo de flutuação muito diferente, mais instável e bem mais perigoso.

— Sigam-me – disse Jarim, tocando na parede e se concentrando por um instante, antes de se adiantar e passar através dela.

Os outros três o seguiram e se descobriram em outra caverna. A única iluminação que existia ali era o cristal de luz contínua que Jarim carregava, enquanto seguia em frente pelo caminho úmido e levemente malcheiroso, sem esperar por ninguém, o que fez com que os outros precisassem se apressar para alcançá-lo.

Havia névoa ali dentro. Bem menos concentrada do que a que tinham visto enquanto sobrevoavam Atalia, mas o suficiente para causar uma sensação incômoda em Evander.

Depois de vários minutos, chegaram até uma câmara grande, com teto muito alto, onde a maior parte das paredes era formada por rochas arredondadas e cobertas por manchas escuras.

Jarim parou ao lado de uma formação curiosa, uma pequena parte da parede que parecia ser feita de cristal transparente.

— Outro geoportal? – Leonel perguntou.

420

— Mas esse é bem diferente do outro – comentou Sandora.

— Cuidado – disse Jarim, segurando-a pelo braço para impedir que se aproximasse. – Esse é o portal da morte. A origem da névoa. Foi por aqui que Donovan trouxe a maldição para Verídia.

Leonel olhou para ele, espantado.

— Como descobriu isso?

— Anotações em um dos antigos esconderijos dele.

— Onde?

— Em Atalia.

— Entendo – concluiu Leonel, assentindo. – Nos locais que não pudemos investigar por causa da névoa. Nossos trajes de proteção não eram completamente seguros, então evitamos andar por aí.

— Essas armaduras dão proteção razoável por um bom tempo – respondeu Jarim, apontando para o portal. – Mas nunca consegui fortalecê-las o suficiente para resistir por mais que poucos instantes lá dentro.

O belator pressionou algumas saliências numa ordem específica e a parede de cristal se iluminou, uma imagem surgindo por trás dela aos poucos e se tornando cada vez mais nítida, até que a parede desaparecesse por completo.

Diante deles surgiu um cenário diferente, tropical e ensolarado. Apesar disso, a névoa púrpura cobria a tudo e era densa, bem mais do que as partes de Atalia que Evander já tinha visto. E, ao contrário de Atalia, aquele lugar parecia estar fervilhante de vida. Árvores, insetos e pássaros podiam ser vistos por todos os lados, bem como flores e frutos. A névoa ali também não era imóvel, estática. Ao invés disso, ela se movia o tempo todo, carregada por correntes de vento.

Evander arregalou os olhos.

— Isso é incrível! Mas é seguro abrir esse negócio? A névoa não vai invadir a caverna?

Jarim balançou a cabeça, negativamente.

— Quando... – disse Leonel, perplexo – quando foi que descobriu tudo isso?

— Anos atrás.

— E por que não pediu ajuda? Por que não me contatou?

— Eu queria fazer isso sozinho. *Precisava* fazer isso sozinho. Em mais uma ou duas décadas provavelmente eu conseguiria. Mas agora que vocês estão aqui, não vejo razão para esperar mais tanto tempo.

Ignorando a conversa, Sandora aproximou-se do portal, analisou os arredores por um instante, sentindo a energia no ar, e não percebendo nada muito diferente do usual, adiantou-se e atravessou a passagem, sendo imediatamente envolvida pela brisa que sacudiu seu manto e seus cabelos.

Leonel e Jarim olharam, surpresos, enquanto ela dava alguns passos e olhava ao redor, antes de voltar-se para eles.

Evander gostaria de ter a habilidade de desenhar ou pintar, para poder imortalizar aquele momento. Ela parecia tão esplendorosa ali, tão gloriosa, com aquele olhar firme, cercada pela névoa escarlate que, por mais mortal que fosse, era incapaz de afetá-la.

— Então é verdade mesmo – disse Jarim, satisfeito. – Vocês são imunes a essa coisa.

— Não por muito tempo – respondeu Sandora, fazendo um gesto para que Evander se aproximasse.

Ele deu alguns passos para juntar-se a ela e sentiu o ar espesso envolvê-lo, bem como a mudança brusca da temperatura, do frio glacial para o calor tropical. Outra coisa que dava para sentir claramente é que a névoa ali era muito mais forte, mais espessa e perigosa.

Segurando a mão de Sandora, ele sentiu as auras de ambos se combinando, fortalecendo-se. Eles se olharam por um momento e assentiram um para o outro. Enquanto estivessem juntos, sentiam que seriam capazes de fazer qualquer coisa.

Evander olhou para Jarim.

— Você disse que precisava que pegássemos algo para você. O que é?

O passeio pelo "mundo da névoa" não foi exatamente uma experiência agradável. Evander e Sandora foram atacados por diversas criaturas, que pareciam versões distorcidas de predadores que existiam nas florestas de Verídia, como tigres, linces e até mesmo falcões gigantes.

Como a proteção que tinham não durava por muito tempo, Leonel e Jarim não tiveram escolha além de ficarem esperando por eles na caverna.

Depois de mais de meia hora de exploração, finalmente encontraram o que Donovan descrevera em um dos diários que Jarim tinha encontrado: um pedestal sobre o qual havia uma estátua de cerca de 30 centímetros de altura, que retratava uma criatura que parecia um amálgama de um pássaro gigante com um leão. Parecia muito velha e desgastada. O mais interessante, no entanto, não era o formato da peça, mas o fato de que ela parecia atrair a brisa, como se estivesse aspirando o ar denso do local para dentro de si.

Olhando ao redor eles perceberam que existiam diversos outros pedestais espalhados por ali, com estátuas similares, mas com formas diferentes. Algumas delas, no entanto, ao invés de "aspirar" a névoa, expeliam-na.

Sem pensar muito em quem teria construído aquelas coisas ou por que, eles trataram de retirar logo a estátua falcão-leão do pedestal, o que necessitou de um bom esforço por causa do peso, muito maior do que era de se esperar para um objeto daquele tamanho, mesmo feito de pedra. Curiosamente, conseguiam tocar no objeto sem problemas. Ele absorvia a névoa arroxeada, mas parecia não fazer o mesmo com matéria física, apesar da corrente de ar que provocava.

Sandora abriu sua bolsa de fundo infinito, o que fez Evander arregalar os olhos.

— Podemos mesmo colocar essa coisa aí dentro? Isso não vai danificar a bolsa ou a estátua?

— As leis da física deste lugar são parecidas com as nossas, então vale a pena fazer um teste. É a maneira mais rápida de conseguirmos sair logo daqui com isso.

Após inserir e remover o objeto da bolsa algumas vezes sem problemas, Sandora o guardou uma última vez e fechou a bolsa, levantando-se.

— Vamos embora.

Vários minutos depois, foi com enorme alívio que ambos atravessaram novamente a passagem, juntando-se aos mais velhos.

Dentro da caverna, Sandora tirou novamente a estátua da bolsa.

— Deu certo! – Evander sorriu. – Conseguimos!

— Mas ela não está mais aspirando o ar – constatou Sandora.

— Não se preocupem com isso – disse Jarim, selando a abertura. – Está tudo de acordo com os pergaminhos. Vai dar certo.

Em seguida, ele e os levou até outra câmara, na qual havia um buraco no teto por onde entravam os pálidos raios do sol, iluminando uma plataforma esverdeava que ficava bem no centro do lugar.

— Para onde vamos agora? – Leonel perguntou, enquanto todos subiam ali e Jarim tirava um pergaminho do bolso.

— Para onde tudo começou – foi a resposta dele, antes de colocar o pergaminho no chão, ativando a ponte de vento.

No instante seguinte, estavam em meio a uma cena que parecia saída de um pesadelo.

Havia cadáveres por toda parte, em meio aos restos de construções que um dia deviam ter formado uma vila, mas que agora não passavam de pequenos amontoados de pedra e madeira. Havia uma floresta de árvores mortas ao redor, a maioria delas caída, com galhos secos espalhados por toda parte. Os corpos estavam ressecados, praticamente mumificados, alguns parcialmente enterrados no solo.

A neblina mortal dava a tudo uma coloração arroxeada, gerando uma sensação de irrealidade.

Evander e Sandora perceberam que aquela cena teve um impacto muito maior em Leonel e Jarim do que neles mesmos. Apesar disso, o general e o belator trataram de conter as emoções e se concentrar na tarefa que tinham para realizar.

Jarim olhou para Leonel.

— Você viu a estátua aquele dia, não viu? Onde ela estava?

Leonel guiou a todos até uma pilha de pedras. Com algum esforço, eles escavaram ali, removendo pedaços de paredes desabadas há décadas, até encontrarem uma passagem subterrânea.

Com dificuldade por causa da armadura, o general passou pela apertada abertura que conseguiram liberar e caminhou pelo velho túnel, sendo seguido de perto pelos outros.

Depois de alguns minutos chegavam ao riacho subterrâneo, onde todo aquele pesadelo tinha começado, tanto tempo atrás.

— A estátua estava naquela posição – disse Leonel, apontando na direção da outra margem do rio. – Depois que Donovan a ativou, ela caiu no rio e foi levada pela correnteza.

Sandora olhou para Leonel.

— Por que vocês não tentaram, simplesmente, destruir a estátua?

— Porque ela se dissolveu na água.

— Pelo que o maldito escreveu naqueles diários, o material das estátuas é altamente solúvel, mas, mesmo derretidas, elas continuam a expelir ou sugar a névoa – explicou Jarim. – O efeito só é extinto caso outra estátua de efeito oposto seja dissolvida junto com a primeira.

— Isso quer dizer que a névoa vai parar de ser criada quando os efeitos da estátua forem anulados – disse Sandora. – Mas e quanto à névoa que já está espalhada por aí?

— Donovan escreveu que, por essa névoa não ser natural no nosso mundo, depois de algum tempo ela desaparece, a menos que tenha uma estátua ativamente produzindo mais dela – explicou Jarim.

— Fico imaginando como o infeliz conseguiu descobrir isso tudo – resmungou Evander.

— Sacrificando as vidas de diversos ajudantes dele – respondeu Jarim, pegando algo de um compartimento especial no ventre de sua armadura. – Coloquem o artefato ali, perto da margem.

Sandora tirou a estátua de sua bolsa e a colocou no chão. No entanto, longe de sua terra natal, ela parecia ter perdido suas características e ficou parada, inerte.

— Acho que não está funcionando – falou Evander.

— Isso é porque não é assim que deveria funcionar – explicou Jarim, lançando um pó azulado sobre a estátua.

— E agora? – Sandora perguntou.

— Esperamos.

Depois de vários minutos, a estátua começou lentamente a escurecer, assumindo um tom arroxeado, até que começou a derreter, como se fosse uma enorme pedra de gelo.

Jarim adiantou-se e a empurrou com o pé, fazendo com que ela caísse no rio, desaparecendo em meio às águas.

— Agora o tempo deverá voltar a caminhar neste lugar – disse Jarim, olhando para a água com uma expressão estranha. – Finalmente, consegui me redimir. Minha missão está completa.

Leonel pousou a mão sobre o ombro dele.

— Amigo, você sabe que o tempo aqui nunca chegou realmente a parar, não sabe?

Jarim olhou para ele, franzindo o cenho.

— Do que está falando? Claro que parou, é só olhar lá fora!

— Jarim, isso não faz o menor sentido. É só olhar ao redor. Essa névoa não afeta o tempo, ela afeta a vida. Toda a vida deste lugar foi erradicada, não há emanações energéticas em parte alguma.

— Besteira! Está tudo ali: as pessoas, os animais! Tudo deve voltar ao normal agora que...

— Estão mortos, Jarim! – Leonel, praticamente, gritou. – Não há como voltarem ao normal. Todos eles se foram há quase duas décadas. Veja a situação das árvores, do solo, das construções. As marcas da passagem do tempo podem ser vistas por toda parte.

— Não! Você está errado! Você vai ver!

Jarim virou-se e saiu pela passagem de onde tinham vindo, continuando a falar, com ninguém em especial, enquanto se afastava.

Leonel olhou para o rio. A cor arroxeada da água estava se tornando mais clara no ponto em que a estátua tinha caído.

— Está funcionando.

— Sim, mas nesse ritmo, isso poderá levar um bom tempo – concluiu Sandora.

— Não deveríamos ter trazido mais estátuas? – Evander sugeriu.

— Não sabemos que efeitos isso poderia causar depois que não houvesse mais névoa para ser absorvida – respondeu Sandora.

— Exato – disse Leonel, olhando para ela, impressionado. A garota demonstrava um raro nível de maturidade e perspicácia.

— Nesse caso, não precisamos mais ficar por aqui – concluiu Evander.

— Não – disse Leonel, lançando um último olhar ao redor. Um detalhe chamou sua atenção, mas decidiu deixar para se preocupar com aquilo depois. – Vamos embora.

Quando voltaram à velha vila, não havia sinal de Jarim em parte alguma. Sandora adiantou-se e tocou na plataforma de vento.

— Acabou de ser utilizada. Ele foi embora e nos deixou aqui.

— Joanson me disse que você é capaz de acionar isso sem pergaminhos – argumentou Leonel. – Consegue nos levar de volta para a caverna?

— Não. Ignoro onde fica aquele lugar e não tive oportunidade de estudar a ponte por onde viemos.

Evander franziu o cenho.

— Não consegue usar as coordenadas do último transporte?

Sandora balançou a cabeça, levantando-se.

— Não dá para detectar isso sem equipamento adequado. – Ela olhou para Leonel. – O senhor conhece este local. A que distância estamos do paredão?

— Longe. Muito longe. Estamos, praticamente, no centro da província. Uma montaria alada levaria mais de quatro horas para chegar até a caverna de Jarim.

Evander cruzou os braços.

— O que faremos? Já estamos aqui há um tempão. Não dá para ficar de bobeira na névoa para sempre.

— Vamos sair daqui – decidiu Leonel.

— E quanto a Jarim? – Sandora perguntou.

Leonel apertou os lábios antes de responder.

— Não sei se tem algo que possamos fazer por ele agora. Não depois de tantos anos de culpa e ressentimento. Virei procurá-lo depois.

Sandora abaixou-se e tocou novamente a plataforma.

— Para onde, então?

— Algum local isolado seria o ideal – respondeu Leonel. – Precisaremos nos descontaminar antes de poder voltar à civilização.

— Então vamos voltar para aquela ilha – sugeriu Evander.

— Muito bem – disse ela, acionando a ponte.

Leonel afirmou que era melhor eles passarem a noite na ilha, de forma a terem certeza de que o agente contaminante da névoa tivesse se dissipado antes que pudessem ter contato com outras pessoas.

Após se livrar da armadura e tomar um banho de mar, o general encontrou um lugar tranquilo no topo de uma elevação, onde se sentou e ficou olhando para as ondas.

— Tudo bem com o senhor? – Evander perguntou, aproximando-se.

— Sim. Estou tentando decidir o que fazer a seguir. Aquele encantamento parece ter me envelhecido uns trinta anos, sinto-me como se não fosse mais eu mesmo.

— O senhor tem alguma ideia de como poderemos derrotar Narode?

— Considerando o poder que ele possui agora, isso será difícil. Precisarei de ajuda.

— Sabe que pode contar conosco, não sabe?

Leonel olhou para ele.

— Sim, filho. Mas no momento preciso me concentrar para pensar em um plano. Por que não vai fazer companhia a Sandora? Nos vemos amanhã de manhã.

— Sim, senhor. Boa noite, pai.

— Boa noite, filho – respondeu Leonel, voltando a olhar para as ondas.

Voltando até Sandora, que terminava de montar a tenda, enquanto olhava para ele com expressão indagadora.

— O general não vem?

Evander deu de ombros.

— Ele quer passar a noite sozinho, disse que precisa pensar. E quanto a essa barraca? – Ele apontou para a tenda e fingiu uma expressão de desapontamento. – Achei que íamos dormir sob a luz das estrelas hoje.

— Tenho outros planos – disse ela, empurrando-o para dentro. – E que exigem privacidade.

Na manhã seguinte, Sandora estava enchendo seu cantil na única fonte de água potável da ilha quando estacou de repente, empalidecendo. Aquela sensação… Não podia ser o que estava pensando, podia? Era impossível, ela ainda não tinha nem mesmo completado dezoito anos! Tinha que ter outra explicação.

Então, um súbito pânico se abateu sobre ela e Sandora se viu fazendo aquilo que jurou que nunca mais voltaria a fazer: chorar.

Enquanto isso, em outra parte da ilha, pai e filho conversavam.

— Luma Toniato? – Evander franziu o cenho. – Acha que ela pode nos ajudar? Mas ela também estava em Aldera junto com o resto da Guarda, não estava? Como vamos saber onde procurá-la?

— Eu tenho um palpite.

Evander suspirou.

— Mesmo com a ajuda dela, confrontar Narode... vai ser uma batalha difícil, não vai?

— Provavelmente. Mas você irá se sair bem. Se as coisas se complicarem, use aquela mesma estratégia que você empregou no torneio. Narode tem tendência a ser arrogante e imprudente, principalmente se achar que não tem como perder.

Evander olhou para o pai, espantado.

— Não sabia que o senhor tinha procurado saber sobre o torneio.

— Eu estava lá, Evander. Vi tudo o que aconteceu.

— Mas onde...? Eu lembro bem, o senhor não foi. O capitão disse que estava em missão.

— Minha missão era proteger o torneio.

— O quê?!

Leonel suspirou.

— Na época eu não tinha nenhuma evidência concreta. Os outros membros da Guarda me chamavam de paranoico. Mas eu não conseguia me livrar da impressão de que tinha algo errado e que você estava correndo perigo. Então tomei algumas providências, incluindo sobrevoar a arena atrás de um campo de ocultação. No fim, nada de ruim aconteceu, felizmente.

— Exceto pelo fato de o senhor nunca ter me contado que estava lá.

— Sinto muito por isso.

Sandora se aproximou deles. Usava o capuz para se proteger da leve garoa, o que ocultava boa parte de seu rosto, mas para Evander, ela parecia magnífica de qualquer forma.

A expressão determinada que podia perceber na maneira como ela apertava os lábios lhe indicava que estava pronta para ir.

Sabendo que ele estava sendo procurado pelo Exército Imperial, Sandora ajudou Evander a fazer modificações nos construtos energéticos que formavam seus trajes, com a intenção de torná-los mais discretos. Apesar de ele, assim como ela, conseguir manter os construtos sem nenhum esforço consciente, a afinidade dele não era, nem de longe, suficiente para que conseguisse modificar a própria aparência sem ajuda.

Leonel, por sua vez, não precisaria de disfarce, graças ao envelhecimento acelerado que tinha sofrido.

Assim, Sandora os levou até a cidade chamada Vale Azul. Lá, poderiam encontrar suprimentos e pergaminhos para os levarem até as proximidades do refúgio onde o professor Isidro e os outros deviam estar.

Antes que Evander pudesse sair da plataforma de vento, ela o agarrou pelo braço. Os olhos dela ainda estavam ocultos pelo capuz.

— Estou indo embora.

Aquilo foi como um soco no estômago dele.

— O quê?! Mas por quê?

— Já cumpri o que tinha prometido. Ajudei a encontrar o seu pai e a trazê-lo de volta. Também consegui as informações que eu queria, então estamos quites.

Leonel afastou-se um pouco, para dar um pouco de privacidade ao casal.

— Mas como assim? E quanto a... – Evander olhou ao redor e baixou a voz, antes que fizesse alguma bobagem, como dizer o nome de Narode em voz alta. – E quanto ao resto? Precisamos deter o coronel! Ele é o responsável por tudo, ele é quem estava dando ordens a Donovan o tempo todo.

— Isso não me diz respeito, Evander. Não mais.

— Como não?!

— Tudo o que eu quero é paz. E já a encontrei. Os atos de Donovan ou desse coronel não mais me afetam. Quem aparentemente ainda tem contas a acertar é você.

— É claro que eu tenho! Eu te contei tudo naquela noite... espere! Foi para isso que você quis que voltássemos a ficar juntos? Para ter "paz"? E só?

Ela virou as costas para ele, sem responder. Foi a vez de ele agarrá-la pelo braço.

— Então é isso? Teve o suficiente de mim e agora não está mais interessada?

— Pense o que quiser – respondeu ela, puxando o braço e dando-lhe um empurrão.

Surpreso, ele cambaleou alguns passos para trás, até recuperar o equilíbrio. Foi todo o tempo que ela precisou para abaixar-se e ativar a ponte de vento, desaparecendo da vida dele pela segunda vez.

Ele apertou os punhos e olhou para o céu, frustrado.

— Eu não acredito nisso!

Leonel aproximou-se e colocou a mão no ombro dele, mas aquilo não era um grande consolo no momento. Dessa vez ela não tinha deixado nada, nenhum pergaminho, nenhuma promessa, nenhum ponto de referência. Provavelmente, nunca mais conseguiria encontrá-la.

Capítulo 26:
Consolo

O esconderijo de Isidro era um velho castelo próximo à fronteira de Mesembria com a Província Central. Aquele lugar tinha sido um ponto estratégico durante a Guerra da Unificação e era um dos poucos que ainda estava em boas condições de uso, graças a uma excêntrica e abastada família que tinha uma forte ligação emocional com a construção e havia gastado uma verdadeira fortuna com a manutenção dela.

Idan e Lucine ficaram preocupados ao verem o estado emocional de Evander.

— Deixe-me adivinhar — foi a primeira coisa que Lucine disse. – Ela dispensou você de novo, não foi?

Evander olhou para ela com expressão de derrota, mas não disse nada.

— Você precisa cuidar melhor de si mesmo, amigo — disse Idan.

— Ele precisa é deixar de ser idiota!

— Não acha que está sendo um pouco… radical? - Idan retrucou.

— Não, não acho. É só a verdade. – Ela virou-se para Evander. – Então, vejo que, apesar das armadas daquela bruxa, você conseguiu trazer seu pai de volta, o que não deixa de ser uma proeza e tanto. E agora, qual é o plano?

Evander olhou para ela por um longo momento. Prática, direta e sem rodeios, como sempre. Era bom estar de volta. Apesar do enorme buraco que parecia haver em seu peito no lugar onde deveria estar o coração, ele estava feliz por estar com seus amigos de novo.

— O plano se chama "elaborar um plano" – respondeu ele, o que fez Lucine franzir a testa e Idan cair na risada. – Começaremos com uma pequena missão de resgate.

Lucine estreitou os olhos.

— De quem?

Evander olhou na direção do pai, que conversava com o professor Isidro e com os demais oficiais, recebendo as últimas notícias sobre a situação da província e sobre os movimentos de Narode.

Como se notasse que estava sendo observado, Leonel se virou na direção deles e fez um gesto pedindo que se aproximassem.

— Acho que vou deixar o general explicar isso – disse Evander a Lucine. – Vamos lá, acho que ele tem uma pequena história para nos contar.

Dirigiram-se todos para o salão principal do castelo, que possuía diversas tábuas dispostas sobre cavaletes, formando mesas compridas e rústicas, bem típicas de épocas passadas. As quase cinquenta pessoas presentes se acomodaram pelos bancos enquanto Leonel se posicionou na frente da grande e imponente cadeira estofada que ficava sobre um tablado, com aparência similar à de um imponente trono.

Evander preferiu ficar junto à parede, um pouco afastado dos demais. Idan e Lucine se posicionaram um de cada lado dele, o que o fez olhar para eles com uma expressão irônica.

— Qual é a de vocês? Estão bancando os guarda-costas agora?

Lucine fez cara feia para ele.

— Cale-se. Você faz alguma idiotice toda vez que tiro os olhos de você, então agora vou ficar sempre por perto.

Ele riu.

— Acho que isso vai ser interessante.

Idan olhou de um para o outro e balançou a cabeça, divertido.

Leonel Nostarius olhou para as pessoas diante dele, pensativo. Toda aquela gente tinha uma coisa em comum: de alguma forma, tinham resistido ao controle do autoproclamado general Narode e estavam sendo caçados por isso. Aquele grupo podia ser a última resistência da Província Central. Era impossível prever o que aconteceria se deixassem que seu antigo aliado continuasse a dominar as pessoas daquela forma. Precisavam se unir, dedicar-se a uma causa em comum. Essa era a única forma de permanecerem livres.

— Agradeço a todos por me dedicarem alguns minutos de sua atenção.

Sua voz não era mais a mesma. Agora estava mais fraca, um pouco anasalada, levemente hesitante. Felizmente, os presentes pareciam não se importar com aquele fato e fizeram silêncio imediatamente, olhando para ele com diversos graus de expectativa.

Era hora de começar do início.

— Muitos anos atrás, eu passei por algumas provações bastante… difíceis. Perdi toda a minha família durante a guerra, e muita da minha determinação e vontade de viver também. Foi então que surgiu um amigo inesperado, alguém que me apoiou e me convenceu de que a atitude mais lógica a tomar diante de tudo o que tinha me acontecido era lutar para impedir que outras pessoas passassem pela mesma coisa. Mas ele não se contentou em simplesmente me apontar a direção. Ele decidiu me acompanhar, estar sempre por perto para caso eu precisasse dele. E é graças a essa pessoa que eu fui capaz de me tornar o homem que sou hoje, de ter realizado tantas coisas em minha vida.

"Estivemos juntos desde então, como amigos, parceiros, aliados. Provavelmente, nunca saberemos quando as coisas começaram a dar errado, mas em certo momento, sem que eu percebesse, algo maligno se infiltrou no coração do meu amigo. Um ressentimento perigoso começou a se formar e a crescer.

"Demétrio Narode pode ter dominado Aurora, Talas e a maior parte das principais cidades da província há poucas semanas, mas, na verdade, a semente da vilania foi plantada muito, muito tempo atrás.

"Desde a infância, ele tem uma habilidade natural que permite manipular as emoções das pessoas. Nada muito poderoso, funciona como uma espécie de sugestão hipnótica e geralmente tem curta duração. No entanto ele conseguiu usar isso para convencer um velho oficial e herói de guerra, combalido e desiludido depois de tantas batalhas, a partir numa cruzada insana. E os resultados diretos disso foram a destruição da província de Atalia, bem como a recente tragédia de Aldera".

Os presentes soltaram um coro de exclamações de surpresa. Como aquilo podia ser verdade?

— Sim. Donovan Veridis, o herói que usava com orgulho o nome do Império como sobrenome, foi manipulado a ponto de perder a razão e se tornar um dos maiores genocidas da nossa história. Ele também foi, a mando de Narode, o responsável pela onda de monstros que invadiram o país nos últimos meses.

"Não consigo pensar em outra explicação para as ações de Narode que não seja a pura e simples insanidade.

"Descobrimos recentemente que, há quase 20 anos atrás, enquanto a Guarda Imperial estava concentrada na resolução de um determinado problema, ele conseguiu uma forma de absorver energia de certo local e, de uma forma bizarra, ampliou suas habilidades, graças a um tipo de poder que não existe no nosso mundo. Depois disso, ele passou anos se aprimorando, manipulando a tudo e a todos ao seu redor.

"Mas havia um porém: nem todas as pessoas podiam ser controladas pelo poder dele. Eu era uma delas, assim como meu filho. Isso fez com que ele adquirisse uma animosidade perigosa em relação a nós, criando uma série de armadilhas e provocando acidentes que poderiam ter sido mortais, mas que, por diversas circunstâncias e pela intervenção de forças inesperadas, acabaram fracassando em seu objetivo.

"Um outro homem também era imune ao controle dele, graças aos poderes divinos que possuía: Sileno Caraman. E esse, meus amigos, é o motivo do imperador não estar mais entre nós".

Aquilo transformou o salão numa enorme confusão, com as pessoas soltando exclamações de surpresa, incredulidade e de raiva. Como Leonel podia acusar alguém daquela forma?

— Eu tenho provas. – Leonel levantou um maço de papéis, fazendo com que o salão voltasse a ficar em silêncio. – Destino similar ao do imperador se abateria sobre a sucessora do trono, Valena Delafortuna, se ela não tivesse encontrado uma maneira de escapar do ataque que sofreu em Aurora. No momento ignoramos o paradeiro dela, mas temos informações confiáveis de que está viva e bem.

Aquela informação teve um surpreendente efeito tranquilizador sobre os presentes. Evander, por outro lado, lembrou-se de que não havia ainda contado ao pai que sabia onde Valena estava. Precisavam conversar. Sobre diversas coisas.

— Acredito que, apesar de nunca ter estado sob o controle direto dele, aqueles poderes me afetavam de alguma forma, pois levei muito tempo para perceber que tinha algo de errado. Tempo demais. Quando Narode percebeu que eu estava desconfiado, forjou o próprio sequestro e chegou a ordenar que o torturassem até ficar próximo da morte. Tudo para tornar convincente a farsa de que ele é quem tinha passado todo aquele tempo sob o domínio de alguém.

Outra onda de murmúrios. Aquilo parecia inacreditável. Por que, com todo aquele poder, Narode precisaria fazer tudo aquilo?

— Não tenho explicação para isso. Tudo o que estou relatando são fatos cujas evidências descobrimos recentemente, pouco antes do desastre de Aldera. Um desastre que, até onde sabemos, teve o único objetivo de neutralizar aqueles que Narode considerava a maior ameaça aos seus planos: a Guarda Imperial.

"Este, meus amigos, é o homem contra o qual vamos lutar. Um assassino impiedoso, sem nenhum respeito pela vida ou pelos sentimentos de quem quer que seja. Alguém que não se importa de matar milhões de pessoas, desde que isso o aproxime de seus objetivos insanos. Alguém que extraiu energias perigosas de outros mundos para aumentar seus próprios poderes a um nível inimaginável".

Sinais de medo e descrença podiam ser claramente percebidos nas expressões das pessoas.

— Isso pode parecer uma situação impossível, mas, se há algo sobre mim que qualquer pessoa que me conhece pode confirmar, é que eu nunca me envolvo em batalhas inúteis. Posso afirmar com certeza que o perigo em que nos encontramos servirá apenas para tornar nossa vitória ainda mais gloriosa.

As pessoas piscaram e olharam umas para as outras, aturdidas. Mas como?

— Demétrio Narode obteve seus atuais poderes por processos alquímicos. Felizmente, temos do nosso lado a maior alquimista que o Império já teve durante toda sua história. Uma alquimista que está familiarizada com as frequências energéticas que Narode usa, e que já sabe como neutralizá-lo. Tudo o que eu peço, meus amigos, é que permaneçam firmes e protejam este lugar. Vou liderar um pequeno grupo para buscar Luma Toniato, general da divisão do Exército das Montanhas Rochosas e membro da Guarda Imperial. Assim que voltarmos com ela, nossa vitória estará garantida.

◆ ◆ ◆

Após organizar uma estratégia de defesa para o castelo usando todas as pessoas disponíveis, exceto por Evander e seus amigos, Leonel pediu ao filho que o acompanhasse até o topo da grande muralha que cercava a construção. Havia guardas de prontidão em todas as torres, mas nenhum deles conseguiria ouvir o que falassem ali.

Evander se debruçou sobre a amurada, entre as ameias, e olhou para a paisagem diante dele sem muito interesse, enquanto soltava um suspiro desanimado.

— Aquele foi um discurso e tanto, pai, mas não sei se as pessoas ficaram muito convencidas.

— Não falei nada além da verdade. – Leonel se aproximou do filho e olhou para a imensidão verde por um momento. – Mas não foi por isso que o chamei até aqui. Eu não tinha intenção de me intrometer em seus assuntos, no entanto, você me parece estar reagindo de uma forma um tanto inadequada à situação.

Evander encarou o pai, franzindo o cenho.

— Como é que é?!

— O que pretende fazer em relação a Sandora?

Surpreso, Evander demorou um pouco para conseguir responder.

— Até parece que tenho alguma escolha em relação a isso. Ela decidiu seguir o caminho dela. Sozinha. E de novo. E dessa vez não deixou nenhuma pista que eu pudesse seguir.

— Você ainda não se deu conta de que ela está com um problema?

Evander arregalou os olhos.

— Hã? Como assim? Que problema?

— Não percebeu nada de diferente na forma como ela agiu desde a manhã?

Evander voltou a encarar a paisagem à frente dele, sem vê-la. Sandora tinha agido de forma estranha? Ele não saberia dizer. Depois de tantas coisas que tinham acontecido nos últimos dias – e noites – ele estivera num estado bastante incomum de alegria, empolgação e satisfação. Por isso o baque tinha sido tão grande quando ela anunciou que estava indo embora. Mas agora que o pai tinha chamado a atenção para aquilo, ele percebeu que ela realmente estivera mais séria e introspectiva do que o normal. Um contraste grande, inclusive, com o comportamento dela na noite anterior.

— Mas que tipo de problema poderia ter acontecido? Ela estava tão feliz quanto eu quando nos levantamos de manhã.

— Tem certeza de que ela não disse ou sugeriu nada?

— Não sei. – Frustrado, Evander levou a mão à testa e balançou a cabeça, enquanto fechava os olhos com força. – Droga, não consigo nem pensar direito. Queria ser como o senhor, poder deixar as emoções de lado e racionar com clareza.

— Isso não seria tão útil quanto você parece estar pensando. O raciocínio lógico pode ajudar a resolver problemas, mas foram as minhas emoções, a maioria delas despertadas por sua causa, que nos mantiveram vivos durante esses anos todos.

Surpreso, Evander voltou a encarar o pai.

— Como assim?

— Emoções nos fazem seguir em frente, nos dão incentivo a percorrer caminhos que nem sempre fazem sentido, mas que muitas vezes podem ser bastante gratificantes. Se não fosse por causa delas, eu nunca teria acreditado que havia alguém conspirando contra nós esse tempo todo e não tomaria as precauções que tomei. Teria sido manipulado, assim como os demais membros da Guarda Imperial o foram. Tragédias teriam acontecido e eu acreditaria que era tudo obra do acaso. – Leonel fez uma pausa e pensou um pouco, antes de suspirar e voltar a falar. – Quando Narode fingiu ter sido sequestrado e quase morto, não havia nenhuma razão lógica para duvidar dele, pois todas as peças se encaixavam com precisão. Mas eu estava preocupado demais com o fato de ter enviado você para aquela missão em Lemoran. Aquilo me deixou desconfiado, me fez duvidar do meu próprio raciocínio. E, no final, isso acabou me fazendo tomar decisões acertadas. Nunca teríamos sobrevivido ao desastre de Aldera se não fosse por causa disso.

Evander recostou-se na amurada de pedra e cruzou os braços.

— Me diga uma coisa, o senhor não sentia nada mesmo? Nem pela mamãe?

— Não mais do que um homem qualquer sentiria por uma mulher consideravelmente atraente.

— Mas ela sempre me pareceu tão… feliz.

Leonel sorriu.

— Felizmente, ela não era uma pessoa difícil de agradar. Ela sabia do meu problema o tempo inteiro e decidiu se casar comigo mesmo assim.

Evander se lembrou de outro mistério.

— E quanto ao meu bastão, quero dizer, o bastão *dela*?

— O que tem ele?

— Não era uma arma física? Eu lembro muito bem de quando minha mãe o passou para mim. Eu o guardava numa bolsa o tempo todo. Como ele pode ter vindo a se tornar um… construto?

— Talvez você tenha absorvido a essência dele.

Evander franziu o cenho.

— Como assim?

— Eu pensei nisso quando me mostrou o construto da águia imperial. Aquilo não é apenas uma réplica da forma gigante da águia, é exatamente a mesma emanação gerada pelo animal. Você parece ter duplicado as habilidades do pássaro, então é bem possível que tenha feito isso também com a arma.

— Mas se eu aprendi a replicar o bastão, onde está o original?

— Existem alguns casos documentados de armas místicas que foram absorvidas por seus usuários, ambos se fundindo de forma inseparável. Geralmente, quando isso ocorre, a arma perde sua manifestação física original.

— É possível isso acontecer sem que ninguém perceba?

— Nada é absolutamente impossível.

Evander notou que, ao dizer aquilo, o pai olhava para o firmamento com uma expressão pensativa, distante. Talvez fosse melhor mudar de assunto.

— O senhor sabe mesmo onde encontrar a general Toniato?

— Sim.

— Mas como? Ela pode estar em qualquer lugar.

Leonel encarou o filho, sério.

— Uma coisa que você já deveria ter percebido é que grandes poderes geralmente trazem grandes problemas.

Leonel desembainhou sua espada e olhou para ela por um instante. Então, sem nenhuma cerimônia, arremessou-a por sobre a amurada. Evander se debruçou entre as ameias e olhou para baixo, vendo a arma emitir um brilho e desaparecer pouco antes de atingir o chão. Então ele se voltou para o pai e viu a arma surgir novamente na mão dele.

— E alguns problemas – continuou Leonel, voltando a embainhar a espada – nunca nos abandonam, por mais que tentemos nos livrar ou nos esquecer deles.

Evander encarou o pai, estarrecido.

— Essa arma é amaldiçoada?

— Infelizmente, não é tão simples assim. Mas minha espada não vem ao caso agora. Isso foi só um exemplo. Vamos pensar em outra coisa: Sandora é uma moça muito jovem, mesmo assim já carrega nos ombros o peso de uma terrível tragédia.

— Está falando de Aldera? Mas aquilo não foi culpa dela!

— Acha mesmo que isso faz alguma diferença para ela?

Evander pensou um pouco e acabou assentindo.

— Tem razão, acho que não. Ela tem pesadelos por causa daquilo.

— Eu, que tenho meus sentimentos quase neutralizados pela minha condição, fui levado pelo teleporte até Jarim. – A voz de Leonel agora estava baixa, preocupada. – Considerando isso, acredito que só existe um lugar onde Luma pode estar. O lugar onde ela mais sofreu. O lugar onde a tragédia da vida dela foi revelada.

— A julgar por sua expressão, não parece ser um lugar agradável.

— Estaria disposto a arriscar a vida por um palpite do seu velho pai?

— Claro que sim. Não precisa nem perguntar.

— Ótimo. Porque a ligação emocional que temos pode ser a chave para o resgate dela. Seus amigos também poderão ajudar.

— Por isso o senhor não quis destacar nenhum de nós três para fazer a segurança do castelo.

— Isso mesmo.

Evander se endireitou.

— Nesse caso, vamos falar com eles, assim o senhor explica o plano a todos de uma vez só.

— Antes de irmos, me diga: o que pretende fazer em relação a Sandora?

Sentindo novamente o peito apertado, Evander voltou a recostar-se e a cruzar os braços.

— Não acho que tenha muita coisa que eu possa fazer. Quer dizer… Eu queria que ela confiasse mais em mim, mas…

— Por tudo o que eu conheço da história dela, você foi a pessoa com a qual ela teve a ligação emocional mais intensa. Acredito que depois dos meses que passaram juntos, você a conhece melhor do que ninguém.

— O que não é muito difícil, já que ela não tem muitos amigos…

— O que você acha que ela faria quando soubesse de algo chocante ou assustador, algo que ela tivesse problemas para lidar?

Evander suspirou, frustrado.

— Eu não sei!

— Pense.

— Como se isso fosse fácil! Eu… – Ele arregalou os olhos de repente. – Espere… eu já a vi passar por algo assim antes!

— É mesmo? E nessa situação, o que ela fez?

— Ela se isolou e passou um tempo, sozinha, até conseguir lidar com o problema, depois voltou. E ainda mais poderosa e confiante do que antes.

— Então essa é a sua resposta.

Uma sensação imensa de alívio fez com que Evander fechasse os olhos e suspirasse.

— Certo. Paciência. Ela precisa de espaço e eu de paciência. Muito bem, isso faz todo o sentido. Ela é inteligente e não faz nada apenas por capricho. E eu… acho que eu agi como um idiota quando falei com ela.

— Aconselho que vá se acostumando. Sentir-se como um idiota é um algo relativamente comum entre pessoas comprometidas.

Evander olhou estarrecido para o pai por um momento e depois caiu na risada.

— O senhor fez uma piada! Pela Fênix, achei que nunca presenciaria isso na minha vida!

Leonel analisou atentamente a expressão no rosto do filho e assentiu, sorrindo.

— Vejo que já se sente melhor.

— Sim, muito melhor. Obrigado.

— Escute – Leonel ficou sério. – Não tenho mais minha antiga força e vitalidade, por isso não serei capaz de lutar. Isso me deixa muito desconfortável porque essa é a minha batalha e sou obrigado a…

— Tudo bem, pai, pode deixar comigo. Depois do que Narode me fez, prisão, corte marcial, virar fugitivo… Pode ter certeza de que estou mais do que disposto a ir até o fim. Além disso, as suas batalhas são minhas também. Sinto muito que as circunstâncias me levaram a duvidar do senhor antes, mas isso não acontecerá mais.

◆ ◆ ◆

Aquele era um lugar perturbador. Havia uma infinidade do que pareciam ser troncos de árvore espalhados por toda parte, alguns ainda firmemente cravados no solo, mas a maioria espalhada pelo chão seco e arenoso. Tudo indicava que um dia havia existido uma grande floresta ali, mas ela havia sido soterrada por algum desastre natural, o que fez com que tudo fosse petrificado. Estruturas menores, como folhas e galhos, não mais existiam, apenas os troncos mais grossos, agora transformados em pedra, haviam sobrevivido à passagem dos milênios.

O céu coberto por grossas e escuras nuvens e o clima bastante frio davam um aspecto ainda mais desolador ao ambiente.

— E eu pensando que por esses lados só existia gelo – comentou Evander, enquanto seguia o pai.

— A maioria das pessoas pensa assim – respondeu Leonel, lançando um olhar de aviso para o filho e para seus amigos. – E seria interessante se continuassem ignorantes da existência deste vale.

— Sim, senhor – responderam Idan, Lucine e Evander, ao mesmo tempo.

Ocasionalmente, algumas formas curiosas apareciam por entre os troncos petrificados, mostrando que uma civilização humana havia habitado por ali muito tempo atrás. Havia pequenas construções em ruínas, estruturas em pedra que pareciam ser altares ritualísticos e algumas outras coisas difíceis de identificar, esculpidas em pedras e troncos petrificados, a maioria bastante danificada pela ação dos elementos.

— O que, exatamente, é este lugar? – Idan perguntou, curioso.

— Mais adiante está a porta de entrada para o que algumas pessoas chamam de "o mundo dos deuses" – respondeu Leonel. – É a fonte do poder de controle mental de Narode.

Aquilo fez com que Idan, Lucine e Evander se entreolhassem, surpresos.

— Destruir essa porta não resolveria nossos problemas? – Evander perguntou.

— Mesmo que isso fosse possível, acredito que não teria nenhum efeito.

— E podemos usar algo desse lugar contra ele de alguma forma?

— Eu não sei. Mas a pessoa que viemos buscar sabe.

— "Mundo dos deuses" – disse Idan, pensativo. – Qual a razão desse nome?

— Ninguém sabe ao certo – respondeu Leonel. – Há registros indicando alguma ligação entre o lugar e uma das entidades que foi derrotada pela Grande Fênix séculos atrás. Alguns acreditam que ela tenha criado esse espaço dimensional para se esconder. Outros afirmam que a dimensão, na verdade, é a própria entidade, condenada a viver à parte do mundo real.

— Sou só eu que estou sentindo arrepios com essa conversa? – Evander brincou. – O que, raios, vamos precisar enfrentar lá dentro?

— As energias de lá podem detectar pensamentos e torná-los realidade.

Os três jovens se entreolharam de novo.

— Isso está ficando cada vez melhor – disse Evander. – Vamos sofrer ataques mentais?

— Se esse for o seu maior medo, é uma possibilidade. Mas o lugar não afeta só a mente. Lá dentro, coisas e lugares se materializam e se tornam reais. *Muito* reais.

— Mas o senhor tem algum plano?

— Sim. Sua aura de proteção deve lhe conceder imunidade.

— E o senhor pensa isso por…?

— Porque Narode nunca conseguiu controlar você.

— Ah, entendi – disse Idan, animado. – A energia daqui é a mesma que o vilão usa, então, se você é imune ao poder dele...

— Certo – disse Evander, franzindo o cenho. – Mas isso ainda me parece um chute no escuro.

Leonel olhou para ele.

— Eu nunca ocultei o fato de que seria arriscado. Se não estiver disposto, não precisa me acompanhar.

— Há... desculpe, não foi bem isso que eu quis dizer. É que a ideia de entrar em um lugar imprevisível como esse... e dessa maneira... não combina muito com o senhor, eu acho.

— Talvez ele tenha passado muito tempo com você – alfinetou Lucine, fazendo com que Idan risse.

— Não temos mais tempo – disse Leonel, antes que Evander pudesse retrucar. – Por precaução, tentem se concentrar apenas no resgate e não pensar em mais nada. Precisamos limpar a mente.

Depois de tantos anos, Leonel não se lembrava direito da técnica de concentração adequada para aquela situação e lamentou o fato de Lutamar Romera não estar ali. Mesmo com todos os atritos que ocorreram entre seus membros, a Guarda Imperial sempre se manteve unida, com um ajudando ao outro. O fato de estarem sem contato gerava uma sensação frustrante. Aquilo era um tanto estranho, pois Leonel não se lembrava de já ter se sentido daquela forma antes em relação aos velhos aliados.

Uma grande pedra, cheia de desenhos e inscrições em uma língua desconhecida, chamava a atenção mais adiante, cercada por um grande círculo de pedras menores, que também apresentavam sinais de gravações, mas que estavam gastas demais pela passagem do tempo.

— Aquele é o obelisco que marca a entrada. Preparem-se – disse Leonel, agarrando um pequeno pedregulho do chão e, para a surpresa de todos, atirando-o com toda a força que seus velhos músculos lhe permitiam contra a grande rocha.

Um brilho esverdeado se formou, abrindo uma espécie de porta transparente logo à frente do obelisco. A abertura não permitia ver nada além de pontos brilhantes que lembravam um céu estrelado.

Evander olhou para o pai de cenho franzido.

— É assim que essa coisa funciona? Na base da pancada?

— Não exatamente, mas podemos conversar sobre isso depois. Vamos.

Sem hesitação, Leonel passou pela abertura e desapareceu entre o brilho esverdeado. Evander trocou um olhar sério com Lucine e Idan, ao que eles assentiram. Então ele foi atrás do pai, seguido de perto pelos outros dois.

Dessa forma, eles se viram no interior do pesadelo conhecido como "o mundo dos deuses".

♦ ♦ ♦

A capitã Laina Imelde estendeu um pedaço de tecido branco ao aspirante Alvor Sigournei.

— É sua deixa.

— Por que tem que ser eu?

— Para que se lembre das consequências na próxima vez que se sentir tentado a apostar algo comigo.

O arqueiro pegou o pano, resignado, e o amarrou na ponta de uma flecha, antes de começar a balançá-la no ar, como uma espécie de bandeira branca improvisada. Então ele saiu andando na direção do velho castelo, sendo seguido de perto pelos outros.

— Há conjuradores muito bem posicionados sobre as muralhas, parece que estão prontos para combater um exército – disse o coronel Viriel Camiro.

— Vamos esperar que alguém nos reconheça e decida conversar antes de nos reduzirem a cinzas – comentou a sargento Loren Giorane.

No castelo, o professor Isidro subiu até o topo da torre e olhou com uma luneta na direção apontada pelo sentinela. Então franziu o cenho.

— Soe o alarme, coloque todos de prontidão.

Liderados por Alvor, o pequeno grupo conseguiu chegar a cerca de 50 metros de distância do castelo antes de o portão se abrir e de dezenas de homens e mulheres armados aparecerem, olhando para eles com expressões ameaçadoras.

Laina levantou os braços e posicionou-se diante dos outros.

— Viemos em paz.

O professor Isidro adiantou-se, colocando-se entre seus homens.

— Coronel Camiro. O que quer aqui?

Viriel se adiantou, também levantando as mãos.

— Não queremos lutar. Somos fugitivos de Narode, assim como vocês.

O professor estreitou os olhos.

— E como saberemos que não estão sendo controlados?

— Não sei como podemos ganhar sua confiança – respondeu Camiro. – Mas creio que não temos muito tempo. Narode já está ciente de que vocês estão se escondendo aqui e as tropas imperiais estão a caminho. E com ordens para destruir completamente este lugar.

Capítulo 27:
Resolução

Estavam caindo.

Evander lutava para tentar se livrar da sensação de desorientação que se abateu sobre ele quando passou por aquela porta mística, mas era uma batalha árdua. De qualquer forma, a forte corrente de ar que sentia na pele e o fato de não estar com os pés no chão eram indicações claras de que estavam em queda livre.

Ele precisou piscar os olhos diversas vezes para poder reconhecer a figura de Lucine à sua frente. As cores estavam todas erradas e as formas tinham contornos peculiares, mas de alguma forma ele sabia que era ela. Idan e Leonel estavam ali também, podia senti-los, apesar de estar com sérias dificuldades para identificar as imagens que seus olhos captavam.

Virando a cabeça na direção da corrente de ar, notou algo que se parecia um pouco com a paisagem que via quando fazia voos em grandes altitudes. Apesar da aparência psicodélica, aquela coisa devia ser o chão, e estava se aproximando rápido.

Percebeu quando Idan agarrou seu braço. Podia ver que ele falava alguma coisa, mas não dava para entender o que era, pois sua audição parecia tão zoada quanto a visão.

Notou quando alguma coisa surgiu em seu dedo. Era uma emanação energética, algo de cor esverdeada. Estranho. Aquele negócio em formato de anel era a única coisa que tinha uma cor da qual ele se lembrava de já ter visto antes. Dava para perceber dezenas, talvez centenas de cores por todos os lados, mas não havia azul, ou vermelho, ou amarelo, nem mesmo preto ou branco. Eram todas cores novas, vibrantes, impossíveis de descrever.

Ele se sentia grogue, apático. Seus sentidos estavam sobrecarregados com tantas cores, sons e cheiros estranhos, que ele mal conseguia pensar direito. Num esforço para tentar clarear os pensamentos, ele fechou os olhos e tapou os ouvidos com as mãos. Ao prender também a respiração, ele se sentiu melhor. Conseguiu inclusive perceber que desacelerava aos poucos, a queda sendo amortecida por algum efeito místico, provavelmente daquele anel que alguém colocara nele.

Sentindo que algo o agarrava pelos ombros, ele abriu os olhos devagar. O rosto daquela versão bizarramente multicolorida de Lucine estava na frente dele, movendo os lábios freneticamente.

Subitamente, ele se lembrou de já ter tido uma sensação semelhante àquela antes, apesar de não com essa intensidade. Isso ocorreu quando seu pai amarrara seu pulso com uma algema, o que neutralizou suas habilidades místicas, incluindo sua visão aguçada.

O que estava sentindo agora era muito parecido, mas num sentido inverso. Ao invés de terem perdido algumas cores, as coisas pareciam ter ganhado uma infinidade delas. De qualquer forma, o fato de ter percebido algo que parecia uma pista do que estava acontecendo fez com que ele começasse a se sentir bem melhor.

Levou as mãos para frente, na direção do que achava ser o rosto de Lucine, e sentiu suas palmas fazendo contato com a pele macia dela e com as extremidades do elmo aberto que ela usava. Usando essas sensações como guia, ele tentou se lembrar do rosto dela, descobrindo que isso era muito fácil. Lucine era muito bonita, tinha uma aparência marcante e expressiva. Ele tentou ligar aquela imagem de sua memória com o que via à sua frente e percebeu que, aos poucos, as feições dela foram se tornando cada vez mais claras, mais perceptíveis.

De repente, ela o segurou com firmeza por sob os braços, fazendo com que ele a soltasse. Então seus pés subitamente tocaram em algo. Ele olhou para baixo e percebeu que tinham atingido o chão e que Lucine estava sustentando o peso de seu corpo. Ele tratou de tentar se endireitar e o fato de sentir-se firme no solo de novo o ajudou a se orientar como nada mais o faria. Subitamente, ele começou a notar tudo ao seu redor, uma campina verdejante que dominava um vale cercado por montanhas, além de Lucine, Idan e Leonel, que olhavam para ele, preocupados.

— Estou bem.

Quando ouviu sua própria voz, no entanto, descobriu que as coisas não eram tão simples. Aquilo não se parecia com nada que já tivesse ouvido antes. Aparentemente, precisaria "treinar" os ouvidos da mesma forma como fizera com os olhos.

Levou uma das mãos à fronte enquanto repetia:

— Eu... estou... bem. Estou bem. Eu estou bem!

— Então por que fica repetindo isso sem parar, seu cretino?!

— Calma, Lucine. Ele parece estar voltando a si.

Evander olhou para Idan, depois para Lucine, surpreso por repentinamente estar conseguindo entendê-los.

— Vocês podem me entender?

— Claro que podemos!

A exclamação irritada de Lucine mostrava o quanto estava preocupada.

— Tudo bem, já estou voltando ao normal. Acho que meus sentidos ficaram meio malucos quando atravessamos aquela porta.

Lucine olhou para Leonel.

— Por que isso aconteceu só com ele?

— É difícil dizer. Talvez tenha algo a ver com o nível de afinidade energética. – Leonel olhou para Idan. – Você pensou rápido ali em cima. Essa *queda suave* salvou nossas vidas.

— Graças ao Grande Espírito eu consegui alcançar vocês no ar, pois meus poderes funcionam apenas pelo toque.

Evander olhou para Idan.

— Então foi você quem colocou aquele construto energético verde no meu dedo?

— Você percebeu? Parecia estar alheio a tudo lá em cima.

— Quase nos matou de susto – reclamou Lucine, dando um soco de leve no braço de Evander.

Ele sabia que ela odiava cenas sentimentais. Mantinha um controle tão firme sobre os próprios sentimentos o tempo todo que se irritava muito quando demonstrava alguma emoção sem querer.

— Estou bem agora. Obrigado pela ajuda. A propósito, alguém sabe onde estamos?

— A julgar pela vegetação e pela temperatura, em algum lugar no centro-oeste de Lemoran – respondeu Lucine, olhando ao redor.

— Um pouco mais a oeste – corrigiu Leonel. – Aqui é o norte das Montanhas Rochosas, próximo à fronteira com Atalia.

De repente, a paisagem começou a se modificar: as árvores ficando mais verdes, boa parte da campina sendo coberta pela floresta.

Evander franziu o cenho.

— Tem algo errado.

— A... *consciência* deste lugar deve ter percebido que sobrevivemos à queda e está nos preparando um novo desafio - disse Leonel.

— Não é isso. Digo, essa paisagem é estranha, turva, parece, sei lá, falsa.

— Calma, você ainda está desorientado – disse Idan.

— Não. – Evander balançou a cabeça. – Eu consigo ver vocês numa boa, mas tudo ao redor está com aspecto diferente.

— Eu não vejo nada de errado – contrapôs Lucine.

— Evander tem razão – disse Leonel. – Isso tudo é uma ilusão. Podemos ver o que acontece, mas não interferir. Estamos olhando para o passado, como esse lugar se parecia há pouco mais de 30 anos.

Evander olhou para pai, surpreso.

— O senhor já esteve aqui?

— Eu tinha esperança de que poderíamos cumprir nossa missão sem precisar passar por esse tipo de provação, mas aparentemente não é o que está acontecendo.

Seu pai olhava ao redor com uma expressão bastante preocupada, quase temerosa, algo que Evander nunca tinha visto antes no rosto dele.

— Estamos encrencados?

Leonel balançou a cabeça.

— Vocês deverão ficar bem. A aura de proteção está funcionando. A prova disso é que estamos todos juntos e nos lembramos de quem somos, bem como um do outro. A consciência não conhece vocês, então não tem como brincar com seus sentimentos. – Leonel suspirou, desanimado. – Mas parece que, de mim, ela se lembra muito bem.

◆ ◆ ◆

Algum tempo depois, eles cruzavam a campina enquanto Leonel começava a narrar sua história.

— Havia um pacto informal de não agressão entre Verídia e Atalia. O Exército montou uma linha de bases avançadas na fronteira e mantinha tropas ali, mas a intenção era apenas monitorar o local. Lemoran tinha sido anexada havia pouco tempo e o imperador não tinha o menor interesse em reiniciar a guerra contra Atalia antes de colocar ordem na casa.

— Olhem! – Idan apontou na direção de algumas crianças que vinham correndo por outra trilha, seguidos por um casal de adultos.

— Não estão nos vendo – concluiu Lucine.

— Não – confirmou Leonel. – Isso tudo é apenas a materialização de algumas das minhas memórias. Ou, pelo menos, de como elas eram quando estive no Mundo dos Deuses pela primeira vez. Diversas coisas me parecem um pouco diferentes agora.

Evander franziu o cenho.

— Mas se essas são suas memórias, onde está o senhor?

Sem dizer nada, Leonel apontou para cima. Eles levantaram a cabeça e viram uma águia imperial cortando os céus. Estava voando baixo, próximo deles o suficiente para poderem ver que o cavaleiro era um rapaz da idade deles.

Era difícil para Evander aceitar que aquela era a versão mais jovem do pai. O rapaz mostrava um enorme sorriso enquanto acenava para as crianças lá embaixo, que faziam a maior festa para ele. Os adultos riam enquanto os pequenos gritavam e corriam de um lado para o outro, muito excitados.

— Este parece ser um lugar pacífico – comentou Idan, sorrindo.

— Sim – confirmou Leonel. – O imperador Brahan nunca tentou coagir os habitantes das Rochosas a se alistar, pois ele preferia que as pessoas se unissem ao Exército por vontade própria, e Sileno Caraman manteve essa política quando assumiu a liderança do Império. O Exército interferia na rotina dos cidadãos da província apenas quando havia bons motivos para isso, então, com o tempo, as pessoas foram ganhando confiança em nós. As pessoas acabaram se mudando para cá atraídas pela presença das tropas, que forneciam proteção e serviços básicos de saúde para qualquer um que precisasse. Essa comunidade aqui é onde meus pais serviam.

Leonel seguiu, determinado, na direção que seu eu mais jovem tinha tomado. Os outros trataram de acompanhá-lo.

— Vim para cá quando terminei meu treinamento de cavaleiro, com 18 anos. Tinha ficado tanto tempo separado de meus pais que pedi transferência para cá assim que surgiu uma chance. Por sorte, estavam precisando de alguém da tropa aérea por aqui, uma vez que o cavaleiro que atendia a região estava se aposentando. – Leonel fez uma pausa, pensativo. – Esse lugar mudou minha vida de várias formas. Meus pais me mostraram uma faceta do Exército que eu nunca tinha imaginado. Soldados convivendo com civis, trabalhando com afinco em atividades consideradas por muitos como banais, assumindo a função de instrutores, curandeiros e até mesmo ministros religiosos. Foi aqui que eu aprendi que um soldado não passa de um ser humano normal, como qualquer outro, nem pior e nem melhor.

Depois de alguns minutos chegaram a uma vila. Tratava-se de uma comunidade pequena e rústica, onde casas de madeira e palha dividiam o espaço com tendas de tecido multicolorido. Um pouco mais adiante havia algumas torres de vigilância construídas com troncos, próximas a uma cerca, composta por tábuas de madeira, que prosseguia, indefinidamente, tanto para o leste quanto para o oeste.

— A fronteira era delimitada por uma cerca de pasto? – Evander perguntou, de cenho franzido.

— O objetivo não era impedir que pessoas passassem, mas, sim, os animais. Essa comunidade viveu em paz por vários anos. Os oficiais gostavam daqui e se estabeleceram, praticamente se esquecendo do motivo original de terem sido mandados para cá.

Nesse momento, em uma das torres de vigia, um soldado sacudiu o pêndulo de um sino, soando o alarme.

— Até que eles vieram – disse Leonel, apontando para um grupo de pessoas que se aproximava da cerca, vindas do outro lado.

— Parecem aldeões comuns – comentou Lucine.

— Sim. Homens, mulheres, velhos, crianças, alguns doentes. A única coisa que todos tinham em comum eram os cabelos ruivos, característica típica dos atalianos. Disseram estar passando necessidades e vieram pedir ajuda. Alegaram que as forças atalianas não podiam ou não queriam ajudá-los, então resolveram abandonar seu país à procura de um lugar melhor para viverem. Nós seguimos à risca as instruções que recebemos para situações como essa: acolhemos a todos da melhor forma que pudemos e contatamos a base.

Ao lado de onde estava Evander, alguns dos soldados mais velhos passavam instruções para o jovem Leonel. Sem hesitar, o rapaz prestou uma continência e correu para sua montaria alada. Segundos depois, ele se afastava pelo ar, provavelmente com a missão de notificar o comando da ocorrência.

— De qualquer forma, ninguém tinha motivos para suspeitar de nada, pois os atalianos se comportavam como qualquer outro aldeão que já tínhamos visto. Trabalhavam para obter o próprio sustento e faziam o possível para ajudar uns aos outros, bem como qualquer outro membro da comunidade.

Leonel se posicionou bem no centro da vila e olhou ao redor. Um aldeão, que carregava baldes de água, passou através dele, como se fosse algum tipo de fantasma. Evander percebeu que o pai ficava cada vez mais apreensivo. Agora ele levava a mão ao peito, como se estivesse começando a sentir dor.

— Pai, tudo bem com o senhor?

— Temos que ir em frente. – Leonel balançou a cabeça. – Se quisermos levar o que viemos buscar, temos que prosseguir com isso até o fim.

O cenário mudou de repente, com algumas construções novas surgindo onde antes havia apenas mato.

— Depois de algumas semanas recebemos notícias de que o fato tinha se repetido em outros postos avançados como o nosso. Dezenas de pessoas estavam saindo de Atalia, o que deixou todos curiosos sobre o que, exatamente, estava acontecendo do outro lado da fronteira. Os aldeões que acolhemos não diziam nada, apenas que a vida tinha ficado difícil para eles. Então, um dia, aconteceu aquilo.

Leonel apontou com a cabeça na direção de um velho que fincava um bastão de madeira no chão. A ponta do objeto brilhou por alguns instantes e liberou o que pareceu uma rajada leve de vento, que se projetou em todas as direções, levantando folhas e agitando as coisas por onde passava.

— Eu soube depois que isso tinha acontecido quase simultaneamente em diversas bases da fronteira. Não foi um ato isolado de algum maluco, foi uma operação grande, bem planejada e muito bem executada.

— Mas o quê...? – Evander olhou para os lados, perplexo. – O que houve com todo mundo?

— Algum tipo de paralisia temporária – explicou Leonel, caminhando numa determinada direção. – Estão todos imobilizados, incapazes de se moverem, mas continuam respirando e seus sentidos funcionam normalmente. Têm total noção de tudo o que está acontecendo ao redor. A paralisia também não impede que entrem em pânico.

— Mas o velho que lançou o encanto parece ter sido afetado também.

— Todos foram – concordou Leonel. – Quem planejou isso não se preocupava com a vida ou a segurança de ninguém, nem mesmo dos que o ajudaram.

— Isso é cruel – disse Idan.

— Cruel? *Cruel*?! – Leonel virou-se para o paladino, com um olhar implacável. – O que me diz, então, daquilo?

Olhando na direção apontada pelo pai, Evander viu um grupo se aproximando, passando sem dificuldade pela cerca de madeira que delimitava a fronteira. Usavam trajes em tons escuros de vermelho e cobriam o rosto com uma espécie de máscara de tecido, deixando apenas os olhos visíveis.

Sem hesitação, os recém-chegados sacaram suas espadas e começaram a atacar as pessoas paralisadas. Algumas caíam logo depois de serem trespassadas, mas outras permaneciam imóveis, mesmo enquanto seu sangue escorria. Os mascarados, nesses casos, atacavam de novo, e de novo, até que a vítima finalmente caísse no chão, inerte.

Evander viu que seu pai olhava para o jovem Leonel, que estava parado a uma certa distância, próximo a um casal, que deviam ser os seus progenitores. As expressões nos rostos deles eram de total agonia.

— Pai, eu acho que...

— Não me toque! – Leonel se afastou dele. – Não se aproxime! Não entende? Eu preciso ver isso.

Então os mascarados se aproximaram do casal e, diante do rapaz, golpearam-nos sem piedade. Mas tanto o homem quanto a mulher resistiram e continuaram em pé mesmo depois de receberem inúmeros ataques. Por fim, os mascarados deixaram de lado as espadas, bastante danificadas depois de tantos golpes em pele e ossos. Um deles pegou uma grande marreta que estava no chão, do tipo usado para fincar cunhas em toras de madeira e, sem nenhuma piedade, esmagou as cabeças de ambos. Finalmente, seus corpos desabaram no chão e aquela tortura terminou.

E o jovem Leonel tinha assistido a todo aquele massacre, inclusive, vendo os pais serem assassinados a sangue frio bem diante dele.

— Eu posso entender baixas de guerra – disse Leonel em um tom baixo, cortante. – Eu posso aceitar assassinatos cometidos no calor do momento. Mas não houve nada disso aqui. Foi tudo premeditado, friamente planejado. Os responsáveis por isso não tinham nenhuma intenção de vencer uma guerra. Eles queriam destruir o Império, matar cada um de seus habitantes da forma mais cruel possível. Simples assim.

— Mas, por quê? – Evander perguntou, estarrecido.

— Fique olhando, ainda não acabou.

O mascarado aproximou-se do jovem Leonel e levantou a marreta, preparando-se para dar cabo daquele que parecia ser o último sobrevivente. Nesse momento, uma enorme sombra surgiu, encobrindo os raios do sol. Uma presença sinistra, marcante, diferente de qualquer coisa que Evander já tinha sentido antes o fez virar a cabeça para cima.

E se viu encarando algo que só podia ser descrito como um pesadelo.

A coisa não tinha forma. Era uma presença física, até mesmo projetava sombra no chão, mas, por mais estranho que parecesse, não podia ser percebida com os olhos, podia apenas ser sentida. Inúmeras emoções pareciam emanar dela. Medo, dor, desilusão, desespero, não dava para nem para enumerar a todas. Parecia a personificação do sofrimento humano.

Uma espécie de sopro prateado brotou da "coisa" e varreu o lugar, atingindo a todos, tanto às vítimas quanto aos perpetuadores do massacre. Aqueles que estavam sem vida permaneceram imóveis, mas os mascarados tiveram diversos tipos diferentes de reação. Alguns saíram correndo às cegas, outros caíram no chão, sofrendo convulsões. Um desmaiou imediatamente e outro se ajoelhou, levando as mãos à cabeça, parecendo em agonia por um instante, antes de desmaiar também. Aqueles que correram não foram muito longe. Logo, estavam todos caídos e imóveis.

O único que permanecia em pé era o jovem Leonel, cujo rosto tinha se tornado sem expressão, vazio, estranho, os olhos focados em algum lugar muito longe.

— O que, em nome de Verídia, foi isso? – Lucine perguntou, incrédula.

— Varir – respondeu Leonel. – Uma entidade menor, que de alguma forma conseguiu sobreviver durante séculos, escondendo-se da Grande Fênix e do Espírito da Terra. Um ser que aprendeu a se alimentar da energia vital liberada por outras criaturas no momento da morte. O engodo, a paralisia, o massacre, tudo isso tinha um único objetivo: fortalecer esse monstro antes de lançá-lo contra o Império.

— Não me parece que aqueles caras ali estejam mortos – comentou Evander, apontando para os mascarados, que de vez em quando se mexiam um pouco, como se estivessem em um sono agitado.

— Estão em um tipo de coma. Aqueles que tiverem sorte morreram logo. Já outros… – Leonel se aproximou de sua versão mais jovem e olhou com atenção para aquela expressão tão parecida com a sua própria.

Evander engoliu em seco.

— Quanto tempo o senhor ficou assim?

Leonel suspirou de novo. Apesar de ainda bastante abalado, parecia estar se recuperando aos poucos da experiência de rever aquela parte sombria de sua vida.

— Não tenho certeza. Um dia, dois, talvez mais. Revivendo vezes e mais vezes as cenas de morte e destruição que presenciei. Nunca entendi por que Varir não me matou, assim como fez com todos os outros. Eu desejei muito que aquilo acabasse. – Ele olhou para Evander. – Mas agora, vendo você aqui, estou contente por ter sobrevivido.

— Então foi por isso que o senhor passou tanto tempo tendo problemas com emoções.

— A teoria do professor Romera é que essa foi a forma que meu espírito encontrou de me proteger, de escapar desse horror.

— E o que aconteceu com essa entidade? – Lucine perguntou.

O sol, subitamente, passou a se mover mais rápido no céu. Dias e noites se sucederam, tão rápido, que não deu para ter certeza de quanto tempo exatamente tinha se passado. O jovem Leonel permaneceu na exata mesma posição o tempo todo, sempre com aquela expressão estranha no rosto.

Até que uma mulher chegou voando e o ritmo do tempo voltou ao normal. Ela tinha lindas asas cobertas com penas brancas e usava uma armadura prateada. Seus olhos, assim como seus compridos cabelos, eram vermelhos, como labaredas de fogo. Carregava uma assustadora lança com ornamentos no cabo bastante similares aos que havia em sua armadura.

Ela pousou suavemente e levantou uma das mãos, lançando algum encanto no jovem, que o libertou da paralisia. Como efeito, ele caiu imediatamente no chão. A mulher se ajoelhou ao lado dele e mexeu a boca, como se estivesse falando algo.

— Ela disse que se chamava Elana – disse Leonel. – Pertencia a uma raça conhecida como…

— Os protetores – completou Evander. – Achei que a base de operações desse pessoal era em Ebora.

— Ela alegou ter vindo de bem longe com seus companheiros para reaver algo que tinha sido roubado deles.

— Vai me dizer que eles mantinham a tal entidade Varir adormecida, até que alguém invadiu a base deles, roubou-a e a trouxe para cá?

— Exato – disse Leonel, encarando Evander, com uma sobrancelha levantada. – Como...?

— Longa história, eu conto depois. Esse pessoal precisa, urgentemente, dar um jeito na segurança deles.

A mulher ajudou o rapaz a se levantar e colocou alguma coisa nas mãos dele.

— O que é aquilo? – Lucine perguntou.

— Eu fui o único que sobrevivi ao ataque da entidade, então eles concluíram que eu seria capaz de me tornar o carcereiro dela.

Evander arregalou os olhos.

— Aquilo que ela deu ao senhor é a sua espada! Quer dizer que é *aquela coisa* que está selada em sua espada até hoje?

— Sim. Apesar de que a espada é apenas uma espécie de manifestação física do selo. Na verdade, a criatura está presa dentro de mim.

Os três olharam para Leonel, perplexos, mas então a paisagem ao redor mudou novamente e logo estavam em um vale diferente. Chamas ardiam, consumindo a vegetação, e diversas colunas de fumaça completavam o cenário de uma acirrada batalha. Meia dúzia de pessoas aladas mantinham a entidade Varir presa numa espécie de teia de energia.

Elana acompanhou o jovem Leonel, enquanto ele se aproximava da criatura amorfa e cravava nela a espada, fazendo com que urrasse antes de ser sugada para dentro da arma, desaparecendo completamente.

— O senhor não me parece muito bem – comentou Evander, notando que a face do rapaz não expressava nenhuma emoção.

— Eu estava lutando para entender o que estava acontecendo. Naquele momento eu não tinha nenhuma lembrança do passado e não sabia nem mesmo quem eu era. Como uma criança, fazia o que me mandavam. Além dos estímulos fisiológicos, eu não sentia absolutamente nada. Eles pensavam que minha mente estava irremediavelmente danificada, e como eu havia me tornado o receptáculo de Varir, decidiram me levar com eles e me colocar para dormir. Elana chegou a dizer que aquilo seria um ato de misericórdia. Foi então que ele chegou.

Virando-se na direção apontada pelo pai, Evander percebeu a aproximação de um homem envolto em chamas. Lembrava muito a aparência de Valena Delafortuna, na primeira vez em que a vira, batendo suas asas flamejantes. Quando o homem pousou e dissipou o fogo místico, suas feições ficaram claras o suficiente para ser reconhecido. Era uma versão bem mais jovem do imperador Sileno Caraman.

— Por alguma razão, os protetores não quiseram revelar ao imperador o que tinham feito comigo. Simplesmente me deixaram com ele e foram embora, aparentemente desistindo da ideia de me levar junto. Mais tarde eu viria a descobrir que eles ficaram me monitorando por anos, até ficarem convencidos de que eu não causaria problemas.

A paisagem mudou novamente. Agora estavam no centro da cidade de Talas. Um sargento andava pela praça, com o jovem Leonel o seguindo em um silêncio inexpressivo, quando encontraram com outro jovem soldado.

— Aquele é Narode, não é? – Evander perguntou.

— Sim.

Após o sargento fazer as apresentações, o soldado Narode deu um largo sorriso, enquanto apertava a mão do jovem Leonel.

Evander deu um passo para trás quando seu pai soltou um grito e desembainhou a espada, desferindo um poderoso golpe que atravessou os dois jovens. De repente, a imagem deles começou a ficar borrada, até que desapareceu completamente. Então, todo o cenário ao redor pareceu se desmaterializar, dando lugar a uma região montanhosa e bastante acidentada.

— Eu levei muito tempo para recuperar a memória, mas minhas emoções não voltaram mais ao normal. Ele foi o único amigo que eu tive por muitos anos, a única pessoa disposta a se relacionar com um esquisito que não tinha sentimentos. – Leonel voltou a embainhar sua arma, uma expressão agoniada no rosto. – Por mais diferentes que nós fôssemos, ele era a única pessoa com quem eu conseguia me identificar, pelo menos um pouco. Eu odiava me sentir diferente e ele insistia que, já que a guerra tinha me feito sofrer tanto, era minha obrigação lutar para que outras pessoas não precisassem passar por aquilo também. Foi ele quem me deu uma direção, um objetivo. O que mudou desde então? Por que ele se tornou um assassino, um manipulador insensível? Como as coisas chegaram a esse ponto? Por que tudo isso tinha que acontecer? *Por quê*?!

Aquela era a declaração mais carregada de sentimentos que Evander já tinha visto o pai fazer até então. Adiantando-se, ele e colocou a mão no ombro de Leonel.

— Que tal perguntarmos a ele?

Leonel olhou para o filho e franziu o cenho. Quando fora a última vez que perdera o controle dos sentimentos daquela forma? Provavelmente, nunca. Algo havia mudado. Não se sentia mais o mesmo. Apesar de abalado, sentia-se vivo, cheio de energia e determinação.

Então ele assentiu.

— Tem razão. Vamos acabar logo com isso.

◆ ◆ ◆

Leonel sabia a direção para onde tinham que ir, mas, apesar da provação dele aparentemente ter acabado, a tal "consciência" não parecia satisfeita. Foram atacados diversas vezes por uma variedade enorme de monstros, muitos dos quais existiram apenas num passado remoto, antes da guerra entre as Grandes Entidades. Por fim, surgiu uma enorme fera voadora cuspindo fogo sobre eles, o que obrigou Evander e Lucine a fazerem uma arriscada e quase suicida manobra aérea, sobre a montaria alada que ele era capaz de conjurar. Combinando os poderes de Idan com as habilidades de proteção de Evander e a manobra de *divisão*, que Lucine era capaz de executar de forma excepcional, conseguiram danificar o suficiente uma das asas do monstro a ponto de derrubá-lo do céu. Leonel Nostarius podia estar bastante enfraquecido, tanto física quanto emocionalmente, mas, com a ajuda de Idan, não teve problemas para terminar o serviço, dando fim ao sofrimento da criatura.

Apesar de exaustos, os quatro continuaram seguindo pelas sinuosas trilhas que serpenteavam entre as inúmeras formações rochosas, quando perceberam uma movimentação na base da elevação sobre a qual estavam. Aproximando-se do barranco, viram um grande grupo de criaturas humanoides, cujos corpos pareciam ser feitos de galhos e raízes, atacando uma moça.

— Vocês três, ajudem ela. Vou procurar Luma. Ela deve estar por perto.

— Tem certeza de que isso é uma boa ideia? – Evander perguntou, preocupado. – Se o senhor se afastar muito, vai ficar fora do alcance da minha aura.

— Isso não importa mais. A consciência já se divertiu comigo o suficiente, meu desafio já acabou. O dessa moça pode estar apenas começando. Vão!

Evander o encarou por alguns segundos e sorriu. Aquele era seu pai, um dos maiores generais que o Império já teve. Quando um homem daqueles dava uma ordem, era porque sabia o que estava fazendo.

— Sim, senhor – respondeu ele com uma continência, antes de chamar os outros e correr para baixo por um caminho lateral.

Lá embaixo, a garota tinha acionado algum tipo de encantamento e subitamente seu corpo foi completamente recoberto com uma espécie de armadura metálica. Uma espada, da mesma cor prateada da armadura, surgiu em sua mão e ela a usou para aparar os ataques dos monstros.

Evander olhou para Lucine.

— É a Jena!

— Que raios aquela estúpida está fazendo aqui?

Quando Lucine sacou suas espadas, Idan segurou na mão dela e uma aura de energia esverdeada parecida com a cor de sua mão se espalhou pelas lâminas.

454

Sem hesitar, ela investiu contra os monstros. Sua força e técnica, aliadas ao poder do paladino, permitiam-lhe cortar os oponentes em pedaços com assustadora facilidade.

Evander e Idan deram apoio enquanto ela ia abrindo caminho, até que chegaram onde estava a moça.

— Jena! Então é você mesma – disse Evander, sorrindo para ela.

— Tenente Nostarius! – Jana respondeu, enquanto a armadura que usava parecia se derreter, desgrudando-se de seu corpo e tomando a forma esférica e prateada do artefato mítico, que passou a flutuar do lado dela.

— Tudo bem com você?

— Sim, obrigada pela ajuda.

Lucine deu conta do último mostro e virou-se para Jena, embainhando as espadas.

— Como você veio parar aqui?

— Não sei direito, mas não importa agora – respondeu a moça, passando por eles. – Temos que ajudar a general Toniato.

Leonel encontrou Luma exatamente onde mais temia: presa no interior de uma espécie de cristal energético, apoiado numa parede no interior de uma grande caverna.

Sacando sua espada, ele concentrou-se por um instante, antes de cravar a arma no cristal, a cerca de um palmo de distância do corpo dela. Por um breve instante, o material pareceu mudar de cor, antes de tornar-se imaterial aos poucos e desaparecer. A espada caiu no chão enquanto Leonel segurava Luma pelos ombros e a afastava daquela parede.

— Luma! Acorde!

Ele deu pequenos tapinhas no rosto dela. Sentiu-se extremamente aliviado ao ver que ela abria os olhos, devagar.

Assim como ele, a general Toniato parecia várias décadas mais velha. A pele morena tinha adquirido rugas e diversas outras marcas características da passagem do tempo.

— Leonel? É você mesmo?

— Sim, sou eu.

Subitamente, ela o envolveu pelo pescoço, num abraço apertado.

— Você foi transportada para cá – afirmou ele, tirando-lhe o turbante da cabeça e enterrando o rosto nos cabelos negros dela.

— Sim – respondeu ela, emocionada. – Eu não queria que você me visse assim. Não queria que soubesse que eu…

— Não importa – disse ele, com voz embargada. – Está tudo bem agora, eu vou tirar você daqui.

— Eu… não posso ir.

— Sim, você pode.

— Você não entende. Ele entrou na minha mente. Esteve controlando meu "outro eu" por anos. Eu matei pessoas, Leonel. Muitas pessoas.

— Eu sei. Mas isso não muda nada.

— Eu fui uma estúpida, acreditei que podia manter o controle, que aquela tragédia não se repetiria. No fim, foi tudo em vão! Eu me permiti perder o controle de novo!

— Você foi manipulada.

— Eu me apaixonei por ele! E ele me fez matar de novo!

Leonel a apertou com força contra o peito.

— Calma, isso não importa mais, é passado agora.

— Você não entende. Fui eu quem matou o imperador!

Afastando-se um pouco, Leonel a encarou por um instante, pensativo, então sua expressão se iluminou.

— Então foi isso o que aconteceu! Agora, aquilo tudo faz sentido.

— É só isso o que você tem a dizer?

— E o que mais você quer que eu diga? Quando entra naquele estado, Luma, seu corpo age sem seu controle. Aquela é outra pessoa, não é você. Achei que depois de tantos anos já soubesse disso.

— Quando o teleporte me mandou para cá, a consciência fez questão de me mostrar tudo o que eu fiz. Igual à outra vez.

— E então você decidiu confinar a si mesma no cristal e esperar pela morte.

— Eu não conseguia mais suportar…

— Vai ficar tudo bem. Eu já tirei você daqui uma vez, e vou tirar de novo.

— Eu não sou mais a mesma pessoa de antes. Me tirar daqui não vai adiantar nada.

— Sim, vai.

— Como pode ter tanta certeza?

— É porque dessa vez eu passei pelo desafio da consciência também. Assim como você, eu encarei o meu passado. Agora eu posso dar o que você precisa, Luma, o que não podia lhe oferecer antes. Isso, se ainda me quiser.

Ela o soltou e levou as mãos aos lábios, enquanto seus olhos se enchiam de lágrimas.

♦ ♦ ♦

Evander caminhava ao lado de Jena.

— Você estava em Aldera no momento da tragédia?

— Sim. Eu estava na universidade e de repente o prédio inteiro começou a se desfazer, sendo levado pelo que parecia ser um furacão. Aí tudo virou um borrão e então… bem… num piscar de olhos eu apareci aqui.

— Você já tinha estado aqui no Mundo dos Deuses, alguma vez?

— Não.

— Curioso. O general disse que o encanto fazia as pessoas serem transportadas para locais com os quais elas tenham algum tipo de ligação.

— Ah, sim. Eu tenho uma ligação com esse lugar. Na verdade, mais o orbe do que eu – ela apontou para a esfera que flutuava atrás dela. – Este é o lugar onde ele foi criado.

— Vejo que andou fazendo sua lição de casa nas semanas em que esteve aqui.

— Sim. Aprendi muito sobre mim mesma.

— Você está diferente. Mais confiante. Gostei de ver.

— Obrigada. – Ela sorriu.

— E quanto à general Toniato? – Lucine perguntou. – Sabe qual é a ligação dela com o lugar?

— Pelo que ela me disse, foi aqui que teve a maior desilusão de sua vida. Também foi aqui que tomou a decisão que se mostrou ser o seu pior erro.

— Vocês apareceram aqui juntas?

— Não, nos encontramos por acaso, eu acho. Ela me ajudou a passar pela minha… provação, o que foi uma coisa bastante difícil, mas depois quis ficar sozinha por um tempo. Então eu saí para dar uma volta e ao retornar percebi que ela tinha sumido. Não sei direito quanto tempo faz. Os dias aqui passam num ritmo diferente, mas parece já ter passado uma eternidade desde que comecei a procurar por ela. Alguma coisa deve ter acontecido.

— Será que ela não encontrou uma forma de sair? – Idan sugeriu.

— Ela me disse que a única forma de sair daqui é fazendo uma espécie de pacto.

— Pacto? – Lucine estranhou. – Com quem?

— Com algum tipo de entidade, que a general chama de "consciência".

— Acho que meu pai andou omitindo algumas informações interessantes de nós – concluiu Evander, apertando os lábios.

457

De repente, uma espécie de campo de energia amarelado caiu do céu, envolvendo a tudo e a todos. O tempo pareceu parar, as coisas e as pessoas ficando imobilizadas no lugar onde estavam.

Evander se descobriu fora do próprio corpo, que tinha ficado paralisado ao lado dos outros. Notou que havia se tornado um tipo de criatura bastante similar à entidade Varir: uma manifestação energética incorpórea e amorfa.

Ele olhou para os lados e percebeu outra flutuação parecida consigo próprio se aproximando.

— Olá?

Ele se surpreendeu quando ouviu a própria voz. Não sabia como alguém poderia falar sem ter uma boca, mas, pensando bem, depois de tudo o que já tinha acontecido naquele lugar, não era de se admirar.

— Olá, itinerante. Faz muito tempo desde a última vez em que algum de vocês ousou aparecer na minha frente.

— Na verdade, ainda não entendi direito esse lance de ser itinerante e o que isso realmente significa, então...

— Entendo. Nesse caso, não serei eu a estragar o seu suspense.

— Ora, então, obrigado por nada.

— Tudo o que precisa saber é que você é o arauto da destruição.

— Quê?!

— Não sabe mesmo do que estou falando? Pois bem. Você é uma anomalia, algo que o Criador não queria que existisse, mas que ele não conseguiu erradicar por completo. E vejo também que tem muitos recursos, conseguiu até mesmo um corpo humano para habitar.

Aquela conversa estava deixando Evander assustado.

— Isso é uma longa história.

— O que o traz ao Mundo dos Deuses?

— Assumindo que você é a tal "consciência" de que tanto me falaram, achei que podia ler nossas mentes.

— De seres do mundo corpóreo, sim. O que não é o seu caso.

— Esse papo está me dando arrepios. Escute, tudo o que queremos é resgatar a general Toniato, que está presa aqui.

— Ela não queria sair, mas aquele que você chama de "pai" parece a ter convencido do contrário. Muito bem, se é apenas isso o que quer, mostrarei a saída a todos.

— Assim, tão fácil?

— Está se referindo ao "pacto"? Sim, tem algo que eu quero de você.

— Sabia que era bom demais para ser verdade.

— Não volte aqui novamente.

— Como é que é?!

— Não haverá misericórdia para nenhum itinerante que eu voltar a encontrar em meus domínios.

— Nesse caso, sumirei da sua frente com prazer. Mas posso, pelo menos, fazer mais uma pergunta? Que papo foi aquele de "arauto da destruição"?

— Você saberá no devido tempo.

— Você está é tirando onda com a minha cara!

— Apenas saia e não mais retorne.

Subitamente, Evander se viu de volta ao seu corpo. O tempo tinha voltado a correr, como se aquela conversa estranha não tivesse acontecido.

Então, uma passagem esverdeada, similar àquela pela qual haviam entrado, surgiu diante deles.

— O que é isso? – Lucine se adiantou, sacando uma espada.

— É a saída – respondeu Evander, passando pelo lado de Lucine e se aproximando da flutuação.

Ela franziu o cenho.

— Como sabe disso?

— Digamos que um passarinho me contou.

Encontraram Leonel e Luma do lado de fora, esperando por eles. A general Toniato parecia bastante abatida e tinha os olhos vermelhos, mas cumprimentou a todos com um sorriso. Evander não deixou de notar a atitude protetora do pai em relação a ela.

Depois de se afastarem um pouco do obelisco, decidiram montar acampamento para passarem a noite, já que estavam todos cansados e precisariam de algumas horas de viagem para chegar à vila mais próxima, mesmo a cavalo.

Evander se dirigiu a Leonel.

— E então? Já tem alguma pista de como derrotar Narode?

— Não.

Evander olhou para o pai, de cenho franzido.

— Como não?

— Luma sofreu um trauma sério. Não consegue mais usar seus poderes.

— Mas isso quer dizer… que essa viagem toda…

— Sim, depositamos grandes esperanças nessa missão, mas, nesse ponto, ela foi um fracasso. Eu não imaginava que Luma poderia estar passando por uma provação como essa.

— O que faremos agora?

— No momento, vamos descansar. Amanhã cedo voltaremos para junto dos outros. Não há mais o que fazer por aqui, de qualquer forma.

— E quanto à esfera da Jena? Ela disse que aquilo foi criado lá dentro. Deve ter alguma ligação.

— Vamos conversar com o professor. Talvez ele e os outros alquimistas possam analisar o artefato e chegar a alguma conclusão. – Leonel encarou o filho com atenção. – Tem algo mais incomodando você.

Evander suspirou.

— Não consigo esquecer daquele papo de "arauto da destruição". O que isso quer dizer? Que posso me descontrolar a qualquer momento, assim como aconteceu com Sandora, e mandar tudo pelos ares?

— Diferente dela, você teve o melhor treinamento possível, então eu não me preocuparia muito com essa possibilidade. Além disso, não podemos esquecer que a consciência pode simplesmente estar mentindo. Ela é conhecida por não ser muito confiável.

— É… *isso* deu para perceber.

— Ela queria deixar você desconfortável.

— E conseguiu. A propósito: a maneira como ela falou comigo, não pareceu que eu estava… sei lá… diante de algum ser superior. Ela parecia uma pessoa normal. Um pouco sacana, talvez, mais normal.

— Durante minha carreira eu tive contato com alguns seres superpoderosos. Descobri que a maioria deles, se não todos, têm essa característica, de pensar e se expressar de forma bastante similar à nossa.

♦ ♦ ♦

Evander encontrou Lucine sentada sobre um tronco petrificado, a uma boa distância do acampamento. Ela tinha nas mãos uma pequena gaita esculpida em madeira, na qual ela soprava, produzindo uma melodia triste.

Ela parou de tocar imediatamente e fechou a cara ao perceber a presença dele, guardando o pequeno instrumento musical num dos bolsos da mochila.

— O que houve?

— Bonita música. Um pouco triste, mas bonita.

Lucine o olhou, em silêncio. Com ela, era melhor não fazer rodeios.

— Diga-me, o que significa "céu negro" para você?

Ela estreitou os olhos.

— Onde ouviu isso?

— De você. Enquanto dormia, quando estávamos na torre do professor.

Ela praguejou baixinho.

— E então? O que significa?

— É o nome de uma cidade em Halias – ela respondeu, contrariada.

— Certo, mas por que…

— Acredito que você tem assuntos bem mais importantes para se preocupar, não tem?

— Você está com algum problema, não está? Algo sério. Eu meio que venho percebendo isso há anos, mas só me dei conta recentemente.

— Não é de sua conta.

Ele apontou na direção do obelisco.

— Pense dessa forma: você ficou preocupada comigo quando eu estava desorientado lá dentro.

— Você vive se metendo em confusão e deixando todos preocupados o tempo todo!

— E você não gosta nem um pouco de se sentir desse jeito.

— É óbvio que não!

— Então sabe muito bem como estou me sentindo em relação a você.

Ela abriu a boca com a intenção de esbravejar alguma coisa, mas pensou melhor e decidiu não dizer nada. Ao invés disso, levantou-se e começou a marchar de volta para o acampamento.

— Não posso falar sobre isso.

Evander decidiu que "não posso" já era melhor do que "não quero". Era um pequeno progresso, mas pelo menos *era* um progresso. Se ele quisesse ajudar aquela cabeça-dura, precisaria de um pouco de paciência.

A viagem de volta até o castelo, na manhã seguinte, foi relativamente tranquila, apesar da apreensão de todos em relação ao que fariam em seguida.

Ao avistarem a construção ao longe e a enorme movimentação ao redor dela, a preocupação aumentou ainda mais.

— Estão cercados – concluiu Lucine. – Chegamos tarde demais.

— Acho que não são só eles – disse Evander.

Uma unidade das Tropas de Operações Especiais surgiu subitamente à direita deles. Indra Solim adiantou-se e ordenou:

— Alto!

Outra unidade surgiu à esquerda, e mais uma à frente. Logo se viram cercados pelo que pareciam centenas de soldados.

Evander olhou para os rostos de seus velhos amigos, que apontavam armas para ele como se não o reconhecessem, e suspirou, desanimado. Aquilo, com toda certeza, iria ser *muito* complicado.

Capítulo 28:
Confronto

No decorrer daquele dia, Evander viria a se recordar de várias passagens de sua vida.

Tudo o que podemos fazer é aprender o ritmo da marcha e seguir em frente, havia lhe dito o monge Meliar. Com aquilo em mente, ele levantou os braços, enquanto encarava Indra Solim.

— Nós nos rendemos.

Lucine olhou para ele franzindo o cenho, mas ao notar seu olhar determinado, soltou suas armas e se permitiu ser presa pela Tropa de Operações Especiais.

Leonel também se rendeu. Enquanto tiravam dele sua espada, ato inútil, uma vez que ela simplesmente se materializaria novamente em sua mão caso fosse levada para longe, ele imaginou se tinha realmente ensinado tudo o que podia ao filho durante aqueles anos todos. O rapaz parecia determinado e capaz, mas ainda era tão jovem, tinha tanto a aprender. Gostaria de ter dedicado mais tempo a ele.

Idan também levantou as mãos. Jena olhava de um lado para o outro sem saber muito bem o que fazer, mas se acalmou e se rendeu também quando Evander fez um gesto de cabeça para ela.

Um dos soldados se adiantou e jogou uma espécie de rede sobre o artefato mítico, fazendo com que ele emitisse um brilho arroxeado por um instante, antes de flutuar lentamente até o chão e ficar ali, inerte. Aquilo provocou um espasmo em Jena, que começou a tremer e tentou se abaixar para pegar o artefato, mas foi firmemente segurada por dois oficiais. Quando um deles enrolou uma algema em seus pulsos, ela perdeu as forças e caiu de joelhos, com um olhar vazio, como se a vitalidade tivesse se esvaído de seu corpo.

— Ela está bem – disse Luma Toniato, cujos pulsos também já tinham sido algemados. – Só passou tempo demais ligada ao artefato e sofreu um choque com a perda súbita da conexão. Provavelmente, voltará ao normal em algum tempo.

O sargento Ferim, um dos amigos mais chegados de Evander no Exército, adiantou-se, carregando uma algema nas mãos. Sem hesitar, Evander ofereceu os pulsos e sentiu a já conhecida sensação de desorientação causada pela perda temporária de suas habilidades visuais.

Reprimindo seus sentimentos, você está reprimindo também uma grande parte de si mesmo, havia lhe dito Savana, a esposa de Idan.

Evander soltou o ar dos pulmões com força. Não era hora de ficar calmo. Tinha uma batalha mortal pela frente e precisaria de toda energia que pudesse reunir.

Emoções intensas me deixam mais forte, havia lhe dito Sandora, cujos poderes eram bastante similares aos dele.

Uma onda violenta de saudade o assaltou ao se lembrar da única mulher que ele já desejara como companheira em sua vida. A única que ele não conseguia prever as reações e nem adivinhar os desejos. A única pessoa no mundo que ele realmente podia considerar como uma *igual*.

Karoi, Landra, Crassu e todos os seus outros colegas das Tropas Especiais olharam para ele com estranheza, enquanto o escoltavam, junto com os demais, na direção da tropa principal, que estava acampada à frente do castelo.

Todos ali pareciam estar sob o controle do autoproclamado general. Mantinham um silêncio sinistro, como se suas vidas dependessem do fato de manter a boca fechada o máximo de tempo possível.

Então Demétrio Narode apareceu diante deles, usando um traje de gala militar cheio de medalhas e envergando a insígnia de general no peito. Ele tinha um sorriso satisfeito no rosto enquanto parava diante deles, examinando os rostos de seus prisioneiros.

Apesar dos sentimentos em ebulição em seu interior, o rosto de Evander se iluminou rapidamente com um lampejo de humor ao se lembrar de uma cena de sua infância.

Quem mais além de você seria idiota o suficiente para dar atenção às minhas ideias? – havia lhe dito Argus.

Ele não tinha a menor ideia de por que havia se lembrado daquilo, mas ao ver Narode estreitar os olhos, soube que aquela lembrança não podia ter vindo num momento melhor. Quanto mais perturbado estivesse o oponente, mais fácil era prever suas reações.

Aparentemente julgando que Evander não representava nenhum tipo de ameaça, Narode ignorou-o e se voltou para Leonel.

— Olha que interessante, meu amigo. Dario Joanson era o homem que tinha a fama de "duro de matar", mas, na verdade, foi bem mais simples dar cabo dele do que de você.

— Você está confessando ser um assassino diante de toda a tropa, Demétrio – Leonel respondeu, estreitando os olhos.

— Ainda não ouviu as notícias, ex-general? Eu reuni poder suficiente para dominar o mundo todo, se assim eu desejar. Finalmente, eu posso colher os frutos de meu trabalho duro, de todos aqueles anos que eu passei vivendo à sua sombra.

Ao ouvir Narode admitindo com tanta naturalidade ter planejado o assassinato do capitão, a fúria que invadiu Evander lhe deu as forças necessárias para sobrepujar o poder disruptivo da algema. Ele sentiu o aperto da haste de metal em seus pulsos diminuir consideravelmente, enquanto sua visão, aos poucos, voltava ao normal.

— E quanto a você, minha querida? – Narode se aproximou de Luma, que o encarava com olhar frio. – Fico feliz que tenha sobrevivido. Teria sido um desperdício e tanto perder uma companheira tão adorável.

Luma sussurrou alguma coisa entre os dentes.

— O que foi, minha pantera? Não ouvi. – Narode levou a mão ao ouvido. – O que disse?

— Que você é um maldito assassino!

Evander apertou com força os punhos. Sua estratégia estava dando certo. O ato de soltar as suas emoções estava ampliando seu potencial energético. A algema já havia sido completamente inutilizada.

Então ele olhou para Narode e percebeu algo familiar. Forçou a memória por um instante e subitamente ele soube o que estava acontecendo. Não saiba ainda como lidar com aquilo, mas tinha certeza de que precisaria levar seus poderes ao extremo se quisesse ter alguma chance. Imediatamente, lembrou-se de algo que seu pai lhe tinha dito muito tempo atrás.

É impossível colocar um barco na água sem produzir ondulações na superfície.

Ele olhou para Narode com um olhar furioso.

— Parece que o senhor andou bastante ocupado nesses últimos anos, "general".

Narode virou-se para ele, com um sorriso zombeteiro.

— É mesmo?

— Você é o responsável pela destruição de Atalia.

Evander percebeu que os soldados ao redor prestavam bastante atenção à conversa, apesar de não reagirem.

— E por que eu faria isso, meu jovem?

— Pela mesma razão que destruiu Aldera: para se livrar da Guarda Imperial.

Narode se aproximou dele.

— Então o garoto que preferia viver pelas tangentes brincando de vingador invisível agora resolveu cantar de galo?

— Você sabotou minha carreira. E quando isso não foi suficiente, assassinou o capitão e jogou a culpa em mim.

— Muito bem, garoto. Vamos lá, desembuche. O que mais?

— Você vem se utilizando de controle mental para manipular os oficiais do Exército há anos.

— E você continua sendo imune. Uma aberração da natureza.

— Você manipulou Donovan. Ele nunca quis me matar, não é? Essa história de "aberração da natureza" é invenção sua e não dele.

— Continue falando, verme. Vamos, quero ouvir tudo o que você tem a dizer. Aproveite porque esse será seu último discurso.

— Não quero fazer discurso. Só tenho mais uma coisa a dizer. – Com extrema facilidade, Evander soltou-se da algema e materializou seu bastão.

Os soldados fizeram menção de intervir, mas Narode levantou um braço, silenciosamente ordenando que não interferissem.

— Estou curioso. Vamos, pode dizer.

— Você não passa de um velhote, alguém cuja juventude e vitalidade já foram exauridas há muito tempo. Nunca levou uma vida muito regrada e, por isso, duvido que vá se aguentar por muito tempo mais.

Luma, Idan, Lucine e Leonel olharam para ele, completamente perplexos. Demétrio Narode riu.

— É só isso que tem a dizer?

— Você não tem garra e nem energia. Não é páreo para alguém mais disciplinado e com corpo mais jovem.

Narode continuava sorrindo, divertido.

— Está querendo me desafiar para um duelo, garoto?

— Não. Seria indelicado da minha parte fazer você passar vergonha na frente de tanta gente.

Evander ouviu uma risada abafada. Vinha da sua direita, e naquela direção havia apenas soldados.

— Ora, ora, que divertido. Então quer morrer lutando, é isso? Quer ser lembrado como um herói?

Narode era muito orgulhoso. Apesar de tentar não demonstrar, era óbvio que estava ficando bastante irritado com as provocações.

Outra lembrança do passado passou pela cabeça de Evander. Leonel Nostarius brandindo sua espada e matando uma águia imperial descontrolada com um único golpe. Era uma cena que presenciara em sua infância e da qual nunca havia se esquecido. Nesse momento ele se deu conta de que aquele episódio foi algo muito maior que uma simples demonstração de poder e habilidade. Leonel sempre tivera uma ligação com aqueles animais, nem mesmo o trauma pelo qual passara apagou totalmente aquela emoção, ele tinha certeza. Isso ficava claro na forma como ele lidava com os pássaros. Naquele dia, seu pai precisou fazer uma escolha. E era isso que definia um herói, não era? A capacidade de fazer escolhas difíceis em nome do bem maior.

Ele sabia que as coisas com Narode podiam dar muito errado. Dezenas, talvez centenas de pessoas poderiam vir a sofrer as consequências por causa do que ele ia fazer. Também era uma escolha difícil. Mas ele não se sentia como um herói por fazê-la, muito pelo contrário.

— É inútil, garoto – continuou Narode. – Olhe ao seu redor. A batalha acabou, eu venci. Por que quer continuar com isso?

— Nesse caso, eu vou lhe conceder mais uma vitória hoje – respondeu Evander, diminuindo o tamanho do bastão pela metade e conjurando uma cópia exata da arma na outra mão.

Nunca tentara fazer aquilo antes, mas não estava exatamente surpreso por ter conseguido. Assim como ocorria com Sandora, quanto mais intensas as suas emoções, maior ficava o seu controle sobre a aura energética. Infelizmente, ainda estava longe de ser o suficiente. Muito longe.

— Já está admitindo a derrota antes mesmo da luta? Que patético. – Narode olhou para Leonel. – O que tem a dizer sobre isso, *ex-general*? Vai deixar seu filho lutar por você? Ah, eu esqueci, ele não é seu filho, não é? Na verdade, talvez ele nem mesmo seja humano. Isso faz dele o quê? Sua mascote, talvez?

Leonel respondeu com voz firme, sem titubear.

— Nossa era acabou, Demétrio. Uma nova geração surgiu. Essa luta não é mais nossa, é deles.

— Lindas palavras. Bem, se é o que quer, que assim seja.

Evander se adiantou e assumiu posição de combate.

Você já se concentrou bastante em se defender, Nostarius, havia lhe dito o capitão Joanson, quando ordenara que ele fizesse o treinamento de combate com dois bastões. *Quero ver como você se sai no ataque.*

Aquela memória serviu para aumentar ainda mais a sua fúria. Seu mentor, uma das melhores pessoas que ele havia conhecido, tinha sido friamente assassinado pelo monstro à sua frente.

Narode obviamente percebia seu estado emocional e parecia se divertir com aquilo, o maldito. A arrogância fluía dele por todos os poros. E por que não seria assim? Afinal, se ele realmente tinha se apropriado dos poderes de Donovan, tinha todas as reservas energéticas de um mundo inteiro à sua disposição. Sua única fraqueza era o orgulho.

Com um sorriso sarcástico, Narode levantou uma das mãos e agarrou uma maça que surgiu em pleno ar. A arma não parecia ter nada de particularmente interessante: era um bastão simples de metal com uma ponta em forma de bola contendo espinhos. Normalmente, os soldados optavam por usar um escudo na outra mão, mas com todo aquele poder, por que ele se importaria com isso? Certamente, acreditava que podia vencer com as mãos nuas. E provavelmente podia mesmo. Evander conseguia ver claramente uma aura amarelada ao redor dele, o que deveria ser a origem da tal invulnerabilidade de que tanto lhe falaram.

Superforça e invulnerabilidade. Uma combinação bastante complicada.

Preciso fazer isso direito, Evander tentava dizer a si mesmo. Mas, com toda a raiva e impaciência que estava sentindo no momento, não havia condições para muito planejamento ou estratégia. Apenas para ação.

Utilizando seus poderes luminosos, ele fez com que os dois bastões que segurava brilhassem intensamente, o que obrigou todos os soldados ao redor, bem como seu pai e seus amigos a desviarem o olhar. Como ele já imaginava, Narode não apresentou uma reação tão intensa quanto os demais, mas ficou surpreso por tempo suficiente para que Evander se aproximasse dele e desferisse uma série de golpes, fazendo com que ele soltasse a maça e andasse vários passos para trás, até se recuperar. Então, revidou, projetando o punho para frente com uma velocidade sobre-humana.

O que era exatamente o que Evander queria que ele fizesse.

No instante seguinte, o punho de Narode colidia com sua concha de proteção, que não só absorvia impacto, mas também o devolvia de volta ao agressor. Os soldados, que ainda não conseguiam olhar para a batalha por causa da luz intensa gerada pelos bastões, estremeceram ante o estrondo.

Pego completamente de surpresa por aquela manobra, Narode foi lançado a mais de 10 metros de distância, caindo de cara no chão, bem aos pés de Indra Solim.

Evander precisou se esforçar para conter o impulso de partir para cima dele e continuar atacando. Não podia perder o foco nesse momento, pois a pior parte provavelmente viria agora. Para poupar suas energias, desativou o brilho dos bastões.

O general se levantou devagar, com um sorriso estranho no rosto. Não parecia ter sofrido nenhum tipo de dano físico, mas o orgulho obviamente tinha sido abalado.

— Impressionante, garoto, muito impressionante. Mas o que você esperava ganhar com isso, mesmo?

— Sei lá, acho que ver você esparramado no chão foi bastante gratificante.

— Você tem alguns poderes muito esquisitos, mas nunca vai conseguir me ferir.

— Ouvi muitos boatos sobre disso. Foi você quem espalhou?

— Eu sei o que você está tentando fazer.

Evander encostou uma das mãos ao peito, num gesto irônico.

— Oh, não, ele descobriu minha estratégia. E agora, o que vou fazer?

— Está tentando ganhar tempo na esperança de que essa sua aura energética libere os soldados do meu controle. Mas, mesmo que isso fosse possível, de que acha que iria adiantar?

Aproximando-se de Indra Solim, Narode a encarou de perto, quase encostando o nariz no dela. A morena engoliu em seco, mas ficou imóvel, apenas olhando para ele.

— Hum, você é uma das velhas amigas do ex-tenente, não é?

— Sim, senhor – respondeu ela, com voz trêmula.

Narode virou-se para Evander.

— Acha que, se cada um dos soldados aqui presentes o ajudasse, você teria alguma chance contra mim? Pensa que essa sua aura energética conseguiria proteger todos eles da minha fúria?

Como para provar o que dizia, Narode agarrou Indra Solim pelo pescoço com uma das mãos, levantando-a do chão com facilidade. Ela não conseguiu fazer nada além de segurar o braço dele e balançar as pernas, inutilmente.

— Não! – Evander exclamou, correndo na direção dele.

Mas, por mais rápido que se movesse, não foi capaz de se aproximar a tempo de impedir o pior.

O terrível som de ossos se partindo pôde ser ouvido, antes do corpo da sargento Solim ser jogado para o lado, descartado como se não passasse de lixo.

Em seguida, Narode materializou uma espada em cada uma das mãos e aparou com facilidade os ataques de Evander, revidando na sequência com uma série de golpes rápidos e mortais.

O pior realmente tinha acontecido. E Evander sabia que, se desse a oportunidade, o oponente não iria parar de matar pessoas. Ele não se importava com elas e era evidente que se divertia muito em observar o sofrimento no rosto do oponente.

Evander tremia. A carga emocional intensa ampliava muito as suas habilidades, a ponto de ele conseguir invocar manobras básicas do Exército como aumento de força e agilidade sem nem mesmo precisar de gestos ou palavras. Também conseguiu gerar um campo de inércia ao redor dos bastões, o que manteve a batalha equilibrada, pois permitia que ele bloqueasse, praticamente, qualquer ataque.

Narode sorria enquanto mantinha o intenso ritmo de troca de golpes. Sabia que suas reservas energéticas eram muito maiores e que o garoto Nostarius não poderia continuar lutando daquela forma por muito tempo.

Em meio à frenética batalha, os olhos de Evander finalmente detectaram o que ele procurava. Suas suspeitas anteriores estavam corretas.

Começando a ficar aborrecido com a batalha que já durava vários minutos, Narode aplicou um golpe especialmente intenso, que fez com que os bastões voassem das mãos de Evander, girando no ar por um momento antes de se desmaterializarem. Então aplicou mais um golpe poderoso, que obrigou Evander a invocar novamente a concha de proteção para poder se defender. Dessa vez, no entanto, Narode estava preparado para aquilo e se manteve firme no lugar ao ter a força do impacto redirecionada para ele.

Narode também tinha percebido que aquela habilidade de Evander tinha uma duração de apenas uma fração de segundo, e se aproveitou daquilo, aplicando um segundo golpe, com a outra espada, na certeza de que, dessa vez, partiria o oponente ao meio, e bem na frente do pai dele.

Para a surpresa do general, no entanto, sua espada simplesmente atravessou o corpo do oponente, sem encontrar nenhum tipo de resistência. Imaterial, Evander deu dois passos para frente, passando através do general, enquanto ele ainda recuperava o equilíbrio.

A última coisa que Demétrio Narode sentiu em sua vida foram dois tapinhas em seu ombro.

— Parabéns, "general" – disse Evander, ofegante. – Você venceu. Um tempo atrás você me fez acusações infundadas, dizendo que eu era um assassino. Pois bem. Hoje você conseguiu me transformar em um.

Narode chegou a virar a cabeça para ele antes de desabar no chão.

Evander olhou por um longo tempo para sua mão direita, que ainda segurava uma espécie de tubo energético, parecido com uma raiz, que antes estivera conectada ao corpo do general.

Então ele levantou a cabeça e olhou para as pessoas ao redor, identificando facilmente construtos energéticos similares, ligados a todos. Ele se lembrava de ter pressentido coisas como essas no refúgio dos protetores, meses antes. Na época não sabia do que se tratavam, apesar de ele ter causado danos suficientes nessas coisas a ponto de derrubar o refúgio.

Então aquele era o poder do "arauto da destruição". Com um simples gesto ele podia "desligar" permanentemente uma vida.

Olhou para Indra Solim, que continuava caída no mesmo lugar, imóvel. Assim como Narode, não havia mais nenhuma raiz ligada a ela.

As pessoas ao redor ainda permaneciam paradas no lugar. Como ele imaginara, continuavam sob o controle do monstro. E assim permaneceriam, até que alguém desse cabo dele.

Então ele virou-se para o corpo do general e viu que uma figura energética imaterial e disforme se separava do cadáver e se levantava no ar, hesitante, como se avaliasse o que faria em seguida.

— Eu disse a você – falou Evander, apontando um dedo para a criatura. – Avisei que aquele corpo já estava velho, mas você não quis me ouvir. O que foi, não vai falar nada? Ah, é, você não pode interferir no mundo material sem um hospedeiro, não é? Ter tanto poder, mas não conseguir usar, deve ser um pé no saco.

Evander também sabia que a recíproca era verdadeira: não seria possível um corpo material afetar aquela coisa. Se quisesse destruí-la, tinha que usar outra tática.

Ele levou a mão ao queixo e inclinou a cabeça, pensativo.

— Espere, talvez eu esteja enganado. Talvez você não se sinta frustrado. Talvez não possa sentir coisa alguma. Afinal, você nem é uma entidade completa, não é? É só um fragmento, um pedaço que foi arrancado do corpo original.

A coisa continuou flutuando no ar, como se o estivesse analisando.

— Você é muito parecido com a consciência do Mundo dos Deuses. Idêntico, eu diria. Assim como ela é, praticamente, uma réplica da entidade conhecida como Varir. As cores, as formas, os padrões de energia são parecidos demais. Presumo que a Grande Fênix tenha fragmentado a entidade original em diversas partes muitos séculos atrás. É isso, não é? E nesse tempo todo, vocês estão tentando encontrar uma forma de se unir de novo.

Ao redor, o silêncio reinava. Leonel, Idan, Luma e Lucine olhavam para ele de olhos arregalados. Obviamente, só ele era capaz de enxergar aquela criatura. Ou melhor, aquele *monstro*.

Com seus sentidos absurdamente ampliados, Evander conseguia perceber claramente os pensamentos da coisa. Naquele momento, aquele ser era um livro aberto para ele, assim como Cerise Ania havia sido, anos antes.

— Seu objetivo sempre foi meu pai, não foi? Tudo o que obrigou Narode a fazer durante esses anos todos teve a ver com quebrar o espírito dele, de forma a poder libertar o que está selado lá dentro. Não podia matá-lo porque, se fizesse isso, uma parte de você se perderia para sempre. Também não podia possuí-lo por causa do selo. Então tentou colocar o general no centro de grandes desastres, na esperança de que isso o enfraquecesse emocionalmente a ponto de Varir poder escapar. Primeiro Atalia, depois Aldera, e, agora, pretendia matar cada um de seus soldados, incluindo seu filho, na frente dele. Tudo isso depois de causar um caos sem precedentes no país que ele dedicou sua vida a proteger.

Ele podia sentir a animosidade da coisa aumentando cada vez mais. Mas não era nada, comparada à dele próprio.

— Você usou seus poderes para se esconder das outras entidades, não foi? Por isso que nenhum paladino da terra, ou mesmo o Avatar, nunca tentou parar Narode. Mas se você tem poder suficiente para isso, quer dizer que cometeu alguns erros, não? Porque, em pelo menos duas situações, o Avatar apareceu para atrapalhar seus planos. – Evander levantou um dedo, como se tivesse acabado de se lembrar de uma coisa. – Ah, sabe o que eu pensei agora? Varir, quando estava solto, conseguia interagir com o mundo material. Que sorte a dele, não? As pessoas até mesmo conseguiam pressentir a presença dele. E a consciência é outra sortuda, pois tem um mundo inteiro para brincar. Você é o menos impressionante, o mais capenga. Ninguém nunca ouviu falar de você, garanto que nem tem um nome.

Devagar, a coisa começou a se mover, indo na direção de Lucine Durandal, que estava com os pulsos amarrados atrás das costas. Evander, no entanto, foi mais rápido e chegou nela antes, agarrando-a pelo pescoço, de forma bastante similar ao que Narode havia feito com Indra Solim.

A entidade parou a cerca de um metro de distância.

Por um momento, Lucine piscou, surpresa e temerosa, fazendo menção de se debater, mas então olhou nos olhos de Evander por um instante e relaxou.

Ele voltou a olhar para a entidade.

— Não sei se está me entendendo, então vou ser bem claro. O que eu fiz com aquele homem – ele apontou para Narode – eu posso fazer com qualquer um. Não é nada agradável perder um hospedeiro, não é? Posso ver que você está bastante debilitado. Se você tentar se ligar a qualquer outra pessoa, já sabe o que vai acontecer. Você pode até tentar fugir, mas eu vou encontrar você. E vou fazer tudo isso de novo. E de novo. Só existe uma forma de me impedir, e você sabe qual é, não sabe?

— Evander, não! – Lucine sussurrou.

Ele sorriu para ela. Ou pelo menos tentou, pois estava alterado demais, a fúria e indignação dentro dele tornavam quase impossível um ato como aquele, por mais simples que fosse.

— Não se preocupe. Dessa vez eu tenho certeza absoluta.

Então a entidade voltou a se mover, agora com bastante velocidade, entrando no corpo dele.

◆ ◆ ◆

Valena Delafortuna não se importava de trabalhar. Tivera que dar duro no orfanato desde a mais tenra idade para ajudar a conseguir comida e vestimentas para si mesma e para as outras crianças, uma vez que os suprimentos fornecidos pelo governador nunca tinham sido suficientes para sustentar o grande número de órfãos gerados pela guerra. Acostumara-se a ser responsável por si mesma e a desprezar aqueles que preferiam o ócio.

Por isso, aqueles dias de inatividade forçada na cabana de Sandora lhe deram nos nervos. Ainda mais ao ver o incansável Gram se movendo de um lado para o outro, consertando ou construindo coisas o tempo todo. Quando chovia – o que acontecia com bastante frequência naquele lugar –, ele ia para um cômodo que funcionava como uma espécie de oficina, onde trabalhava construindo e aprimorando mesas, cadeiras e outros tipos de móveis. Quando a chuva parava, ele ia para fora e providenciava comida e água potável, bem como mais madeira, para seus trabalhos de marcenaria.

Ele também estava trabalhando na construção do que parecia outra casa, bem maior do que a cabana rústica onde moravam. A terraplenagem e as fundações estavam quase prontas e, aparentemente, tinham levado meses para chegarem ao estágio atual. Ainda mais com um clima instável como o daquele lugar.

Não pela primeira vez, Valena se perguntou por que Sandora escolhera especificamente essa floresta amaldiçoada para se estabelecer. Ela, sem dúvida, fazia jus à sua reputação de bruxa. No entanto, depois de morar alguns dias na mesma casa em que aquela moça séria e introspectiva, tinha concluído de que ela era muito mais sensível, sensata e… *normal* do que gostava de demonstrar.

Tentando controlar um arrepio involuntário, Valena aproximou-se de Gram, esforçando-se para ignorar a aparência macabra da criatura, com a qual, provavelmente, nunca se acostumaria. Ele imediatamente parou de escavar a terra, pousando com cuidado a cavadeira no chão ao seu lado e, diligentemente, apoiando-se no longo cabo de madeira, antes de virar o rosto esquelético para ela. Pareceria até um menino travesso e bem-humorado, se tivesse alguma carne sobre os ossos.

Ela engoliu em seco.

— Posso ajudar?

Com seu costumeiro silêncio – seria um esqueleto humano animado capaz de falar? –, Gram desapoiou-se da cavadeira e ofereceu-a. Valena segurou a pesada ferramenta com muito mais facilidade do que imaginava, prova de que seu corpo estava se recuperando muito bem da surra que tinha tomado ao desafiar Sandora. Queria que seu orgulho também fosse capaz de se curar tão rápido.

Depois de ser treinada pela Guarda Imperial e, praticamente, ficar empatada em uma luta contra o campeão do torneio de Egas, Valena era extremamente confiante em suas habilidades. Mas descobriu, de forma bastante dolorosa, que ainda tinha muito que aprender para conseguir se virar numa luta de verdade, principalmente contra oponentes como Sandora. E, muito provavelmente, contra Gram também.

Sem hesitar, aproximou-se do buraco e tratou de fincar a ponta de metal da cavadeira no solo úmido e pedregoso, usando habilmente a ferramenta para remover a terra, depositando-a numa pilha ao lado.

Depois de observá-la trabalhar um pouco e se convencer de que ela era capaz de dar conta daquela tarefa, Gram afastou-se e pegou um machado, começando a trabalhar no alisamento de um tronco, provavelmente o mesmo que seria colocado no buraco que ela estava fazendo.

Satisfeita por estar se ocupando com algo útil, Valena continuou trabalhando em silêncio. Já tinha feito tarefas como aquela muitas vezes antes, e os calos em suas mãos nunca tinham sumido, mesmo depois dos anos em que vivera no palácio imperial.

Imaginou o que faria dali para frente. Deveria ir embora imediatamente ou seria melhor aguardar até a volta de Sandora? Não fazia nenhum sentido permanecer ali, mas para onde iria?

Um movimento ao lado da cabana lhe chamou a atenção e, virando-se para lá, viu Sandora contornando a construção, como que saída do nada, com seus costumeiros passos longos, rápidos e decididos.

— Você voltou! – Valena exclamou, com uma inesperada onda de alívio.

Ignorando completamente Valena e Gram, Sandora continuou andando até entrar pela porta e desaparecer no interior da cabana.

Estranhando a expressão vazia que tinha percebido no rosto da outra, Valena encarou a face esquelética de Gram por um momento.

— Tem algo errado.

Gram assentiu, em concordância, mas apenas continuou olhando para ela. Então, perguntando-se que direito tinha de se intrometer nos problemas da outra, Valena deixou a cavadeira de lado e entrou na cabana.

Encontrou Sandora no quarto dela, tirando livros e mais livros de dentro de uma bolsa de fundo infinito.

— O que há com você?

— Vá embora. – Foi a resposta, com um tom de voz tão desinteressado e vazio de emoção que deixou Valena ainda mais preocupada.

— O que houve? Você não me parece bem.

— Saia daqui. – Disse a outra, em tom distraído, enquanto continuava a puxar um livro, folheá-lo por um momento e depois descartá-lo com descaso, fazendo a pilha aumentar cada vez mais no chão.

Valena ficou olhando para aquilo por alguns instantes, até que seu temperamento explosivo finalmente se manifestou.

— Olha para mim, sua *nacas*!

Ela se adiantou e agarrou Sandora pelo braço, obrigando-a se virar. Então olhou com atenção para aqueles olhos escuros normalmente tão confiantes e decididos e viu algo que a fez ter certeza de que alguma coisa muito séria estava acontecendo.

Com um movimento brusco, agarrou o livro que estava nas mãos de Sandora e olhou para uma ilustração na página em que estava aberto. Então arregalou os olhos antes de voltar a encarar a outra.

— Por que está olhando para essas coisas? O que está procurando, afinal? Não me diga que você...?

— Estou grávida – respondeu Sandora, com uma expressão tão calma e comedida que contrastava enormemente com o desespero com o qual ela estava folheando aqueles livros momentos antes.

Então, de repente, como se apenas naquele momento tivesse realmente se dado conta daquele fato, os olhos de Sandora se encheram de lágrimas. Num gesto completamente automático, Valena a abraçou e a segurou junto ao peito sem dizer nada durante muito tempo, enquanto Sandora se rendia aos soluços quase compulsivos.

◆ ◆ ◆

Evander sentiu-se novamente fora de seu corpo. Da mesma forma como acontecera no Mundo dos Deuses, ele estava incorpóreo, flutuando no ar enquanto o tempo parecia parado para todo o resto do mundo. A entidade que possuíra Demétrio Narode por tantos anos se aproximava dele.

— Então você resolveu tomar uma atitude, hein?

— Assim que eu consumir você não sobrará nenhum empecilho para os meus planos.

— Vá em frente.

Uma batalha espiritual daquele nível não era algo fácil de conceber. Era como se as essências de ambos se misturassem, tentando uma sobrepujar à outra.

A entidade que tentava possuí-lo, no entanto, estava com uma enorme desvantagem. Assim como ocorria com todas as pessoas abaixo deles, Evander conseguia ver claramente a fonte da vida de seu oponente. Uma espécie de raiz fantasmagórica cheia de rizomas, pela qual passava o fluxo energético.

— Uma de suas partes morre de medo de mim, sabia? – Evander disse, enquanto envolvia a raiz e a puxava sem piedade, arrancando-a. – Imagino se não é porque sabe que eu posso fazer isto.

Por um momento, pôde sentir a perplexidade emanando da criatura.

— O quê? Está surpreso por estar morrendo da mesma forma que seu antigo hospedeiro? Vai dizer que nunca percebeu quantas características humanas você tem? Ou melhor, que *vocês todos* têm? Não importa quão poderosos sejam, nossos espíritos são similares, no fundo somos todos iguais.

— Você… não é igual a nós… e nem a ninguém…

— Talvez tenha razão – Evander disse, enquanto sentia a presença da entidade se esvair. – Mas isso não é mais problema seu. Espero que a próxima vida seja mais misericordiosa com você. E quem sabe, algum dia, nos encontremos por lá.

♦ ♦ ♦

Quando voltou a abrir os olhos, Evander percebeu duas coisas.

Primeiro, todos os soldados pareciam estar se livrando da influência hipnótica de Narode. Lucine, Leonel e os outros estavam sendo libertados.

Segundo: ele estava segurando algo na mão esquerda. Ele levantou o objeto e o encarou com atenção por alguns instantes. Era um machado. Parecia antigo e tinha várias marcas atestando que havia sido bastante utilizado para derrubar árvores ou para cortar lenha. Ou ambos.

A enorme emanação energética, no entanto, deixava bem claro de onde aquilo tinha vindo. A forma que havia assumido, provavelmente, era devido à imagem mental que as pessoas, incluindo ele próprio, tinham em relação àquele poder. No fundo, aquilo não passava de uma mera ferramenta para atingir algum objetivo.

— O que é isso? – Lucine perguntou, desconfiada.

— Acredito que seja a manifestação física do tal poder que Narode adquiriu do mundo moribundo – respondeu Evander. – Imaginei que isso se dissiparia junto com a entidade, mas pelo visto ainda está aqui.

— Você não me parece nada bem – disse ela.

Ele tentou sorrir, mas sem muito sucesso. Então olhou para o corpo de Indra Solim.

— Vou ficar bem. Eu acho.

Leonel se aproximou e parou diante dele, sério. Os dois se fitaram por um longo tempo. Então, seu pai levou a mão à fronte, prestando continência.

Evander sorriu debilmente e devolveu o gesto, imaginando que, talvez, aquilo pudesse ser considerado uma vitória, apesar de ele não se sentir nem um pouco vitorioso.

De repente, suas pernas acabaram não suportando mais o peso do corpo e ele teria caído, se Lucine Durandal não estivesse ali para segurá-lo. De novo.

Capítulo 29:

Futuro

As semanas seguintes passaram como um borrão para Evander. Felizmente, Lucine e Idan ficaram por perto o tempo todo, dando-lhe apoio moral, cada um deles a seu modo.

O episódio mais marcante daquele período havia sido o enterro de Indra Solim. Uma amizade que ele havia cultivado por tantos anos. Uma vida vibrante e promissora, abreviada em um instante por uma razão completamente idiota.

— Idiota é você, por pensar uma coisa dessas. – Lucine havia esbravejado com ele, quando disse aquilo em voz alta, vários dias após o sepultamento.

— Ela ainda poderia estar viva se...

— Sim, ela poderia estar viva. Mas também todo mundo poderia ter morrido. Lembra-se de quanto poder aquele monstro tinha?

O machado contendo o poder que Narode usava agora estava nas mãos dos alquimistas do Exército, na capital. Tinham, até mesmo, tentado usar aquilo para tentar reviver o Avatar, mas sem sucesso.

Evander refletiu sobre aquilo por algum tempo, antes de voltar a olhar para ela.

— Parece que sempre que eu estou precisando de apoio você está por perto para me ajudar. Sou muito grato por isso. A propósito, desculpe por ter te agarrado pelo pescoço daquele jeito.

— Esqueça – ela respondeu, imediatamente.

— Não, sério, é que aquilo lá, bem, eu tinha que tentar manipular a entidade de algum jeito e...

— Cale-se!

Ele parou imediatamente de falar e a encarou, espantado. Ela fechou os olhos e suspirou. Quando voltou a olhar para ele, parecia muito determinada.

— Minha vida é sua – ela declarou, simplesmente. – Pode fazer o que quiser comigo.

O queixo dele caiu.

Vendo-o ficar completamente sem reação, ela deu-lhe as costas e começou a se afastar. Recuperando-se da surpresa, ele se adiantou e segurou-a pelo braço.

— Se você realmente confia tanto assim em mim, me conte qual é o seu problema. Esse que vem afligindo você há tantos anos.

Ela hesitou bastante, mas, no final, decidiu se abrir.

Jena Seinate havia voltado ao normal depois que foi libertada e o vínculo com o artefato, restabelecido. Luma Toniato havia concluído que aquela ligação se tornara forte demais e que aquilo podia ser perigoso. A moça veio conversar com Evander, com a esfera prateada gravitando ao redor dela.

— Eu... gostaria de servir sob seu comando.

— Eu não vou voltar ao Exército, Jena. Pelo menos não por enquanto.

— Nesse caso, me deixa ficar por perto. Eu posso fazer qualquer coisa que me mandar, eu...

— Jena, qual é o problema?

— A general Toniato quer me separar do orbe. Eu não quero. Eu... eu vou morrer se ela fizer isso, eu tenho certeza!

— Ela tem décadas de experiência, deve saber do que está falando.

— Por favor! Tenho certeza de que ela vai reconsiderar se você me deixar ficar ao seu lado. – A moça ficou subitamente vermelha. – Quero dizer...

— Mas o que você acha que eu posso fazer?

— Se... caso eu venha a me descontrolar... como aquele general Narode... você é capaz de... – à beira das lágrimas, ela não conseguiu terminar a frase.

Evander suspirou.

— Tudo bem, tudo bem. Você pode ficar por perto. Vamos resolver isso, está bem?

O funeral de Narode havia despertado sentimentos confusos em Evander. Apesar de saber que o homem tinha sido obrigado a fazer tudo o que fez, por alguma razão, ele não conseguia perdoá-lo. Tinha a impressão de que muitas das maldades que o homem havia cometido não tinham sido motivadas apenas pelos desejos da entidade.

Curiosamente, os sentimentos de seu pai em relação àquilo pareciam muito similares aos seus. Os dois passaram bastante tempo juntos durante aquele período.

— Tem certeza de que está tudo bem com você?

— Estou bem, pai. Por que me pergunta tanto isso?

— Um sábio afirmou certa vez: "Quem vive de combater monstros deve tomar cuidado para não se transformar em um deles".

— Não se preocupe. Apesar de eu ter descoberto que sou uma espécie de anjo da morte, estou bem.

— Não se julgue com tanta severidade. As pessoas são todas diferentes, em maior ou menor grau.

— Certo. E como estão as coisas na província?

— As tropas estão fragmentadas. As pontes de vento de quase todas as cidades foram destruídas, o que tornou a comunicação bastante complicada.

Narode não havia apenas assumido o comando da província, ele havia colocado em ação um plano elaborado para dividir o país. Tiranos ou corruptos tinham assumido o poder em quase todas as províncias, e até mesmo a província central estava dividida. A destruição das pontes de vento foi apenas uma das etapas da estratégia para separar ainda mais as pessoas e jogá-las umas contra as outras.

— Acho que seria mais fácil unir as tropas se o senhor voltasse a ser general.

— Não tenho mais vigor para isso. De qualquer forma, Camiro está fazendo um bom trabalho. Você, por outro lado, tem energia de sobra e daria um bom capitão ou major. Ainda mais depois da forma como derrotou Narode. Seria um símbolo de orgulho e respeito.

— Eu não me sinto preparado para isso, pai. Não agora.

— Entendo. A propósito, recebi uma notícia peculiar. Soldados da fronteira com Ebora notificaram a incursão de duas mulheres na província.

— E qual o problema?

— Eles ficaram intrigados com o nome de uma delas. Disse a eles que se chamava Sandora Nostarius.

Evander arregalou os olhos, uma onda incontrolável de alegria tomando conta dele.

— Ela está procurando por mim! Com as pontes destruídas, ela está vindo a pé. Deve ter dado esse nome de propósito porque sabia que os soldados estranhariam.

— E a informação chegaria até nós sem que ninguém soubesse quem ela realmente é - concluiu Leonel. - Muito perspicaz da parte dela.

O sorriso de Evander se ampliou.

— Sabe de uma coisa? Acabei de pensar na pessoa ideal para comandar as tropas e reconstruir o Império. E acho que o senhor também vai gostar da ideia.

◆ ◆ ◆

Aquele lugar era tão pacífico que chegava a dar nos nervos. Uma pequena vila com pouco mais de uma dúzia de casas, cercada por campos floridos onde as pessoas trabalhavam, praticamente cozinhando sob o forte sol de verão. Valena conseguia facilmente identificar as plantações de milho e algodão. Ela já havia ajudado com plantio e com a colheita antes, mas não tinha ideia de que havia tanto a ser feito no intervalo entre uma coisa e outra. As pessoas se ocupavam arrancando ervas daninhas, removendo larvas, espantando pássaros e aspergindo as plantas com óleos vegetais para repelir insetos e diversas outras tarefas que ela não conseguia identificar. E sempre cantando, sorrindo e brincando uns com os outros, como se não tivessem nenhuma outra preocupação no mundo.

E talvez não tivessem mesmo, concluiu ela, com uma pontada de inveja. O golpe de estado que dividiu o país não era nada para eles além de uma ideia abstrata, que fazia pouca diferença em suas vidas.

Gram, para variar, estava entretido com trabalho de construção, ajudando alguns aldeões a consertarem as paredes de um celeiro. Ele se movia entre as pessoas com facilidade, usando uma vestimenta que parecia um grande lençol escuro, no qual tinham sido costuradas mangas longas. Suas mãos estavam ocultas por luvas gastas e o rosto também estava escondido atrás de uma máscara de tecido de cor indefinida e pela sombra do capuz, puxado quase até a altura dos olhos – isso, claro, se ele tivesse olhos.

As pessoas dali o tratavam com certa cautela, mas fora isso pareciam aceitá-lo sem grandes problemas, mesmo não sabendo o que ele escondia por baixo de todas aquelas roupas. Tendo vivido a maior parte da vida naquele lugar isolado e perigoso, provavelmente aquela gente já tinha visto tanta coisa estranha que não se surpreendiam mais com facilidade.

Voltando a concentrar-se em sua tarefa, Valena girou a manivela do sarilho, enrolando a corda e puxando para cima o balde cheio de água do fundo do poço. Depois de alguns momentos, a corda estava quase totalmente enrolada e o balde finalmente apareceu. Um menino que estava ali por perto correu para ajudar, cobrindo a entrada do poço com uma tampa de madeira. Valena então girou a manivela devagar por meia volta na direção contrária, o que fez com que o balde pousasse sobre a tampa. Sorrindo agradecida para o garoto, que saiu correndo para voltar a brincar com os colegas, ela tratou de despejar o conteúdo daquele balde em outro, que estava no chão, antes de pegar uma caneca que estava pendurada por ali e tomar um longo e refrescante gole daquela água pura, transparente e revigorante.

Ela limpava o suor da testa, preparando-se para pegar o balde e voltar para a cabana, quando percebeu que Gram lhe fazia um gesto e apontava na direção da estrada. Olhando para lá, ela sentiu um calafrio ao ver a pequena comitiva que se aproximava. Notou o uniforme do Exército que alguns deles usavam e, por um momento, pensou se teria alguma chance de escapar se saísse correndo naquele momento, mas então reconheceu o tenente Nostarius e sentiu uma onda de alívio.

Finalmente, pensou ela com um suspiro, adiantando-se. Apesar de saber que a Província Central não estava mais sob o comando de Narode ou daqueles *fret* daqueles conselheiros imperiais corruptos, não havia como evitar uma ponta de apreensão. Sandora tinha lhe garantido que tudo ficaria bem, mas não tinha certeza se podia acreditar naquilo.

— Valena – saudou Evander, cordialmente, parando a uma distância de 10 metros dela e prestando continência, no que foi imitado pelas outras seis pessoas que vinham atrás dele.

Sem saber direito como responder àquilo, ela apenas retribuiu o gesto sem dizer nada.

— Onde está ela?

Sem preâmbulos, Valena pensou. No entanto, a óbvia preocupação na voz dele fez com que se sentisse um pouco mais calma.

— Segunda cabana à direita.

Ele apenas assentiu e se pôs a caminho, com passos largos, enquanto os outros permaneciam onde estavam, fitando Valena com graus variáveis de curiosidade e desconfiança. O mais velho dos soldados se adiantou.

— É uma honra voltar a vê-la, alteza.

Valena olhou para ele e arregalou os olhos ao reconhecê-lo.

— General Nostarius! O senhor está vivo!

— Sim. E estou feliz que você também esteja.

— Mas o general Narode...

— Não precisa se preocupar com ele. Ninguém mais vai persegui-la agora, alteza. Você está livre.

Ainda desconfiada, ela encarou Leonel, sem conseguir dizer nada.

— Infelizmente, o Império, como você o conhecia, não existe mais. No entanto, temos uma proposta para você. Gostaria de saber se está interessada em ouvi-la.

◆ ◆ ◆

Enquanto isso, ali perto, Evander acabava de descobrir que havia mais um obstáculo a superar.

Gram estava parado diante da porta da cabana, de braços cruzados. Evander não sabia como era capaz de identificá-lo, considerando que a criatura estava totalmente coberta por aqueles trapos velhos, mas, no momento, entender aquilo não era uma de suas prioridades.

Ficaram se encarando por um longo momento, até Evander suspirar e se forçar a relaxar.

— Não estou aqui para tornar as coisas difíceis para ela, está bem? Só quero saber o que está acontecendo. Acho que tenho pelo menos esse direito depois de... tudo.

Devagar, Gram descruzou os braços e assentiu, afastando-se alguns passos antes de voltar a encará-lo.

— Obrigado.

Depois de mais um assentimento, Gram virou-se e se afastou. Evander percebeu que todos os aldeões que estavam nas proximidades tinham interrompido suas tarefas e olhavam, curiosos, para ele e para os demais recém-chegados. Sentindo-se mal por estar incomodando aquelas pessoas, ele decidiu encerrar logo aquele assunto e empurrou a porta da cabana, que se abriu com um rangido das velhas dobradiças de madeira.

Sandora levantou a cabeça e olhou para ele. E naquele momento ele tomou o maior golpe entre todos que já recebera em sua vida.

Ela tinha estado com a cabeça enfiada em um balde, provavelmente esvaziando o conteúdo do estômago, a julgar por sua expressão e pelo fato de estar fazendo uma careta enquanto limpava os lábios. Estava extremamente pálida e com fundas olheiras. Os cabelos tinham perdido muito do brilho e suas roupas estavam empoeiradas, amarrotadas e desbotadas. Era uma visão quase inacreditável.

Mas a aparência dela não foi, nem de longe, a responsável pelo choque que ele sentiu. Aquilo foi causado por outra coisa, bem maior e muito mais importante.

— Você está...? – Evander não conseguiu terminar a pergunta.

Havia outra presença ali, forte, saudável, pulsante. Uma outra essência, uma nova vida estava desabrochando dentro dela. Ele conseguia sentir a emanação energética de forma tão intensa que não havia espaço para nenhuma dúvida. Não importava o fato de ele não entender o como ou o porquê. Não importava que aquela sensação lhe fosse pouco familiar, assustadora e, de certa forma, maculada, uma vez que algo similar foi o que lhe permitiu assassinar Demétrio Narode. O que importava é que aquela flutuação, aquela energia, aquela vida, existia. E estava crescendo dentro de Sandora naquele momento.

Sem conseguir falar, ela apenas assentiu e, no instante seguinte, viu-se envolvida nos braços dele de uma forma tão carinhosa e protetora, que lhe tirou totalmente a reação. Ela própria só se deu conta de que chorava quando os soluços começaram a sacudi-la.

Ambos perderam completamente a noção do tempo. Podiam ter ficado ali por alguns minutos ou por horas, era difícil dizer, e nenhum dos dois se importava.

De alguma forma, ambos foram parar sobre o colchão recheado com palha de milho que estava jogado sobre o chão de terra batida. O fato de o colchão ser barulhento e levemente desconfortável não os incomodou. Queriam apenas permanecer abraçados, confortando-se mutuamente.

Depois do que pareceu um longo tempo, ela finalmente levantou os olhos para ele.

— O que aconteceu com você?

A voz dela estava tensa de preocupação. Ele deu de ombros.

— Perto do que houve com você? Nada.

— Você está sofrendo. Por quê?

Ele suspirou e ajeitou-se sobre o colchão, deitando-se de costas, apoiando a cabeça nas mãos e olhando para o teto de palha velha, onde podiam ser vistas várias teias de aranha, algumas bem antigas.

— Você escolheu um lugar… interessante para ficar, não?

Ela também se ajeitou de costas ao lado dele e cobriu os olhos inchados com o pulso direito.

— Já dormi em condições piores.

Ficaram daquele jeito por vários instantes, até que ele conseguiu coragem para falar.

— Eu matei um homem. De maneira premeditada. E, no processo, acabei provocando também a morte de uma amiga.

— Me conte.

Levou um longo tempo até Evander conseguir concluir a narrativa. Sandora ouviu tudo em silêncio até o fim, antes de suspirar e olhar para ele.

— Então toda essa confusão foi causada por uma das antigas entidades.

— Sim.

— Sabe, eu estive no santuário que aquele protetor me indicou.

Evander olhou para ela, surpreso.

— É mesmo?

— Sim. Descobri algumas coisas sobre mim… isto é… sobre nós. Eu estava totalmente confusa, sabe? Por que, raios, quase ninguém consegue ter filhos antes dos 23 anos, mas isso aconteceu justamente comigo?

Evander lembrou-se do problema que Lucine tinha lhe revelado, mas decidiu não comentar nada.

— Então eu fui até o santuário.

— Sozinha?

— Não, Valena e Gram foram comigo. – Sandora suspirou. – Sabe, acho que o criador, a pessoa, entidade ou sei lá o quê que criou este mundo, não é onipotente.

— Sabendo tudo o que sei agora sobre entidades, tenho minhas dúvidas se existe alguém que seja.

— O relato do espírito que vive no santuário é um pouco confuso, mas pelo que eu entendi, este mundo não foi "criado". Na verdade, ele foi "transformado". Isso aqui era algo muito diferente até alguns poucos milhares de anos atrás.

— Interessante.

— Os chamados espíritos *itinerantes*, como eu e você, são elementos do mundo antigo, que o criador não conseguiu incorporar à sua criação.

— Ou seja, nós somos pontos fora da curva. Em vários sentidos.

— Pode-se dizer que sim.

— Então, é por isso que temos esses poderes?

— Não exatamente. Na verdade, nossos poderes só existem por causa da forma como este mundo foi construído. Nosso espírito tem algumas características com as quais o campo energético não consegue lidar muito bem.

— Quer dizer que, se estivéssemos no mundo original, não teríamos poder nenhum?

— Ninguém teria.

— E essas características são o que permitem que coisas incomuns ocorram, como você engravidar com 17 anos de idade?

— Sim.

— Ei! E quanto à antiga civilização Damariana? Eles viveram milhares de anos atrás, não é?

— Também pensei nisso. O espírito foi vago, mas é possível que esse era o povo que habitava o mundo antes de ele ser... modificado.

— Isso explica porque o teleporte te levou para a pirâmide.

— Creio que sim. Eu nunca me apeguei muito a nada deste mundo antes de conhecer você. Então acho que meu espírito pode ter sido atraído para lá. Tudo o que eu pensava enquanto estava naquela biblioteca com o mundo implodindo ao meu redor era...

— Voltar para casa?

— Sim. Mas nunca tive uma casa de verdade. O castelo onde eu cresci não era exatamente... – ela balançou a cabeça.

Ambos ficaram em silêncio por um tempo até que ele voltou a falar.

— E quanto a Gram?

— O espírito não quis me revelar nada. Segundo ele, isso não diz respeito a mim.

— O próprio Gram não quis que você perguntasse nada?

— Não. Tenho a impressão de que ele está começando a se lembrar de algumas coisas. Coisas que talvez ele não queira que ninguém mais saiba.

Evander refletiu por alguns instantes.

— Existem outros espíritos itinerantes por aí além de nós dois?

— Sim, mas parece que raramente algum deles consegue encarnar em um corpo físico.

— E quanto a nosso filho ou filha? Vai ter um itinerante também?

— De acordo com o espírito, sim.

Evander sorriu. De repente, deu-se conta de que o peso que vinha carregando nos ombros nas últimas semanas tinha se tornado bem mais leve.

— Isso vai ser divertido.

— Uma das coisas que eu pensei muito nessas últimas semanas é que... - ela hesitou, o que não era do feitio dela - não é... não é em um mundo como este que eu gostaria que nosso filho nascesse. Este lugar cheio de conflitos e com essas entidades misteriosas soltas por aí e interferindo na vida de todo mundo.

— Uns dias atrás eu teria concordado com você. Mas agora eu vejo isso de forma diferente. - Ele se lembrou da expressão de Leonel lhe prestando continência logo após a batalha e sorriu. - Querendo ou não, este é o *nosso* mundo, e nada mais natural que seja o de nosso filho também. E, se tem algo errado com ele, cabe a nós lutarmos para resolver o problema. Isso é o mínimo que podemos fazer por aqueles que estarão por aqui depois que nosso tempo tiver se esgotado.

Ela olhou para ele e sorriu. Um daqueles raros e preciosos sorrisos, que tinham o poder de fazer com que ele se sentisse capaz de enfrentar qualquer coisa.

Já era fim da tarde quando Sandora saiu da cabana. Valena se aproximou, com um sorriso.

— Então, a partir de agora você vai ser oficialmente chamada de Sandora Nostarius?

Sandora deu de ombros, olhando para Evander e Leonel, que conversavam à distância.

— Tenho coisas mais importantes a me preocupar no momento.

— Ah é? - Valena deu um sorriso malicioso. – Como o quê?

— Libertar Gram do encantamento de Donovan. Desfazer o desastre de Aldera. Entender por que eu e Evander conseguimos sentir uma emanação tão forte de energia vindo daqui. – Ela pôs uma mão protetora sobre o próprio ventre. – Descobrir como poderei sobreviver a essa gravidez. E tentar encontrar um sentido nisso tudo para poder reencontrar meu prumo e conseguir voltar a viver minha vida.

— Nossa, isso é o que eu chamo de projeto de vida. Como está se sentindo?

— Estranha. O mal-estar físico passou, mas estou sentindo o corpo todo dolorido e às vezes latejando. É como se eu tivesse sido tirada do meu corpo e colocada em algo diferente, maior, mais desengonçado.

Valena olhou para os trajes que Sandora usava agora, que pareciam novos, impecáveis e muito bonitos; os cabelos brilhantes e perfumados; o rosto que não tinha mais nenhum sinal de abatimento.

— Parece que estar junto com o seu homem faz um bem danado a você – comentou, sorrindo, sem conseguir evitar uma ponta de inveja.

— Talvez. – Sandora deu de ombros novamente. – Mas não poderemos ficar juntos o tempo todo. Eu tenho coisas para fazer e ele também.

— Vocês virão comigo para Aurora?

— Você não precisa de mim para governar o país.

Valena ficou séria.

— Sandora, Verídia não é um simples país, é um Império. Você sabe a diferença, não sabe?

— Império significa expansão e conquista. É isso que você quer? Vai tentar anexar todas as províncias de novo?

— Sim. Para começar.

— Valena, seus pais morreram na última guerra, não foi isso o que me disse antes?

Aquilo não era, necessariamente, verdade, mas Valena estava tão acostumada a repetir aquela história que nem pensava duas vezes antes de fazê-lo.

— Sim. E antes que me pergunte, sim, eu também cresci junto com dezenas de outros órfãos como eu.

— E mesmo assim está disposta a começar outra guerra?

— Existem vários tipos de guerra – respondeu Valena, com um sorriso confiante e misterioso.

Sandora sorriu também.

— Não sei o quanto poderei ajudar você nessa tarefa.

— Ora, você é a Bruxa de Aldera. E mesmo que não goste desse apelido, tem que admitir que ele inspira respeito. Além disso, você foi a única capaz de me derrotar numa luta em anos. Preciso de aliados poderosos em quem eu possa confiar.

— Você conseguiu arrancar um sorriso dela! – Evander exclamou, aproximando-se e dando um soquinho no ombro de Valena. – Eu tinha minhas dúvidas antes, mas agora estou começando a achar que talvez você realmente tenha alguma chance de se dar bem como imperatriz.

— Ainda não viu nada. Mas, e você? Vai me ajudar também, não vai?

— Tenho alguns assuntos pendentes para resolver primeiro – respondeu Evander.

Sandora lembrou-se da explicação resumida que ele tinha lhe dado sobre os problemas de Jena e Idan. E Lucine também estava precisando de ajuda, apesar de ele não ter entrado em detalhes sobre o problema dela.

— Imagino que você vá ficar bastante ocupado – comentou ela.

— Não o suficiente para que não possa ficar de olho em você.

— A imperatriz aqui está pensando em me levar para o meio de uma guerra, ou seja lá o que for que esse sorriso dela signifique. Você não se incomoda com isso?

Evander encarou Valena por um instante, pensativo, antes de voltar a olhar para Sandora.

— Acho que ela precisa de toda a ajuda possível para o que quer que esteja planejando. E você é a única capaz de manter ela na linha.

— Ei! – Valena protestou, fingindo indignação.

◆ ◆ ◆

Capital do Império, semanas depois

— Hoje, imortalizamos nesta rocha o nome de Dario Liam Joanson, da província de Ebora, por sua coragem, honra e dedicação ao bem-estar da população do Império; por sua determinação em lutar contra os inimigos da paz, colocando a segurança dos cidadãos à frente de sua própria; por sua abnegação, em considerar que a vida de cada um de nós era mais importante do que a sua própria.

Valena fez uma pausa, passando os olhos pela multidão reunida na Praça dos Heróis. As pessoas exibiam expressões de abatimento e apreensão. Ainda levaria muito tempo até todos superarem o que tinha acontecido e talvez mais ainda até que a vissem como digna e merecedora do trono, com ou sem a marca da Fênix. Mas ela estava disposta a merecer aquela confiança deles. Ou a morrer tentando.

— Me perguntaram por que eu me daria ao trabalho de subir até aqui hoje e fazer uma homenagem a uma pessoa que veio de outra província. Ainda mais uma província que nos virou as costas e nos declarou como seus inimigos.

Aquelas palavras chamaram a atenção de todos de forma que nada mais teria feito. Todos os murmúrios cessaram e o silêncio tornou-se absoluto.

— A resposta para isso – continuou Valena, levantando a voz enquanto estreitava os olhos e apertava os punhos – é que não estou aqui para homenagear um "desconhecido" ou um "estrangeiro". Estou aqui hoje em respeito à memória do meu mentor, daquele que me ensinou não apenas a levantar a espada quando preciso, mas, principalmente, a embainhá-la quando ela não é mais necessária.

Ela fez uma pausa, mais uma vez percorrendo a praça com o olhar, antes de continuar, no mesmo tom.

— Eu li todos os relatórios das missões da Guarda Imperial desde que foi formada. E o que eu aprendi naqueles livros não foi nenhuma surpresa, pois eu já conhecia boa parte daquelas histórias, que me foram contadas vezes sem conta em todos os meus 17 anos de vida, e que pretendo continuar contando a todos que quiserem ouvir até que meu tempo de existência neste mundo se esgote. Histórias de verdadeiro heroísmo, abnegação, engenhosidade e coragem. E o capitão Dario Joanson foi um desses heróis, além de ser uma das melhores pessoas que já conheci.

Nova pausa. Dessa vez ela foi obrigada a usar a manga do manto para remover um pouco da umidade dos olhos marejados, antes de baixar o braço com força e voltar a encarar a plateia com olhar desafiador.

— E mesmo que eu não conhecesse pessoalmente o capitão, que eu não soubesse que tipo de homem ele foi, que tipo de convicções ele tinha, mesmo assim eu me veria na obrigação de subir neste palanque hoje. "Ele era um estrangeiro", alguns dizem, mas eu discordo. Para mim não importa se alguém nasceu em Ebora, Lemoran ou Mesembria. Não faz diferença se veio de Halias ou da Sidéria. Se viveu aqui, no coração do Império ou nas Montanhas Rochosas. Somos todos filhos de uma mesma terra, de uma mesma nação. E tenho certeza de que, se o capitão Joanson estivesse aqui conosco hoje, ele me apoiaria no que vou dizer agora, no que eu tenho plena convicção: UMA ÚNICA NAÇÃO É O QUE VOLTAREMOS A SER!

A ovação foi enorme. O ruído ensurdecedor de palmas, gritos e assobios perdurou por vários minutos, sendo substituído por um não menos ensurdecedor coro de "Viva o Império!".

♦ ♦ ♦

Em um dos cantos da praça, um pouco afastado de um grupo animado e barulhento de soldados, Luma Toniato parou de bater palmas e limpou as próprias lágrimas, antes de virar-se para Leonel Nostarius.

— Ela é ótima, não é?

— Sim.

Luma baixou o tom de voz de forma que apenas ele pudesse ouvir.

— Mas será que ela consegue mesmo ajeitar toda essa bagunça?

Leonel a encarou nos olhos.

— Isso não é mais trabalho nosso, Luma. Nosso tempo se foi. Agora é a hora de passarmos a espada para a próxima geração. Esse é o mundo deles agora e eles precisam tomar as rédeas do próprio destino.

— E você vai se contentar com isso, "ex-general"?

— Sim, senhora "ex-general". Pois agora tenho algo mais importante para me preocupar. Uma vez você me pediu para viver apenas para você. Naquela época eu era jovem demais e estúpido demais para saber o que isso significava e recusei. Agora não sou mais jovem. E nem general.

Ela sorriu.

— Mas continua estúpido?

Leonel sorriu também, divertido, revelando um senso de humor que ele próprio, por tantos anos, julgou-se incapaz de possuir.

— Talvez.

— A propósito, é possível que Valena consiga um aliado poderoso na luta que parece determinada a travar.

— Mesembria?

— Sim. O tirano que tentou tomar o poder da província foi deposto em questão de dias. E o novo governante parece ter poder e carisma suficiente para unir o povo de lá, como nenhum antes dele.

— Que tipo de poder? Algo relacionado a alguma das entidades?

— Na verdade, sim. Para se ter uma ideia, o povo se refere a ele como "o Dragão de Lassam".

◆ ◆ ◆

Idan Cariati, o principal responsável por puxar os diversos coros de vivas, divertia-se no meio da multidão, gritando e assobiando, freneticamente. Nunca poderia esquecer-se de sua própria missão, mesmo que a irmandade, como ele conhecera, não existisse mais. No entanto, de alguma forma, ele se sentia parte daquele novo Império. Fizera bons amigos ali, que por acaso também eram aliados formidáveis. Com ajuda de Evander, Lucine e dos demais, ele tinha certeza de que poderia encarar qualquer desafio que tivesse pela frente, e estava mais confiante do que nunca no sucesso de sua jornada.

◆ ◆ ◆

Lucine Durandal estudava com atenção as pessoas na praça diante dela, ao lado da capitã Laina Imelde e dos demais oficiais da antiga "tropa caça--monstros", montando guarda ao redor da grande rocha de superfície plana sobre a qual Valena ainda permanecia, batendo palmas junto com a multidão. Não conseguia pressentir nenhuma ameaça vinda daquela gente, mas não conseguia relaxar completamente. Ela ainda estava apreensiva por ter revelado seu passado a Evander e de ter aceitado a ajuda dele para "resolver seu problema". Era difícil imaginar que algo como aquilo pudesse ter algum tipo de solução, mas depois de presenciar a derrota de Narode, Lucine tinha se convencido de que nada seria impossível para ele. Por isso, pela primeira vez, sentia alguma esperança em relação ao próprio futuro, bem como do futuro daquele que ela amava mais que a própria vida.

— Que tal voltar à ativa, Lucine? – Laina perguntou. – Você seria mais do que bem-vinda à nossa equipe.

— Não, obrigada.

— Bem, se algum dia mudar de ideia, me procure. Tenho saudades da época do "triplo L".

— O que há com vocês? – Lucine perguntou, olhando de relance para as expressões sérias de Beni, Alvor, Loren e Iseo. – Já faz horas que ninguém faz nenhuma daquelas piadinhas estúpidas.

Laina se aproximou um pouco, para conseguir falar em um tom de voz mais baixo.

— A sargento Indra Solim era namorada do Iseo. Estamos meio que de luto junto com ele.

Sem saber direito o que dizer, Lucine apenas assentiu. As duas ficaram em silêncio por um momento até Lucine perguntar:

— E o que pretendem fazer agora? Vão se tornar seguranças da imperatriz em tempo integral?

Laina sorriu.

— Estaremos onde precisarem de nós. Se ocorrer alguma confusão, pode ter certeza de que estaremos metidos nela.

◆ ◆ ◆

Jena Seinate aplaudia Valena com entusiasmo. Na opinião dela, era daquilo que o país precisava: um líder jovem, cheio de energia e paixão. Por um momento, ela encarou, com um sorriso sonhador, o artefato esférico que flutuava ao seu lado. Independentemente do que os alquimistas dissessem, talvez houvesse um lugar para eles naquele novo Império que nascia.

◆ ◆ ◆

Depois de alguns momentos, Valena começou a passar instruções para organizar uma fila, composta por uma grande quantidade de pessoas que tentavam se aproximar da Muralha dos Heróis e efetuar o tradicional gesto de tocar o nome recém-gravado do homenageado na cerimônia de Honra Natis.

Sem ser notado por ninguém em particular, o misterioso ser conhecido como Gram se misturou entre eles, vestido com uma armadura completa e elmo fechado, o que não o fazia destacar-se, uma vez que diversos soldados usavam trajes similares. Quando finalmente conseguiu se aproximar da gigantesca rocha polida, um determinado nome gravado ali chamou sua atenção e ele o tocou, olhando para aquelas letras por um longo tempo.

◆ ◆ ◆

Da varanda do último andar de um dos prédios mais altos, Evander olhou para sua amada ao seu lado e suspirou, enquanto admirava seu perfil. A gravidez a tinha tornado radiante, parecendo aumentar exponencialmente a beleza que ela já tinha.

— Ela vai conseguir – comentou Sandora, sem deixar de olhar para o movimento na praça, diante dela.

— Sim. Ela leva jeito.

A forma como ele pronunciou aquelas palavras, devagar e sem deixar de encará-la, fez com que Sandora olhasse para ele com uma expressão que qualquer um poderia interpretar como neutra, mas na qual ele podia identificar claramente a satisfação.

— Tem certeza de que quer se envolver nos planos dela?

— Não, eu tenho certeza de que não quero – respondeu ele. – Mas se você quer, isso significa que eu já estou envolvido, então, na verdade, eu não tenho nenhuma escolha. A propósito, eu ainda não entendi direito como vocês duas vieram a se tornar melhores amigas assim, depois de poucos dias de convivência forçada.

Sandora voltou a olhar para a praça, pensativa.

— Para falar a verdade, também não faz muito sentido para mim. Mas tantas coisas inexplicáveis aconteceram ultimamente, incluindo o que sinto por você, que já não me importo mais tanto assim com explicações. Só sei que eu confio nela. Pode chamar de instinto.

— Fico feliz que você finalmente tenha encontrado pessoas com quem possa contar, além de mim.

Ela olhou para ele com uma expressão serena e quase sonhadora, algo que ele nunca imaginaria que um dia fosse ver em seu rosto. Completamente diferente da expressão neutra que ela gostava de exibir antes, agora os sentimentos dela estavam completamente expostos.

— Mas o que você queria mesmo – disse ela, em tom provocativo – era me levar para algum lugar pacífico e isolado e ficar do meu lado dia e noite, assistindo nosso filho ou filha nascer e crescer, e viver uma vidinha pacata e feliz.

— Há! – Caçoou Evander, sacudindo a cabeça, com incredulidade. – Vai me dizer que *você* iria querer isso?

— Sem chance – respondeu ela, com sinceridade.

– Fim –